Friedrich von Spiegel

Die arische Periode und ihre Zustände

Friedrich von Spiegel

Die arische Periode und ihre Zustände

ISBN/EAN: 9783742894786

Hergestellt in Europa, USA, Kanada, Australien, Japan

Cover: Foto ©ninafisch / pixelio.de

Manufactured and distributed by brebook publishing software
(www.brebook.com)

Friedrich von Spiegel

Die arische Periode und ihre Zustände

DIE

ARISCHE PERIODE

UND IHRE ZUSTÄNDE

VON

DR. F. SPIEGEL
…SSOR AN DER UNIVERSITÄT ERLA…

LEIPZIG 1887.
…G VON WILHELM FR…
K. R. HOFBUCHHÄNDLER.

VORREDE.

Die Zeit, welche der Trennung der noch zu einem einzigen Volke vereinigten Inder und Eranier unmittelbar vorhergeht, und die wir als die arische Periode zu bezeichnen gewohnt sind, schien mir längst eine ausführlichere Behandlung zu verdienen, als ihr bis jetzt zu Theil geworden ist. Wie man auch sonst über die Ursprünge und die allmähliche Verbreitung der gesammten indokeltischen Sprachfamilie denken mag, die innige Verbindung der Inder und Eranier in einer Zeitperiode, welche vor aller Geschichte liegt, ist nicht zu bezweifeln, und darum bleibt es auch für weitergehende Forschungen von Interesse, ein möglichst genaues Bild der damaligen Zustände zu gewinnen, zu wissen, was diese beiden Völker damals von allgemeinen indokeltischen Culturelementen besessen und was sie denselben aus eigenen Mitteln beigefügt haben. Ich habe nun hier versucht, dasjenige zusammenzustellen, was mir kulturhistorisch wichtig schien, Sammlung des Materials war mir die Hauptsache, Hypothesen habe ich möglichst zn vermeiden gesucht. Die neueranischen Dialekte habe ich nicht berücksichtigt, da dieselben meines Erachtens zuerst mit der neueranischen Schriftsprache zu vergleichen sind. Den angeführten Vedastellen habe ich, der besseren Uebersicht wegen, gewöhnlich die Uebersetzung Ludwigs beigegeben; wer tiefer eindringen will, wird sich auch der übrigen Hilfsmittel bedienen, wie ich das auch gethan habe. Lassens indische Alterthumskunde, sowie A. Kuhns Schrift über die Herabkunft des Feuers habe ich nach der ersten Auflage citirt; da die Seitenzahlen derselben in der zweiten Auflage beider Werke angegeben sind, so wird der Gebrauch nicht erschwert.

Einer Erklärung wird es noch bedürfen, warum ich mich in dieser Schrift stets des Ausdruckes „indokeltisch" statt des gewöhnlichen „indogermanisch" bedient habe. Der Ausdruck „indogermanisch" rührt, wenn ich recht sehe, von Pott her, wenigstens finde ich ihn auf dem Titel seiner Schrift: Etymologische Forschungen auf dem Gebiete der indogermanischen Sprachen (1833) zuerst gebraucht, und seinen Artikel „Indogermanischer Sprachstamm" in der Ersch- und Gruber'schen Encyclopädie (1840) beginnt er mit folgenden Worten: „Die Verlegenheit, für Völker und Sprachen passende Collectivbezeichnungen aufzufinden, zeigt sich in vollem Masse auch bei den hier in Frage kommenden Sprachstamme, dessen von uns gewählter Name (Indogermanisch), soviel sich sonst gegen seine Zweckmässigkeit einwenden liesse, wenigstens sehr gangbar und allgemein verständlich geworden ist. Man wollte in dem Namen die östlichen und westlichen Enden des Stammes zusammenfassen, um dadurch die geographische Ausbreitung des letztern einigermassen anzudeuten; jedoch zu geschweigen der ebenfalls, wenngleich nur durch ihre Mutter, jenem Stamme zugehörigen romanischen oder neulateinischen Sprachen, die sich bis zum äussersten Westen Europas erstrecken, wird die Benennung auch ungerecht gegen die keltische Sprachfamilie, falls man nicht diese ganz von ihm auszuschliessen gesonnen ist." Aus diesen Bemerkungen geht klar hervor: 1) dass man den Namen „indogermanisch" nicht gewählt hat, um den Germanen eine besondere Auszeichnung zu verleihen, sondern dass man damit das östliche und westliche Ende des Sprachstammes zu bezeichnen meinte; 2) dass man nicht den Namen „indokeltisch“ wählte, weil man früher die genaue Verwandtschaft der Kelten mit den übrigen Gliedern unseres Sprachstammes bezweifelte. Dieser Zweifel war in den ersten Jahrzehnten unseres Jahrhunderts unter den Gelehrten sehr verbreitet, und man kann sagen, dass derselbe erst mit dem Erscheinen von Zeuss Grammatica celtica (1853) vollständig beseitigt worden ist. Mittlerweile hatte sich die Bezeichnung „indogermanisch“ festgesetzt und Niemand dachte daran, sie zu ändern, obwohl man wusste, dass sie nicht richtig sei und dass sie uns sogar den Vorwurf einer unberechtigten Ueberhebung zugezogen hat. So misslich es auch ist, eine allgemein angenommene Bezeichnung zu ändern, so glaubte ich doch den richtigen, übrigens auch schon von Lassen und Lagarde gebrauchten, Namen vorziehen zu sollen.

Zusätze und Verbesserungen.

p. 8 ist nachzutragen: Auch Brunnhofer über den Ursitz der Indogermanen, Basel 1884, spricht sich dafür aus, dass das Vaterland der Indokelten in Armenien zu suchen sei.

p. 62. Den Namen der Gliedmassen ist noch skr. dos, aw. daoś̔a und np. دوش dosh, Schulter, beizufügen.

p. 88. Die Vermuthuug, dass das arabisch-neup. خال indokeltisch sei, ist doch wohl zu kühn, da sich das Wort auch in anderen semitischen Dialekten findet. Doch ist es nicht unmöglich, dass ein ursprünglich indokeltisches Wort mit einem semitischen äusserlich zusammen geflossen ist.

p. 99. Zu den arischen Massen gehört noch skr. vitasti, Spanne, aw. vîtasti np بدست bidist in derselben Bedeutung.

Inhalt.

Die arische Periode.

§ 1.

Grundlagen der Untersuchung.

Es kann nicht die Aufgabe des vorliegenden Werkes sein, erst weitläufig zu erweisen, dass es einen indokeltischen Sprachstamm giebt und dass alle Glieder desselben aus einem einzigen Urvolke hervorgegangen sein müssen. Nur ganz kurz wollen wir auf die allgemein bekannte und von keiner Seite beanstandete Thatsache hinweisen, dass Kelten, Germanen, Römer, Griechen, Littauer, Slaven, Erânier und Inder die Glieder dieses indokeltischen Sprachstammes sind und dass derselbe mithin einen grossen Theil Europas und Asiens zu seinem Gebiete rechnet. Gehen wir nun aber einen Schritt weiter, fragen wir nach dem Lande, von welchem die Indokelten ausgegangen sind, so stossen wir auf keine gemeinschaftliche Ueberzeugung, vielmehr auf recht verschiedene Ansichten, unter welchen die Wahl schwierig, für den Gegenstand aber, welcher uns hier beschäftigt, von grosser Wichtigkeit ist. Wir werden daher die verschiedenen Annahmen etwas eingehender betrachten müssen.

Wir wollen nicht mehr auf die jetzt veralteten Hypothesen Rücksicht nehmen, welche sich bildeten als, man zuerst auf die Verwandtschaft der indokeltischen Sprachen aufmerksam wurde und glaubte, dieselben auf eine allen Menschen gemeinsame Ursprache zurückführen zu müssen. Wir beginnen vielmehr mit Fr. Schlegel, der zuerst nicht blos den Zusammenhang der indokeltischen Sprachen auf eine wissenschaftliche Art nachgewiesen, sondern auch behauptet hat, es seien die Indokelten mit ihrer Sprache für sich zu betrachten und von den übrigen Völkern abzutrennen. Er sah in der indischen Sprache die Mutter aller indokeltischen Sprachen, ebenso in dem indischen Volke das indokeltische Urvolk, aus dem alle übrigen indokeltischen Völker durch ausgeschickte Colonien hervorgegangen seien; diese Colonien seien hauptsächlich von Priestern geführt worden [1]). Die Forschungen Bopps widerlegten den Theil dieser Ansichten, welcher die Sprache betraf. Es wurde durch Bopps Schriften erwiesen, dass die altindische Sprache nicht die Muttersprache aller Indokelten sei, sondern dass sie in einem Schwesterverhältnisse zu den übrigen indokeltischen Sprachen stehe, die allerdings alle von einer gemeinsamen Mutter abstammen müssten, dass aber diese Muttersprache aufgehört habe zu existiren. Durch diese sprachlichen Ermittlungen war nun auch die Abstammung der Indokelten von den Indern unmöglich gemacht, aber doch nicht erwiesen, dass ein anderes Land als Indien das Mutterland der Indokelten sei, noch immer konnte man annehmen, das Urvolk der Indokelten habe dort gewohnt, aus ihm seien sowol die Inder als die ausser Indien wohnenden Indokelten hervorgegangen. Nöthig aber war diese Annahme nicht mehr, es konnte der Ursitz der Indokelten auch an einer andern Stelle gewesen sein; die Ansichten haben sich desshalb getheilt, aber die alte Ansicht, welche in Indien das Vaterland der Indokelten suchte, ist auch jetzt noch von Curzon und Elphinstone festgehalten worden, wobei der letztere betont, dass die Inder selbst von keiner Einwanderung in ihr jetziges Vaterland etwas wissen, der erstere aber die Wahrscheinlichkeit geltend macht, welche für dieses von der Natur so reich begabte Land als die Urheimath eines wandernden Volkes spricht.

1) Fr. Schlegel, Sprache und Weisheit der Inder p. 173 fg. — Eine ausführliche Darlegung der verschiedenen Ansichten über die indokeltische Urheimath findet man in dem Buche Schraders: Sprachvergleichung und Urgeschichte (Jena 1883) p. 117 fg.

Es hat sich indessen diese Ansicht aus verschiedenen Gründen nicht allgemeine Geltung verschaffen können, schon der Umstand, dass unter den allen indokeltischen Völkern gemeinsamen Beziehungen keine sich fand, welche die Annahme Indiens als Urheimath nöthig machte, sprach gegen Indien als das Urland, mehr noch, dass sich bei der Erforschung der indischen Literatur selbst immer mehr die Wahrscheinlichkeit herausstellte, es seien die indokeltischen Inder keine Autochthonen, sondern von aussen her in ihr Land eingewandert. Sobald man sich aber die Frage stellte, von wo die Inder eingewandert sein könnten, da konnte die Antwort nicht lange zweifelhaft bleiben. Sie konnten nicht vom Süden her eingewandert sein, es hätte diess nur zu Schiffe geschehen können und zwar aus einem fernen Lande. Dass im Alterthume ein so grosses Volk zu Schiffe hätte einwandern können, welches ganz Indien erobern konnte, entbehrt aller Wahrscheinlichkeit; dazu kommt noch, dass gerade im Süden Indiens gar keine indokeltischen Stämme sich finden, sondern Völker anderer Herkunft. Ebenso musste die Ostseite ausgeschlossen werden; von dieser Seite hätten die Indokelten nur aus China oder Hinterindien kommen können; es hat aber noch Niemand behauptet, dass es in jenen Ländern jemals Indokelten gegeben habe. Unmöglich musste es ferner erscheinen, dass die Inder von Norden her in ihr Land kamen. Wir kennen jetzt die öden furchtbaren Wege, welche von Centralasien aus durch die Gebirge nach Indien führen, auf diesen Wegen konnten höchstens Handelscaravanen und Missionäre an ihr Ziel gelangen, niemals aber ein wandernder Stamm mit Weibern, Kindern und Viehherden. Es blieb demnach nur die Einwanderung von Westen her als einzige Möglichkeit übrig und es galt nur noch, näher zu bestimmen, auf welche Weise die Einwanderung erfolgt sei. Mit dieser Frage hat sich Lassen eingehend beschäftigt [1]; er nimmt an, dass die arischen Inder

1) Indische Alterthumskunde 1, 511 fg.

nach Indien eingewandert seien und zwar durch das westliche Kâbulistân nach dem Penjâb, da die Wege, die vom Oxuslande nach dem östlichen Kâbulistân führen, sehr rauh und beschwerlich sind, wir uns aber die wandernden Indokelten in Begleitung ihrer Herden denken müssen. Durch das westliche Kâbulistân haben aber alle Völker ihren Weg genommen, welche bei ihren Kriegszügen Indien zum Ziele hatten. In dieser Ansicht trifft Lassen mit A. W. von Schlegel zusammen [1]). Das Land nun, aus welchem die Inder zunächst von Westen aus nach Kâbulistân gekommen sein könnten, ist Baktrien, wo wir im Alterthume ein Volk finden, das sich ebenso wie die Inder mit dem Namen der Arier bezeichnete und eine dem Indischen nahe verwandte Sprache sprach. Die érânischen Sagen scheinen auf ein Urland Airyanem vaejo hinzuweisen, dieses sucht Lassen (l. c. p. 527) an den Westabhängen des Belurtâgh und Mustâgh, dort scheinen ihm die Ursitze sowohl der Erânier als der Inder gewesen zu sein. Diese Ansicht von der Herabkunft der Erânier und Inder von den Hochländern Centralasiens hat vielen Anklang gefunden und ist dahin erweitert worden, dass man alle Indokelten auf den genannten Hochlanden entstehen liess. Die erste Bildung dieser Ansicht reicht bis in jene Zeit zurück, als man noch eine Ursprache annahm, aus welcher sich sämmtliche Sprachen der Erde entwickelt haben sollen, hinter der Trennung der Sprachen lag der babylonische Thurmbau und das Paradies. Als man später die Unmöglichkeit erkannte, alle Sprachen auf eine Quelle zurückzuführen, da wurde die alte Ansicht der neuen Sachlage angepasst und noch für die Indokelten Europas die Einwanderung aus Centralasien beibehalten. Man wusste, dass im Mittelalter, im 13. Jahrhundert, die Mongolen sich aus den Hochebenen Centralasiens gegen Westen wandten und nicht blos einen bedeutenden Theil Asiens, sondern auch Europas überfluteten und erst in Schlesien Halt

---

1) de l'origine des Hindous in dessen Essais p. 514.

machten. Man wusste ferner, dass im 5. Jahrhundert die Hunnen, aus derselben Gegend kommend, einen ähnlichen Zug unternommen hatten, und dass ihrem Vordringen erst bei Chalons an der Marne ein Ziel gesetzt wurde. Man fragte sich, ob denn nicht Aehnliches schon in früherer Zeit geschehen sein könne, ob nicht auch andere Völkerstämme als mongolische von dorther ausgewandert seien und sich ein neues Vaterland erstritten hätten? Zu einer solchen Annahme glaubte man durch Aeusserungen chinesischer Schriftsteller das Recht zu haben. Diese lassen nämlich aus dem heutigen Tangut die Hiongnu auswandern und die Yeta vor sich hertreiben, welche letztere auch die Usun veranlassten, ihre Wohnsitze in der Dsungarei aufzugeben und sich neue am Iliflusse zu suchen. Diese Usun werden uns als Menschen mit blauen Augen und blonden oder röthlichen Bärten beschrieben. Sehr frühe schon erkannte man in den Hiongnu die Hunnen, in den Yeta wollte man die Geten finden, deren Existenz in Asien durch den Namen der Massageten gesichert schien, mit den Geten wiederum identificirte man die Gothen. So entstand die Ansicht A. Remusats dass das Volk der Yeta ein Zweig der Gothen gewesen sei, und darauf wiederum stützt sich die Annahme eines indokeltischen Völkerstammes, dessen Wohnsitz in Centralasien gewesen sein soll. Wir verweisen auf die Nachrichten, welche Ritter (Asien 7, 604 fg.) über diese angebliche indokeltische Bevölkerung Ostturkestans gesammelt hat. Die Beweise für diese Behauptung versprach Remusat im zweiten Theile seiner Recherches sur les langues tatares zu geben; da aber dieser Band niemals erschienen ist, so sind auch seine Beweise nicht an das Tageslicht gekommen. Heutzutage wird es wohl kaum Jemand unternehmen wollen sie zu liefern, denn die ganze Hypothese ist in dieser Gestalt längst veraltet. Wir wissen längst, dass die Yeta weder Geten noch Gothen, sondern wahrscheinlich tibetischer Herkunft waren, dass sie sich niemals nach Europa verbreiteten, sondern dass ihre Reste unter die Tibetaner aufgegangen sein müssen, soweit sie nicht mit anderen Völkern Ostasiens sich vermischten, von Wanderungen der Usun aber überhaupt nicht gesprochen wird. Gleichwohl ist nicht nur bis heute der Glaube an ein indokeltisches Urvolk in Centralasien geblieben, sondern sogar der Glaube, dass dieses Volk blond gewesen sein müsse. Wie sich diese Hypothese gegenwärtig gestaltet hat, erfahren wir am besten durch Fr. Lenormant[1]). Demnach wären um 3000 vor Chr. die Indokelten noch in der Nähe Baktriens als dem Ursitze des ganzen Volkes beisammen gewesen, und es bezeichnete sich diese ganze Völkermasse noch mit dem Namen der Arier, hatte sich jedoch bereits in verschiedene Stämme getheilt, welche verschiedene unter sich verwandte Sprachen redeten; aber schon damals war der Name der Arier mehr auf die östlichen Völker beschränkt. Diejenigen Arier, welche später das êrânische Volk bildeten, sollen im Nordosten, an den Gränzen Sogdianas in der Nähe des Belurtâgh, gewohnt haben, von wo sie später nach Baktrien einwanderten, nachdem ihnen die Auswanderung anderer indokeltischen Stämme die Möglichkeit dazu eröffnet hatte. Ihnen zur Seite sassen die Inder, welche damals in der Gegend des jetzigen Bâdakhshân ihre Wohnsitze hatten, von wo sie später nach Kâbulistân hinabstiegen. Diess sind die östlichen Indokelten; aber auch die westlichen weiss Lenormant zu vertheilen. Nach seiner Ansicht sassen in Baktrien selbst, in der Nähe der Quellen des Flusses von Baktra, die pelasgischen Stämme, aus welchen später die Griechen, die Bewohner Italiens und ein Theil der Bewohner Kleinasiens hervorgingen; sie müssen über Herât, Khorâsân und Mâzenderân in ihre späteren Wohnsitze gezogen sein. In der Gegend von Margiana sassen die Kelten, die vom Süden des kaspischen Meeres aus nach Iberien und Albanien gelangten, später überschritten sie den Kaukasus, um-

1) Manuel d'histoire ancienne de l'Orient 2, 274. A. 3. Im Wesentlichen stimmt hiermit die Ansicht Pictets in seinem später zu erwähnenden Werke überein.

gingen das schwarze Meer auf seiner Nordseite und kamen so an die Donau und in das Herz Europas. Die germanischen und slavischen Stämme überschritten sehr bald den Oxus und gelangten dann durch die Steppen Skythiens in ihre jetzigen Wohnsitze. Weniger in das Einzelne eingehend, aber in ähnlicher Weise äussert sich Fick [1]. Nach ihm wohnte zwischen Ural, Bolor und Hindukusch ein zahlreiches Urvolk, welches sprachlich eins, aber dialektisch gespalten war. Im Laufe der Zeit theilte sich dieses Urvolk in zwei Hälften; die eine zog an die Hänge des Bolor, Hindukusch und Elburz, die andere häufte sich enger und dichter an den Ost- und Westabhängen des fruchtbaren Uralwaldes. Welches die Gründe waren, die eine Scheidung des ursprünglich einen Volkes in zwei Hälften veranlassten, können wir jetzt nicht mehr angeben. Der östliche Zweig der Indokelten stieg auf das Plateau von Erân empor, er breitete sich von Ragae bis zu den Quellen des Kâbul aus, theils in dichten Massen, theils in einer dünnen Schicht von Eroberern. Später schied sich dieser östliche Zweig, der allein mit dem Namen der Arier benannt werden darf, in zwei Hälften, eine östliche und eine westliche. Die östlichen Arier, welche in das Tiefland am Indus eindrangen und sich von da bis an den Ganges und weiter nach Indien verbreiteten, fielen der Wirkung des total verschiedenen Klimas anheim, von dem westlichen Zweige wurden sie durch das Suleimângebirge geschieden; nur das Kâbulthal vermittelte den Verkehr, der schwach werden musste und allmälig eine gänzliche Scheidung in Cult, Cultur, Sprache und politischer Entwicklung nach sich zog. Auch andere namhafte Anhänger der Ansicht von der centralasiatischen Heimath der Indokelten aus neuerer Zeit sind noch zu nennen. So Muir, der im 2. Bande seiner Sanscrittexte (2, 306 fg.) unsere Frage ausführlich bespricht, dann V. Hehn in seinem Werke „die Culturpflanzen und Hausthiere“ (2. Aufl.

---

1) Wörterbuch der indogerm. Sprachen p. 1045 fg. 2. Aufl.

p. VIII), H. Kiepert in seinem Lehrbuche der alten Geographie (p. 23 fg.) und W. Geiger (die ostirânische Kultur p. 1), endlich Pietremont und Van der Gheyn, von welchen sich der erstere vorzüglich auf die Angaben des Vendîdâd über Airyanem vaejo stützt, ein Gegenstand, über den wir auf § 11 verweisen.

Der Erste, welcher Zweifel an der oben dargestellten Ansicht aussprach, war der Engländer Latham, der in einem im J. 1854 veröffentlichten Buche bekannte, dass er trotz aller Sorgfalt keine Beweise für diese Ansicht von einer centralasiatischen Urheimath habe finden können, dass hier eine Verwechslung der ursprünglichen Wanderungen der Völker mit den Anfängen der Civilisation stattfinde; während Niemand in Zweifel ziehen wird, dass die letztere in Asien ihren Ursprung habe und von da nach Europa vorgedrungen sei, scheine es dagegen wahrscheinlicher, dass die Wanderung der Indokelten den umgekehrten Weg eingeschlagen habe und von Europa gegen Asien gerichtet war, weil in Europa eine weit grössere Masse von Indokelten wohnt als in Asien. Der Grund Lathams ist indessen mehr scheinbar. Es muss ihm erwidert werden, dass das Missverhältniss sich zu einem grossen Theil ausgleichen werde, wenn wir Armenien und einen grossen Theil Kleinasiens zu den asiatischen Indokelten rechnen dürfen, was im Alterthume gewiss den Verhältnissen entsprechend war. Den Gedanken Lathams hat L. Geiger wieder aufgenommen [1]) und mit einem neuen Grunde verstärkt: er weist nämlich darauf hin, dass die lichte Farbe — blonde Haare und blaue Augen — eine Eigenthümlichkeit gerade der indokeltischen Völker sei, dass aber diese Eigenthümlichkeit in Asien ganz verschwinde, was sich nur daraus erklären lasse, dass sich die Indokelten Asiens stark mit andern Völkern verschiedenen Stammes vermischten. Auch diesen Grund können wir nicht als zutreffend anerkennen. Es ist nämlich gar nicht wahr, dass diese vermeintlichen Kenn-

1) L. Geiger, Zur Entwicklungsgeschichte der Menschheit p. 113.

zeichen der Indokelten bei den asiatischen Gliedern dieser Familie ganz verschwinden, unter den Tâjiks Bokhâras und Ferghânas hat Ujfalvy das Vorherrschen der blonden Haare besonders hervorgehoben[1]). Wir wissen aber schon, woher die Ansicht kommt, dass die asiatischen Indokelten ursprünglich blond gewesen seien, und brauchen kein Wort mehr darüber zu verlieren. Wichtiger ist ein sprachlicher Grund, den man längst angeführt hat, dass nämlich in dem ältesten Ideenkreise der Indokelten nichts auf Asien hinweise, namentlich ist der Mangel gemeinsamer Benennungen für speciell asiatische Thiere wie Kamel und Tiger aufgefallen. Die Namen der Bäume weisen in ihren ältesten Bestandtheilen entschieden auf Europa hin, denn die Birke, die Buche, die Eiche, dann die Waidpflanze tragen alte, aus der Urzeit stammende Namen. Eine ganz ähnliche Ansicht wie Geiger hat neuerdings auch Pösche ausgesprochen, dabei weniger von sprachlichen als von naturhistorischen Rücksichten geleitet. Während Latham vermuthungsweise Podolien und Volhynien als Urland der Indokelten annahm, Geiger dasselbe in Deutschland sucht, will Pösche die Rokitnosümpfe als den geeigneten Ort ansehen, von dem aus sich die Entwicklung des indokeltischen Stammes am leichtesten begreifen lasse. Wieder etwas anders sieht Cuno[2]) die Sache an, der die Urheimath der Indokelten ganz allgemein im Osten Europas sucht, zwischen dem 45. und 60. Breitengrade, im nördlichen Deutschland und im nördlichen und westlichen Frankreich. Weiter brachte Cuno noch eine zweite, früher nicht bezweifelte Ansicht ins Schwanken, die Ansicht nämlich, dass die Verbrei-

1) Ujfalvy, le Kohistan (Paris 1878) p. 25. von den Galtshas, einem éranischen Stamm, der den obern Theil des Zerafshânthales bewohnt: les cheveux sont noir-châtains, chez les Fanes surtout, quelquefois roux, souvent blonds. Les yeux, jamais relevés des coins, sont bruns, souvent bleus. Vgl. auch l. c. p. 67. 83.

2) Cuno, Forschungen im Gebiete der alten Völkerkunde 1, 31. (Berlin 1871).

tung der Indokelten durch Völkerwanderungen zu erklären sei. Mit vollem Rechte sagt derselbe (l. c. p. 35): „Welche Phantasie nun will das Bild entwerfen und befestigen, wie aus jenem nicht sehr ausgedehnten und nur theilweise bewohnbaren Gebiet ein Theil der Bevölkerung sich erhob, um nach Süden zu wandern, durch die Aethiopen Südirâns hindurch in Indien einbrach, seine ungeheure Bevölkerung nicht etwa blos unterwarf, sondern grösstentheils vertilgte bis auf einen kleinen ihr unerreichbaren Rest, der in die Gebirge entwich, während ein anderer Haufe gegen Nordwest sich wandte, Europas alte Bevölkerung bis auf einige unbedeutende Reste vernichtete, um sich an deren Stelle zu setzen — und dass doch die in Baktrien, Sogdiana, Persien und Medien zurückgebliebene Bevölkerung bedeutend genug war, um die érânischen Aethiopen zu vertilgen“. Gestützt auf diese Gründe nimmt er eine allmälige Verbreitung der Indokelten an über grössere Landstriche. Die Verschiedenheit der Sprache, die wol von allem Anfange an in Dialekte zerfiel, wurde dabei immer grösser, aus den dialektisch verschiedenen Stämmen bildeten sich nach und nach Völker mit verschiedenen Sprachen heraus. Zu ganz ähnlichen Resultaten ist bekanntlich auch J. Schmidt vom rein sprachlichen Standpunkte aus gekommen in seiner Schrift: die Verwandtschaftsverhältnisse der indogermanischen Sprachen (Weimar 1872). Hierzu müssen wir indessen doch bemerken, dass die Annahme einer Wanderung der indokeltischen Völker in alter Zeit in den Vorgängen bei andern Völkern eine Stütze findet. Fr. Müller [1]) bemerkt hierüber: „Ausser den Urbewohnern des australischen Festlandes haben fast alle Rassen und Völker mehr oder weniger weite Wanderungen unternommen“ und er erweist dies durch die Wanderungen der Malayen in Asien, der Hottentoten und Kaffern in Afrika; auch in Amerika glaubt er solche Wanderungen nachweisen zu können. Zu den Gegnern der Ansicht, dass die Ver-

1) Allgemeine Ethnographie p. 77 der 2. Aufl.

breitung der Indokelten vom Hindukusch aus begonnen habe, müssen wir auch Whitney zählen, der sich folgendermassen vernehmen lässt[1]: „diese Annahme hat, wie ich glaube, blos einen linguistischen Grund und dieser ist noch dazu ohne allen Werth. Man muthet uns zuerst zu, anzunehmen, weil die arische oder indisch-persische Sprache sich weniger von der vorausgesetzten Grundsprache entfernt, dass diejenigen, welche diese Sprache sprechen, der Urheimath näher geblieben sein müssten. Dies ist aber ganz und gar nicht die Folge. Wir könnten ebensogut annehmen, dass die Isländer dem ursprünglichen Sitze der germanischen Stämme am nächsten geblieben seien oder die Littauer dem Ursitze der Letto-Slaven. . . . . Zweitens sollen wir glauben, weil der Hindukusch zwischen dem érânischen und indischen Sprachgebiete liegt, dass diese beiden Völker auf seinem Gipfel entstanden und in entgegengesetzter Richtung in ihre jetzigen Sitze hinabrollten und diese Annahme ist so unbegründet wie die vorige. Ohne allen Zweifel haben die das Sanskrit redenden Stämme ihren Weg vom nordwestlichen Erân aus durch die Pässe des Hindukusch genommen, aber sie können in Gemeinschaft mit den Erâniern fast vom Ende der Erde bis zu dem Punkte gelangt sein, wo ihre Wege sich scheiden. Eine Art Unterstützung hat man für diese Theorie in den geographischen Nachrichten des ersten Capitels des Vendîdâd gesucht, aber ganz umsonst". Auf diesen letzten Punkt werden wir unten ausführlicher zu sprechen kommen, schon aus den bisherigen Angaben wird indessen der Leser die Ueberzeugung gewonnen haben, dass die Gründe, welche gegen die ältere Hypothese ins Feld geführt werden, nicht ohne Gewicht sind; namentlich gilt dies von den aus Whitneys Schrift angeführten. Eine Gegenbemerkung A. Höfers[2]) hat uns nicht überzeugt. Nach Höfer wäre die Reinheit der arischen Sprachen ein ge-

1) Whitney, Oriental and linguistic studies 1, 229.
2) Kuhn, Zeitschrift 20, 384. Vergl. hierzu auch Schrader l. c. p. 133.

nügender Beweis für die asiatische Heimath der Indokelten; er glaubt, wenn der arische Sprachzweig von einem fernen europäischen Wohnsitze nach Asien eingewandert wäre, so würden die érânische und die indische Sprache etwa auf der Stufe des Keltischen stehen. Wodurch man zu diesem Schlusse genöthigt ist, vermag ich nicht einzusehen, übrigens würde Höfer eigentlich Indien für das Urland der Indokelten halten müssen, da nach der allgemeinen Annahme das Sanskrit der Ursprache am nächsten geblieben ist. Ohne verkennen zu wollen, dass es sich bei der Bestimmung der Urheimath der Indokelten stets um blosse Hypothesen handelt, müssen wir gestehen, dass uns die Hypothese von der centralasiatischen Urheimath recht unwahrscheinlich geworden ist.

Uebrigens hat es nicht an Forschern gefehlt, welche die indokeltische Urheimath zwar in Asien, aber doch nicht in Centralasien suchen. In diesem Sinne äussert sich Fr. Müller[1]). Nachdem er die Ansicht von dem Ursprunge der Indokelten auf der Hochebene Pamir abgewiesen und sich für die Ansicht erklärt hat, welche den Ursprung der Indokelten im südöstlichen Europa sucht, fährt er fort: „Wenn wir nun auch, conform dieser Ansicht, welche eine grosse Wahrscheinlichkeit für sich hat, annehmen, der Ursitz der Indokelten sei im Südosten Europas zu suchen, so sind die Indokelten auf diesem Punkte nichts weniger denn als Autochthonen zu betrachten, sondern sind dort vom armenischen Hochlande in unvordenklicher Zeit eingewandert. Zu dieser Annahme werden wir nothwendig durch die Rasseneinheit der Indokelten mit den Hamito-Semiten und den Kaukasiern gezwungen, welche beiden Volksstämme unmöglich von Westen her in das über Mesopotamien gelegene Hochland eingewandert sein können“. Aehnlich spricht sich O. Peschel aus (Völkerkunde p. 544):

---

1) Ethnographie p. 87.

„Leider können wir bis jetzt nur errathen, wo die Ursitze der Indoeuropäer gesucht werden sollten. Mit Unwillen muss jedoch von jedem Erdkundigen die alte Ansicht verworfen werden, nach welcher vom Hochlande Pamir unsere Voreltern herabgestiegen sein sollen. Selbst jetzt noch gehört jenes Gebiet zu den unbekanntesten Erdräumen, jedenfalls waren unwirthliche, nur der Viehzucht nutzbare Hochebenen am schlechtesten gewählt als Ursitz einer hohen Cultur und Cultursprache. Weit verführerischer wirkt die Wahl Turkistans, hauptsächlich Baktriens, auf die Erforscher indischer und érânischer Sprachen". Nachdem nun Peschel eine kurze Skizze des Culturzustandes gegeben hat, wie er sich aus den indokeltischen Sprachen für die indokeltische Vorzeit ergiebt, fährt er fort (p. 545): „Nach allen angeführten Thatsachen wird wol jeder Erdkundige sich dahin entscheiden, dass die Indoeuropäer beide Abhänge des Kaukasus, auch die merkwürdige Darielschlucht bewohnten und den Pontus oder das kaspische Meer, wenn nicht beide gleichzeitig, kannten. Gegen diese Schlussfolgerung wird gewöhnlich eingewendet, dass die europäischen Stämme auf ihren Wanderungen sich aus dem Gebiete des Löwen oder Tigers entfernten und mit den Thieren auch ihre Namen vergassen. Diess bedarf jedoch erst noch einer strengeren Begründung, denn die Maori haben den Namen für das Hausschwein und die Cocosnuss beibehalten, obgleich auf Neuseeland beide fehlen. Hätten die Altarier in ihrer Heimath solche heroische Raubthiere wie Tiger und Löwe gesehen und bekämpft, sicherlich wären ihre Namen in irgend einer anderen Bedeutung erhalten geblieben. Der Beweis aber, dass dies nicht geschehen sei, fällt als Last auf diejenigen, welche Baktrien als die schicklichste Heimath der Indoeuropäer erwählt haben". Diese Ansicht zweier so bewährter Gelehrten wie Fr. Müller und O. Peschel scheint mir schwer ins Gewicht zu fallen, denn Niemand wird ihnen das Recht bestreiten können, in dieser gewichtigen Sache ein Wort mitzureden. Neuerdings haben sich noch Schrader und Penka für die Wahrscheinlichkeit eines europäischen Ursitzes der Indokelten erklärt.

Es ist für unsere Zwecke nicht nöthig, die Frage nach der Urheimath der Indokelten noch weiter zu verfolgen. Zweierlei wird der Leser aus diesen Untersuchungen gelernt haben: erstens, dass die Urheimath der Indokelten noch keineswegs sicher bestimmt, dass vielmehr die früher allgemein angenommene Ansicht von der Herkunft der Indokelten aus Centralasien durch die neueren Forschungen mehr als zweifelhaft geworden ist. Zweitens aber wird man gesehen haben, dass nirgends bezweifelt wird, dass die Inder und Erânier auf das engste zusammengehören, dass sie früher ein einziges Volk gebildet haben, sowie dass dieses Volk nicht in Indien heimisch war, vielmehr der indische Theil des arischen Volkes erst von Westen her dorthin eingewandert ist. Mit diesem arischen Volke, seinen Verhältnissen und dem Grade seiner Verwandtschaft werden wir uns von nun an ausschliesslich zu beschäftigen haben. Und hier fragen wir gleich: ist vielleicht die frühere Ansicht von der Herabkunft der Indokelten von Centralasien wenigstens in der Beschränkung zu halten, dass die Arier von dort aus eingewandert sind? Das ist es ja, was Lassen zunächst nur behauptet, wenn er das Urland Airyanem vaejo in die Nähe der Hochebene Pamir setzt. Wir bedauern, auch in dieser engeren Fassung die Hypothese nicht annehmen zu können. Ueber Airyanem vaejo und seine Lage werden wir unten sprechen, gegenwärtig beschäftigt uns nur das Land an der Hochebene Pamir. Durch die Erforschung jenes Ländergebietes in den letzten zehn Jahren, vornehmlich durch die Russen und Engländer, haben diese Landstriche jenes mystische Dunkel eingebüsst, welches noch vor Kurzem an ihnen haftete. Wir wissen jetzt über die Bodenverhältnisse sowie über die Bewohner der Pamir und der an sie grenzenden Länder vollkommen so viel, als für unsere jetzigen Zwecke nöthig ist. Die genauere Kenntniss der Länder jenseits des Oxus und am Yaxartes sammt dessen Nebenflüssen hat unwiderleglich gezeigt, dass ein grosser Theil dieses früher fast unbekannten Gebietes von Erâniern bewohnt ist. Ein Blick auf die Sprachkarte, welche Ujfalvy seiner schon oben erwähnten Reise beigefügt hat, giebt darüber die gewünschte Auskunft. Die érânische Bevölkerung bewohnt das linke Ufer des Oxus durch ganz Bâdakhshân und durch Wakhan; denn dass auch die Bewohner des letzteren Landes zu den Erâniern zu rechnen sind, trotzdem dass sie jetzt keine érânische Sprache mehr sprechen, ist gewiss. Die érânische Bevölkerung überschreitet aber auch den Oxus, sie ist nördlich von diesem Flusse ansässig in den Distrikten Shignân, Darvâz, Qarâtegin, das ganze obere Thal des Zerefshân bewohnen die Galtschas, ein érânisch sprechender Stamm, eine starke érânische Bevölkerung findet sich auch in der Nähe der Städte Samarqand und Uratübe. Sie nimmt auch den südlichen Theil von Ferghâna ein von Isfara durch das Worukthal bis nach Uc-Kurgan, selbstverständlich auch in den grösseren Städten. Nur vereinzelt findet man persische Tâjiks auf der Hochebene Pamir selbst, in Ostturkestan aber nur in Städten, wohin sie durch den Handel gekommen sind, nicht aber als Bebauer des Landes, ebensowenig wird man irgend ein Zeichen ausfindig machen können, dass früher die Indokelten Ostturkestan bewohnten; denn dass das Land früher dem Buddhismus zugethan war, beweist natürlich nichts. Auch der érânischen Sagengeschichte kommt es nicht in den Sinn, Ostturkestan als érânisches Land zu betrachten, sie giebt ihm den Namen Khoten und macht es zum Eigenthum des Pîrân, des getreuen Ministers des Königs von Turân[2]. Wir werden also das érânische Gebiet auf die

1) Ujfalvy l. c. p. 67. Genauere Mittheilung über Pamir und deren Umgebung findet man bei W. Geiger: die ostirânische Kultur p. 6 fg., 167 fg., Mittheilungen über die Pamirdialekte in W. Tomaschecks Centralasiatischen Studien Wien 1880. (Sitzungsberichte der k. k. Akademie der Wissensch. Bd. CXVI, 735 fg.)

2) Vgl. meine érânische Alterthumskunde I, 601.

Westseite der Hochebene Pamir zu beschränken haben und es entsteht nun weiter die Frage, ob wir in jenen nördlichen Gebieten vielleicht das Urland der Arier suchen sollen, von dem aus sie sich nach Süden verbreiteten, oder ob vielmehr der éránische Stamm nach Norden zu sich ausgedehnt hat? Es ist kaum noch an der Zeit, diese Frage entscheiden zu wollen, wir gestehen aber, dass uns die zweite Möglichkeit die wahrscheinlichere zu sein dünkt. Es wird sich nicht verkennen lassen, dass das Achämenidenreich gleich nach seiner Stiftung darauf bedacht war, sich gegen Norden auszudehnen. Hat doch schon Kyros am Yaxartes sieben befestigte Städte angelegt, welche Alexander noch in gutem Stande vorfand. Diess beweisst deutlich, ebenso wie das ganze Verhalten der Sogdianer bei Alexanders Eroberung, dass damals eine starke éránische Bevölkerung jenseits des Oxus wohnte; verstärkt wurde dieselbe durch die Militärkolonien, welche in diesen Landstrichen angelegt wurden. Rechnen wir dazu noch die eminente Befähigung der Eránier zum Ackerbau, dann die starke Ausfuhr der éránischen Bevölkerung nach Norden, welche veranlasst wurde durch die alljährlich wiederkehrenden und beim Verfall des Reiches sich mehrenden Raubzüge der im Norden wohnenden Völker, welche Tausende von Eréniern in die Sklaverei schleppten, aus der sich aber die meisten durch das Uebergewicht ihrer Anlagen wieder erhoben und zur Freiheit und Ansehen gelangten, so ist die Möglichkeit gegeben, dass sich allmälig eine starke éránische Bevölkerung jenseits des Oxus heranbildete. Für möglich muss man es aber ebensowol erklären, dass, wie Ujfalvy annimmt (l. c., p. 69), die éránische Bevölkerung die Urbevölkerung jener nördlichen Districte war und durch aus Centralasien kommende fremde Stämme theilweise aus ihren Besitzungen verdrängt wurden. Festhalten muss man aber immer: Die indokeltische Bevölkerung im Norden von Erân

1) Vgl. l. c. 2, 286. 548.

ist éranisch und Nichts weist darauf hin, dass früher einmal dort ein Volk sass, das eine indokeltische Sprache sprach, welche aber von der éranischen verschieden war. Gerade dies musste aber erwiesen werden, wenn man den Ursprung der Indokelten in Centralasien erhärten will.

Nochmals betonen wir: die indokeltische Bevölkerung Indiens ist in ihren jetzigen Wohnsitzen nicht von jeher einheimisch, sie ist eingewandert und zwar von Westen her. Hieraus folgt, dass nicht die Eranier von Indien ausgezogen sind, sondern dass die Inder durch Erân in ihr Land kamen. Wo man auch den Ursitz der Indokelten annehmen mag, ob in Centralasien oder am Kaukasus oder in Europa, immer mussten die Inder, um in ihr Land zu kommen, Erân durchwandern, und es fragt sich blos, ob sie den ganzen Nordrand durchzogen oder nur den östlichen Theil des Landes. Es bleibt uns nun noch die Aufgabe, die Gränzen der Inder gegen Erân hin festzustellen. Es ist nicht zweifelhaft, dass dieselben sich jetzt beträchtlich verengert haben, wenn wir sie mit denen des Alterthums vergleichen. In der Bestimmung dieser Gränzen hat uns Lassen schon vorgearbeitet [1]). Die ersten klaren Anhaltspunkte giebt Alexanders Feldzug, nach Arrian (Anab. 3, 28. 1) bekriegte er von Arachosien aus die Inder, welche in der Nachbarschaft der Arachoten wohnten. Die Paropanisaden, die er auf seinem Marsche nach Baktrien fand und die wol auch indische Bestandtheile enthalten haben mögen, werden noch von den eigentlichen Indern abgetrennt; diesen begegnet Alexander erst am Choes, d. i. am Khonar. Die Völkergränze fällt demnach ganz in die Nähe der Naturgränze bei dem heutigen Gandamak. Damit stimmt ganz genau die Angabe des Shâhnâme. Es giebt als Gränze gegen Indien die Stadt Khergâh an, welche drei Tagereisen von Zâbul entfernt liegen soll (Shâhn. 2133, 8. v. u.); dort scheiden sich die Wege, die

2) Lassen l. c. 1, 418 fg.

nach Indien und die nach China führen (Shâhn. 559, 10. v. u. 563, 6.), ein Ort Khergâh wird unweit des modernen Mandrar oder Mandravar genannt, wo die aus dem Lande der Kâfir kommenden vereinigten Ströme des Alishang und Alighar in den Kâbul fallen (cf. meine Alterthumsk. 1, 397.). Noch jetzt ist der Lokaldialekt jener Gegend, die Laghmânisprache, dem Hindî sehr ähnlich, also eine indische Sprache, von den Kâfirs ist es ja ohnehin bekannt, dass sie zu dem indischen Stamme gehören. Das Königsbuch begnügt sich aber nicht mit dieser Gränze, sondern setzt selbst in die Stadt Kâbul einen götzendienerischen König, der von Dahâks Geschlecht abstammt, also der érânischen Königsfamilie fremd ist. Dabei wird aber festgehalten, dass diese indischen Fremdlinge den Königen von Erân unterworfen seien, und diese Annahme dürfte auch den thatsächlichen Verhältnissen entsprochen haben, denn wir wissen, dass schon der erste Achämenide, Kyros, indische Völker sich unterworfen und noch der letzte des Geschlechtes indische Lande besessen hat. Ein naher Verkehr zwischen Erân und den indischen Gränzlanden bestand also die ganze historische Zeit hindurch und das Uebergewicht der politischen Macht der Erânier hat gewiss viel dazu beigetragen, die westlich wohnenden Stämme zur Wanderung in das fruchtbarere Gebiet des Ostens zu veranlassen. Derjenige Theil der Bevölkerung, welcher jetzt dem ehemaligen Grenzlande Indiens den Namen giebt, die Afghânen, die jetzt nicht nur bis zum Indus sich ausdehnen, sondern noch über diesen Fluss hinausgedrungen sind, haben erweislich erst in ganz später Zeit sich ihre jetzigen Wohnsitze erworben. Die Jusufzai, welche jetzt die Hauptbesitzer Ost-Kâbulistâns sind, wohnten noch um 1300 n. Chr. an den Gränzen Belucistâns zwischen Nuschki und Gharra, die Ghori, welche jetzt die Gegend um Peshâver bewohnen, wohnten noch um 1450 westlich von Ghazna am Ternek. Zur Zeit des Mahmûd von Ghazna wird das Thal von Laghmân noch von einem indischen Fürsten beherrscht, auch im 16. Jahrhundert fand Sultan Baber die Kâfir in den Thälern am Khonar. In ganz ähnlicher Weise lässt sich darlegen, dass die érânischen Kurden im Westen ihr Gebiet immer mehr erweitert haben. Diese Wanderungen érânischer Stämme in historischer Zeit scheinen mir nun sehr beachtenswerth auch für die arische Zeit, mit der wir uns hier beschäftigen. Wenn uns auch die Wanderungen, welche der ganze grosse indokeltische Stamm unternommen haben mag, nicht weiter berühren, so bleibt uns doch immer noch zu beachten, dass die Inder von Erân aus in ihr Land gekommen sein müssen, und es ist sehr wahrscheinlich, dass diese vorhistorische Wanderung in ganz ähnlicher Weise geschah, wie die spätere historische.

Aus dem Gesagten geht hervor, dass wir bestimmte historische Ueberlieferungen weder dafür haben, dass die Arier sich von den übrigen Indokelten trennten und in das heute von ihnen besetzte Land einwanderten, noch auch, dass Erânier und Inder früher ein Volk waren, das erst in zwei Theile zerfiel, als die letzteren ihr heutiges Vaterland bereits besetzt hatten. Trotzdem gilt die letztere Ansicht als vollkommen gesicherte Thatsache, und mit Recht, denn sie lässt sich erweisen aus der Sprache der ältesten Urkunden der beiden genannten Völker, aus den Vedas, den Keilinschriften und dem Awestâ. Aber wenn auch die Thatsache selbst feststeht, so fehlt darum doch noch viel, dass wir genauer sagen könnten, wie denn dieses Volk vor seiner Trennung beschaffen gewesen sein möge. Diesen alten Zustand urkundlich zu ermitteln, soweit dies noch möglich ist, bildet das Ziel, welches sich die nachfolgenden Untersuchungen gesetzt haben, und zwar soweit dies durch Prüfung der sprachlichen Uebereinstimmungen geschehen kann. Die Frage nach den arischen Zuständen hat die Kenntniss der altindokeltischen Zustände gewissermassen als Voraussetzung, denn es versteht sich, dass man bereits wissen muss, was allgemein indokeltisches Eigenthum ist, ehe man bestimmen kann, was den Ariern als Besonderheit angerechnet werden darf, denn die allgemeine indokeltische Bildungsgeschichte muss der besondern arischen lange vorhergegangen sein und was allen Indokelten gemeinsam ist, kann natürlich nicht als der Arier besonderes Eigenthum erachtet werden. Das allgemeine indokeltische Sprachgut hat bereits Pictet in ähnlicher Absicht wie wir untersucht und daraus auf den Culturzustand des Urvolkes zu schliessen unternommen in seinem Werke: Les origines indo-européennes ou les Aryas primitifs, essai de Paléontologie linguistique par A. Pictet. Paris 1859. 2. Vol. 2. Aufl. 1877. Wenn wir nun auch glauben, dass das in dem genannten Werke mit grossem Fleisse gesammelte Material noch einer genauen kritischen Sichtung bedarf, wenn wir auch nicht vermögen, dem Verfasser in allen seinen kühnen Etymologien und Schlüssen beizustimmen, so scheint uns doch die Anlage des Buches im Ganzen und Grossen eine passende zu sein und wir gedenken bei unseren Untersuchungen im Wesentlichen uns an den Gedankengang des Pictet'schen Buches anzuschliessen. Wir werden also zuerst sehen, welche Bezeichnungen allgemein menschlicher Zustände und Dinge den Ariern gemeinsam sind, und von da fortschreitend die Ausdrücke betrachten, welche durch gemeinsame Culturzustände hervorgerufen sein müssen. Dabei werden wir stets zu beachten haben, welche Ausdrücke die Arier mit anderen indokeltischen Völkern theilen und welche ihnen eigenthümlich sind. Wenn die Arier einen Ausdruck nur mit einem einzigen Zweige der europäischen Indokelten theilen, so genügt dies, um diesen Ausdruck zu einem allgemein indokeltischen zu stempeln, der für die besondere Cultur der Arier nicht beweisend sein kann.

§ 2.

Die Jahreszeiten.

Wir beginnen unsere Untersuchung mit den Namen der Jahreszeiten, auf welche man mit Recht bei der Frage nach dem Vaterlande der Indokelten ein grosses Gewicht gelegt hat,

Sie allein können schon beweisen, dass Indien nicht das Urland der Indokelten sein kann; denn wäre dies der Fall, so müsste ein allgemeiner Ausdruck für Winter und Winterskälte fehlen, da diese Dinge in Indien unbekannt sind. Wenn sie nun aber nicht fehlen, wenn sie auch die Inder besitzen und in verschiedener Art anwenden, wie wir sehen werden, so wird man annehmen dürfen, dass die Inder die Kenntniss dieser Dinge aus ihrem früheren Wohnorte in ihr neues Vaterland mitgenommen haben. Als die ursprünglichste Form der Bezeichnung für Winterkälte glaube ich *ghiam* ansetzen zu sollen; daran schliesst sich altérânisch *zyam* im Awestâ an, acc. *zyãm*, gen. *zemo* (für *zyamm, zyemo*) neup. زم *zam* Kälte, زمستان *zamistân*, Winter. Als ursprünglichste indische Form des Wortes nimmt Grassmann Rgv. 894,10 die Form *him* an, die also aus *hyam* zusammengezogen ist, ebenso die gewöhnlichere mit a erweiterte Form *hima*. Für das höhere Alter der oben angeführten altéränischen Form spricht lat. *hiems* und griech. *χιών*. Das indische *hima* bedeutet nicht bloṣ den Winter, sondern auch die Winterkälte und den Schnee, doch mag die erstere Bedeutung die ursprüngliche sein, weil sie auch andere indokeltische Sprachen kennen. Ein zweites Wort für Winter ist bei den Indern *heman*, *hemanta*, womit Fick gr. *χειμών*, *χεῖμα* vergleicht, ein éränisches Wort ist kaum anzuschliessen, denn awestisch *zaena* Winter, winterlich wird man am besten mit skr. *hayana* vergleichen, das aus einem ursprünglichen *ghayana* entstanden sein muss. Wichtig ist nun vor Allem, dass das Wort *him*, Winter, besonders von der Zeit gebraucht wird, ein Umstand, den man schon längst auffällig gefunden hat, weil eine Zeitrechnung nach Wintern in dem heissen Indien gewiss nicht entstanden sein kann und die Vermuthung sehr wahrscheinlich ist, dass die Inder diese Sitte aus einem kälteren Lande in ihren neuen Wohnsitz hinübergenommen haben. In Erân sind mir nur einige Stellen des Vendidâd bekannt (Vd. 2, 20. 23. 26.), an welchen das Wort *zem*, Winter, im Sinne von Winterszeit, Jahr gebraucht wird, gewöhnlich tritt im Awestâ dafür das Wort *aiwigâma* (eigentlich Herzugang, dann Zeit) an dessen Stelle. Dies ist aber entschieden ein neuerer, unter dem Einflusse dualistischer Anschauungen entstandener Sprachgebrauch, denn da *zyâo* im Awestâ besonders die Winterkälte bedeutet und diese vom bösen Geiste herrührend gedacht wird, so widerstrebte es den Parsen, den Winter als Zeit mit diesem Ausdrucke zu bezeichnen, und man wählte dafür lieber das gleichgültige *aiwigâma*. Andere Namen für Dinge, welche mit dem Winter in Beziehung stehen, sind dem Inder zum Theil entschwunden, weil ihm eben die Sache selbst fremd wurde. So heisst *jala* blos Wasser, auch die abgeleiteten Wörter zeigen nur diese Bedeutung, man hat aber längst gesehen, dass das Wort mit lat. gelu, gelare zusammenhängt und neup. ژاله *zhâla*, Reif, gehört auch zu dieser Wortfamilie. Für den Schnee verwenden die Inder das bereits besprochene Wort *hima*, die Erânier haben dafür den ihnen ganz allein eigenthümlichen Ausdruck *vafra*, der sich im neupersischen برف *barf* und auch sonst in verschiedenen Gestalten in den neuérânischen Dialekten vorfindet. Dass dieses Wort mit dem indischen *vapra* zusammenhänge, wie Pictet (l. c. 1,94. not.) will, ist mir sehr zweifelhaft; die indischen Wörterbücher geben zwar diesem Worte auch die Bedeutung Staub, bis jetzt aber vermag man dieselbe nicht zu belegen. Ganz entschwunden ist aber dem Indischen die Wurzel *snigh*, schneien, das daraus entstandene *snih* heisst blos glänzen, während dem éránischen *snij* die Bedeutung schneien geblieben ist, die sich ja auch im Littauischen *snig-ti* schneien, ahd. *sniwit*, es schneit, nachweisen lässt, sowie dieselbe Wurzel in verstümmelter Form im gr. *νίφει*, lat. nivit, nix wieder erscheint. Das altérânische Wort für Eis ist wohl *isi* oder *isu* was in den neuern Dialekten zunächst *ih*, *yah* werden musste, woraus dann im Neupersischen یخ *yakh*, verhärtet wurde. Die einheimischen Erklärer sehen indessen in *isi* ein Adjectivum, das aber in naher Beziehung zu der Kälte steht (nämlich zu snaodha das Vd. 2, 50 vom Schnee gebraucht wird) und vielleicht hat *aekha* (Yt. 18, 2. 6) mehr Anrecht als die Urform des neup. Wortes zu gelten. Im Indischen wird man auch dieses Wort vergeblich suchen, auch die indokeltische Wurzel *kar* frieren findet sich nur vielleicht in skr. *çiçira*, kühle Jahreszeit, kalt, das petersburger Wörterbuch führt aber das Wort auf die Wurzel *çyâ* zurück, wovon auch *çîta*, kalt, abstammt. Zu der genannten Wurzel *kar* gehören aber bestimmt mehrere érânische Wörter: aw. *sareta* neup. سرد, *sard*, kalt, neup. سرما, *sarmâ*, Kälte, افسردن *af-sardan* gefrieren.

Der Name für den Frühling ist schon im Veda *vasanta*, ein altérânisches *vahara* hat man längst in dem altp. Monatsnamen *Thuravahara* entdeckt, im Awestâ müsste das Wort *vaǵhara* lauten, wenn es vorkäme. Hier haben wir die Grundform des neuérânischen بهار, *bahâr*, Frühling vor uns. Es kann nicht zweifelhaft sein, dass das indische *vasanta* und das altérânische *vahara* sehr nahe Verwandte sind, der Wurzel nach identisch, nur durch die Endung verschieden, und auch hier ist die Verschiedenheit nicht so gross als es scheint, denn *vasanta* ist (wie die übrigen Wörter auf — anta) eine prâkritische Fortbildung aus *vasant*, während *vahara* wohl auf ein früheres *vahare* = *vasan* zurückgeht. Die érânische Form ist weiter verbreitet als die indische, wir finden sie wieder in littauisch *vasara*, ebenso im gr. ἔαρ, lat. *ver*, nord. *vaar*. Dass die dem Worte zu Grunde liegende Wurzel *vas*, leuchten, sei, kann nicht bezweifelt werden, dafür spricht auch das gewiss verwandte indische *vâsara*, hell, Tag.

Die dritte Jahreszeit, der Sommer, führt im Awestâ den Namen *ham*, der sich noch in der mittelérânischen Form *hâmîn* erhalten hat, in den neueren Dialekten aber durch andere Ausdrücke verdrängt worden ist. Längst hat man mit *ham* das indische *samâ* verglichen, welches Jahr bedeutet, für die altérânische Bedeutung des Wortes spricht das nordische *sumar*, pl. *sumur*, Sommer. Die Inder haben für diese Jahreszeit andere, ihnen eigenthümliche Bezeichnungen eintreten lassen, ebenso wie die neuern Erânier.

Am geringsten ist die Uebereinstimmung der indokeltischen Sprachen in der Bezeichnung des Herbstes, es scheint, dass diese Jahreszeit erst spät vom Winter und vom Sommer abgetrennt worden ist. Doch hat das Indische eine Bezeichnung für den Herbst, nämlich *çarad*, ein Ausdruck, der poetisch auch für das Jahr verwendet wird. Ohne Zweifel dasselbe Wort, nur mit Zusatz der Endung a am Ende, begegnet uns wieder in dem awestischen *saredha* (vielleicht auch im altpersischen *thard*), hat aber dort nur die Bedeutung Jahr, welche es sich auch im neupersischen سال, *sâl*, erhalten hat. Der mittelérânische Ausdruck für den Herbst ist *padézh*, woran sich das neuere پائيز *pâyîzh* anschliesst, das gewöhnliche Wort für diese Jahreszeit in der neueren Sprache ist خزان *khazân*. Weder das eine noch das andere dieser Wörter gestattet eine Vergleichung nach irgend einer Seite.

Ziehen wir nun die Resultate aus diesen Vergleichungen, so sehen wir, dass die Wörter für Winter, Frühling und Herbst beiden arischen Sprachen mit geringen lautlichen Abweichungen gemeinsam sind, dass aber hinsichtlich der Bezeichnung des Sommers keine Gemeinschaft existirt, wiewohl uns nicht zweifelhaft ist, dass der érânische Name des Sommers bis in die indokeltische Zeit zurückgeht. Anders als mit der Form ist es mit der Bedeutung der Wörter. Die Inder gebrauchen die Ausdrücke für Winter und Herbst zugleich zur Bezeichnung des Jahres, dieselbe doppelte Bedeutung gestatten die Erânier auch dem Worte für Winter, aber die indische Bezeichnung für den Herbst bedeutet den Erâniern nur das Jahr, umgekehrt bedeutet der érânische Name für den Sommer bei den Indern blos das Jahr. Hieraus darf man wohl schliessen, dass man in der arischen Zeit die Namen des Winters, Sommers und Herbstes auch gebrauchen konnte um das Jahr zu bezeichnen, vom Frühlinge scheint dies nicht gegolten zu haben. Am wichtigsten bleibt immer die Thatsache, dass die Inder in ihrem heissen Lande nach Wintern rechneten; wenn aber diese Thatsache bei der Frage nach der Urheimath der Indokelten nicht ausser Acht zu lassen ist, so hilft sie uns nicht weiter bei der Bestimmung des Ursitzes der Arier. Dass die Erânier nach Wintern rechneten, ist bei der Beschaffenheit ihres Landes nicht auffallend, gleichwohl werden dieselben diese Gewohnheit aus einer früheren Zeit überkommen haben. Bei dieser Lage der Dinge kann man wohl fragen, ob ein allgemeiner Name für Jahreszeit schon in der arischen Zeit vorhanden war, ob dieser Begriff sich nicht erst später ausgebildet habe. Das indische Wort für die Jahreszeit ist bekanntlich *ṛitu*, doch ist dies nicht die Grundbedeutung des Wortes, dasselbe heisst vielmehr ursprünglich die bestimmte Zeit, die angemessene Zeit[1]), erst in übertragener Bedeutung die Jahreszeit; dass dieses indische Wort in dem awestischen *ratu* wieder erscheine (mit unregelmässiger Steigerung des Wurzelvokals), ist eine längst bekannte Thatsache. *Ratu* hat aber im Awestâ gewöhnlich die Bedeutung Herr, Vorstand, ganz ebenso heisst das davon abgeleitete neupersische رد *rad* sowohl strenuus, fortis als auch doctus, sapiens; näher an die indische Auffassung des Wortes geht رده *radah*, series, ordo, besonders von der Aufstellung der Heere gebraucht, und auch *ratu* selbst kommt noch an manchen Stellen in der Bedeutung von Zeit vor. Wie beide Bedeutungen zu vereinigen seien, das hat Burnouf in seinen heute noch lesenswerthen Bemerkungen (Yasna p. 17—20) dargethan: man hat nämlich die Zeitabschnitte personificirt und auf diese Art Vorstände aus ihnen gemacht, welche die ihnen untergebenen Zeit-

1) So noch im Rigveda. Cf. Bergaigne, la religion védique, 1, 31. Anm.

abschnitte regieren, so dass es scheint, als ob die Bedeutung Zeit in dem êrânischen Worte erst die abgeleitete sei; übrigens hat auch *ratu* nicht die Bedeutung Jahreszeit, sondern gewöhnlich die der Tageszeit. Man wird daher als Grundbedeutung nur die des Festen, Bestimmten annehmen dürfen, dazu stimmt dann auch das lateinische ritus.

Aus diesen Vergleichungen scheint mir hervorzugehen, dass sich ein Wort, dem man die Bedeutung Jahreszeit zuschreiben durfte, in der arischen Periode noch ebensowenig herausgebildet hatte wie in der indokeltischen, man scheint vielmehr nach Wintern oder andern Jahreszeiten gerechnet zu haben. Wie verhält es sich nun aber mit dem Worte Jahr selbst? Im Indischen finden wir ein *vat*, Jahr erhalten in *samvat*, auch in *parut* im vergangenen Jahre (man vergleiche hiermit auch پار *pâr*, annus praeteritus und griech. πέρυσι), weitere Ableitungen hiervon sind *vatsa*, *saṁvatsara*. Diese Wörter reichen in die indokeltische Zeit zurück, wie das gr. ἔτος ausweist, aber als arisch lassen sie sich nicht erweisen, die Arier gehen vielmehr in der Bezeichnung des Jahres auseinander. Die gewöhnliche Bezeichnung des Jahres im Awestâ ist *yâre*, dazu stimmt altp. *dushiyâra*, Missjahr, dass das neup. *sâl* zu der alten Form *saredha* gehört, ist schon oben angegeben worden. Das êrânische *yâre* hat sich sicher erhalten in goth. *jer*, ahd. *jar*., griech. ὥρος mag auch hierher gehören, doch sind auch andere Ableitungen aufgestellt worden. Das Zusammentreffen des Erânischen und Gothischen stellt das êrânische Wort als ein sehr altes sicher und wir werden annehmen müssen, dass schon in der indokeltischen Zeit mehrere Bezeichnungen für das Jahr vorhanden waren, von welchen die Inder die eine, die Erânier eine andere wählten. Trotz dieser Verschiedenheit muss aber die Jahresrechnung in der arischen Zeit schon vorhanden gewesen sein.

§ 3.

Die Namen der Meere, Flüsse und Berge.

Die Himmelsgegenden.

Unsere Blicke wenden sich nunmehr auf solche Dinge welche den Menschen umgeben und die daher seiner Beobachtung nicht entgehen können. Unter diesen Dingen ist nun das Meer ganz geeignet, einen mächtigen Eindruck auf den Menschen zu machen, wenn sich dasselbe in seiner Nähe befindet, und wir müssen vor Allem an die Sprache die Frage richten, ob sie uns über diese Sache eine Andeutung geben kann. Die Antwort, die wir auf diese Frage erhalten, ist indessen der Art, dass man schon längst bezweifelt hat, dass die alten Indokelten das Meer gekannt haben, und aus dem Sprachschatze der Arier müssen wir schliessen, dass dasselbe auch in der arischen Zeit noch unbekannt war. Obwohl nämlich beide arische Völker das Meer kennen, so sind doch die Ausdrücke, mit welchen sie dasselbe bezeichnen, durchaus verschieden. Das Indische hat dafür verschiedene Wörter, von welchen eines, nämlich *samudra,* sich bereits im Rigveda findet, das Altérânische gebraucht dafür ein Wort, welches im Südérânischen *daraya* lautet, von welchem das neupersische Wort دریا, daryâ, abgeleitet ist, im Nordérânischen kommt dasselbe Wort vor unter den Formen *zrayağh, zarayağh* und *zaraya.* Unter allen diesen Formen ist wohl *zrayağh* die ursprünglichste, aus welcher die andern sich erst herausgebildet haben, sie schliesst sich auch ganz genau an das indische *jrayas* an. Allein das indische Wort hat eben nicht die Bedeutung des Meeres, sondern nur die einer ausgedehnten Fläche, und diese Bedeutung ist die ursprüngliche, da das Wort von *jri* gehen, schreiten, herkommt; auch im Neupersischen bedeutet *daryâ* nicht blos das Meer, sondern auch einen grossen Fluss. An *zrayağh* schliesst sich auch das neupersische زره, *zarah*[1]), an, das bei Firdosi den Hâmûnsee und das an denselben stossende Gebiet bedeutet, daher wurden die Umwohner dieses Sees schon von den alten Persern *Zaranka*, von den Griechen *Δράγγοι* und *Ζαραγγαῖοι* genannt. Aus der altpersischen Form *Zaranka* müssen wir schliessen, dass schon die alten Perser den Hâmûnsee *zaraya* nannten und dass wahrscheinlich der Zusammenhang dieses Namens mit dem Worte *daraya* nicht mehr gefühlt wurde. Im Awestâ jedoch hat jedenfalls *zrayağh* die weitere Bedeutung Meer und bedeutet nicht blos den Hâmûnsee. Die Wortformen *jrayas*, *zrayağh* sind übrigens nur arisch und selbst die Wurzel *jri* lässt sich höchstens im lat. gliscere wieder nachweisen.

Auch über die Bezeichnungen für die Flüsse lässt sich nicht viel sagen. Sowohl die Inder als die Erânier haben eine grosse Anzahl von Benennungen für die Flüsse, aber diese stimmen nicht zusammen. Das gewöhnlichste Wort für Fluss im Awestâ ist *urud*, erhalten im neup. رود, *rod*, Fluss, es stammt von der im Awestâ noch vorkommenden Wurzel *rud*, fliessen. Dass damit skr. *rodha*, *rodhas*, Damm, hohes Ufer, zusammenhänge, möchte ich nicht behaupten, mir scheint die Wurzel *rud* eine blosse Erweiterung von *ru* zu sein, die aus skr. *sru*, fliessen, entstanden ist und zu gr. *ῥέω* stimmt. Ein anderer altérânischer Name des Flusses scheint *vaidhi* zu sein, womit man lat. vadum vergleichen kann, darauf geht möglicher Weise das neup. جوى, *jûi*, zurück, ebensogut oder noch besser vereinigt man aber dieses letztere Wort mit dem altp. *yuviyâ*, Canal, was mit dem vedischen *yavyâ*, Strom, sicherlich im Zusammenhange steht. *Dânu* heisst im Awestâ Fluss, damit hängt ossetisch *don*, Wasser, zusammen, bei den Indern ist *dânu* blos träufelnde

1) Das Wort ist kaum *zirih* auszusprechen, wie man eigentlich nach Vullers (Lexicon s. v.) annehmen müsste. Vullers citirt nur das Glossar zum Shâhnâme, wo keine Aussprache angegeben ist.

Flüssigkeit, Thau. Sonst wäre etwa noch *sindhu* zu nennen, das wir im éränischen *hindu* wiederfinden. Obwohl ich nicht zweifle, dass dieses Wort im Erânischen ebenso wie im Sanskrit einen grossen Strom ursprünglich bezeichnete, so werden wir doch nach der Lage der Dinge besser thun, den Ausdruck bei den historischen Strömen zu besprechen, von welchen unten die Rede sein soll (§ 10).

Unter den Bezeichnungen der Berge heben wir zuerst das indische *giri* hervor, das den Berg überhaupt bezeichnet und das man längst auch in dem awestischen *gairi* wieder erkannt hat Im Neupersischen kommt غر, *ghar*, Berg, nur noch in Zusammensetzungen vor, aber slav. gora, Berg, litt. gira, Wald, bekunden auch die weitere Verbreitung dieses Wortes. Allein schon im Altpersischen ist dieses Wort nicht mehr im alleinigen Gebrauche gewesen, der gewöhnliche südérânische Ausdruck ist *kaufa*, das sich im neup. كوه, *koh*, wiederfindet. Lautlich läst sich dieses Wort allerdings mit skr. *kûpa*, Brunnen vermitteln, aber weder heisst *kûpa* im Indischen jemals Berg, noch *kaufa* bei den Erâniern jemals Brunnen; wenn die beiden Worte vielleicht identisch sind, so müssen sich die Bedeutungen noch vor der arischen Zeit geschieden haben. Ausserdem wären im Awestâ noch *hara* und das davon abgeleitete *haraiti* zu nennen, diese Wörter bezeichnen nicht jeden Berg, sondern nur das fabelhafte Randgebirge, welches angeblich die Erde einfasst. Es ist zweifelhaft, ob das Wort etwa mit gr. ὄρος, Berg, zusammenhängt, oder auf das Hebräische הר *har*, Berg, zurückzuführen ist, das aber freilich im Semitischen auch keine sichere Wurzel besitzt; auf keinen Fall ist aber das Wort eines von denen, welche das Indische mit dem Erânischen theilt.

An die Bezeichnungen der Berge schliessen sich zunächst die des Thales an. Das neup. درّه *darra*, Thal geht entschieden auf das awestische *darena* zurück, letzteres selbst stammt von der Wurzel *dar*, spalten, so dass mit dem Worte ursprünglich eine Schlucht, eine Ebene zwischen zwei Bergen, gemeint sein muss, wenn sich auch die Bedeutung später erweitert hat. Aber im Indischen lässt sich mit *darena* blos *dîrṇa* vergleichen, das blos zerrissen, abgerissen bedeutet und auch *dara* hat nach dem petersburger Wörterbuche nur die Bedeutung Riss, nicht aber Thal. Das neuere هامون *hâmûn*, Ebene hängt gewiss mit altéránisch *hama* i. e. *sama*, gleich, eben, zusammen, es mag auch das neupersische Wort in etwas veränderter Form im Altéránischen bestanden haben, sonst aber scheint es eine speciell éránische, nicht eine arische Bildung zu sein. — Von den Namen für den Stein ist im Altéránischen *asan* zu nennen, dem das indische *açan* vollkommen entspricht, das Wort ist also arisch, im Neupersischen ist آس *âs* und آسيا *âsiyâ*, Mühlstein, noch hinzuzufügen, im Sanskrit ist *açani*, Donnerkeil, davon abzuleiten. Mit demselben Worte hängt auch skr. *açman*, Stein, zusammen, im Altéránischen findet sich das identische *asman*, auch im Neup. آسمان *âsmân*, überall aber nur in der Bedeutung Himmel, so dass zwar das Wort das gleiche, die Bedeutung aber in beiden Sprachkreisen verschieden geworden ist. Das gewöhnlichste neuéránische Wort für Stein ist سنك, *sang*, was wohl mit neup. سنجيدن, *sanjîden*, wägen, zusammenhängt. Dieses neuéránische Wort führt uns auf altéránisch *thanj*, aber aus den indischen Sprachen lässt sich bis jetzt kein Verwandter nachweisen. Dagegen dürften die neup. Ausdrücke für Felsen, Stein خار, *khâr*, und خارا, *khârâ*, wohl mit skr. *khara*, rauh, hart, stechend, verwandt sein und somit auf die indokeltische Wurzel *skar*, schneiden, zurückgeführt werden müssen.

Ehe wir diesen Gegenstand verlassen, mögen noch einige Worte über die Bezeichnung der Himmelsgegenden bei den Indokelten gesagt werden. Ich muss auch jetzt noch bei meiner früher schon ausgesprochenen Behauptung verharren, dass weder

das Alt- noch das Neuérânische uns zu der Annahme berechti-
gen, man habe bereits in der arischen Zeit die Himmelsgegenden so unterschieden wie es bei den Indern und bei den Hebräern
geschieht, dass man nämlich die Cardinalpunkte der Himmelsgegenden bestimmt habe, indem man sich gegen Osten wendete.
Wenn bei den Indern schon frühe *pûrva* (vorne) östlich, *paçcima*
(hinten) westlich, *dakshiṇa* (rechts) südlich, bedeutet, so lässt
sich aus den érânischen Sprachen nichts dem Entsprechendes
an die Seite setzen; doch finden wir im Awestâ *us'astara* als
östlich, *daos'atara* westlich, *apâkhtara* nördlich und *rapithwitara*
mittäglich, südlich. Die etymologischen Grundlagen aller dieser
Wörter sind ziemlich deutlich: *us'astara* stammt von *us'aǧh* =
skr. *ushas*, Morgenröthe, *daos'atara* von *daos'a* = skr. *doshâ*,
Abend, *rapithwitara* kommt von *rapithwa* Mittag, dieses wieder
von *arem-pitu*, dem ein indisches *aram-pitu* entsprechen würde.
Nirgends zeigt sich eine Möglichkeit, diese Bezeichnungen der
Cardinalpunkte mit indischen Ausdrücken zu vermitteln, welche
dasselbe bedeuteten, höchstens kann *apâkhtara* auf skr. *apânc*
zurückgeleitet werden, wozu im Awestâ die Wörter *apâsh*,
apas'a, rückwärts, stimmen, aber das ist unwahrscheinlich, denn
das indische *apânc* heisst nur westlich, nicht aber nördlich, wie
apâkhtara. Vielmehr scheint es in den altérânischen Sprachen
ein Wort *akhtara* gegeben zu haben, von welchem wir das neuérânische اختر *akhtar*, Sternbild, ableiten müssen, ein Wort,
welches sich leicht mit skr. *aktu*, Licht, und gr. ἀκτίν, Strahl,
vermitteln lässt. Im Altpersischen sind uns leider keine Wörter
erhalten, welche die Himmelsgegenden bezeichnen [1]), im Neupersischen haben die arabischen Bezeichnungen die einheimischen
ganz verdrängt, nur باختر, *bâkhtar*, Westen, lässt sich etwa an-

---

1) J. 15 wird allerdings ein Wort *paraura* angenommen, das man
mit östlich übersetzt, aber das Wort ist verstümmelt und die Herstellung
wie die Uebersetzung rein conjectural. Eine einheimische Uebersetzung
der genannten Inschrift existirt leider nicht.

führen, aber dieses Wort muss eine sehr neue Bildung sein. Wir nehmen also Anstand, diese Orientirung in den Himmelsgegenden von Osten aus als eine arische zu bezeichnen, um so mehr als sich auch in den weiteren Kreisen der indokeltischen Sprachen keine Spur eines solchen Gebrauches findet.

§ 4.

Die Bezeichnungen der Dinge in den Reichen der Natur.

Die Gegenstände, welche von dem Menschen schon im Stande der Kindheit beachtet wurden, pflegen zum grossen Theile den drei Reichen der Natur anzugehören: dem Steinreiche, dem Pflanzenreiche und dem Thierreiche. Beginnen wir mit dem erstern, so können wir wegen der Bezeichnung der Steine auf das im vorhergehenden Paragraphen Bemerkte verweisen und uns hier sogleich zu den mit den Steinen nahe verwandten Metallen wenden. Die Ansicht, dass für die Metalle insgemein ein Name bereits bestanden habe, lässt sich durch Nichts begründen. Der gewöhnliche indische Name für Metall ist *dhâtu*, aber weder dieser noch einer der andern Namen, welche angegeben werden (*loha*, *taijasa*) findet sich im Erânischen wieder, im Awestâ heisst vielmehr das Metall *ayo-khs̒usta*, im Mittelérânischen ist daraus *ayokhshust* (auch *ayokhshest* geschrieben) entstanden, daraus hat sich ايخشت, *ayokhshut*, ins Neupersische gerettet, doch bezweifle ich, dass dieser Ausdruck in Erân noch allgemein verstanden wird, denn nur ein in Indien geschriebenes Wörterbuch, der Burhân, führt dieses Wort an und es mag leicht aus den Schriften der in Indien lebenden Parsen stammen, das Wort *ayokhs̒usti* kann wohl nur Schmelzung des Eisens oder Erzes bedeuten (vgl. Ys. 50, 9, wo so übersetzt wird). Ein anderer im Awestâ für Metall gebrauchter Name ist *khs̒athra vairya*, aber dieser Name ist neu und hängt mit den religiösen Anschauungen der Parsen zusammen, welche den Namen des himmlischen Genius, der über die Metalle gesetzt ist, auf diese selbst übertrugen. Die neuern Perser verwenden arabische Ausdrücke. Anders stellt sich die Sache, wenn wir die Namen der einzelnen Metalle betrachten. Unter diesen ist der Name des **Goldes** besonders beachtenswerth. Schon im Rigveda heisst das Gold *hiraṇya*, zu diesem Namen stimmt vollkommen das awestische *zaranya* und wiederum mit diesem das neup. زر, *zarr*. Die érânische Form erweist sich als ursprünglicher als die indische, denn *zaranya* hängt mit *zairita*, gelb, zusammen, weil das Gold bei den Indokelten seinen Namen von der gelben Farbe erhalten hat, und auch *hiraṇya* muss zu *hariṇa*, *harita*, gelb, gestellt werden, das ursprüngliche a ist also zu i verdünnt worden. Die Formen *hiraṇya* und *zaranya* beschränken sich auf die arischen Sprachen, die übrigen indokeltischen Namen des Goldes führen uns zwar auch auf dieselbe Verbalwurzel zurück, aber die Bildung ist eine andere. — Für das **Silber** ist im Indischen der gewöhnlichste Name *rajata*, ein Wort das zwar im Rigveda nicht mit Sicherheit nachgewiesen werden kann (cf. Zimmer, altindisches Leben p. 52 fg.), das aber auch im Awestâ in der Form *erezata* vorkommt und um so mehr als arisch gelten darf, als es auch im griech. ἄργυρος, lat. argentum, seine Verwandten hat und ursprünglich auf die Idee des weisslich Glänzenden zurückführt. Schon dem Mitteléránischen ist aber dieses Wort entschwunden, dort findet man *asîm*, woraus das neup. سیم, *sîm*, Silber, entstanden ist; es scheint ein Fremdwort, gr. ἄσημος, neugr. ἀσῆμι zu sein und hat mit andern Namen für Silber nichts gemein. (Anders Lagarde, Beiträge zur baktrischen Lexicographie p. 14, Symmikta 2, 4). Keinesfalls ist dies ein arisches Wort gewesen.

Für das **Eisen** wird uns im Sanskrit das Wort *ayas* geboten, wiewol demselben auch in weiterem Sinne die Bedeutung Metall zukommen muss. Das petersburger Wörterbuch hält als Grundbedeutung für *ayas* die Bedeutung Eisen fest, während dagegen Zimmer (l. c. p. 52) die Bedeutung Erz als die ursprüngliche annimmt und nur den Ausdruck *çyâmam ayas*, bläuliches Erz, der im Atharvaveda vorkommt, als Bezeichnung des Eisens gelten lassen will. Ob die Bearbeitung der Bronze oder des Eisens die ältere sei, ist bekanntlich nicht ausgemacht. Auch Schrader l. c. p. 268 nimmt an, dass *ayas* in der ältesten Zeit ausser Metall im Allgemeinen eher Erz als Eisen bedeutet habe. Für das Awestâ kommt unserer Ueberzeugung nach diese Frage gar nicht in Betracht, da zur Zeit als dieses Buch geschrieben wurde beide Metalle längst bekannt waren. Für das awestische *ayaǧh* — im Altpersischen kommt leider kein Wort für dieses Metall vor — hat nun Geiger (ostirânische Kultur p. 148) sich an die Ansicht Zimmers angeschlossen, wir möchten im Allgemeinen die Bedeutung Eisen vorziehen, diese Bedeutung scheint das Wort in den Gâthâs (Ys. 32, 7) zu haben, es ist auch die Bedeutung, welche die Uebersetzungen dem Worte stets geben. So wird Ys. 9, 36. 38 von einem eisernen Topfe gesprochen, dass Ys. 11, 22 von einem eisernen Harnisch die Rede sei, erhellt aus einer Vergleichung der Stelle mit der vollständigeren Wiedergabe des Mythus bei Firdosi (Shâhn. 220, 2—4 Mac.) Nur an zwei Stellen (Yt. 10, 96. 132) möchte ich die Worte *zaroish ayaǧho frakikhtem* übersetzen: mit gelbem Erze überzogen, oder: aus gelbem Erze gegossen, der Nachdruck wird aber dabei auf das Beiwort gelb zu legen sein. Den neuérânischen Sprachen scheint das Wort entschwunden zu sein, zwar wird ein neupersisches آیِن, *âyan*, angegeben, aber nur auf die Autorität eines einzigen Lexikons (des Burhân), gelesen hat das Wort wohl noch Niemand und die Form ist etwas verdächtig, man erwartete ayah. Das gewöhnliche Wort für Eisen im Neupersischen ist آهن, *âhen*, wofür angeblich auch آهین, *âhîn*, geschrieben werden kann. Diese Wortformen schliessen sich ohne Schwierigkeit an mitteléránisch *âsîn*, kurd. *âsin*, *hâsin* an, ein Wort ungewisser Herkunft, das vielleicht mit *asan*, Stein, zusammenhängt. Hinzufügen wollen wir noch, dass sich im Awestâ nicht selten das von *ayağh* abgeleitete Adjectiv *ayağhaena* in der Bedeutung eisern findet. — Das Wort für Bronze ist im Neupersischen برنج, *birinj*, das ich früher in dem Vd. 8, 254 vorkommenden *paroberejya* wiederfinden wollte, die Sache ist aber sehr bedenklich und unsicher. — Das Kupfer werden wir uns wohl unter dem indischen *ayas* mit inbegriffen denken müssen, im Neupersischen heisst dieses Metall مس, *mis*, man denkt dabei an Messing, das im Indischen *kâṅsya* genannt wird, für das der im Awestâ Vd. 14, 48 vorkommende Ausdruck *kăstra* (Glocke nach Justi), nur eine schwache Möglichkeit der Anlehung bietet. — Für das im Alterthume so seltene Zinn wüssten wir im Altérânischen gar kein Wort zu nennen, (wiewohl Zinn in Erân vorkommt, cf. Schrader l. c. p. 216) denn das awestische *aonya* (Vd. 8, 254) ist allzu unsicher. — Endlich wäre noch das Blei zu nennen, aber keiner der indischen Ausdrücke (*sîsa* etc.) zeigt eine Aehnlichkeit mit dem awestischen *sru*, von welchem neup. اسرب *usrub* stammt, auch wohl رو, *ro* oder روی, *roy*, Werkblei; damit hängt auch zusammen das Adjectiv *srvaena*, aus Werkblei verfertigt, neup. رویینه, *royîna*. Das Wort auf skr. loha zurückzuführen wie Hübschmann will, nehme ich Anstand, da die röthliche Farbe für dieses Metall nicht nachgewiesen ist.

Ueberblicken wir diese Namen der Metalle in den arischen Sprachen, so werden wir uns sagen müssen, dass in ihnen mit Sicherheit die Namen der beiden Edelmetalle, Gold und Silber, identisch sind, für welche aber auch der weitere Kreis der indokeltischen Sprachen nahe verwandte Wörter bietet. Auch das Wort *ayas*, *ayağh* gehört unzweifelhaft diesem weitern Kreise an, nur möchten wir hier über die ursprüngliche Bedeutung dieses Wortes nicht mit Sicherheit uns erklären, es mag für die geringern Metalle überhaupt gebraucht worden sein. Natürlich folgt aus dieser Gemeinschaftlichkeit der Bezeichnung nur, dass Gold, Silber, Eisen oder Erz schon sehr frühe den Indokelten, namentlich den Ariern, bekannt waren, dass sie aber diese Metalle selbst gefunden und nicht von andern Völkern erhalten haben [1]), sind wir meines Erachtens aus dieser Gemeinschaftlichkeit der Bezeichnung nicht berechtigt zu schliessen. Für die geringern Metalle herrscht selbst unter den arischen Sprachen so wenig Uebereinstimmung, dass man ihre Kenntniss selbst der arischen Zeit entschieden absprechen müsste, wenn es erlaubt wäre, aus den Namen allein solche Schlüsse zu ziehen. Wir glauben aber, dass zwar der Nachweis einer bestehenden Gemeinschaft sehr hoch anzuschlagen ist, das Fehlen einer gemeinschaftlichen Bezeichnung aber nicht die gleiche Beweiskraft hat, da der Zufall den ursprünglichen Namen in Vergessenheit gebracht haben kann. Was mich in dieser Ansicht bestärkt, ist, dass für ein so wichtiges menschliches Bedürfniss wie das Salz, ein gemeinschaftlicher Name nicht nachgewiesen werden kann. Der indische Name ist *lavaṇa*, der sich übrigens erst in späten Schriften, im Atharvaveda nur ein einziges Mal findet (Zimmer l. c. p. 54), das Altéranische zeigt uns das Wort nirgends, das Neupersische نمك, *namak*, dialektisch auch *nimak*, hängt mit نم, *nam*, feucht, zusammen.

Sind die Ermittlungen für den arischen Sprachschatz aus dem Steinreiche nicht sehr ergiebig gewesen, so werden es die aus dem Pflanzenreiche verhältnissmässig noch weniger sein. Die Gründe dafür hat schon Pictet (1, 189) richtig entwickelt. Die tropische Natur Indiens zeigt ganz andere Pflanzen als die in Erân gewöhnlichen, überhaupt findet man diesseits der Naturgränze Indiens kaum die eine oder die andere Pflanze wieder. Dazu kommt von éránischer Seite die Spärlichkeit des Materials. Die Keilinschriften geben uns gar keine Pflanzennamen, das

1) Vgl. auch Schrader l. c. p. 272 flg.

Awestâ nennt deren nur wenige und diese sind nicht immer sicher zu bestimmen, mit neupersischen Pflanzennamen aber muss man sehr vorsichtig sein, da sich in dieser Sprache mit der Zeit fremde botanische Namen eingebürgert haben, die für unsere Zwecke natürlich nicht brauchbar sind. Wichtig sind indessen einige allgemeine Bezeichnungen. Das auch im weitern Kreise nachweisbare indische Wort *dru*, Holz, findet sich im Awestâ wieder, zwar bedeutet dort *dru* eine Waffe (vgl. gr. *δόρυ*), aber das abgeleitete Adjectiv *drvaena* bedeutet noch hölzern, es wird daher für *dru* auch im Erânischen die indische Bedeutung gesichert sein. Nur eine Erweiterung von *dru* ist das indische *dâru*, das nicht blos Holz im Allgemeinen, sondern auch einen bestimmten Baum bezeichnet, das entsprechende Wort des Awestâ lautet *dâuru*, im Neupersischen دار, *dâr*, und bedeutet sowohl einen Baum überhaupt als auch Holz im Allgemeinen, wie im Indischen; letztere Bedeutung muss auch die ursprünglichste sein, da das Wort von *dar*, findere, abstammen muss. Nicht zu übersehen ist auch das neup. دارو, *dârû*, das die eingeschränkte Bedeutung von Arzenei erhalten hat. Auch das Awestâwort *vana*, Baum, ist hier zu nennen, das entsprechende indische *vana* bedeutet zwar einen Wald, aber in *vanaspati*, Baum, tritt die érânische Bedeutung wieder mehr hervor. Im Neupersischen ist das entsprechende بن, *bun*, nur in Zusammensetzungen erhalten geblieben. Auch das Wort *urvara* hat das Indische und das Erânische gemein, aber die Bedeutungen gehen auseinander, das indische Wort bedeutet Saatfeld, Ackerland das érânische nur die Pflanze überhaupt, und ich bin nicht im Stande zu sagen, welche Bedeutung die ursprünglichere ist. Das neupersische درخت, *dirakht*, Baum, hat im Indischen keinen Vertreter, wiewohl das Wort sonst in den indokeltischen Sprachen nachzuweisen ist. Zur erwähnen ist noch skr. *idhma*, Brennholz, im Awesta *aesma*, neup. هيزم, *hêzam*, mit unregelmässiger Steigerung des Wurzelvocals. Ein neup. *arûgh*, das Pictet anführt, ist mir nicht bekannt und wohl verschrieben für das gleichfalls schlecht bezeugte ارزج, *arûj*, das nach Richardson the iuniper tree bedeuten soll. Das indische Wort *çâla* soll auch einen Baum überhaupt bedeuten, es ist aber wohl ein bestimmter Baum (Vatica robusta nach den Wörterbüchern), dazu lässt sich neup. سال, *sâl*, stellen, das aber den Teakbaum bezeichnen soll und daher wohl Lehnwort aus dem Indischen sein dürfte, gewiss ist dieses der Fall, wenn man im Sanskrit die gleichfalls bezeugte Form *sâla* vorziehen und damit gr. ἑλίκη, lat. salix, vergleichen will, in diesem Falle würde die éränische Form *hâl* lauten müssen. Für den Stamm des Baumes sind aus dem Altéränischen keine Wörter erhalten und die neuéränischen Bezeichnungen stimmen nicht zu den indischen, unter den Wörtern hingegen, welche den Zweig bedeuten, stimmt das indische *çâkhâ* zu dem neup. شاخ, *shâkh*, die Verschiedenheit des Anlautes darf uns nicht beirren, da es mehrfach vorgekommen ist, dass ein ursprüngliches ç im Neupersischen in sh übergeht. Als ein Name für die Wurzel des Baumes wird uns im Awestâ *vares'aji* angegeben, ich getraue mir nicht, das Wort mit dem mitteléränischen und neup. ريشه, *résha*, zu vermitteln, noch weniger mit gr. ῥίζα, die indischen Wörter, die auf die Wurzel *vardh* wachsen zurückgehen, liegen noch weiter abseits; *budhna* hingegen, das den Indern mehr den festen Grund und Boden bedeutet, schliesst sich gewiss an das awestische *buna*, neup. بن, *bun*, an, welche Wörter unter Anderem auch die Wurzel bedeuten. Für die Rinde des Baumes besteht kein gemeinschaftliches Wort, aber die Anschauung beider arischen Sprachen ist dieselbe: sie benennen die Rinde mit demselben Worte das auch die menschliche Haut bezeichnet. Auch die Namen für die Blätter des Baumes sind nicht dieselben, doch halte ich es nicht für unmöglich, dass neup. برگ, *barg*, Blatt, mit skr. *bhûrja*, Birke, verwandt sein könne, möglich wäre es freilich auch, dass man dafür ein altérânisches *varga* anzunehmen hätte (vgl. altpersisch *haumavarga*), wozu wohl lat virga stimmen könnte. Wörter für Blüte und Frucht, die wir für das Erânische nur aus dem Neupersischen belegen können, haben nichts mit einander gemein. Für den Begriff des Waldes giebt uns das Awestâ einmal (Vd. 22, 53) das Wort *vares'a*, ich vermag damit nicht das mittelérân. *vésha*, neup. بيشه, *bésha*, zu vermitteln, eher wäre dies möglich mit skr. *vàrsha*, das einen Welttheil, doch auch eine zwischen Bergen liegende Niederung bedeutet, besser vielleicht noch mit *vṛiksha*, Baum.

Begeben wir uns nun auf das Gebiet der Einzelheiten, so ist nicht viel von Uebereinstimmung zu berichten. Die gewöhnlichsten unserer Waldbäume, die Eiche, Buche und Birke scheinen den Indern ursprünglich ganz unbekannt zu sein, und den alten Erâniern nicht minder. Auch andere Namen europäischer Bäume wie die Esche, Linde und Fichte zeigen nicht die mindeste Uebereinstimmung, was sehr natürlich ist. Eine Ausnahme macht jedoch die Weide, denn zu den europäischen Namen wie *ἰτέα*, deutsch Weide, stimmt ganz auffallend neup. بيد, *béd*, zu dem man wohl das einmal (Vd. 22, 58) in einem Theile der Handschriften vorkommende *vaeti* stellen darf. Aus dem Indischen ist *vetasa*, Rohr, als ein verwandtes Wort gewiss herbeizuziehen und auch lat. vitis wird anzuschliessen sein. Das indische *naḍa*, Rohr, ist wohl kaum mit Grassmann aus einem ursprünglichen *narda* entstanden zu denken, sondern ist wohl blos eine andere Schreibung für *nada*, welchem Worte Pischel (Zeitschr. DMG. 35, 717 flg.) die Bedeutung Rohr nach meiner Ansicht mit Recht beigelegt hat, und daran schliesst sich selbstverständlich neup. نى, *nay*, Rohr, an, das auf ein früheres *nada* sicher schliessen lässt. Noch schlechter als mit den Waldbäumen steht es in Hinsicht auf die Vergleichung mit den Obstbäumen. Es versteht sich, dass unsere Obstbäume in Indien nicht heimisch sind, aber auch in Erân gedeihen nach Polaks Versicherung (Persien 2, 149) die in Europa gebräuchlichen Obstsorten wie Aepfel, Birnen, Kirschen und Pflaumen nur in bergigen Gegenden, in der Ebene bleiben sie hart und ungeniessbar; sie sind daher nicht von der gleichen Wichtigkeit wie in den westlichen Gegenden, darum sind auch ihre Namen weniger bekannt und nicht mit den europäischen übereinstimmend. Die Namen für Aepfel, Birnen und Pflaumen sind in Erân ganz eigenthümlich, die für Kirschen und Weichseln deuten auf fremde Einführung hin. Eine in Erân einheimische Frucht ist die Mandel, ihr neupersischer Name ist بادام, *bâdâm* dazu stimmt das indische *vâdâma* oder *vâtâma*, aber der Name ist in Indien ohne weitere Verwandte und dürfte dorthin zugleich mit der Sache aus dem Westen gekommen sein. Das selbe gilt vom ind. *tûta*, *tûda* und *tûla*, Maulbeerbaum pers. توت, *tût*. Von Wichtigkeit ist für uns aber der Nussbaum, der nach Plinius (H. N. 15, 22) aus Persien nach dem Abendlande gekommen sein soll. In der That finden wir den neup. Namen der Nuss, گوز, *goz*, im Hebräischen אֱגוֹז, egoz, wieder, die altérânische Form fehlt uns zwar, kann aber nicht weit abliegen [1]). Ich halte es nicht für unmöglich, dass der indische Name des Wallnussbaumes *akshoṭa* oder *akshoḍa* mit der altérânischen Form des Namens in Verbindung steht, nur dürfte auch hier eher wieder eine Entlehnung als eine ursprüngliche Verwandtschaft anzunehmen sein. Von höherer Bedeutung für unsern Zweck ist uns der Name des Weinstockes und des Weines. Es liegt am Tage, dass der Weinstock nicht aus Indien nach dem Abendlande gekommen sein kann, dass vielmehr Erân das östlichste indokeltische Land ist in welchem

1) Verwandt ist vielleicht neup. گوزه, *goza* oder غوزه, *ghoza*, tegumentum, involucrum ut capsula gossipii, was von gud, im Awestâ guz, verbergen, abstammt.

der Weinstock und der Wein heimisch ist, es ist daher unwahrscheinlich, dass der indische Name der ursprüngliche sei. Gewiss thut auch Pictet Unrecht, wenn er (1, 281) indische Wörter wie *rasa*, *rasâlâ* und *rasita* herbeizieht, einmal sind diese Namen spät, dann bezeichnen sie auch nicht das aus Trauben bereitete Getränk; sie lassen sich alle auf rasa, Feuchtigkeit, zurückführen, wenn sie auch berauschende Getränke bezeichnen, so sind diese darum doch nicht der Wein. Im Erânischen (und überhaupt wohl in den indokeltischen Sprachen) haben sie keine Verwandte, der neupersische Name des Weinstockes ist رز, *raz*, ein Wort das mit skr. rasa nichts gemein hat, aber verwandt sein dürfte mit altérânisch *razura*, was ein Dickicht bedeuten soll. An das genannte neupersische Wort schliesst sich leicht ῥάξ, ῥαγός, der griechische Name des Weinstockes, schwieriger damit zu vermitteln ist das lateinische racemus, doch hat vielleicht neben rag eine härtere Form rak bestanden. Das indische *drâkshâ*, Weinstock, Weintraube, ist meines Erachtens ein Lehnwort, das Wort ist zwar nicht ganz jung (es findet sich bereits bei Pâṇini), doch auch nicht sehr alt und die ältesten indischen Schriften kennen es nicht. Mit dem Weine wird es nun keine andere Bewandtniss haben können als mit dem Weinstocke, wir schliessen natürlich die mit drâkshâ zusammen gesetzten Wörter ganz aus, weil wir dieselben als jung ansehen müssen. Der Name *surâ* findet sich im Awestâ in *hura*, gewiss geht das Wort in die arische Zeit zurück und bezeichnete damals schon ein Getränk, in Erân wurde *hura* aus Pferdemilch bereitet, dass es ein berauschendes Getränk war, lässt sich nicht erweisen. Namen wie madyam, madirâ, kâdambarî bezeichnen im Sanskrit zwar ein berauschendes Getränk, keineswegs aber den aus Trauben gewonnenen Wein. Noch ungewisser ist dies von Wörtern wie *madhu* und den Ableitungen *mâdhvî*, *mâdhvîkam*, *mâdhavaka*, nur dass es süsse, berauschende Getränke waren lässt sich mit Sicherheit behaupten. Im Neupersischen haben wir für den Wein die drei Bezeichnungen باده, *bâda*, می, *may* und مل, *mul*. Das erste dieser Wörter kann nicht blos den Wein, sondern auch andere berauschende Getränke bezeichnen, ich vermag es weder mit einem indischen noch sonst mit einem indokeltischen Worte zu vereinigen, wenn man nicht annehmen will, es sei b aus m vertauscht, in diesem Falle wäre es möglich, das Wort mit *mad*, berauschen, in Verbindung zu bringen. Das zweite Wort scheint auf das awestische *madhu* zurückzuleiten und sich demgemäss dem gr. *μέθυ* anzuschliessen. Auch ein érânisches *madhu* kommt vor (cf. Bartholomae ZDMG. 37, 459), welches mit indisch *mada*, Rauschtrank, identisch sein könnte, cf. lat. madeo, madidus.

Bei Untersuchungen über die Namen der Getreidearten steht auch die Verschiedenheit des Klimas wieder hindernd im Wege. Nicht nur dass Producte, welche für den Erânier zu den Lebensbedürfnissen gehören, bei den Indern nicht in gleichem Grade hervortreten, sie fehlen sogar nicht selten in dem tropischen Lande gänzlich und andere Erzeugnisse Indiens vertreten ihre Stelle, die nun wieder den westlich wohnenden Ariern unbekannt geblieben sind. Ueber die Getreidearten beider Länder lässt sich indessen soviel sagen, dass sie als Körnerfrüchte betrachtet werden und in dieser Hinsicht einen gemeinsamen Namen führen: das Korn heisst nämlich bei den Indern *dhânâ* oder *dhânya*, diesen Namen finden wir auch im Awestâ in der wenig verschiedenen Form *dâna* und auch das Neupersische hat das Wort دانه, *dâna*, bis heute erhalten (vgl. aber auch litt. dûna). Auch das indische *sasya*, Feldfrucht, finden wir im awestischen *hahya* getreulich wieder gegeben. Das neupersische بر, *bar* und بار, *bâr*, Frucht, führt auf die Wurzel bhar zurück und letzteres Wort bezeichnet wohl nicht blos Reismehl, sondern alle Erträgnisse des Feldes. Gemeinsam ist den Ariern das Wort *urvara*, aber in verschiedener Bedeutung. Während das indische *urvarâ*, Saatfeld, bedeutet, heisst im Awestâ *urvara* vorzugsweise die Pflanzen, wenn auch das Wort an einigen Stellen gefasst werden kann wie im Sanskrit (cf. Geiger, ostir. Cultur p. 150). Die Vergleichung mit *ἄρουρα*, arvum, erweist die indische Bedeutung als die frühere. Für den Roggen fehlt dem Inder nicht blos ein Wort, sondern die Sache selbst und auch in Erân ist diese Getreideart nicht besonders geachtet. Für Weizen hat das Sanskrit den Namen *godhûma*, was Kuhdampf zu bedeuten scheint, ein wenig passender Name, im Neupersischen heisst der Weizen گندم, *gandum*, und dies scheint mir auf die ursprüngliche Form hinzuweisen, denn *gandum* kann zwar *godhûma* werden, aber nicht umgekehrt. Es dürfte hiernach das indische Wort ein Lehnwort sein, dessen äussere Gestalt so verändert wurde, dass es ein einheimisches Wort zu sein schien. Schwerlich war auch diese Getreideart in Indien sonderlich beliebt (cf. Zimmer p. 241), denn der Weizen führt auch den Namen *mlecchabhojana*, d. i. Barbarenessen. Freilich ist das persische *gandum* auch nicht mit Sicherheit etymologisch zu erklären, man kann es nur auf *gand*, riechen, zurückleiten, eine Wurzel, welche das Erânische ebenso besitzt, wie das Indische, und dafür spricht noch, dass auch *gandhavihvala* ein indischer Name des Weizens ist. Das neupersische خويد, *khavid*, bezeichnet nur im Allgemeinen Getreide, das noch keine Aehren angesetzt hat, es ist überhaupt Grünes, soweit dasselbe saftig ist, und dürfte mit خوى, *khoi*, Schweiss und der indokeltischen Wurzel *svid*, schwitzen, zusammenhängen. Mit goth. *hveits* und unserem Weizen hat das Wort nichts zu schaffen. Auch das indische *tṛiṇa*, Gras, finden wir im neup. تر, *tarr*, wieder, aber dieses Wort bedeutet wie das griech. *τέρην* nur feucht, grünend, hängt also mit skr. *taruṇa*, aw. *tauruna*, jung, zusammen. Der wichtigste Ausdruck unter denen, welche Getreidearten bezeichnen, ist ohne Frage das indische *yava*. Das petersburger Wörterbuch vermuthet, dass dieses Wort ursprünglich die Kornfrucht überhaupt bezeichnete und die Einschränkung auf die Bedeutung Gerste erst später erfuhr. In der That, wenn man bedenkt, dass skr. *yavasa*, Gras, Futter im Allgemeinen bedeutet und man auch für *yévin* oder *yavan* (Ys. 41, 22) im Eränischen eine ähnliche Bedeutung annehmen muss, so wird man diese Ansicht wahrscheinlich finden. Zugestanden muss indessen werden, dass die Bedeutung Gerste für dieses Wort schon arisch ist, denn neup. جو, *jav*, das aus *yava* entstanden ist, bedeutet Gerste, ebenso das aus *yévin* entstandene جوين, *javîn*, nur Gerstenbrot. Hierher gehört auch das mitteléränische *zordâe*, welches *yava* gewöhnlich übersetzt und in den Formen زرد, *zurd* oder زرت, *zurt*, auch den Neupersern in der Bedeutung Futter bekannt ist (cf. Rückert, Wiener Jahrbücher XL, 176), es ist wohl sicher mit lat. hordeum verwandt, ein indisches Wort wüsste ich damit nicht zu vergleichen. Von grosser Bedeutung ist auch für die arischen Völker der Reis, den beide kennen. Bei den Indern bezeichnet gewöhnlich *vrîhi* den Reis, man hat das Wort, und wohl nicht mit Unrecht, auf *vṛih*, wachsen, zurückgeführt, so dass die ursprüngliche Bedeutung die einer Kornfrucht überhaupt ist, welche dasselbe nach den Zeugnisse einheimischer Wörterbücher auch noch hat. Europäische Namen sind gr. *ὄρυζα* und wohl auch das von Galen (Aliment. 1, 43) angeführte thrakische *βρίζα*, diese Wörter können aber keine entlehnten sein, weil sie das indische h durch z ersetzen. Dasselbe gilt nun auch von dem neupersischen برنج, *birinj* oder گرنج, *gurinj* (blos verschiedene Aussprachen desselben Wortes), eine ältere Form kennen wir leider nicht, sie kann aber nicht viel anders als *berenja* gelautet haben und dies scheint mir zu beweisen, dass der Reis schon in der arischen Periode bekannt gewesen sein muss, freilich muss andererseits bemerkt werden, dass den vedischen Indern der Reis noch nicht bekannt war (Zimmer l. c. p. 239).

Nicht viel anders als mit dem Getreide steht es mit den Hülsenfrüchten, welche den Menschen zur Nahrung dienen. Wenn wirklich indische Namen vorhanden sind, was selten der Fall ist, so treten sie sehr zurück, die Früchte dieser Gewächse haben für Indien nicht dieselbe Wichtigkeit wie für die westlichen Länder. Manche dieser Früchte mögen auch in indokeltischer oder arischer Zeit bekannt gewesen sein, ohne dass sich identische Namen für sie erhalten hätten. Ob man neup. بخله, *bakhala*, Bohne, zu gr. *φάσηλος* stellen und von *baj* = *φάγω*, essen, ableiten soll, mag unentschieden bleiben, gewiss aber stimmt indisch *mâsha*, Bohne, zu neup. ماش, *mâsh*, Wicke, nur wird sich schwer ermitteln lassen, ob das Wort nicht auf der einen oder der andern Seite ein Lehnwort ist. Ebenso wird skr. *lobhya* als Name einer Bohnenart angegeben, im Neup. entspricht لوبيا, *lûbiâ*; hier scheint die Entlehnung aus dem Indischen augenscheinlich. Mit einem der indischen Namen für die Linse *mangalya*, hängt möglicherweise mittelérân. und neup. منجو, *manjû*, Linse, zusammen, doch auch مچك, *macak* und مرجمك, *marjumak*, finden wir als Namen der Linse angegeben; andere Wörter führen auf *dâna*, Korn, zurück. Dem indischen Namen des Mohnes *khaskhasa* oder *khâkhasa*, entspricht das persische خشخاش, *khaskhâsh*, allein aus keiner dieser Sprachen geht die Abstammung dieses Wortes mit Sicherheit hervor Unter den Gemüsearten nennen wir auch noch das indische *karambha*, das nicht blos Grütze, Brei, sondern auch mehrere Pflanzen bezeichnet, nur lautlich davon unterschieden ist *kadamba*, *kalamba*, Stengel einer Gemüsepflanze, auch *kalambî*, convolvulus repens, dazu stimmt neup. كرنب, *karamb*, olus quod in pultem indunt und كرم, *karm*, in ripis fluviorum crescens herba, aber das Wort ist bereits indokeltisch, beweist also nichts Besonderes für die arische Zeit. Nicht übersehen dürfen wir auch skr. *kalama:* 1) eine Reisart, 2) Schreibrohr, es ist natürlich das arabisch-persische قلم, *qalam*, aber nicht etwa ein semitisches Lehnwort, wie das deutsche Halm beweist. Das im Awestâ vorkommende Wort *kapastish*, ist wohl identisch mit neup. كبست, *kabast*, Coloquinte, es hat seine Verwandten in europäischen Sprachen wie litt. *kopustas*, Kohlkopf, aber nicht im Indischen, das Wort kann also nicht für arisch gelten. Wichtig scheint mir auch ind. *carbhaṭa*, cucumis utilissimus und neup. خربز, *kharbuz*, cucumis melo lat. cucurbita, aber jedenfalls nicht blos arisch. Zu neup. خار, *khâr*, Dorn, lässt sich gr. *σκόλος* und skr. khara, rauh, vergleichen. Der Name für Hanf ist im Neup. كنو, *kanaw*, nur lautlich davon verschieden ist كنف, *kanaf*, ein aus Hanf gedrehter Strick, unzweifelhaft ist die Verwandtschaft mit europäischen Wörtern wie *κάνναβος*, *cannabis* und Hanf, verglichen hat man auch skr. *çaṇa*, eine Hanfart, *çâṇa*, hänfen, es ist mir indessen kein Wort mehr bekannt, in welchem dem indischen ç ein persisches k entspräche. Nicht übersehen dürfen wir aber das indische *bhangâ*, welches sowohl den Hanf als das aus einer Hanfart bereitete berauschende Getränk bedeutet, das gewöhnlich Haschisch genannt wird. Ganz dasselbe finden wir im awestischen *bağha* und im neup. بنگ, *bang*, wieder. Nur fragt es sich eben bei beiden Wörtern, ob hier Urverwandtschaft oder Entlehnung auf einer Seite vorliegt.

Wir gehen nun zur Betrachtung der Verwandten aus dem Thierreiche über und nennen zuerst wieder einige allgemeine Begriffe. Die vedischen Inder theilen die Thiere in zweifüssige und vierfüssige (dvipad und catushpad), ebenso die Erânier des Awestâ (bipaitishtâna und cathwarepaitishtâna), die Verbindung pasu-vîra zeigt, wie nahe Menschen und Thiere nach den Anschauungen des Awestâ sich stehn. In eine weit frühere Zeit als die arische reicht der Unterschied zwischen wilden und zahmen Thieren zurück und derselbe wird auch durch die arischen Sprachen übereinstimmend ausgedrückt: das Indische pflegt wild durch *araṇa* zu bezeichnen und dieses Wort darf man ohne Bedenken im awestischen *auruna* wiederfinden, wenn es auch auffallend ist, dass a nach r zu u entartet ist, denn diese Sitte ist sonst mehr indisch als érânisch. Im Neupersischen erscheint öfter دد, *dad*, für wilde Thiere, besonders die reissenden, es wird das Wort mit *dañta*, Zahn, zusammenhängen, auch in den Vedas gelten die Zähne der Thiere als charakteristisches Merkmal. Als allgemeinster Ausdruck für die zahmen Thiere darf wohl *paçu* gelten (zuweilen Thier überhaupt), ein Wort das auch im érânischen *pasu* in gleicher Form und Bedeutung wieder erscheint und sich auch in kurdisch پز, *paz,* noch erhalten hat. Einige Male finden wir im Awestâ auch die kürzere Form *fs'u*, damit mag neup. شبان, *shubân*, Hirte, zusammenhängen, wie Pictet annimmt. Auf grössere Thiere beschränkt ist skr. *sthaurin*, Lastthier, nur dem Suffixe nach davon verschieden im Awestâ *staora*, wovon neup. ستور, *sutûr* oder استور, *ustûr* stammt und das von grössern Thieren wie Pferde, Elephanten etc. gebraucht wird. Das indische *vṛishan*, stark, kräftig, finden wir zwar nicht mehr in unseren altérânischen Texten, dass es aber unzweifelhaft vorhanden war, beweist neup. گشن, *gûshan*, das von allen zeugungskräftigen Wesen gebraucht werden kann. Betrachten wir nun die einzelnen Thiere und zwar zunächst die zahmen, so nimmt unter den grössern von denselben das Rind die erste Stelle ein. Dieses Thier führt bei den Indern den Namen *gâus*, bei den Eräniern *gâush*, neup. گاو, *gâu,* die Namen sind also vollständig identisch, sie beschränken sich aber nicht blos auf die arischen Sprachen. Das Wort gâus wird von den Indern sowohl im masc. als im fem. gebraucht und bezeichnet demnach sowohl das männliche als das weibliche Thier, bei den Eräniern findet nicht nur derselbe Gebrauch statt, man scheint auch die

Bezeichnung des Rindes auf andere Hausthiere übertragen zu haben, welche wir nicht zum Rindergeschlecht zählen. Am deutlichsten beweist dies der Name *gaospeñta*, woraus neup. گوسفند, *gosfend*, entstanden ist, der Name sollte eigentlich heiliges Rind bedeuten, wird aber nur für kleinere Thiere, vorzugsweise Schafe gebraucht. Nur das männliche Rind bezeichnet das indische *ukshan*, das wir im êrânischen *ukhs'an* wiederfinden, aber auch dieses Wort ist kein rein arisches, wie das deutsche Ochse beweist. Die Kuh heisst bei den Indern *dhenâ* oder *dhenu*, was sich auch im êrânischen *daena* und *daenu* erhalten hat. Auch heisst hier das Wort noch Weibchen überhaupt, was sich durch die Vergleichung mit andern Sprachen als das Ursprüngliche erweist, denn es kommt von *dhâ*, säugen, cf. gr. θῆλυ, lat. femina. Das Wort *vatsa*, Kalb, ist in dieser Bedeutung auf das Indische beschränkt, (höchstens kann man mit Fick lat. veterinus, veterina vergleichen), aber das Wort erscheint auch in mittelêrânisch *vacak*, neup. بچه, *baca*, wird aber von jedem jungen Geschöpfe gebraucht, sei es ein Mensch oder ein Thier, auch hier ist wieder die allgemeinere Bedeutung die ursprünglichere, der Zusammenhang mit indokelt. *vatas*, alt, ist ganz unleugbar. Bekannt ist längst, was aus dem arischen Sprachkreise über den Namen des Pferdes beigebracht werden kann, das indische *açva* und êrânische *aspa* sind nur durch die Lauteigenthümlichkeiten der betreffenden Sprachen zu getrennten Wörtern geworden, der letztere Name ist auch noch getreu im neup. اسپ, *asp*, erhalten, aber das Wort ist seinem Ursprunge nach bereits indokeltisch. Dagegen haben die übrigen neuêrânischen Wörter für das Pferd keine Bedeutung für die Vergleichung, von Interesse ist nur مادیان, *mâdiyân*, das weibliche Pferd, das mit indokelt. *mâtar*, irgendwie zusammenhängen muss. Das neup. میدخ, *mîdakh*, refractarius, scheint auch nicht weit abzuliegen, ist aber bis jetzt nur durch ein einziges Originallexikon belegt. Der oben genannte

Name des Pferdes ist von seiner Schnelligkeit hergenommen, daher das Compositum *âçu-açva* und *âsuaspa*, schnelle Pferde besitzend in beiden arischen Sprachen. Neup. پالاد, *pâlâ* (equus a latere ductus) dürften mit gr. πῶλος, goth. fula, Füllen, zusammenhängen. Genau zusammenhängend mit dem Namen des Pferdes ist bei den Indern der des Maulesels, der *açvatara* genannt wird, auf denselben Ursprung weist der neup. Name für dieses Thier, welcher استر. *astar*, lautet. Für den Esel geben uns die ältesten indischen Urkunden die Namen *gardabha* und *râsabha*, die nicht über die indischen Sprachen hinausreichen, rein arisch ist dagegen *khara*, das auch im neup. خر, *khar*, noch erhalten ist, nur fragt es sich, ob es nicht in einer der beiden Sprachen ein Lehnwort ist, da das Wort in den Vedas noch nicht vorkommt (cf. indisch khara, rauh). Dieselbe Frage entsteht bei dem Namen ushṭra. Bei den Erâniern bedeutet der Name entschieden nur das Kamel (cf. Geiger, ostir. Kultur p. 357. 358), bei den Indern scheint man in älterer Zeit ein anderes Thier, vielleicht einen Büffel darunter verstanden zu haben. Dies lässt sich aus Stellen schliessen wie Rgv. 138, 2, wo ushṭra als ein Thier genannt wird, das den Feind verjagt, was auf das Kamel nicht recht passt, oder VS. 13, 50, wo von einem ushṭro âraṇyaḥ, also einem wilden Thiere die Rede ist. Jedenfalls ist aber später den Indern diese Bedeutung ganz aus dem Gedächtnisse gekommen, bei spätern Schriftstellern bedeutet ushṭra Kamel und auch die Commentatoren des Vedas verstehen darunter nichts Anderes. Die Entscheidung liegt in der Etymologie, die dunkel ist: bedeutet ushṭra ein Lastthier überhaupt (bhâram voḍhâ nach Sâyaṇa) so mag das Wort arisch sein. Diese Etymologie würde sich für das Erânische begründen lassen (von vaz), nicht aber für das Indische, von ush, brennen, wie indische Etymologen wollen, lässt sich das Wort unmöglich ableiten. Alles in Allem scheint das Wort ein Lehnwort zu sein, an die wilden Kamele Centralasiens, an die Geiger (Muséon

3 644) denkt, glaube ich nicht, dass gedacht werden kann. Ganz arisch ist auch der Name skr. *mesha*, Widder, im Awestâ *maes'a*, fem. *maes'i*, woran sich dann neup. میش, *mésh*, anreiht. Ebenso ist skr. *vrishṇi*, Widder, nicht nur in dem awestischen *vars'ni*, sondern auch in dem neup. برّه, *barra*, erhalten, von dem indokeltischen Worte *avi*, Schaf, ist im Erânischen keine Spur vorhanden, doch wohl aus Zufall, weil sowohl das Indische als andere indokeltische Sprachen das Wort kennen. — Die Ziege heisst bei den Indern *aja*, wozu *iza* oder *îza* im Awestâ nicht ganz genau stimmen will, besser würde skr. eḍa, eḍaka passen, was aber nach dem petersburger Wörterbuche nur südindisch zu sein scheint. Auch gr. αἴξ, würde sich anschliessen lassen, doch ist noch immer nicht ausgemacht, in welchem Verhältnisse diese Wörter zu hebr. עֵז stehen, ob sie nicht Lehnwörter aus dem Semitischen sind. Im Neuérânischen erscheint *iza* nicht wieder, die Ziege heisst im Neup. بز, *buz*, was auf ein altérânisches *buza* schliessen lässt, das denn auch durch das im Awestâ vorkommende Adjectiv *buzya*, von Ziegen stammend, erwiesen wird. Das indische *bukka*, Ziege, ist verwandt, sieht aber nicht eben sehr ursprünglich aus, doch ist die indokeltische Existenz des Wortes durch seine europäischen Verwandten sicher gestellt. Ob das seltene neup. شاك, *shâk* mit skr. *châga*, *châgala*, Bock, verwandt sei, lässt sich nicht bestimmt behaupten, doch scheint es so. Ueber den Namen des Schweines stimmen die indokeltischen Sprachen überein: im Awestâ heisst das Thier *hu*, bei den Indern *sûkara*, das in seinem ersten Theile mit der érânischen Form identisch ist. Dass das indische — kara kein wesentlicher Bestandtheil des Wortes ist, zeigt das griech σῦς oder ὗς und lat. sus, deutsch Sau, auch zeigen diese Vergleichungen, dass *sûkara* und nicht *çûkara* die richtige Form des Wortes ist. Im Neupersischen wird das Schwein خوك, *khok*, genannt, das schliessende k kann vielleicht ein Ueberrest des indischen

— kara sein, durchaus nothwendig ist aber diese Annahme nicht. Ob das Schwein bei den Ariern ein Hausthier war, bleibt freilich zweifelhaft. Einen bedeutenderen Platz unter den indokeltischen Hausthieren müssen wir dem Hunde einräumen, dessen arische Bezeichnung vollkommen übereinstimmt: bei den Indern heisst er *çvan*, bei den Altérâniern *span*, eine Deminutivform *spaka* hat sich im Awestâ nur als Adjectiv erhalten, Herodot (1, 110) überliefert uns das Wort auch als Substantiv, als die medische Bezeichnung des Hundes, dass er darin Recht hat, zeigt die neupersische Form سگ, *sag*, die auf *spaka* zurückgehen muss. Da sich nahe anschliessende Formen auch in den andern indokeltischen Sprachen (mit Ausnahme der slavischen) finden, so ist wohl nicht zu zweifeln, dass die Bekanntschaft mit dem Hunde in sehr alte Zeit zurückgeht, über das eigentliche Vaterland des Thieres wird sich leider kaum etwas ermitteln lassen. Dass im Gegensatz zum Hunde die Katze erst spät Hausthier geworden sei, ist allgemeine Annahme und die arischen Sprachen widersprechen ihr nicht. Man hat das dunkle Wort *gadhwa* im Awestâ auf die Katze deuten wollen, doch ist dies unrichtig, sehr zweifelhaft ist mir auch, ob dieselbe Vd. 14, 10 gemeint sei, wie Darmesteter glaubt. Auf keinen Fall hat der neupersische Name der Katze, گربه, *gurba*, irgend etwas mit einem der Namen gemein, welche das Thier in Indien erhält. Vollkommene Uebereinstimmung ist aber in den arischen Sprachen, und zwar im Gegensatze zu andern indokeltischen Völkern, über den Namen des Kamels, das bei den Indern *ushṭra*, ebenso bei den Erâniern ushtra genannt wird, aus letzterem Namen ist das neupersische اشتر, *ushtur* oder شتر, *shutur*, entstanden. Hier dürfte wohl die érânische Form die ursprüngliche und auf die Wurzel *raz* führen zurückzuleiten sein, während wir für das indische *ushṭra* keine passende Etymologie namhaft zu machen wüssten. Das indische *ushṭra* bedeutet übrigens nicht blos das Kamel, sondern auch den Büffel

(s. oben). Unter den Vögeln, welche der Mensch sich zu Hausthieren erzogen hat, sind gleichfalls einige für unsere Zwecke zu verwerthen. Der Vogel heisst bei den Ariern *vi*, wohl nahe verwandt mit lat. avis. Weder Gans noch Ente besitzen gleiche Namen bei beiden arischen Völkern, wenn dies auch vielleicht nur ein Spiel des Zufalls ist. Anders ist es mit der Henne und dem Hahne, die wahrscheinlich aus Erân stammen und uns deswegen hier zuerst beschäftigen sollen. Der Name *kahrka* für das Huhn ist aber wahrscheinlich onomatopoetisch, er erscheint wieder in neup. کرك, *kark*, mag aber nur zufällig seine Beschränkung auf das Huhn erhalten haben und ursprünglich auch andere ähnliche Vögel bezeichnen, bezeichnend ist jedoch, dass der Name *kahrkâsa* neup. کرکس, *kargas*, d. i. Hühnerfresser oder Geier bedeutet. Der Hahn heisst im Awestâ unter andern *kahrkatâḍ*, eigentlich Hühnerheit, wohl daher, weil der Hahn immer einen Kreis von Hühnern um sich hat. (Vgl. auch den Eigennamen *kahrkana* und indisch *kṛikaṇa*, Rebhuhn). Ein zweiter Name, *parodarsh*, lässt sich sonst nirgends nachweisen und scheint auf die êrânischen Sprachen beschränkt gewesen zu sein. Im Neupersischen heisst der Hahn gewöhnlich خروس, *khuros*, ein Name der auf die Wurzel *krus*, schreien, zurückzuführen ist, ein zweiter Name دیك, *dîk*, lässt sich mit nichts Bekanntem vergleichen. Mit *kahrka* ist indisch *kṛikavâku* zu vergleichen, das Wort bedeutet eigentlich „krika sagend“ bezeichnet aber den Hahn. Weiter ist unter den Hausvögeln die Taube zu nennen, deren indischer Name *kapota* sich mit dem neup. کبوتر, *kebûter*, sehr nahe berührt, wenn auch beide nicht ganz identisch sind. Ausserdem könnte man unter den geflügelten Wesen noch an die Bienen denken, da der Name für Honig — wenigstens das Wort — in beiden arischen Sprachen bekannt ist. Es unterliegt auch keinem Zweifel, dass Honig und Wachs schon in sehr alter Zeit bekannt waren, doch folgt daraus nicht, dass die Bienen schon in den Häusern gepflegt wurden, auch giebt weder der Name des Insekts noch der von ihm erzeugten Gegenstände irgend einen Anhaltspunkt für einen Rückschluss auf die arische Zeit.

Wenig Ausbeute gewähren uns die Namen der Parasiten, welche sich theils in der Nähe des Menschen, theils auf diesem selbst niederlassen. Unter diesen nennen wir zuerst die Maus, welche die meisten indokeltischen Völker mit demselben Namen benennen, wovon sich auch die Arier nicht ausschliessen. Die indischen Namen sind *mûsh*, *mûsha* m. und *mûshâ*, *mûshî* f., auch das Neupersische kennt die Maus unter dem Namen موش, *mûsh* und dehnt diese Bezeichnung auch auf die Ratte aus. Auch im Awestâ finden wir das Wort *mûsh*, aber als Eigennamen einer Pairika, es ist zu bedenken, dass die Wurzel *mush*, rauben, stehlen bedeutet und dass von ihr die Maus ihren Namen erhalten hat. Sonst ist nichts von Bedeutung zu verzeichnen, was einige Sicherheit hätte. Im Awestâ haben wir zwar ein Wort *spish*, welches dem Zusammenhange nach eine Art Motte bezeichnet haben muss, welche das Korn und die Kleider zerfrisst, ohne Zweifel damit zusammenhängend ist neup. سپس, شپش, wofür die Aussprachen *supush*, dann *shapush*, *shipush* und *shupush* angegeben werden und das die Laus bezeichnen soll; es sind wohl unter diesem Ausdrucke verschiedene kleine Parasiten zu verstehen, ohne dass die verschiedenen Arten genau unterschieden werden. Im Indischen findet sich nichts Entsprechendes und auch der Name der Wanze *matka* stimmt nicht zu dem érânischen ساس, *sâs*, das sich an gr. σής, Motte, anschliesst und sich auch bei den benachbarten Aramäern wiederfindet. Nur der Name der Fliege ist wieder verwandt: dem indischen *makshikâ* steht in Awestâ *makhs'i*, im Neupersischen مگس, *magas*, gegenüber.

In noch höherem Grade als die Thiere, welche sich an den Menschen anschliessen, müssen die Namen der wilden Thiere uns interessiren, mögen dieselben nun zusammenstimmen oder mögen sie auseinandergehen. Was das bedeutendste unter diesen Thieren, den Löwen, betrifft, so ist bekannt, dass die europäischen Sprachen über seinen Namen ziemlich übereinstimmen, dieser Name aber mit dem hebräischen Namen des Thieres eine grosse Aehnlichkeit hat. Unter den indischen Namen des Thieres ist *siṁha* einer der gewöhnlichsten, ihn glaube ich wieder zu finden in dem neupersischen هژبر, *hizabr*, dessen erster Theil wohl das Wort *siṁha*, nach den érânischen Lautgesetzen umgestaltet, enthält. *Siṁha* wird bekanntlich auf die Wurzel *sah*, stark sein, zurückgeführt, die im Erânischen in der Form *haz* wieder erscheint, in dem Namen des Löwen müsste der Vocal a übereinstimmend in beiden arischen Sprachen in i entartet sein. Leider besitzen wir keinen altérânischen Namen des Löwen, im Neupersischen ist nur der gewöhnlichste شیر, *shêr*, den ich für eine Entstellung aus altérânisch *khs'athra* halte, so dass dadurch der Löwe als König der Thiere bezeichnet würde [1]. Für den Tiger fehlt dem Erânier die klare Anschauung, er nennt ihn zum Theil mit dem Namen des Löwen, zum Theil verwechselt er ihn mit dem Panther, freilich gilt dies nur für die neuere Zeit, denn alte Namen fehlen uns gänzlich. Der neupersische Name des Panthers ist پلنگ, *peleng*, es kann sein, dass dieser Name mit dem indischen *pṛidâku* verwandt ist, identisch sind sie keinenfalls. Der Elephant hat keinen gemeinschaftlichen Namen, die Bekanntschaft mit ihm geht also nicht in die arische Zeit zurück, zwar entspricht das indische *pîlu* dem neup. پیل, *pîl*, aber der erstgenannte Name ist eben wahrscheinlich ein Lehnwort. Anders verhält es sich mit Namen die dem Westen besser bekannt sind, so des Bären. Hier sind die arischen Sprachen unter sich einig und theilen das Wort auch mit andern indokeltischen Sprachen. Der indische Name

---

1) Ich nehme nämlich an, dass *khs'athra* sich zunächst in shahr und shehr verstümmelte, dass dann h ausfiel und durch Verlängerung des vorhergehenden Vocals ersetzt wurde.

ist *ṛiksha*, dafür dürfen wir getrost im Altpersischen *arkhsha*, im Awestâ *areś'a* ansetzen, vielleicht daraus auch den neuern Namen خرس, *khirs*, ableiten, doch stimmt der letztere besser zu skr. *ṛiçya*, Antilope. Pictet hat (1, 427) bereits darauf hingewiesen, dass der Name des Sternbildes des grossen Bären mit dem Namen des Bären in Verbindung steht; in den vedischen *ṛikshâḥ* (Rgv. 24, 10) hat man längst das Sternbild des grossen Bären erkannt, ebenso in dem awestischen *hapto iringa*, woraus der neuere Name *haftorang* entstanden ist, mit dem das genannte Sternbild bis auf den heutigen Tag bezeichnet wird. Ein weiterer zusammenstimmender Name ist auch der des Wolfes, den die Inder *vṛika*, die Nordérânier *vehrka* nennen, woher dann auch der neuere Name گرگ, *gurg*, abstammt, auch hier beschränkt sich die Benennung nicht blos auf die arischen Sprachen. Auch das wilde Schwein ist hier zu nennen: es heisst bei den Indern *varâha*, im Awestâ *varâza*, bei den neueren Persern گراز, *gurâz*. Wiederum ist der Name nicht blos auf die arischen Sprachen beschränkt. Der Name des wilden Esels lautet bei den neueren Persern گور, *gōr*, man darf damit wohl unbedenklich das indische *gaura*, bos Gaurus, zusammenstellen. Der Affe heisst unter Andern im Indischen *kapi*, dazu stimmt ganz das neup. کپی, *kapî*, fraglich ist nur, ob das Wort nicht vielleicht entlehnt ist, da dasselbe in dem Hebr. קוֹף gleichfalls wieder verwendet ist. Interessant sind auch die Namen des Fuchses, von welchen sich die des Schakals nicht immer genau scheiden lassen. Am genauesten stimmt das indische *lopâça*, das den Fuchs oder ein ihm ähnliches Thier bedeutet, zu neup. روباه, *robâh*, Fuchs, das wohl ohne Zweifel auf ein altes *raopâsa* zurückzuführen ist. Ein ähnliches Thier wird bei den Indern *ropi* genannt, was schon Ludwig (Rigveda 3, 322) richtig mit *raopi* im Awestâ verglichen hat. Etymologisch nahe steht den genannten Wörtern auch das awestische *urupish*, angeblich das Wiesel. Diese Namen scheinen blos arisch zu sein, man sieht, dass sie kleinere Raubthiere bezeichnen, die Wurzel rup, von der sie abgeleitet sind, dürfte sich in der Bedeutung von rap, rapere, nicht sehr unterscheiden. Ein Name des Fuchses soll bei den neuern Persern auch روس, *rûs*, sein, doch kennt man denselben bis jetzt nur aus den Wörterbüchern. Der Name des Schakals ist unter Andern in Indien *çrigâla*, womit sich neup. شغال, *shaghâl*, vollkommen deckt. Ein indisches *riçya*, was den Bock einer Antilopenart bezeichnet, mag mit dem érânischen راسو, *râsû*, verwandt sein, was das Wiesel bedeuten soll. Unzweifelhaft ist die Verwandtschaft der Namen zweier Wasserthiere, erstlich der Otter, die in beiden arischen Sprachen mit dem Namen *udra* benannt wird, ein Name, der freilich auch eine weitere Verbreitung hat, dann des Bibers. Der indische Name *babhru* bezeichnet zwar nicht den Biber selbst, der in Indien nicht heimisch ist, sondern eine Art Ichneumon, die Grundbedeutung des Wortes ist braun, der Name findet sich wieder im altérânischen *bawri*, Biber, und im neup. ببر, *bebar*, von da setzt er sich gegen Westen noch in einem weitern Kreise von Sprachen fort. Der indokeltische Name des Hasen (ind. *çaça*) ist in Erân nicht erhalten, sondern durch einen neuen, eigenthümlichen ersetzt. Zum Schlusse erwähnen wir noch den Namen des Eichhörnchens, dessen nicht besonders bezeugter Name ورورة, *varvara* sich in litt. *waiweris* wieder zu finden scheint. Für die arische Frage ist übrigens der Name ohne Bedeutung.

Die Namen der Vögel werden uns zwar keine grosse, immerhin einige interessante Ausbeute gewähren. Genau zusammenstimmend sind Wörter wie *pat*, fliegen, im Indischen wie im Altérânischen (*frapat* im Awestâ), wovon auch indisch *pattra*, Flügel, und das awestische *patara* in gleicher Bedeutung. Auch der Name *vi*, Vogel, ist beiden arischen Sprachen gemeinschaftlich, im Awestâ heisst der Vogel auch *meregha*, im neup.

مرغ, *murgh*, im Indischen entspricht *mṛiga*, was zwar Wild im Allgemeinen bedeutet; im Rigveda aber auch von Vögeln gebraucht sich findet. Ein wichtiger Name ist das indische *çyena*, das einen Adler, aber auch einen grossen Raubvogel im Allgemeinen bedeutet, ganz dasselbe bedeutet auch im Awestâ *saena*, doch scheint sich der Ausdruck zumeist auf mythische Vögel zu beschränken, dies bestätigt auch das mitteléranische *sînamrû*, identisch mit neup. سیمرغ, *sîmurgh*, Name eines fabelhaften Vogels, auch der im éranischen Epos vorkommende Frauenname سیندخت, *Sîndokht*, dürfte damit zusammenhängen. Der indische *çyena* erhält öfter das Beiwort *ṛijipya*, das ausgreifend, eilend, bedeuten soll, ohne Zweifel ist dies identisch mit dem awestischen *erezifya*, das als Beiwort zu den Federn eines Vogels erscheint, nach der Tradition sollen es Hahnenfedern sein, vielleicht sind aber ursprünglich Adlerfedern gemeint, denn der armenische Name des Adlers *arziv* scheint damit zusammenzuhängen [1]). Der Falke ist den Persern sehr wohl bekannt, es soll ja die Falkenjagd selbst aus Erân stammen, aber die älteren Bezeichnungen des Thieres sind verloren gegangen, der neuere Name ist باز, *bâz*, und geht wohl sicher auf die Wurzel *vaz*, fliegen, zurück, ist also wohl ursprünglich ein allgemeiner Name für Vogel gewesen. Auch der Name چرخ, *carkh* oder چرغ, *cargh* (beide Formen finden sich im Shâhnâme), der von dem kreisförmigen Fluge des Vogels herrühren wird, lässt sich nur mit gr. *κίρκος* vermitteln, hat aber nichts Entsprechendes im Indischen. Der indische Ausdruck für Eule ist *ulûka*, nach Einigen auch *urûka*, dazu stimmt das neup. اروغ, *urûgh*, bubo magnus, das allerdings bis jetzt nur durch ein einheimisches Wörterbuch belegt ist. Von dem Tone

1) Ob *huperena* Yt. 13, 70 als Name eines Vogels aufgefasst und als solcher mit skr. *suparṇa* verglichen werden darf, ist mir zweifelhaft.

eines Vogels hergenommen ist skr. *uhû* (Uhu schreiend), ebenso ist neup. هوهو, *hûhû*, der Ton eines Vogels, nach einem Wörterbuche auch Name der Taube. Das neup. بوم, *bûm*, bubo, hängt wohl mit diesem lateinischen Worte zusammen, im Neup. selbst vergl. man بم, *bam*, bassus und gr. *βόμβος*, Geräusch, im Indischen jedoch findet sich nichts Entsprechendes. Zum Rabengeschlecht gehören Namen wie ind. *kârava*, Krähe, im Neup. کلاغ, *kalâgh* oder *kulâgh* (corvus silvester, der gewöhnliche Name des Raben ist indessen زاغ, *zâgh*), nicht weit ab liegt auch neup. کراك, *karâk* oder *kurâk*, was die Elster bedeutet, die Namen sind wohl onomatopoetisch. Ein neup. کرانه, *karâna*, das sich allenfalls mit lat. cornix vereinigen liesse, steht nach der Lesart nicht sicher (cf. Vullers s. v.). Ein Vogel, den die Arier schon gekannt haben, ist der Staar, obwohl der Vogel nicht ganz derselbe ist in Erân wie in Indien. Die Inder bezeichnen mit *çâri* einen Vogel, der neben dem Papagei erwähnt wird (er kommt bereits im Yajurveda vor, cf. Zimmer l. c. p. 90), ihm entspricht سار, ساری, *sâr*, *sârî*, im Neupersischen. Man bemerke, dass beide arische Sprachen hinter dem s kein t haben. Ausserdem ist noch zu beachten, das Rebhuhn, das bei den Indern *tittiri*, bei den Neupersern تذرو, *teḍerw*, lautet. Der Umstand, dass dieser Name eine über die arischen Sprachen hinausgehende Verbreitung hat, beweist, dass derselbe sehr alt ist. Vielleicht entspricht auch neup. ماغ, *mâgh* (genus avis aquaticum) dem indischen *madgu*, Wasservogel.

Unter den Amphibien ist vor Allem zu beachten der Name der Schildkröte, der im Indischen *kaçyapa*, im Altérânischen *kasyapa* lautet, aus letzterem ist neup. کشف, *kashaf*, entstanden. Ferner ist bekannt, dass der Name der Schlange, der im Indischen *ahi* lautet, im Altérânischen als *azhi* wiederkehrt. Dass dieses Wort sich nur noch im neup. اژدها, *azhdehâ*, Drache, erhalten hat, thut der Wichtigkeit des Wortes ebenso wenig Eintrag, als dass auch andere indokeltische Sprachen es kennen. Der Name des Fisches, *matsya* im Sanskrit, ist im Awestâ *masya*, im Neup. ماهی, *mâhî*, diese Namen sind entschieden nur arisch. Dagegen ist der Name für Wurm ind. *krimi*, neup. کرم, *kirm*, bekanntlich indokeltisch. Der Name der Ameise, *maoiri* im Awestâ, *mûr* im Neupersischen, berührt sich zwar mit Bezeichnungen des Thieres in verschiedenen europäischen Sprachen, nicht aber in indischen.

Ueberblicken wir zum Schlusse dieser Untersuchung nochmals die Pflanzen- und Thiernamen, welche in den arischen Sprachen übereinstimmen, so werden wir finden, dass die Zahl derselben nicht klein ist, ein grosser Theil ist freilich nicht blos den arischen, sondern den indokeltischen Sprachen eigenthümlich, es ist also altes Sprachgut, das für den besonderen Zusammenhang der arischen Sprachen nichts beweist. Indessen ist auch die Zahl derjenigen Wörter nicht unbeträchtlich, welche nur in den arischen Sprachen vorkommen, und es wird nicht überflüssig sein, dieselben hier nochmals herauszuheben. Wir nennen: *dâru* oder *dâuru* Baum, *vana* Holz oder Wald, *idhma* oder *aesma* Brennholz, *vriksha* Baum und *vares'a* Wald, *nada* neup. *nay* Schilfrohr, *dhânâ* oder *dâna* Korn, *sasya* oder *hahya* Getreide, *mâsha* neup. *mâsh* Bohne, *surâ* oder *hura* Getränke. Dann: *araṇa* oder *auruna* wild, *açvatara* neup. *astar* Maulesel, *arvant* oder *aurvant* Pferd, *mesha* oder *maes'a* Widder, *bukka* oder *buza* Ziege, *châga* neup. *shâk* Bock, *kapota* neup. *kebûtar* Taube, *siṁha* neup. *hizabr* Löwe, *gaura* neup. *gor* wilder Esel, *lopâça* neup. *robâh* Fuchs, *ropi* oder *raopi* Name eines ähnlichen Thieres, *vi* oder *vi* Vogel, *çyena* oder *saena* Adler, *kaçyapa* oder *kasyapa* Schildkröte, *matsya* oder *masya* Fisch. Dabei haben wir noch diejenigen Wörter ausgeschlossen, bei welchen wir auf der einen oder der andern Seite Entlehnung vermuthen mussten, nämlich: *vâtâma* neup. *bâdâm* Mandel, *akshoḍa* neup. *goz* Nuss, *drâkshâ* neup. *raz* Weinstock, *godhûma* neup. *gandum* Weizen, *khaskhasa* neup. *khashkhâsh* Mohn, *bhangâ* oder *bag̱ha* aus Hanf bereitetes Getränke, *khara* oder *khara* Esel, *kapi* neup. *kapi* Affe.

Hier dürfte der schicklichste Ort sein, über die Benennung des menschlichen Körpers und seiner verschiedenen Glieder bei den Ariern ein Wort zu sagen. Bekanntlich herrscht hierin bei den indokeltischen Völkern grosse Uebereinstimmung, von der sich auch die Erânier nicht ausschliessen[1]). Für den Körper im Allgemeinen haben die Inder den Ausdruck *kṛp*, dem im Awestâ *kehrpa* entspricht, noch das Mittelérânische gebraucht in derselben Bedeutung *keref*, daran schliesst sich neup. كالب, *kalab* und كالبد, *kâlbad*, Körper, an. Das Wort ist indokeltisch, denn lat. corp-us und ahd. *hrëf* gehören gleichfalls hierher. Ein blos arisches Wort ist dagegen *tanu*, in dieser Form dem Indischen und Altérânischen gemeinsam und noch in neup. تن, *tan*, erhalten. Für die Knochen haben wir bei den Indern die Bezeichnung *asthan*, bei den Erâniern im Awestâ *astan*, eine noch ursprünglichere Form. Die neupersischen Wörterbücher geben uns است, *ust*, in der Bedeutung nates, clunes, es erscheint aber auch in استخوان, *ustukhvân*, Knochen, dessen letzter Theil etymologisch nicht klar ist. Im Awestâ wird der Ausdruck *astan* auch für den Leib im Allgemeinen gebraucht. Von den einzelnen Gliedmassen erwähnen wir diejenigen, in deren Benennung die arischen Sprachen entweder mit den übrigen indokeltischen Sprachen übereinstimmen oder wo eine gemeinschaftliche, eigenthümliche Form sich ausgebildet hat, wir übergehen aber diejenigen, welche nur einer der arischen Sprachen angehören. Für den Kopf giebt das Indische unter Anderm das Wort *çiras*, dem im Awestâ *sara* entspricht, letzteres ist nahe verwandt mit gr. *κάρ*, *κάρα*. Für das Mark kennen die Inder

1) Vgl. hierzu: Pauli, über die Benennungen der Körpertheile bei den Indogermanen, Berlin 1867 und Geiger, ostirânische Cultur p. 296 not.

die Ausdrücke *majjan* und *majjâ*, das Awestâ *mazga*, neup. مغز, *maghz*, womit nicht blos das slavische mozgu, sondern auch altgerm. marg, unser Mark, zusammenhängen wird. Für das Gesicht erhalten wir wieder einen arischen Ausdruck: *anîka* bei den Indern, *ainika* im Awestâ. Nicht unmöglich wäre es, dass das Wort verstümmelt und mit ahd. andi, Stirne, verwandt wäre. Das Haar heisst im Awestâ *varesa*, dasselbe Wort findet sich auch im Mittelérânischen und Armenischen, für das Neupersische führt ein Wörterbuch auch das identische گرس, *gurs*, auf, aber die andern einheimischen Wörterbücher kennen dieses Wort nicht, es ist aber *varesa* wohl identisch mit dem indischen *valça*, Schössling, Zweig. Das gebräuchliche neupersische Wort für Haar ist موی, *mûi*, dasselbe wird sich in irgend einer Weise an skr. *mûrdhaja* anschliessen. Wenn das dunkle *zanu* im Awestâ sich nicht unmittelbar an das indische *hanu* Kinnbacken, Kinn, anschliesst und somit identisch ist mit gr. γένυς etc., so kann doch die altérânische Form des Wortes nicht sehr verschieden gelautet haben, wie dies das neupersische زنخ, *zanakh*, mentum, beweist. Von zwei Awestâwörtern für das Auge *as'i* und *cas'man* (letzteres ist neup. چشم, *cashm*), finden wir das erstere im Indischen in dem identischen *akshi* wieder, für letzteres aber das nahe verwandte *cakshus*, das erstere ist durch gr. ὄσσε für ὄκιε als indokeltisch erwiesen, während dagegen das zweite Wort auf die arischen Sprachen beschränkt erscheint, ebenso *andha*, im Awestâ *anda*, blind. Der Name für die Augenbrauen ist indokeltisch: *bhrû* im Indischen, *brvaḍ* im Awestâ, ابرو, *abrû* im Neupersischen, hieran schliessen sich griechische und germanische Analogien an. Auch wenn die Inder die Nase mit *nâsâ* benennen, die Erânier in älterer Zeit mit *nâha*, *nâoṅha* und *nâoṅhan*, so gebrauchen sie blos ein indokeltisches Wort. Ein Name des Mundes ist bei den Indern *âs*, damit identisch im Awestâ *âoṅh*, man sieht, dass sich daran das lateinische *os* genau anschliesst. Ebenso genau stimmt indisch *danta* mit *dañtan* im Awestâ und دندان, *dandân*, im Neupersischen, also auch hier Uebereinstimmung mit gr. ὀδούς, lat. dens u. s. w. Der Name für die Zunge war gewiss arisch, denn das indische *jihvâ* und altpersische *izâva* oder aw. *hizva* weisen auf dieselbe Wurzel hin, die in reduplicirter Form erscheint, auch das mittelérânische *huzuvān* und neup. زبان, *zubân*, schliesst sich an die alten Formen an, die europäischen Benennungen der Zunge sind bekanntlich dunkler. Die Worte für das Ohr gehen in den indokeltischen und arischen Sprachen auseinander, doch hat Geiger aus dem Worte *karena*, taub, im Awestâ nicht mit Unrecht geschlossen, dass das indische Wort *karṇa*, Ohr, auch den Erâniern bekannt gewesen sein möchte. Die Lippe heisst bei den Indern *oshṭha* und auch in der Sprach des Awestâ scheint *aoshta* diese Bedeutung gehabt zu haben, den neuern Sprachen ist das Wort entschwunden, das mithin für arisch gelten muss, das Neupersische gebraucht dafür لب, *lab*, in Uebereinstimmung mit lat. *labium* germanisch Lippe. Der Hals heisst bei den Indern *grîva*, wenigstens bei den neuern Persern lässt sich das Wort sicher nachweisen in گری, *giré*, collum und گریبان, *girébân*, collare sinusve indusii. Die Kehle wird von den Indern *gala* (für gara) benannt, ziemlich übereinstimmend ist im Awestâ *garağh* und *gareman*, aber das neup. گلو, *galû*, schliesst sich näher an das Indische an. Den Rücken nennt man bei den Indern *prishṭha*, bei den Erâniern des Awestâ *parshti*, der neup. Name ist پشت, *posht*, hier scheint wieder ein eigenthümlich arischer Ausdruck vorzuliegen, die weitern Analogien sind mindestens unsicher. Mit dem Worte *supti*, Schulter im Awestâ, neup. سفت, *soft*, ist lautlich identisch das indische *çupti*, wohl auch der Bedeutung nach, wiewohl Sâyaṇa das nur einmal vorkommende Wort durch mukha, Mund, erklärt, man vergleiche aber goth. hups und unser Hüfte. Dagegen scheint das indische *kaksha*, Gurtgegend, wirklich nur lautlich zu dem nordêrânischen *kas'a* zu stimmen, denn dieses heisst wie das identische neup. کش, *kash*: angulus axillaris, fossa axillaris s. axilla et hypochondria; vgl. lat. coxa in etwas anderer Bedeutung. Die Brust heist bei den Indern *uras*, verwandt ist gewiss das awestische *vara* in *paitivara*, diese Bedeutung hat sich auch im neup. بر, *bar*, erhalten. Das Wort ist wohl blos arisch, während das indische *stana*, Brust, Brustwarze, sich nicht nur in nordêrânisch *fshtâna*, neup. پستان, *pestân*, sondern auch in einigen europäischen Sprachen wiederfindet. Das indische *pârçva*, Rippe, steht dem ursprünglichern êrânischen *peresu* neup. پهلو, *pehlû*, noch nahe genug, ebenso indisch *madhya*, Mitte des Körpers, Taille, dem êrânischen *maidhya*, abgeleitet ist *maidhyan*, das neup. میان, *miyân*, in derselben Bedeutung. Hierher gehört auch indisch *upas*, Schoss, Mutterleib, erhalten in *upasputhrî*, Schwangerschaft, im Awestâ. Der Nabel mag bei den Erâniern auch *nâbi* geheissen haben, wie er bei den Indern *nâbhi* heisst, härtere Formen wie *nâfa*, *nâfagh* sind aber mit Bestimmtheit nachzuweisen und werden auch durch das neup. ناف, *nâf*, bezeugt. Der Name für Hüfte, Lende, ist derselbe in den arischen Sprachen: *çroṇi* bei den Indern, *sraoni* im Awestâ, سرین, *surîn*, bei den neuern Persern, das lat. clunes zeigt, dass das Wort auch in weitern Kreisen im Gebrauche war. *Sakthi* heisst bei den Indern der Schenkel, im Awestâ *hakhti* die Schamgegend, damit vergleicht sich litt. *sakti*, Verknüpfung, Vereinigung, lautlich und sachlich dürfte hier das Erânische auf der ursprünglichen Stufe stehen geblieben sein. Der Bezeichnung des Armes: *bâhu* bei den Indern, *bâzu* im Awestâ, بازو, *bâzû*, bei den neuern Persern ist eine indokeltische. Das Wort *hasta*, das die Inder für die Hand gebrauchen, heisst *dasta* im Altpersischen, دست, *dast*, bei den neuern Persern, *zasta* im Awestâ, weitern indokeltischen Kreisen scheint das

Wort nicht anzugehören. Ellbogen heisst bei den Indern *aratni*, im Awestâ *frârâthni*, daher neup. ارش, *arsh* und رش, *rash*, cubitus, ulna, letzteres Wort zeigt uns, dass das Wort nicht blos arisch ist, dagegen dürfte es schwer sein für das indische *angushṭha*, Daumen, grosse Zehe, awestisch *añgushta*, Zehe und neup. انگشت, *angusht*, Finger, noch weitere Verwandte aufzubringen, diese Wörter hängen mit anga Glied zusammen und erweisen mittelbar das frühere Vorhandensein des letzteren Wortes auch für das Erânische. Der Name der Faust ist *mushṭi* bei den Indern, *mushti* im Awestâ, مشت, *musht* im Neupersischen, der Name ist arisch. Es mag hier auch erwähnt werden, dass die Namen für rechts und links im Indischen und im Awestâ identisch sind: rechts heisst *dakshiṇa* bei den Indern, *das'ina* im Awestâ, links *savya* bei den Indern, *haoya* oder *haeva* im Awestâ, die südérânischen Ausdrücke mögen andere gewesen sein, da das Neupersische nicht übereinstimmt, immerhin bezeugt die grosse lautliche Nähe dieser auch andern Indokelten gehörenden Wörter die grosse Verwandtschaft der arischen Sprachen. Das Knie heisst bei den Indern *jânu*, in Composition auch *jñu*, im Awestâ *zhnu*, im Neup. aber زانو, *zânu*, also dem Indischen näher stehend, das Wort ist übrigens indokeltisch. Der Knöchel heisst im Awestâ *zañga*, das Bein *zañgra*, mit beiden nahe verwandt ist das indische *jaṅghâ*, Bein, vom Knöchel bis zum Knie, das Wort ist arisch. Fuss heisst bei den Indern *pâd* und *pâda*, im Awestâ *pâdha*, neup. پای, *pâi*, das Wort ist übrigens indokeltisch, arisch *pratishṭhâ* und *pratishṭhâna* neben *paitishta* und *paitishtâna* in derselben Bedeutung, Vorderfuss heisst auf indisch *prapad*, im Awestâ *frabda*, diese besondere Bezeichnung dürfte nur den Ariern bekannt sein. Die indische Bezeichnung für die Ferse *pârshṇi*, ist im Awestâ zu *pâs'na*, im Neupersischen zu پاشنه, *pâshna*, geworden, das Wort ist indokeltisch. Mehrere Benennungen für innere Organe des Körpers zeigen merkwürdige

Uebereinstimmung. Den Namen des Herzens dürfen wir für arisch erklären, denn das indische *hṛidaya* stimmt vollkommen zu *zaredhaya* im Awestâ und دل, *dil* im Neupersischen, während bekanntlich die europäischen Namen *καρδία*, cor etc. einen harten Anlaut zeigen. Leber heisst im Indischen *yakṛit*, daran schliesst sich nordêrânisch *yakare* und neup. جگر, *jigar*, das Wort ist indokeltisch, denn ἧπαρ, jecur, führen auf dasselbe Wort zurück. Auch der Name der Milz, der bei den Indern in *plîhan* verstümmelt ist, findet sich in nordêrânisch *spereza* und neup. سپرز, *supurz*, vgl. auch gr. σπλήν, lat. lien, der Name für die Galle زرده, *zarda* oder *zardâb* bei den neuern Persern lässt sich zwar mit den europäischen Benennungen vermitteln, ein entsprechendes Wort scheint aber den Indern zu fehlen. aber neup. درون, *darûn*, cor et praecordia, schliesst sich an skr. *antra* und gr. ἔντερα an [1]).

Trotzdem dass in den Gliedernamen eine grosse Achnlichkeit bei allen indokeltischen Völkern sich zeigt, ist es uns doch möglich gewesen, eine nicht unbedeutende Anzahl Namen als speciell arisch auszuscheiden. So *tanu* für den ganzen Körper, *anîka* oder *ainika* für das Gesicht, nicht wurzelhaft verschieden sind *cakshuḥ* und *caśman* Auge, wieder ganz identisch *andha* und *aṅda* blind, *oshṭha* und *aoshta* Lippe, *grîva* und *grîvâ* Hals, *prishṭha* und *parshti* Rücken, *jihvâ* und *hizva* Zunge, *uras* und *paiti-vara* Brust, *upas* Mutterleib, *pârçva* und *peresu* Rippe, *madhya* und *maidhya* Taille, *hasta* und *dasta* oder *zasta* Hand, *angushṭha* oder *angushta* Zehe, *mushti* die Faust, *janghâ* und *zanga* Bein, *prapada*, *pratishṭhâ* und *frabda*, *paitishta* Vorderfuss, *hṛidaya* und *zaredhaya* das Herz.

1) Das Wort *zadhagh* der Hintere im Awestâ, schliesst sich an die indische Wurzel *had* an, die sich in gr. χέζειν wiederfindet, die Nominalbildung ist nirgends sonst erhalten. Das neup. كون, *kûn*, hat dieselbe Bedeutung, die Wurzel findet sich im indischen *knû*, stinken.

§ 5.

Die Lebensweise.

Bis jetzt haben wir von Dingen geredet die der natürliche Mensch benennen konnte, weil sie seine Umgebung bildeten und durch eine oder mehrere ihrer Eigenschaften seine Aufmerksamkeit erregen mussten. Wichtiger als die genannten Dinge sind jedoch diejenigen, welche auf natürliche Beschäftigungen und Bedürfnisse des Menschen hinweisen in den einfachsten Verhältnissen seines Daseins. Man nimmt gewöhnlich an, dass die Jagd eine der frühesten Beschäftigungen des ursprünglichen Menschen gewesen sei, die Ausbeute jedoch die man gewinnt, wenn man die Jagdausdrücke der Arier mit einander vergleicht, ist eine ungemein dürftige. Freilich sind wir auch nicht berechtigt anzunehmen, dass die Culturstufe des arischen Volkes eine ungemein niedere gewesen sein müsse, schon die Indokelten hatten sich über die ersten Anfänge der Gesittung hinaufgearbeitet und durch die neuen Entdeckungen auf dem Gebiete der alten Geschichte wissen wir jetzt, dass Cultur und Civilisation in ein viel höheres Alterthum zurückgeht als man früher dafür anzunehmen geneigt war. Die Jagd scheint in Indien wie in Erân mehr ein Vergnügen der Vornehmen gewesen zu sein als eine Beschäftigung, welcher sich das Volk zu seinem Lebensunterhalte widmen musste, und die darauf bezüglichen Ausdrücke zeigen in den arischen Sprachen keine Gemeinsamkeit. Noch weniger wird man auf eine solche Gemeinsamkeit in Bezug auf den Fischfang rechnen können, die ältesten Inder gehen darauf nur sehr wenig ein, in dem wasserarmen Erân war der Fischfang um so weniger eine lohnende Beschäftigung als die südliche Küste des Landes nicht einmal im Besitze einer êrânischen Bevölkerung war. Erst wenn wir auf die Beschäftigung mit der Viehzucht unsere Aufmerksamkeit wenden zeigt sich wieder einige Uebereinstimmung. Die Wurzel *car* nach cl. 1 und 10 flectirt wird bei den Indern in der Bedeutung weiden gebraucht, dieselbe Bedeutung scheint im Awestâ *car* zu haben, gewiss hat sie das neup. چريدن, *carîdan*, welches davon abgeleitet ist. Vgl. indessen auch griech. *βουκόλος*. Die Ausdrücke für das Vieh haben wir oben schon erwähnt, es hat sich auch bereits gezeigt, dass die vorzüglichsten Hausthiere wie Pferd, Rind, Schaf bei den Ariern gemeinsame Namen haben. Für die Herde im Allgemeinen fehlt jedoch eine übereinstimmende Bezeichnung, dagegen heisst das Weideland *gavyûti* bei den Indern, *gaoyaoiti* im Awestâ. Hinsichtlich der Benennungen des Stalles ist zu bemerken, dass beide arische Völker sich dazu des Ausdruckes *sthâna* oder *stâna* zu bedienen pflegen; *goshṭha* ist bei den Indern Kuhstall, *goshṭhâna* was den Rindern zum Aufenthalte dient, im Awestâ haben wir *gavostâna* Kuhstall, *ushtro-stâna* Kamelstall u. s. w. Das blutige Fleisch heisst im Awestâ *khru*, wenn auch nicht identisch doch in nächster Beziehung dazu stehend ist das ind. *kravis* rohes Fleisch. auch ind. *krûra* und aw. *khrûra*, blutig, schrecklich, hängt damit zusammen, ebenso mit indisch *âma*, roh, neup. خام, *khâm*. Ein anderer Name des Fleisches ist im Awestâ *gâush*, in nahem Zusammenhange damit steht neup. گوشت, *gosht*, das wohl nichts Anderes ist als géush tanu: Leib des Rindes. Hier weicht das Indische ab, dort bedeutet vielmehr *go* die Milch. Verwandt ist gewiss das indische *miyedha* Opfermahlzeit und *myazda* im Awestâ, ميزد, *mayezd* im Neup. für Mahlzeit überhaupt, der erste Theil des Wortes scheint auf ursprüngliches myas hinzuweisen, das Fleisch bedeuten und mit skr. mâṁsa in engem Zusammenhange stehen dürfte, dasselbe Wort scheint sich auch in neup. ميزبان, *mézbân*, zu finden i. e. convivator, auch litt. mésa und goth. mimz, Fleisch, würden sich leicht anschliessen: auch das ind. *mishṭa*, schmackhaft, Leckerbissen, ist zu beachten. Für Haut und Wolle der Hausthiere ist ein gemeinschaftliches Wort nicht vorhanden, aber andere Benennungen für Gegenstände die mit der Viehzucht in Verbindung stehen. Die Wurzel *duh*, welche bei den Indern melken bedeutet, würde im Altérânischen dugh oder duzh lauten müssen, diese selbst ist zwar in unsern Texten nicht vorhanden, aber auf eine Erweiterung dukhsh lässt uns neup. دوشیدن, *doshîdan*, entschieden schliessen, auch دوغ, *dogh*, lac ebutyratum leitet auf die indische Wurzel; wenn nun die Wurzel duh auch eine weite Verbreitung hat, so ist doch die Bedeutung des Melkens den arischen Sprachen eigenthümlich. Ganz identisch ist das Wort *payas* oder *payag̃h* für die Milch in den arischen Sprachen, das auf die Wurzel pâ oder pî zurückgeht, von derselben Wurzel stammt auch *paeman*, Milch, das noch in dem mittelérânischen *pîm* erhalten ist. Ein weiterer indischer Name für die Milch ist *kshîra* und auch diesen dürfen wir bei den alten Erâniern voraussetzen, da auch im Neup. شیر, *shîr*, vorhanden ist. Bedeutsam sind auch die Wörter welche das Quirlen der Milch zur Gewinnung des Butters ausdrücken, das Indische gebraucht dafür schon frühe die Wurzel *math*, deren Grundbedeutung zwar ist: in Bewegung setzen, aber sehr oft besonders das Quirlen der Milch bezeichnet. Auch im Awestâ lässt sich *math* in der eben angeführten Grundbedeutung nachweisen, auch das neup. بومهن, *bûmahan*, (statt bûm-mahan, dem ein altes bûmi-mathana entsprechen würde) Erdbeben, dass aber auch die zweite Bedeutung dem Worte nicht gefehlt hat, zeigt neup. ماست, *mâst*, saurer Rahm, das sich regelrecht von math ableitet. Zwar steht neben *mâst* auch ein indisches *mastu*, saurer Rahm, aber obwohl das Wort ziemlich hoch hinaufgeht, so liegt doch hier die Vermuthung einer Entlehnung aus dem Erânischen nahe, da der Uebergang des th in s in den indischen Sprachen sich nicht rechtfertigen lässt. Unter den Namen für Speise mag noch das indische *kshu* erwähnt werden, identisch mit *khsʻu* im Awestâ, das uns die

Handschriften neben dem erweiterten Thema *khs'ui* noch nachweisen, vielleicht neup. شوى, *shuvé*, gluten farinarium.

Eine Eigenthümlichkeit der beiden arischen Völker ist es, dass sie beide den Begriff des Reichthums mit dem Besitze von Herden und Kindern verbinden, man braucht blos Stellen wie Rgv. 195, 8 und 202, 13 mit Ys. 61, 27 und 67, 12. 34 zu vergleichen um sich davon zu überzeugen. Gleichwohl stimmen die Namen für die Herde nicht zusammen, wenn auch der im Awestâ gebräuchliche Ausdruck *vãthwa* nahe anklingt an das indische *vantar*, welches den Erlanger, Erwerber bezeichnet. Auch das indische *ishṭi* findet sich im awestischen *ishti* wieder, während aber ersteres Wort nur den Wunsch bedeutet, bezeichnet es für den Erânier den erlangten Wunsch, den Reichthum. Ebensowenig lässt sich für den Hirten ein gemeinsamer Ausdruck nachweisen. Wichtiger als das blosse Hirtenleben war für den Arier der Ackerbau, der den Menschen an einen bestimmten Landstrich fesselt. Hier müssen wir gleich auf den wichtigen Umstand hinweisen, dass die Arier einen gemeinsamen Ausdruck für das Ackern des Feldes haben, der von dem der andern Indokelten verschieden ist: bei den Indern wird *kṛish*, bei den Erâniern *karsh* für das Beackern des Landes gebraucht. Ohne Zweifel ist die Grundbedeutung des Wortes Furchen ziehen, in dem neup. كشيدن, *kashîdan*, ziehen, ist dieselbe noch einigermassen lebendig geblieben, dagegen dürfte sich neup. كشتن, *kishtan*, serere, seminare und كاشتن, *kâshten*, in derselben Bedeutung unmittelbar auf kar zurückleiten, welche Wurzel (ebenso wie verez) ohne weitern Beisatz vom Bebauen des Landes gebraucht wird. Eine Ableitung von kṛish ist bei den Indern *kṛishi*, bei den Erâniern *karshti*, beide in Bezug auf das Bebauen des Feldes gebraucht, ebenso ist ind. *kṛishîvâla* (erhalten in akṛishtvâla) Ackerbauer, nahe verwandt mit neup. كشاورز, *kishâvarz*, agricola; über den Zusammenhang von ind. *kṛishṭi* und érânisch *kares'vare* werden wir unten zu reden haben. Von Wörtern für die Wohnung mögen hier erwähnt werden: skr. *kshiti*, im Awestâ *s'iti*, auch *s'ayana* von derselben Wurzel; damit zusammenhängend ist auch ind. *kshetra*, das Land wo man feste Ansiedelungen anlegt und *s'oithra*, Bezirk im Awestâ. Auch das indische *vṛijana*, eine geschlossene Niederlassung, darf wohl mit *verezâna* oder *verezêna* im Awestâ verglichen werden, welches Wort die Landsmannschaft bezeichnen soll, verwandt ist wohl neup. برزن, *barzan*, Distrikt.

Das indische *ajra*, Ebene, Flur, ist sicher das érânische *azra*, das allerdings mehr von wüsten Landstrichen gebraucht zu werden scheint. Da jedoch die indische Bedeutung des Wortes in weitern Kreisen einheimisch ist, so ist sie wohl die ursprüngliche.

Unter den Geräthschaften für den Ackerbau lassen sich einige bei beiden arischen Völkern nachweisen. Für den Pflug ist ein gemeinschaftlicher Name vielleicht im neup. سپار, *supâr* = skr. *phala* vorhanden, das Joch aber, über dessen Namen die indokelt. Sprachen sich in Einklang befinden, heisst bei den Indern *yuga* und dass das Wort auch im Altérânischen so gelautet habe, beweist noch das neup. یوغ, *yogh* oder جوغ, *jûgh*. Wie Pictet richtig bemerkt, gehört das Joch besonders für das Rindvieh, mittelbar erweist dieser gemeinschaftliche Name für das Joch, dass die alten Indokelten mit Rindern zu pflügen liebten. Die Ausdrücke für säen und pflügen gehen entweder auseinander oder sie drücken nur im Allgemeinen die Idee des Bearbeitens aus, ärndten ist bei den neuern Persern درویدن, *dirawîdan* oder درودن, *durûdan*, für welche Wörter ich unbedenklich eine Wurzel *drap* ansetze die uns in gr. *δρέπω* erhalten ist und auf die ich auch ind. drapsa, Tropfen und altérânisch drafs'a Fahne zurückleite, die beide etwas Abgerissenes bedeuten. Für die Sichel hat das Indische ein Wort *dâtra*, von dâ, abschneiden, ein entsprechendes Wort dürfen wir auch dem Altéränischen zuschreiben, da noch das Neupersische für Sichel das Wort داس, *dâs*, hat (cf. Zimmer l. c. p. 238). Der Wagen ist eine sehr alte Erfindung, für ihn haben beide arische Sprachen den Namen ratha, da aber auch litt. ratas diese Bedeutung hat, so kann dieselbe nicht für arisch gelten. Auch ein zweiter Name des Wagens, der im Awestâ *vâs'a* lautet, hängt (etwa durch eine Zwischenform *vâkhs'a*) sowohl mit dem indischen *vâha* als dem griech. ὄχος zusammen. Ganz übereinstimmend ist auch der Name des Rades: *cakra* bei den Indern, *cakhra* im Awestâ, چرخ, *carkh*, bei den neuern Persern, wenn auch gr. κύκλος verwandt sein mag, so liegt es doch nach Form und Bedeutung weiter ab. Die indischen Wörter *raçmi*, Zügel, und *raçanâ*, Gürtel, möchte ich mit neup. رسن, *rasan*, Seil, der Wurzel nach zusammenstellen. Weitere Aehnlichkeiten sind unsicher, dass im Awestâ *isu* die Deichsel heisst, wie *îshâ* bei den Indern, möchte ich nicht bestimmt behaupten. Wir wollen hier auch erwähnen, dass höchst wahrscheinlich indisch *guḍa*, Kugel, Spielball und neup. گوی, *goi*, mit derselben Bedeutung auch auf dasselbe Wort zurückgehen.

Es ist kein Zweifel, dass auch hinsichtlich der Künste und Handwerke eine nahe Gemeinschaft zwischen den arischen Völkern bestand, grösser als die der übrigen Indokelten. Die Wurzel *kar* wird in beiden Sprachkreisen für künstlerische Hervorbringungen verwendet, schon Pictet hat Wörter wie *ayaskâra*, Schmied, *hemakâra*, Goldschmied bei den Indern hervorgehoben und damit neupersische Wörter wie کریگر, *karîgar*, Künstler, زرگر, *zargar*, Goldschmied, verglichen. Für ein anderes Wort glaube ich auch einen gemeinschaftlichen Ursprung nachweisen zu können. Im Awestâ finden wir mehrfach bei Metallbearbeitungen das Wort *saepa* erwähnt, das von der Wurzel *sip*, drücken, pressen, abstammt (cf. neup. آسیب *âsêb*, molestia) und einen Ambos oder etwas Aehnliches bedeuten muss. Damit vereinige ich neben ind. *çipra*, Kinnbacken, auch *çilpa*, Kunst, so dass diese also von dem Zurechtmachen des Stoffes ihre Namen haben würde. Indokeltisch ist bereits *piç*, wovon indisch *peça*, *peças*, Zierrath, Schmuck, im Awestâ *paesa*, *paesaṅh*, cf. ποικίλος, bei den Indern ist *peças* vorzüglich der Kleiderschmuck, so auch bei den Erâniern (cf. Yt. 10, 90. 13, 3). Von einer Uebereinstimmung bezüglich der Handwerksgeräthschaften ist nur wenig zu melden, doch gehört ind. *takshaṇî*, Axt, sehr nahe zu altérânisch *tas'a*, das die gleiche Bedeutung hat, beide Wörter stammen von der Wurzel *taksh* oder *tash*, behauen, die den arischen Sprachen gemeinsam ist, aus derselben Quelle stammt auch ind. *takshan*, Zimmermann, den Lauten nach identisch mit *tas'an*, das aber im Awestâ nur von Gott als Bildner oder Schöpfer gebraucht wird. Das neup. بيل, *bêl*, instrumentum ferreum, quo terram fodiunt et complanant führt uns auf *broithra* oder *baroithra* im Awestâ, ein indisches Aequivalent wüsste ich indessen nicht anzugeben. Das indische *kartari*, schneidendes Werkzeug, ist nahezu identisch mit *kareta*, Degen oder Messer im Awestâ und neup. كارد, *kârd*, wie lat. culter zeigt, ist das Wort schon alt. Auch das indische *ashṭrâ*, Ochsenstachel, findet man wieder in *ashtra*, Dolch, im Awestâ, beide Wörter gehen auf ein altindokeltisches *aktra*, scharf, zurück. Von den Wörtern, welche die Bearbeitung der Metalle bezeichnen, ist nichts weiter zu sagen, als dass sich arisches Sprachgut in ihnen nicht entdecken lässt. Für die Errichtung von Gebäuden hingegen lassen sich zwei Ausdrücke aufführen, die den arischen Sprachen gemeinsam sind: *ud-dhâ* aufrichten bei den Indern, *uz-dâ* oder *uz-dath* in gleicher Bedeutung bei den Erâniern; in gleicher Weise finden wir bei den Indern *ud-dih*, bei den Erâniern das identische *uz-diz* vom Errichten von Bauwerken gebraucht, welche sich wie Wälle und Mauern in die Höhe heben. Sonst ist in den Bezeichnungen für Künste und Gewerbe wenig Gemeinschaftliches, eine Ausnahme macht nur ind. *vap*, weben, im Awestâ *ubdaena* gewebt, abgeleitet von *ubda*, einer Erweichung von upta, dem neup. بافتن, *bâftan*, weben. An das indische *parc*, torquere, wovon gr. πλέκω, darf man auch neup. پیچیدن, *pêcîdan*, anschliessen, parc scheint im Erânischen zu pic geworden zu sein (cf. pikha, Knoten, im Awestâ), das r ist verloren gegangen. Am genauesten stimmt dazu lat. plico. Dem indischen *prati-muc*, anziehen, ankleiden, entspricht mitteléränisch *pad-mokhtan* in derselben Bedeutung cf. auch *framukhti*, Ablegung, Ausziehen im Awestâ.

Eine grosse Gemeinsamkeit der Ausdrücke in Bezug auf die Schifffahrt wird man nach dem was oben gesagt ist von vornherein nicht erwarten Von der Theilnahme an den grossen Meeren, welche auch die Inder erst später kennen lernten, waren die Erânier ganz ausgeschlossen, da die Südküste Erâns von jeher von Völkern andern Stammes bewohnt wurde, es blieben also nur die wenig bedeutenden Binnenflüsse und das kaspische Meer übrig. Nichts desto weniger ist es sicher, dass dem indischen *nâu*, Schiff, im Altpersischen *nâvi* entspricht, dieselbe Form müssen wir auch für das Nordérânische vermuthen, da im Awestâ ein Adjectivum *nâvaya* erscheint, welches fliessend oder schiffbar heissen muss. Im Neupersischen bedeutet ناو, *nâv* und verwandte Wörter einen Kanal oder etwas Aehnliches, so dass wir mit Wahrscheinlichkeit eine Wurzel nu oder snu mit der Grundbedeutung des Fliessens für dieses Wort vermuthen dürfen. Ein anderes indokeltisches Wort für das Schiff: *plava* von plu, πλέω ist dem Erânischen in dieser Bedeutung nicht bekannt, dagegen heisst *frava* Waschung, womit gr. πλύνω zu vergleichen ist. Dem indischen *setu*, Brücke, scheint im Awestâ *haetu* zu entsprechen. Weit grösser ist die Ausbeute, wenn wir die Ausdrücke betrachten, welche für den Krieg und die Kriegswaffen verwendet werden. Das Wort *yudh* für kämpfen ist beiden arischen Sprachen gemeinsam, darüber hinaus finden wir nur noch im griech. *ὕσμιν* eine sichere Spur des Wortes. Von weiterer Verbreitung ist die Wurzel *var* wehren, sie findet sich ausser bei den Ariern auch in einem grössern Kreise von Sprachen. Das indische Wort *kâra* soll unter Anderm Schlachtgesang, auch Mord, Todtschlag, bedeuten, dazu stimmt nicht blos altp. *kâra*, Heer, sondern auch neup. کارزار, *kârzâr*, Schlachtfeld, aber auch litt. *karas*, Kampf, goth. *harjis*, Heer, bezeugen das Alter dieses Wortes. Sicher genug ist, dass die Kunst, Festungen zu bauen und zu vertheidigen, den Ariern schon frühe bekannt war, an das schon in den Vedas vorkommende *dehî*, Wall, schliesst sich altp. *didâ*, neup. دز, *diz*, auch *daeza* im Awestâ lässt sich davon nicht trennen, da aber auch gr. *τοῖχος* berücksichtigt werden muss, so kann man das Wort nicht arisch nennen. Vielleicht dass man skr. *âvaraṇa*, Wall, beiden arischen Sprachen zutheilen darf, denn der Name Aornos kommt nicht blos für eine indische, sondern auch für eine érânische Festung vor. Der indische Ausdruck *padâti*, Fusssoldat, findet sich in dem neup. پیاده, *payâda*, ziemlich genau wiedergegeben. Arisch ist indisch *ratheshṭhâ*, Wagenkämpfer, und *rathaeshtâ*, Krieger im Awestâ. Das indische *vîra*, Held, ist identisch mit *vîra*, Mann, im Awestâ, aber das Wort ist indokeltisch, ebenso heisst *çûra*, *sûra*, stark, heldenhaft, in beiden arischen Sprachen, aber auch gr. *κύριος* muss angeschlossen werden. Ebenso ist auch der Name des Spähers bereits indokeltisch, *spaç* heisst er bei den Indern, *spas* bei den Erâniern, aber der Name ist allgemein. Die Wurzel *sah* heisst bei den Indern bewältigen, besiegen, bei den Erâniern hat das identische *haz* etwas mehr eingeschränkt die Bedeutung berauben. Auch das indische *senâ*, Heer, erscheint bei den Erâniern als *haina, haena,* aber nur von feindlichen Schaaren gebraucht, bei den Armeniern bedeutet *hên* einen Trupp Räuber, nicht anders ist es auch mit ind. *anîka* Heer, im Awestâ *ainika*, letzterer Ausdruck wird, wie es scheint, nur von feindlichen Heeren gebraucht; beide Bezeichnungen sind auf die arischen Sprachen beschränkt, der Ausdruck *spâda*, das neup. سپاه, *sipâh*, nur auf das Awestâ und Neupersische. Unter den Namen des Feindes ist im Awestâ *dushmainyu* hervorzuheben, woraus das neuere دشمن, *dushman*, Feind, entstanden ist, das indische *durmanâs* ist zwar nicht ganz identisch, aber doch sehr nahe verwandt und das griech. *δυςμενής* rückt die Entstehung dieser Zusammensetzung in die vorarische Zeit zurück. Für die Beute haben die Arier kein gemeinschaftliches Wort, ebensowenig für rauben, denn das neup. ربودن, *rubûdan*, praes. ربا, *rubâ*, darf man zwar zu lat. *rapere*, nicht aber zu indisch rup oder lup stellen, die altérânische Wurzelform muss rap, rpâ gelautet haben. Mit dem indischen *ji*, siegen, ist altp. *di*, awestisch *zi* identisch, die Grundbedeutung scheint in den arischen Sprachen die des Wegnehmens zu sein. Das lat. *vis*, das wahrscheinlich hierher gehört, hindert uns, diese Wurzel als eine blos arische zu betrachten. Der Ruhm war etwas den arischen Völkern bereits Bekanntes, das dafür gebrauchte Wort erstreckt sich freilich auf viel weitere Kreise. Bei den Indern heisst der Ruhm *çravas* und dieses Wort wird sowohl für sich als auch in Zusammensetzungen gebraucht wie z. B. *prithuçravâs*, grossen Ruhm habend, *satyaçravâs*, wahren Ruhm habend. Ebenso im Erânischen, wenn auch *sravaṅh* allein nicht in der Bedeutung von Ruhm vorkommt, so erscheint es doch so in Zusammensetzungen wie *husrava*, guten Ruhm habend, *dûshsravâo*, schlechten Ruf habend, so auch noch in dem mittelérânischen *husrûb* und *dushsrûb*. Aber auch im Griechischen haben wir *κλέος* und Eigennamen wie *Ἐτεοκλῆς*, speciell arisch ist also die Bezeichnung keineswegs.

Die Namen der Waffen zeigen vielfache Berührungen. Die Worte für Lanze im Indischen und Erânischen sind nicht verschieden, dasselbe Wort *rishṭi* bedeutet bei den Indern den Speer, bei den Erâniern *arshti* die Lanze. Der Ausdruck, der dem Neuéränischen entschwunden ist, kann für eigenthümlich arisch gelten. Unter den Namen für die Pfeile finden wir *ishu* bei den Indern, *is'u* im Awestâ, die Vergleichung des Wortes mit gr. *ἰός* scheint unsicher, so dass auch dieses Wort vorläufig für arisch gelten darf. Die Bezeichnungen für den Bogen wollen bekanntlich bei den Indokelten nirgends recht zusammenstimmen, von arischer Seite wäre *thanvare* oder *thnavare* zu nennen, das im Awestâ vielleicht den Bogen bedeutet und mit indisch *tâvara*, Bogensehne, verglichen werden könnte. Ganz gewiss identisch ist indisch *jyâ*, Bogensehne, im Awestâ *jya*, auch im Neup. زه, *zih*, vgl. *βιός* im Griech. Dass das indische *asi*, Schwert, in dem dunklen *ahifrathtâdiy* der Keilinschriften enthalten sein könne, ist eine entfernte Möglichkeit, das Wort ist indokeltisch wie lat. ensis beweist. Wichtig sind die Bezeichnungen für die Keule: das indische *vajra* ist im Awestâ *vazra*, im Neup. گرز, *gurz*, ebenso kehrt ind. *gadâ* im Awestâ in der Form *gadha* wieder. Beide Wörter finden sich nicht in europäischen Sprachen, sie müssen also für arisch gelten. Auch das neup. سپر, *sipar*, Schild (im Altéränischen ist das Wort nicht sicher), lässt sich von indisch *phala* (ursprünglich *sphala*) nicht recht trennen. Das awestische *ἅπ. λεγ.* *vârethman* scheint Yt. 11, 2 den Panzer zu bedeuten, nähert sich also sehr dem indischen *varman*, das gewöhnlichere Wort ist jedoch *zrâdha*, neup. زره, *zirih*, das sich an ind. *hrâd* anschliesst (nach Geiger), das tönen, rasseln, bedeutet. Das éränische Wort für den Helm, altp. *khauda*, im Awestâ *khaodha*, neup. خود, *khod*, muss auf ein indokelt. skud zurückgehen, aber ein entsprechendes Wort bei den Indern ist nicht vorhanden. Ueber das éränische *drafs'a*, neup. درفش, *dirafsh*, haben wir theilweise schon oben (p. 70) gesprochen, Verwandte hat das Wort an ind. *drâpi*, Mantel, Tuch, ursprünglich ein abgeschnittnes Stück Zeug, auf das von derselben Wurzel drap stammende *drapsa*, Tropfen, Funke, weist noch das neup. درفشیدن, *dirafshîdan*, glänzen, hin.

Wenn wir nun gesehen haben, in welchem Grade eine Uebereinstimmung bei den Ariern mit Hinsicht auf die Geräthe des Ackerbaus, der Metallarbeiten, Waffen und ähnliche Dinge besteht, so wenden wir uns zur Betrachtung der häuslichen Einrichtungen der Arier, ihrem Hausgeräthe und ihrer Nahrung. Hier muss gleich gesagt werden, dass zwar in den Benennungen des Hauses sich eine grosse Uebereinstimmung zeigt, dass dieselbe aber über die arischen Sprachen hinausgeht. So findet sich das indische *sadas*, Sitz, Wohnhaus, ohne Zweifel wieder in dem éränischen *hadish*, welches beiden altéränischen Dialekten angehört, aber auch aus den europäischen Sprachen ist ἕδος und sedes anzuführen. Ueber *viç* und *vîs* haben wir schon oben gesprochen, entschieden arisch ist aber das indische *veçman* und awestisch *vaesman*, ebenso ind. *kshiti* und éränisch *s'iti*, in der Bedeutung Wohnung. Auf die indische Wurzel *çar*, wovon ind. *çaraṇa*, Zufluchtsort, oder auch *çri*, wovon ind. *âçraya*, Stützpunkt, Wohnsitz, geht gewiss auch neup. سرای. *serâi*, domicilium, zurück; das im Awestâ gewöhnliche Wort demâna oder nmâna, Wohnung, hat zwar indokeltische, aber keine indische Verwandte zur Seite, *sthâna* oder *stâna* ist zwar beiden arischen Sprachen gemeinsam, hat aber die ganz allgemeine Bedeutung des Standortes. *Sthûṇâ* ist im Indischen ein Pfeiler, *stûna* im Awestâ bedeutet dasselbe, ebenso das neup. ستون, *sutûn*, das Wort scheint aber schon indokeltisch zu sein. Vgl. auch ind. *skambha* und aw. *skemba*. Weder für die Mauer noch für das Dach lassen sich gemeinsame Ausdrücke finden, für die Thüre haben wir aber das indische *dvâr*, *dvâra*, altp. *duvarâ*, im Awestâ *dvara*, neup. در, *dar*, freilich ist dies aber ein Wort in welchem alle indokeltischen Sprachen übereinstimmen. Auch der Name für die Thürpfosten ist identisch wie

Zimmer (altindisches Leben p. 154) richtig hervorgehoben hat, denn *âtâ* heisst bei den Indern die Thüre sammt dem umgebenden Rahmen, nicht viel anders lautet *âithya* im Awestâ, im Mitteléranischen hat sich noch *andîmân*, Thürhüter, erhalten. Doch auch dieses Wort ist indokeltisch, lat. antae bedeutet dasselbe und auch altnord. önd, Vorzimmer, gehört hierher. Die Thürschwelle heisst im neuern Persischen آستان, *âsitân*, das Wort ist deutlich das indische *âsthâna*, Standort. Bezüglich der Eintheilung im Innern der Wohnung findet sich nur wenig Uebereinstimmendes, nur dass die Küche mit der Wurzel pac, kochen in Zusammenhang stehe, lässt sich behaupten, indischen Wörtern wie *pâkaçâlâ*, *pâkasthâna* entspricht im Neupersischen und Kurdischen آشپز *âshpaz*, Ort wo die Suppe gekocht wird. Dazu vgl. man lat. coquina, die Verwandtschaft geht also über die arischen Sprachen hinaus. Das Bett oder Lager heisst bei den Indern *stara*, *stariman*, *vishṭara*, im Awestâ *stairish*, auch neup. بستر, *bistar*, gehört hierher, aber auch gr. *στρῶμα*, lat. torus statt storus ist zu vergleichen. Indisch *barhis*, Streu, Decke, Matte, finden wir im Awestâ als *barezish*, Kissen, neup. بالش, *bâlish* und بالين, *bâlîn*, Kissen. Von den Namen der Gefässe ist gewiss skr. *kumbha* nichts Anderes als *khumba* im Awestâ, neup. خنب, *khumb*, Krug, aber dieses Wort hat auch die Runde durch die europäischen Sprachen gemacht. Mit dem indischen Worte *bhâjana*, Gefäss, lässt sich im Awestâ *bajina* vergleichen, für dieses Wort macht Vd. 14, 30 der Zusammenhang diese Bedeutung wahrscheinlich und auch das armenische *bajak*, Becher, spricht dafür, das wahrscheinlich ein éranisches Lehnwort ist. Die neupersischen Wörterbücher führen پاتو, *pâtu* und پاتيله, *pâtîla*, in der Bedeutung Gefäss auf, sie sind möglicher Weise mit indisch *pâtra* verwandt, sehen aber etwas zweifelhaft aus. Mit dem indischen *camû* und *camasa*, Trinkschale, ist gewiss neup. چم,

cam, Löffel verwandt, das Wort ist arisch, wenn auch die Bedeutung nicht ganz die nämliche ist.

Schon oben haben wir zum Theil die Ausdrücke besprochen,
welche die Arier gemeinsam für die Niederlassung gebrauchen,
specieller ist das indische *viç*, welches ebensowohl die Familie
als den Stamm oder das Geschlecht bezeichnet, identisch damit
ist das érânische *vîs*, welches eine Niederlassung bezeichnet, die
an Grösse über eine einzelne Familie hinausgeht und etwa
unserm Weiler entspricht. Dass lat. vicus und gothisch veihs
mit diesen Ausdrucke nahe verwandt ist, braucht nicht erst
gesagt zu werden. Unzweifelhaft arisch ist indisch *dasyu*,
Räuber und érânisch *dahyu*, neup. ‏ده‎, *dih*, Dorf, aber die
Schwierigkeiten, welche der Vereinigung beider Wörter von
Seiten der Bedeutung entgegenstehen und die ich in meiner
Alterthumskunde (3, 544) hervorgehoben habe, sind noch nicht
beseitigt; namentlich wenn man von der indischen Bedeutung
des Wortes ausgehen will, lässt sich keine Brücke finden um
zur érânischen zu gelangen [1]. Am einfachsten wäre die Sache,
wenn wir eine Wurzel das oder dah = gr. δέω, binden. annehmen dürften. Auf diese beiden Ausdrücke beschränkt sich
nun die arische Gemeinschaft hinsichtlich der Volkseintheilung,
das indische grâma hat bei den Erâniern nichts Entsprechendes,
ebensowenig puri, Stadt, höchstens für *âvasatha*, Wohnung,
lässt sich in dem altp. *ârahana* ein naher Verwandter finden,
doch ist die Bedeutung des letztern Wortes nicht ganz sicher.

1) Cf. hierzu Zimmer, altindisches Leben p. 109 flg. und Schrader,
Sprachvergleichung und Urgeschichte p. 97. Die Daher (Δάοι) betrachteten
die Alten als einen skythischen also wohl turânischen Stamm, es ist mir
sehr zweifelhaft, ob wir ihnen folgen würden, wenn genauere Nachrichten
vorlägen. Schon der Umstand, dass nach Herodot (1, 125) ein persischer
Stamm so heisst, muss bedenklich machen. In neueren Schriften ist das
nördliche ‏دهستان‎, *dahistân*, d. i. Ort der Daer entschieden érânische
Gränzfestung. Entscheidend würden nur sprachliche Untersuchungen sein,
diese haben die Alten wohl schwerlich angestellt.

Die Bezeichnung des Weges ist *panthan path* bei den Indern *pañtan, path* im Awestâ, das Altpersische braucht das nahe verwandte *pathi*, das Wort ist indokeltisch, arisch ist aber *adhvan*, Weg. Die Einrichtung von künstlichen Wasserrinnen ist namentlich in Erân sehr nöthig und auch sehr gebräuchlich, gemeinsame Bezeichnungen finden sich aber nicht bei den arischen Völkern, das neup. خندق, *khandaq*, Graben, Canal, hat zwar einen Verwandten im lat. canalis, nicht aber im Indischen.

Ehe wir von der Kleidung sprechen, erwähnen wir noch das Wort, welches die arischen Sprachen für nackt gebrauchen. Bei den Indern lautet das Wort *nagna*, im Awestâ *maghna*, die neuern Dialekte haben das Wort verloren, das nicht blos arisch ist. Die Gemeinschaftlichkeit der Wörter für die Kleidung beschränkt sich nicht darauf, dass beide Völker die Wurzel vas dafür gebrauchen, die indokeltisch ist, auch skr. *vastra*, Kleid, findet sich im Awestâ als *vastra* wieder (vgl. gr. *γέστρα*), ebenso *vasana*, Kleid in *vaṅhana*, vgl. gr. *ἑανός*. Den neuern érânischen Sprachen scheint die Wurzel vas abhanden gekommen zu sein. Arisch scheint *pratimuc*, anziehen, im Mittelérânischen *padmokhtan* in gleicher Bedeutung, cf. auch neup. موزه *moza*, Stiefel und skr. *upamuc*, die Schuhe anziehen. Sonst haben die einzelnen Kleidungsstücke bei den verschiedenen Völkern verschiedene Namen. Auch die Schmuckgegenstände liefern keine grosse Ausbeute, es wäre hier nur das indische *maṇi*, Edelstein, zu erwähnen, das mit *minu*, Halsband, im Awestâ doch wohl zusammenhängt, da im Neup. منگوش, *mangosh*, inauris, vorkommt (unsicherer ist das phrygische *μάνιxα*), freilich ist das Wort nicht blos arisch, wie gr. *μάνος*, lat. monile erweisen. Unter den Namen für den Ring zeigt skr. *angulîyaka* und neup. انگشتر, *angushtar*, wenigstens eine Gleichheit der Auffassung, da beide Wörter mit der Bezeichnung des Fingers (cf. oben p. 64) in enger Verbindung stehen.

Ueber die Mahlzeiten und die einfachsten Speisen haben wir schon oben handeln müssen, als wir die Erzeugnisse der Hirten und Ackerbauer besprachen. Hier nur einige Nachträge. Das Wort *pitu*, Nahrung, kennen beide arische Sprachen, da bei den Erâniern *arempitu* der Name für den Mittag war. so lässt sich vermuthen, dass pitu besonders die Mittagsmahlzeit bedeutet und daher nicht abweisen, wenn man auch litt. pëtus, Mittag, und per-pëte, Mittagszeit, vergleicht. Für das Brot lässt sich ein gemeinschaftlicher Name nicht auffinden, das alte indische Wort *yûsha*, Brühe, steht wohl in Verbindung mit neup. جوشيدن, *joshîdan*, bullire, fervere, das Wort ist indokeltisch. Für das Kochen ist *pac* der Ausdruck beider arischen Sprachen, rösten ist bei den Indern *bhrajj*, wozu neup. برشتن, *birishtan*, assare, stimmt. Das indische Wort *kashâya* bedeutet als Adjectiv: zusammenziehend, als Substantiv einen gekochten Saft, es fragt sich, ob damit nicht neup. كشك, *kashk*, und كشكينه, *kashkîna*, zusammenhängt, für das erstere Wort wird angegeben 1) lac acidum siccatum, 2) cibi species ex oxygala parata und in letzterer Bedeutung kommt das Wort mehrfach vor. Für das zweite Wort ist panis hordaceus die gewöhnliche Bedeutung, doch kann es auch ein Brot mit Zusatze von Bohnen, Erbsen u. dgl. bedeuten. Als Getränke ist uns *madhu* besonders wichtig. Beide arische Sprachen kennen das Wort in derselben Form, bei den Indern bedeutet es Meth, Honig, doch auch ein berauschendes Getränk überhaupt. Bei den Erâniern kommt das Wort im Awestâ vor, dort soll es den Wein bedeuten, also identisch mit dem neup. مى, *may*, Wein, sein und dies ist auch sprachlich unbedenklich, das Erânische neigt sich dann mehr dem griech. *μέθυ* zu, welches dieselbe Bedeutung hat. Wenn es sich bestätigt, dass neup. مستار, *mustâr*, vinum novum bedeutet, was bis jetzt nur durch ein Originallexikon nachgewiesen ist, so würden wir wahrscheinlich eine Ableitung der Wurzel mad, trunken sein, vor uns haben und lat. mustum, unser Most, damit vergleichen können. Auch das neup. مل, *mul*, welches gleichfalls den Wein bedeutet, kann nicht weit abliegen, doch kann man auch an gr. *μέλι* denken. Ganz entschieden arisch ist das indische *surâ*, im Awestâ *hura*, wenn man auch darüber nichts weiter sagen kann als dass es ein ausgepresstes Getränke gewesen sein muss. Ueber Soma und Haoma werden wir später ausführlich zu reden haben, hier genügt die Hinweisung.

Auch in diesem Abschnitte haben wir wieder eine Anzahl von Wörtern zu bezeichnen, welche nur den arischen Sprachen angehören. So in Bezug auf die Viehzucht *gavyûti* und *gaoyaoiti* Weide, *goshṭhâna* und *gavostâna* Viehstall, *miyedha* und *myazda* von der Mahlzeit gebraucht, *duh* oder *dugh* vom Melken der Kühe, *payas* und *kshîra* neup. *shîr* für die Milch, *mastu* und neup. *mâst* für den sauren Rahm, *kshu* oder *khs̔u* für Speise überhaupt. Berührungen hinsichtlich des Ackerbaus bekunden: der gemeinsame Gebrauch der Wurzel *karsh* in der Bedeutung pflügen, *kshetra* oder *s̔oithra* für Feld, Bezirk, *vṛijana* oder *verezêna* für geschlossene Niederlassung, *dâtra* und neup. *dâs* für Sichel, *cakra* und *cakhra* für Wagenrad. Gemeinsame Ausdrücke für kriegerische Beschäftigung sind: *ratheshṭha* und *rathaeshta*, Krieger, *senâ* und *haina*, *haena* für Heer, Feindesschaar, *anîka* und *ainika* in derselben Bedeutung, *ṛishṭi* und *arshti* für Lanze, *vajra* und *vazra* für Keule, *gadâ* und *gadha* in derselben Bedeutung, *phala* neup. *sipar* Schild. Für die Wohnung ist das Wort *veçman* oder *vaesman* gemeinschaftlich *adhvan* und *adhwan* für Weg, für künstliche Verfertigung ist der Gebrauch der Wurzeln *kar*, *ud-dhâ* und *ud-dh* gemeinschaftlich, *camû* Trinkschale und neup. *cam* Löffel, von *surâ* und *hura* ist oben bereits die Rede gewesen. Bestimmt arisch, aber hinsichtlich der Grundbedeutung dunkel ist *dasyu* Räuber und *dahyu* Gegend.

§ 6.

Sociale Zustände.

Von ebenso grosser Wichtigkeit wie die Lebensweise sind die socialen Zustände eines Volkes. diese sind aber bereits in der indokeltischen Zeit so weit ausgebildet gewesen, dass wir hier meistens nur die Uebereinstimmung der Arier mit den übrigen Indokelten in das rechte Licht setzen können. Die Familie besteht bei ihnen schon seit uralten Zeiten, das Wort aber, welches die europäischen Sprachen für den weitern Begriff derselben gebildet haben und welches *γένος* bei den Griechen, *gens* bei den Lateinern, *kuni* bei den Gothen lautet, ist bei den Ariern nicht vorhanden. es müsste etwa janas oder zanag̃h lauten, von der Wurzel jan aber, von welcher die obengenannten Wörter stammen, haben die indische und éránische Sprache ähnliche Wörter mit ähnlicher Bedeutung gebildet. So *jâti* im Indischen (Ursprung, Familie, Geschlecht), *jana*, Stamm (cf. Zimmer l. c. p. 158) und *zañtu*, (Genossenschaft) im Awestâ, mit Recht hat auch Pictet auf das neup. نژاد, *nizhâd*, origo, stirps hingewiesen, das aus derselben Wurzel entsprossen ist. *Jan* oder *zan* heisst aber gebären, es ist demnach die Erzeugung der Kinder, welche als ein Hauptzweck der Familienbegründung gilt. Die Familie selbst ist gegründet auf die Verbindung des Mannes mit der Frau. Wörter, welche die Grundbedeutung des Führens haben, lassen sich bei den indokeltischen Völkern in der übertragenen Bedeutung des Heirathens nachweisen, in der Weise, dass der Mann es ist, welcher die Frau in sein Haus führt. In den arischen Sprachen sind es besonders zwei nahe verwandte Wurzeln, welche in der Bedeutung des Heirathens gebraucht werden, die eine derselben ist das indische *vah*, vehere, welche entweder allein oder mit den Präp. ud oder vi verbunden in dieser Bedeutung vorkommt, im Awestâ entspricht *vaz*, wenigstens wird einmal (Ys. 52, 5) das Particip. praes. pass. *vazyamna* von heirathsfähigen Mädchen gebraucht. Eine zweite Wurzel *vadh* ist bei den Indern nur in *vadhû*, Frau, erhalten, steht dagegen im Awestâ mit der Präp. upa verbunden gewöhnlich in der Bedeutung des Heirathens. Die Wurzel *nî*, führen, ist Indern und Erâniern gemeinsam, aber nur bei dem erstern Volke wird sie auch vom Verheirathen gebraucht, bei den Erâniern ist diese Bedeutung nicht nachweisbar. Dasselbe gilt von *yam*, *upa-yam*, doch vergleiche man im Awestâ *anupayata*, von einer Jungfrau gebraucht, verwandt ist wohl auch *zam*, worauf wir unten wieder zurückkommen werden. Den Herrn und besonders den Hausherrn bezeichnet das indische *pati*, dazu gehört *patnî*, die Herrin, die Hausfrau, ganz ebenso im Awestâ *paiti* mit dem Fem. *pathni*, auch ind. *janî*, Weib, Gattin findet sich im Awestâ als *jéni*, neup. زن, *zan*, wieder. Alle diese Wörter gehören einem weiteren Sprachkreise an, aber das Wort *strî*, *stri*, Weib, scheint nur den arischen Sprachen gemeinsam zu sein. Neben dem indischen *bhartar* ist ein érânisches *bâs'ar* im Awestâ vorhanden, aber in anderer Bedeutung, auch das Fem. *barethri*, Mutter im Awestâ, ist mit dem indischen *bhâryâ* in keiner Weise zu vergleichen. da beide Wörter einen ganz andern Gedankengang voraussetzen. Dass neben ind. *priya*, lieb, geliebt, nordérânisch *frya* in derselben Bedeutung erscheint, ist gewiss, aber wir befinden uns hier auf indokeltischem Boden, während das nordérânische *vañta*, Geliebte, *vañtu*, Liebchen, nur in indisch *vanitâ* sich wiederfindet, also arisch ist. Indokeltisch ist ind. *vidhavâ*, Wittwe, woran sich auch das neup. بیوه, *bêva*, anschliesst. Unter den Namen für Vater und Mutter sind die indischen Ausdrücke *pitar*, *mâtar*, für unsern Zweck von Wichtigkeit, da sich die érânischen Sprachen genau anschliessen. Auch das Altpersische kennt nur die Form *pitar* für den Vater, die auch dem Awestâ nicht unbekannt ist, hier aber hat sich auch die unzweifelhaft ältere Form *ptar* erhalten, während das neup. پد, پدر, die beiden Aussprachen *pid, pidar* und *padar* kennt. Die Mutter heisst auch bei den alten Eräniern *mâtar*, woher neup. مادر, *mâdar*. Den Namen für den Sohn können wir nur insofern für arisch erklären, als sowohl das ind. *putra* als érân. *putr'a* oder *puthra*, neup. پس, *pus*, پسر, *pusar*, die Bedeutung des Sohnes festhält, während dies bei lat. puer nicht der Fall ist. *Sûnu* bei den Indern ist auch den Eräniern in der Form *hunu* geblieben, da aber im Awestâ die Wurzel *hu* = *su* gebären, blos von bösen Wesen gebraucht wird, so hat sich die Bedeutung etwas verändert und hunu entspricht etwa unserem Brut, Gezücht, die übrigen indokelt. Sprachen erweisen übrigens, dass die indische Bedeutung des Wortes die ursprüngliche ist. Der Name für die Tochter ist indokeltisch, das neup. دختر, *dokhtar*, hat eigentlich die ursprünglichste Form, das Awestâ kennt nur das erweichte *dughdhare* und auch indisch *duhitar* ist eigenthümlich verstümmelt, *kanyâ*, Mädchen, kehrt in aw. *kaine* wieder und ist arisch. Beiden arischen Sprachen ist das schwierige Wort *napât* eigen, sammt einer Nebenform *naptar*, dadurch werden beide Sprachen näher mit einander verknüpft, wiewohl das Wort auch den europäischen Sprachen bekannt ist. Man wird gut thun, als die Grundbedeutung des Wortes die allgemeinste, etwa „Abkömmling" festzuhalten, so schliesst sich am besten das von der gleichen Wurzel abstammende érânische *napti*, Verwandtschaft, an. Die érânischen Sprachen geben dem Worte die Bedeutung Enkel, während es bei den Indern sowohl den Sohn als den Enkel bedeuten kann, im Neupersischen schliesst sich am nächsten نواده, *narâda*, nepos, an, während das gleichbedeutende نبيره, *nabîra*, zwar von derselben Wurzel, aber mit einem andern Suffixe stammt. Aus der oben angegebenen Grundbedeutung erklärt es sich, dass die germanischen Sprachen *nefo*, Neffe und *nift*, Nichte, aus diesem Stamme entnehmen konnten, denn mit diesem Worte verbinden sich alte Bezeichnungen für die Verwandtschaft überhaupt, sie nöthigen uns, neben der Wurzel *nap* auch noch eine weichere Form *nabh* anzunehmen, deren Grundbedeutung die des Verbindens gewesen sein dürfte. In erster Reihe steht uns hier das indische *nâbhânedishṭha*, d. i. der an Verwandtschaft nächste, das an dem érânischen *nabânazdishta*, womit im Awestâ die Verwandtschaft bis zum neunten Grade bezeichnet wird, sein vollkommenes Gegenbild hat, mit Recht hat man diese Bezeichnung immer als eine specifisch arische in den Vordergrund gestellt. Auch im Mitteléránischen ist der Ausdruck noch zu finden und verständlich, den neuern Persern aber ist er abhanden gekommen. Ein weiterer Ausdruck für die Verwandtschaft ist das indische *toka*, Nachkommenschaft, auch *tokman* scheint diese Bedeutung zu haben, die ursprüngliche ist aber die eines Getreidehalmes. Ganz ebenso finden wir *taumâ* im Altp., *taokhman* im Awestâ und تخم, *tokhm* im Neup. für die Familie und Nachkommenschaft gebraucht; die arische Uebereinstimmung ist hier wieder vollständig, da das Wort den europäischen Sprachen fehlt. Bruder und Schwester haben in den arischen Sprachen die gewöhnlichen indokelt. Namen: der Bruder heisst *bhrâtar* bei den Indern, *brâtar* in den beiden altérânischen Dialekten, برادر, *burâder* im Neupersischen; die Schwester heisst *svasar* bei den Indern, *qaghar* im Awestâ, خواهر, *khuâhar* im Neup. Wichtig gerade für die arischen Zustände scheinen mir die Namen des Oheims väterlicher und mütterlicher Seite, der erstere heisst bei den Indern *tâtatulya*, d. h. dem Vater ähnlich, letzterer *mâtula*, was gewiss aus mâtutulya zusammengezogen ist. Ganz gewiss gehört dazu *tûirya*, Oheim im Awestâ, welches Wort also zu indisch *tulya* gehören wird, die neuern érânischen Sprachen gebrauchen dafür Umschreibungen oder auch arabische Ausdrücke. Ebenso werden die Begriffe für Neffe und Nichte bei den Erâniern durch Umschreibung ausgedrückt, sie gehören also nicht hierher.

Auch in der Bezeichnung der Familienbande, welche durch die Verheirathung der Kinder entstehen, stimmen die indokelt. Sprachen bekanntlich unter sich überein, darum sind auch die arischen Bezeichnungen nicht von besonderem Interesse. Bei den Indern hat sich die Form *çvaçura* für den Schwiegervater, *çvaçrû* für die Schwiegermutter ausgebildet. Dass die Schreibung *çvaçura* falsch ist und dafür eher svaçura, svaçrû geschrieben werden sollte, das erweisen sämmtliche verwandte Sprachen. Im Awestâ wird der Schwiegervater *qasura*, im Neup. خسور, *khusûr* genannt, letztere Form wird auch für die Schwiegermutter gebraucht, eine dem ind. *çvaçrû* entsprechende Form ist entweder verloren gegangen oder, was wahrscheinlicher ist, gar nicht ausgebildet worden. Sehr bedeutende Schwierigkeiten macht in den arischen Sprachen wie anderswo der Name des Schwiegersohnes. Das Indische hat dafür das Wort *jâmâtar*, doch bezeichnet dieses nicht blos den Eidam, sondern auch den Mann der Schwester, den Schwager, selbst den Gatten. Daneben lassen sich bei den Indern auch noch die Formen *yâmâtar* und *yâmâtṛika* nachweisen, doch sind sie, wie es scheint, seltener. Im Awestâ entspricht *zâmâtar* und bedeutet nur den Schwiegersohn, das anlautende z wird erwiesen durch neup. داماد, *dâmâd*, das südêrânische d tritt nur für z ein, nicht für j [1]). Es liegt nahe mit *zâmâtar* auch die Wörter *zâmi* und *zâmiti* zu verbinden, die im Awestâ beide Geburt bedeuten, ebenso *nizâmay*, zum Gebären bringen. Daneben kennt aber das Awestâ auch noch *jâma*, Verwandtschaft, und den Eigennamen *jâmâspa*, den man übersetzen darf: verbundene Pferde besitzend. Es fragt sich nun, woher man die Formen *jâmâtar* und *zâmâtar* ableiten soll, Fick nimmt an, *jâ* oder *zâ* heisse Stamm, mâtar ein Wort das etwa Begründer bedeutet habe, also Stammbe-

1) Vgl. hierzu auch Bugge bei Kuhn, Zeitsch. 19, 424.

gründer. Die Bedeutung wäre passend, aber ich kann mich nicht entschliessen, *zâmâtar* und *zâmi* etc. zu trennen, ganz gut würde sich damit *zam*, Erde, vereinigen lassen, auch litt. *gimti*, das man dann nicht für ein primär gewordenes Denominativ anzusehen braucht, allein diese Wörter führen dann auf eine Urform gham, womit sich *jâmâtar* nicht vereinigen lässt. Die Wurzel *jam* = *gam* würde sich mit gr. *γέμω*, vollpacken, vereinigen, verbinden lassen, wozu auch *γαμέω* stimmen würde, dann macht aber *zâmâtar* Schwierigkeit, für das man geradezu eine falsche Schreibung annehmen müsste, die aber wegen des oben genannten neup. *dâmâd* auch nicht wahrscheinlich ist; es bleiben also jedenfalls bedeutende Zweifel. Noch erwähnen wir *yâtar*, wie die Inder die Frau des Bruders des Gatten benennen, im Erânischen ist nichts Entsprechendes erhalten, wohl aber im griech. *εἰνάτερες* und lat. janitrices, hinsichtlich der Etymologie wird derselbe Stamm wie bei yâmâtar vorausgesetzt werden dürfen. Für die Schwiegertochter gebrauchen die Inder das Wort *snushâ*, das im Neup. als سنار, *sunâr* oder سنهار, *sunhâr*, wieder erscheint, beide kostbare Formen haben uns zwar nur die Wörterbücher erhalten, aber an ihrer Richtigkeit kann kein Zweifel sein. Den Schwager benennt der Inder *devar* oder *çvaçurya*, letzteres Wort abgeleitet von *çvaçura*, das neup. خوسره, *khosra*, frater uxoris beweist, dass es ein altérân. Wort gegeben haben muss, das zu *qasura* in einem ganz ähnlichen Verhältnisse stand. Für die Schwägerin hat sich kein besonderer Ausdruck gebildet, aber das indische *syâla* (dies ist die richtige Schreibung des Wortes), Bruder der Frau, hängt meines Erachtens mit neup. خال, *khâl*, Oheim, und خاله, *khâla*, Muhme, zusammen, es ist mir zwar bekannt, dass diese Wörter als Entlehnungen aus dem Arabischen gelten, ich glaube aber, dass dies irrthümlich ist. Noch auf einen arischen Ausdruck wollen wir hinweisen: *agru* bei den Indern, wie *aghru* im Awestâ, wird von unverheiratheten Mädchen gebraucht. Für das éränische

Wort würde *garew* oder das ursprünglichere *gar*, ergreifen, eine gute Ableitung sein, allein das indische Wort macht Schwierigkeit, wir müssen uns begnügen, die Identität beider Wörter darzuthun, ohne eine bestimmte Ableitung geben zu können [1]). Mit dem indischen *bhṛita*, *bhṛitaka*, Söldling, steht lautlich das neup. برده, *barda*, im engsten Zusammenhange, aber das Wort bedeutet blos den Kriegsgefangenen, nicht den Diener, dieser heisst im Altp. *bañdaka*, im Neup. بنده, *bende*, eigentlich gebunden, hat also wohl dieselbe Grundbedeutung. Trotz der genauen Uebereinstimmung von *bhṛita* und *barda* ist doch die Anschauung eine ganz andere: das indische Wort bedeutet den Getragenen, Ernährten, das éränische einen Fortgeführten. — Mit der Familie hängt, wie Pictet richtig bemerkt, auch die Einführung des Namens zusammen, dieser heisst in beiden arischen Sprachen *nâman*, aber gerade wegen der weiten Verbreitung dieser Bezeichnung hat dieselbe für uns kein Interesse.

Auf die Familie ist offenbar die gesellschaftliche Ordnung der Arier begründet worden, es zeigen sich aber bei der Vergleichung, trotz der Gleichheit einzelner Ausdrücke, erhebliche Verschiedenheiten, welche den Nachweis einer gemeinsamen arischen Verfassung unmöglich machen. Aller Wahrscheinlichkeit nach sind es die Inder, welche unter einem anderen Himmelsstriche die ursprünglichen Einrichtungen vielfach änderten, weil sie dieselben ändern mussten. Die Ausdrücke für das Haupt der Familie, den Hausherrn, sind verschieden, bei den Indern heisst er *gṛihapati*, bei den Erâniern *nmânopaiti*, gemeinsam ist dagegen beiden arischen Sprachen die Bezeichnung *viçpati* oder *vîspaiti*. Bei den Indern ist *viçpati* sowohl der Hausherr als der Stammesherr, endlich der Gebieter der Menschen überhaupt, bei den Erâniern ist *vîth* oder *vîs* nur eine etwas grössere Gemeinschaft als eine Familie, es be-

---

1) Brugmann (Grundriss 1, 234) nimmt agru = aguru.

zeichnet einen Clan, *vîspaiti* ist der Herr eines solchen Clans. Vielleicht darf man annehmen, dass die Bedeutung Hausherr die ursprünglichste Bedeutung des Wortes sei, dafür könnte sprechen, dass im Altpreussischen *waispattin* die Hausfrau ist, man kann aber auch dagegen einwenden, dass die Littauer das identische *vëszpats*, Herr, in dem Sinne anwenden, dass es nur von Gott und dem Könige allein gebraucht wird. Ueber die höheren Grade geselliger Verbindungen herrscht unter den Ariern keine Einheit der Bezeichnungen mehr. Eine Vereinigung, welche grösser ist als der Clan, die Genossenschaft, heisst bei den Erâniern *zañtu*, das Wort ist ohne Zweifel dasselbe wie das indische *jantu*, dieses heisst aber blos Geschöpf im Allgemeinen, höchstens Nachkomme, Angehöriger. Dagegen lehnt sich *jâti*, Stamm, ziemlich genau an érânisch *frazaiñti*, neup. فرزند, *ferzend*, Nachkommenschaft, dieses wieder an *zañtu* an und da man dazu auch γνήσιος, sowie lat. *gens*, *natio* und goth. *knods* ziehen kann, so lässt sich vermuthen, dass man mit Ausdrücken die mit *zañtu* etymologisch verwandt sind schon in der ältesten Zeit eine grössere Gemeinschaft verwandter Menschen bezeichnet hat. Ueber die Schwierigkeit, mit dem Ausdrucke ins Reine zu kommen, der bei den Indern *dasyu*, bei den Erâniern *dañyu* oder *daqyu* lautet, ist oben schon theilweise gesprochen worden. *Dasyu*, Räuber, fällt eigentlich aus dem Staatsverbande ganz heraus, während *dañyu*, neup. ده, *dih*, das Dorf oder einen noch grösseren Bezirk, selbst einen grösseren als einen Stadtbezirk bedeutet. Es wäre wichtig, wenn wir nachweisen könnten, woher die auffallende und kaum zu vermittelnde Bedeutungsverschiedenheit bei lautlicher Gleichheit kommt. Am besten wäre es wohl, wenn wir eine Wurzel das, binden, als Weiterbildung von dâ (cf. Curtius gr. Etym. p. 234) annehmen dürften, auf welche auch ind. *dâsa*, Diener, zurückgehen und wozu man auch gr. δεσμός, Band, fügen könnte. Diese Verbindung von *dasyu* und *dâsa* hat auch Benfey vermuthet (Göttinger gel. Anzeigen 1861 p. 137). Genaueres bei Zimmer, altindisches Leben p. 109 flg.

Als gemeinsamen Ausdruck für ein Reich besitzen die Inder das Wort *kshatra*, Herrschaft, übereinstimmend mit *khshatr'a* im Altp., *khsathra*, Reich im Awestâ, neup. شهر, *shahr*, welcher neuere Ausdruck nach zuverlässigen Berichten erst später zu dem Begriff der Stadt verengert wurde, hiermit zusammenhängend ist indisch *kshatrya*, dem Herrscherstamme angehörig, in derselben Bedeutung ist *khs'athrya* auch dem Awestâ bekannt. Als älteste Bezeichnung des Herrschers dürfen wir wohl das Wort ansehen, das bei den Indern *pati*, bei den Erâniern *paiti* lautet, denn dieses lässt sich im weitesten Kreise der indokelt. Sprachen nachweisen; freilich dürfte man darunter mehr einen Stammeshäuptling verstanden haben, als den Beherrscher eines grossen Reiches, das aus mehreren Stämmen bestand. Dass der Begriff des Volkes in indokeltischer oder arischer Zeit bestand, wüsste ich aus der Sprache nicht nachzuweisen, für das Vorhandensein des Königthums spricht aber nicht blos das schon der indokeltischen Zeit angehörige *râjan*, König, wozu im Awestâ *dâto-râzo*, Gesetz ordnend, zu stellen ist, sondern noch mehr das bereits im Rigveda mehrfach vorkommende *samrâj*, Oberherr. Im Awestâ hat vielleicht der Eigennamen *ragha* oder *raji* noch Anspruch darauf hier angeschlossen zu werden, doch bleibt dies unbestimmt. Die Erânier ziehen als Bezeichnung des Königs das altp. Wort *khshâyathiya* vor, von welchem das neup. شاه, *shâh*, stammt und das von *kshi* abzuleiten ist, das schon in den Vedas die Bedeutung des Herrschens hat. Auch ind. *trâtar*, Beschützer, gehört hierher, das sich im Awestâ als *thrâtar* wiederfindet. Da zum Amte des Königs auch das Befehlen gehört, so mag hier das érânische *framânâ*, neup. فرمان, *fermân*, erwähnt werden, bei den Indern lautet das Wort *pramâṇa*, Autorität, und wird in ganz ähnlicher Weise gebraucht wie der érânische Ausdruck.

Mit der politischen Eintheilung hängen auch die bürgerlichen Verhältnisse enge zusammen. Der Begriff des Eigenthums ist natürlich so alt wie die politische Eintheilung. das indische *svam*, Eigenthum, findet sich daher auch im weiten Kreise der indokelt. Sprachen, das identische *hva*, *qa* im Awestâ lässt sich aber allenfalls nur an einer Stelle des Awestâ in dieser Bedeutung fassen, dagegen findet sich einmal *qâsta*, welchem Worte nach der Tradition die Bedeutung des neup. خواسته, *khuâsta* (opes), zukommt, dieses geht gleichfalls auf denselben Begriff, nämlich auf eine Wurzel *qag̃h* zurück. die aus einer Erweiterung von qa entstanden ist, ähnlich wie gr. *σφετερίζω* (cf. auch ind. *svadhâ*, gr. *ἔθω*). Für das Kaufen und Verkaufen wird bei den Indern *krî* mit verschiedenen Präp. gebraucht, dazu stimmt neup. خريدن, *khirîdan*, emere. Auch die Wurzel *par*, welche mit den Präp. vyâ verbunden bei den Indern in der Bedeutung, beschäftigen, verkehren, vorkommt ist den Erâniern jedenfalls bekannt gewesen, davon stammt *pâra*, Schuld, im Awestâ, womit wohl neup. پاره, *pâra* (donum quo corrumpitur judex), in Verbindung zu setzen ist. Die Wurzel *fru* im Awestâ scheint aus *par* entstanden durch Versetzung und Verdunklung des Vocals, als eine Erweiterung derselben fassen wir neup. فروختن, *frokhtan* oder فروشيدن, *feroshîdan*, kaufen. Noch müssen wir beifügen, dass *par* indokeltisch, *krî* aber arisch zu sein scheint (vgl. indessen keltische Ausdrücke). Vgl. auch *dâ* und *paradâ* in beiden arischen Sprachen. Als mit dem Handel zusammenhängend mag hier der Wage gedacht werden, die bei den Indern *tulâ* heisst, womit neup. ترازو, *terâzû*, in irgend einer Weise zusammenhängen wird, denn *tul* musste bei den Erâniern zu tur werden, da dieselben — wenigstens in der Schrift — ein l nicht besassen. Das érânische Wort ist wahrscheinlich eine Zusammensetzung, deren letzter Theil unklar ist. Für den Lohn gebraucht das

Awestâ das Wort *mîzhda*, das Neup. مزد, *muzd*, das in gr. *μισθός*, goth. *mizdo*, wieder erscheint und sich dadurch als ein altes Wort bewährt, im Indischen ist aber nur *mithas* gegenseitig, zu vergleichen, was mit *mîzhda* jedenfalls zusammenhängt. Aber ind. *argha*, Preis und *arejaṅh* im Awestâ, ارز, *arz*, im Neup., gehen auf dasselbe Wort zurück, das wir Anstand nehmen für indokeltisch zu erklären, trotz des litt. *alga*, Lohn. Vgl. auch ind. *vasna*, Kaufpreis und neup. بها, *behâ*, pretium. Das indische *bhâga*, Theil, Antheil, und altp. *bâji*, neup. باژ, *bâzh*, Tribut, hängen wenigstens der Grundbedeutung nach zusammen, dasselbe ist der Fall mit ind. *çavas*, Kraft, Stärke, éranisch *savaṅh*, Nutzen und neup. ساو, *sâv*, pars, portio, vectigal, worunter meist der Tribut in Gold und Silber verstanden wird. Für den Vertrag scheint ein gemeinsamer arischer Ausdruck nicht ausgebildet worden zu sein, wiewohl die éranische Sitte, den Vertrag durch Handschlag zu bekräftigen, sich bei verschiedenen Völkern nachweisen lässt.

Wir müssen hier übergehen, was sich über das Rechtsleben der Arier sagen lässt, wir werden unten darauf zurückkommen, wenn wir von der Religion handeln, mit welcher bei den alten Völkern das Recht auf das innigste verbunden zu sein pflegt. Wir wollen hier blos noch beifügen, was sich über die Gemeinsamkeit des Tanzes und der Musik bei den Ariern sagen lässt, doch muss man gerade hier sehr vorsichtig sein, denn es scheint, dass die Eränier in der Musik sehr wenig selbständig waren und dieselbe theils von ihren Nachbarn, den Griechen, zum Theil aber auch von den Indern entlehnt haben und diese Entlehnung braucht nicht schon in der arischen Zeit stattgefunden zu haben, sie ist später noch viel eher denkbar, auch können wir meistens nur neupersische Wörter anführen. So scheint neup. چنگ, *cang*, cithara, mit skr. *çiñj*, schwirren, in Verbindung zu stehen. Nur für den Gesang lässt sich indisch *svan* (tosen, dröhnen), altérân. *qan*, anführen, wovon neup. خنيا, *khonyâ*, cantus, und خنيدن, *khonîdan*, vocem reddere, endlich خواندن, *khuândan*, legere, recitare, cantare, herkommt. Ebendahin gehört auch neup. سرودن, *surûdan* oder سرائيدن, *sarâyîdan*, cantare, modulari, endlich سرود, *surûd*, cantus. Alle diese Wörter gehen auf das Caussativum von sru, hören, zurück, *srâvay* hat aber bereits im Awestâ die Bedeutung des Recitirens und auch *frasrûiti* steht in der Bedeutung dem pers. *surûd* nahe. Bei den Indern hingegen hat *çrâvay* die Bedeutung „hören lassen" bewahrt, dann heisst das Wort auch: verkünden, hersagen. Nahe liegt es auch, neup. سرنا, *sûrnâ*, Trompete, hier anzuschliessen, das Wort kann allenfalls mit sru, keinesfalls mit ind. svar zusammenhängen, es fragt sich aber eben, wann das Wort gebildet worden ist und ob man nicht besser gr. σῦριγξ, συρίζω vergleicht. Was über religiöse Gesänge zu sagen ist, davon werden wir besser später sprechen. Ein recht interessantes Wort ist *kavi*, das beiden arischen Sprachen angehört, ursprünglich bedeutet es wohl „weise", die Inder gebrauchen es von Göttern und Sängern, während es bei den Erâniern ein Beiname für die Könige ist, in der Bedeutung gehen mithin die arischen Sprachen auseinander. Verschieden ist natürlich ein anderes *kavi*, blind, das nur im Awestâ gebraucht wird, das Indische kennt es nicht.

Wegen der Leichenceremonie genügt es, auf Harlez[1]) zu verweisen. Die Sitten der arischen Völker mögen in dieser Beziehung ursprünglich dieselben gewesen sein, aber soweit wir dieselben zurückverfolgen können, sind sie ganz verschieden. Die Inder der Vedas verbrennen bereits ihre Todten, wie die heutigen Inder, oder sie begraben sie. Die Perser zur Zeit des Darius setzten wenigstens die Leichen der Vornehmen in Grüften

1) De l'exégèse et de la correction des textes avestiques p. 103.

bei, auf eine ähnliche Sitte deutet auch das Königsbuch hin und eine ähnliche Sitte mag auch bei dem Volke gegolten haben, denn dass man in dem an Holz armen Erân die Leichen verbrannt habe (wie nach Vd. 1, 66 in Cakhra geschah), ist unwahrscheinlich. Das Awestâ untersagt bekanntlich sowohl das Begraben als das Verbrennen der Leichen und will, dass die Leichname den Vögeln zur Beute überlassen werden. Diese Art der Bestattung lässt sich in Nordérân leicht ausführen, wie überall wo grosse Wüstenstrecken zu Gebote stehen, wir finden diese Sitte noch jetzt bei den Mongolen, auch indische Stämme haben sie nach Versicherung der Alten gehabt (cf. Lassen, ind. Alterthumskunde 2, 145. 190). Nur ein Zug ist beiden Völkern gemeinschaftlich geblieben: bei den Indern hat der König des Todtenreiches zwei vieräugige Hunde, welche den Bösen furchtbar sind und die Verstorbenen in ihre Wohnungen führen. Im Awestâ werden natürliche Hunde dazu gebraucht den Todten anzusehen, diese müssen aber über ihren Augen zwei Male haben, die nun gleichfalls für Augen gelten sollen. Es ist kein Zweifel, dass sich dieser Zug von der arischen Zeit her fortgeerbt hat, wenn er auch nicht mehr verstanden wird. (Ausführlicheres in § 32).

Auch in diesem Abschnitte haben wir einige Ausbeute an arischen Wörtern gehabt. Wir erinnern nur an *strî* und *stri*, *vanitâ* und *vañta*, Frau, Geliebte, *kanyâ* und *kaine*, Mädchen, an Verwandtschaftsnamen wie *tokman* und *taokhman*, Geschlecht, Nachkommenschaft, an *nâbhânedishṭha* und *nabânazdista*, die nächste Verwandtschaft, an *agru* oder *aghru*, unverheirathet, an die wichtigen Bezeichnungen wie *kshatra* und *khs'athra* für das Reich, *kshatriya* und *khs'athrya* für herrschend, königlich, *pramâṇa* und *framânâ* Autorität, Befehl, endlich an *krî* und *khirîdan*, kaufen, *argha* und *arejaṅh*, Preis oder Werth.

§ 7.

Allgemeine wissenschaftliche Begriffe.

Unter den Bezeichnungen, welche das intellectuelle Leben der Arier bekunden, werden wir nur wenig Brauchbares für unsern Zweck finden, die meisten belegbaren Ausdrücke sind bereits indokeltisch. So die Wurzel *man*, meinen, denken, wovon *manas* Geist bei den Indern und *manağh* im Awestâ stammt, das gr. *μένος* erweist das Wort als bereits indokeltisch, die Formen *mati* und *maiti*, Denken, gehören nur dem Indischen und dem Awestischen an. Im letzten Grunde wird *man* mit der Wurzel ma zusammenhängen, die indokeltisch ist und messen bedeutet, gewöhnlich aber in der Form mâ erscheint, dahin gehört auch in den Vedas *mâyâ*, übermenschliche Weisheit, im Awestâ *maya* und *mâya*, Wissenschaft. Eine Wurzel *madh* oder *mâdh*, die für das Awestâ angenommen werden muss, lässt sich mit gr. *μανθάνω* jedenfalls vermitteln, ich glaube, dass indisch *medh* diesem *mâdh* entspricht (man vgl. unten sten für stân) und dass demgemäss auch indisch *medhâ*, Weisheit, *medhira*, weise, hierher zu ziehen ist. Das indische *citti*, Einsicht, und im Awestâ *cisti*, Weisheit, führt auf eine Wurzel *cit* oder *cint* zurück, die nur arisch zu sein scheint. Dagegen ist die Wurzel *vid*, wissen, indokeltisch, nur das abgeleitete indische *vidyâ*, Wissenschaft, wofür das Awestâ *vidhya* oder *vaedhya* giebt, scheint blos den Ariern bekannt zu sein. Dagegen *budh*, wissen, ind. *buddhi*, awestisch *busti*, gr. *πύστις* ist bereits indokeltisch; auch für ind. *jñâ*, wissen, érân. *zan* und die verschiedenen Ableitungen ist der Grundbegriff bereits in indokeltischer Zeit gebildet, dasselbe gilt von *vat*, das bei den Ariern einfach oder in der Zusammensetzung *api-vat* in der Bedeutung merken, verstehen, sich findet, aber durch lat. vates auch für einen weiteren Kreis von Sprachen erwiesen wird. Andere mehr zweifelhafte Wurzeln übergehen wir, die gegebenen

Beispiele werden genügen zu zeigen, dass die Begriffe des Wissens, Nachdenkens, Lernens über die arische Zeit hinausgehen. Dasselbe ist der Fall bei Wörtern wie *car*, wählen, glauben, *vaç* oder *vas* wollen, indisch *smar*, érânisch *mar* gedenken. Alle diese Begriffe sind bereits indokeltisch. Zu ind. *bhishaj*, Arzt, *bheshaja*, Heilmittel, darf man auch im Awestâ *baeś'az*, heilen und *baeś'aza*, Heilmittel stellen, wovon neup. بزشك, *bizishk*, Arzt, Verkäufer von Heilkräutern. Auch ind. *yakshma*, Krankheit, hängt gewiss mit *yaska*, Krankheit, im Awestâ zusammen.

Zu den sehr alten Bestandtheilen der ursprünglichen Bildung dürfen wir den Besitz der Zahlwörter und des Zahlensystems rechnen. Es ist nicht nöthig, über die Ableitung und Herkunft der einzelnen Zahlwörter hier zu sprechen, solche Untersuchungen würden uns über den Kreis der indokeltischen Sprachen hinausführen, es genügt zu sagen, dass sich in dieser Beziehung Inder und Erânier in schönster Uebereinstimmung befinden. Die Uebereinstimmung aller indokeltischen Sprachen geht bis zur Zahl 1000, die Benennung für diese Zahl ist bei den Indern *sahasra*, bei den Erâniern *hazaṅra*, neup. هزار, *hazâr*, also die ganz gleiche, daran wird neuerdings vermittelst einer Urform *ghasra*, noch das äolische χέλλιοι, gr. χίλιοι angeschlossen. Von höheren Zahlenwerthen ist bei den Ariern nur noch *asaṁkhya* unzählbar, mit *ahâshta* oder *ahâkhshta* im Awestâ zu zu vergleichen. Beide Wörter gehören meiner Ueberzeugung nach nahe zusammen, wenn sie auch nicht vollkommen identisch sind, *asaṁkhy* und *ahâsh* entsprechen sich genau, nur das Suffix ist in beiden Sprachen verschieden. Nur das indische Wort giebt einen bestimmten Sinn, die Möglichkeit ist daher nicht ganz ausgeschlossen, dass das érânische Wort ein Lehnwort ist, vielleicht aus späterer Zeit, da *asaṁkhya* in den Vedas noch nicht vorkommt. Die Eintheilung der Zeit geht in eine sehr alte Periode zurück und hier versteht es sich, dass die

Arier bereits Tag und Nacht kannten, aber von den Wörtern, die den Tag bezeichnen, ist nur ind. *ahan* für unseren Zweck zu gebrauchen, ein entsprechendes éránisches *azan* lässt sich aus den Locativformen *asni* oder *asne* im Awestâ mit Sicherheit erschliessen, ebenso aus dem Adjectiv *asnya*, täglich. Andere Namen für den Tag wie ap. *rauca*, neup. روز, *roz* oder *ayare* im Awestâ lassen sich wenigstens in dieser Bedeutung sonst nicht wieder belegen, höchst auffallend ist, dass Ableitungen von der Wurzel *div*, leuchten, wie das ind. *divasa*, Tag, dem Erânischen ganz entschwunden sind, vielleicht dass man mit Darmesteter in neup. فردا, *ferdâ*, morgen, eine Spur davon finden darf. An das ind. *prapitva*, Morgen, *abhipitva*, Abend, schliesst sich érânisch *rapithwa* (aus *arem-pithwa*) Mittag, an. Man vergleiche auch die Redensart *ushaso vyushṭau* im Rigveda (z. B. 118, 11. 249, 2. 297, 5 etc.) und *vyusaiti bâmya* im Awestâ (Vd. 19, 91). Mehr stimmen die Namen der Nacht zusammen, hier ist zuerst zu nennen ind. *kshap*, woran sich ap. *khshapan* reiht, im Awestâ *khsʿap*, *khsʿapara*, im Neup. شب, *shab*, Nacht, und شام, *shâm*, Abend. Auch ind. *doshâ*, Abend, Dunkel, erscheint wieder im Awestâ als *daosʿa* oder *daosʿaṅh* und im neup. دوش, *dosh*, gestern, das erste Wort ist wohl indokelt., das zweite entschieden arisch. Das indische *naktâ*, Nacht, dessen Verwandte in den indok. Sprachen so reichlich vertreten sind, hat sich im Awestâ nur in dem Adjectivum *nakhturu*, nächtlich, erhalten. Die weiteren Namen für Unterabtheilungen des Tages und der Nacht gehen bei den Ariern auseinander, nur der Name für die Morgenröthe ist der gleiche: *ushas* bei den Indern, *usʿaṅh* bei den Erâniern des Awestâ, sie theilen aber diesen Namen mit anderen Indokelten, auch ist zu bemerken, dass Ushas bei den Indern ein göttliches Wesen ist, bei den Erâniern aber nicht. Der Name für Mond und Monat *mâs* und *mâsa* bei den Indern, *mâha* im altp., *mâo* und *mâogha* im Awestâ, ماه, *mâh*, bei den neuern Persern stimmt sehr schön zusammen, ohne sich freilich auf die Arier zu beschränken. Für die Unterabtheilungen des Monats sind gleiche Namen bei den Ariern nicht zu finden, wenn man den Namen des Vollmonds ausnimmt, der bei den Indern *pûrṇamâsa*, bei den Erâniern *perenomâoghа* lautet, Inder und Perser scheinen auch schon die Eintheilung des Monats in zwei Hälften gekannt zu haben. Ueber die Namen des Jahres haben wir schon oben gesprochen, das Wort für Stern *star* in den Vedas, *stare* im Awestâ, ستاره, *sitâre*, im Neup., ist bereits indokeltisch.

Zu erwähnen sind hier auch noch die Maasse, welche theils unter Zuhülfenahme der Hände oder auch der Füsse gemacht worden sind. Auch hier befinden wir uns ganz auf indokeltischem Boden, doch zeigen die arischen Sprachen wieder einige besondere Uebereinstimmungen. Ein Maass ist indisch *pâda*, Fuss (= 12 Daumenbreiten), ebenso im Awestâ *pâdha*, Fuss (= wenn man die beiden Füsse unmittelbar aneinander setzt), auch den Versfuss bedeutet das Wort in beiden arischen Sprachen, aber auch gr. *πούς*; ferner *gâya*, Schritt, im Awestâ cf. indisch *urugâya*, weit schreitend. Auch ind. *yojana*, ein Wegmass, und *yujyeṣti*, das im Awestâ das Gleiche bedeutet gehören zusammen, wenn sich auch ihr gegenseitiges Verhältniss nicht näher bestimmen lässt. *Dishṭi* ist der Name eines Längemaasses bei den Indern, gleichermassen nennt auch das Awestâ ein solches *dishti*. Indisch ist der Name *aratni*, Elle (vom Ellbogen bis zur Spitze des kleinen Fingers), noch bei den neuern Persern heisst ارش, *aresh* oder رش, *rash*, die Elle (vom Ellbogen bis zur Spitze des Mittelfingers), im Awestâ ist das zusammengesetzte *frârâthni* im Gebrauche, in demselben Buche tritt in Wörtern wie *frâbâzu*, *vîbâzu* auch der Arm (*bâzu*) als Längenmass ein, wofür sich bei den Indern *bâhu*, und bei den neuern Persern nichts Entsprechendes findet. Von grossen Interesse wäre es gewiss, wenn wir ermitteln könnten, ob die Schreibekunst den Ariern schon bekannt war. Wir halten es nicht für unmöglich, dass das altp. *dipi*, Schrift, Inschrift zusammenhänge mit ind. *lipi*, Schrift. Mit altp. *dipi* hängt zusammen neup. دبير, *dibér*, Schreiber, und دبستان, *dibistân*, Schreibschule. Wir würden dann eine éränische Wurzel *dip* annehmen müssen, welche dem indischen *lip* entsprechen und wie diese die Grundbedeutung bestreichen, beschmieren haben müsste. Indessen sind diese Combinationen nicht sicher und namentlich lässt sich nicht erweisen, dass diese indischen und éränischen Ausdrücke bis in die arische Periode zurückgehen. *Pish*, schreiben, theilt das Persische mit dem Slavischen.

Zum Schlusse erwähnen wir noch die Namen der hauptsächlichsten Farben, die sich in den arischen Sprachen gemeinsam finden. Für *raj*, färben, das indokelt. ist, spricht skr. *ranga* Farbe, neup. رنگ, *reng* dass., gr. *ῥέζω*. Das ind. *çveta*, weiss, finden wir im Awestâ als *spaeta*, im Neup. als سپید, *sipéd*, wieder, ebenso *çyâva*, schwarzbraun, *çyâvâçva*, schwarzbraune Rosse habend, im Eigennamen *syâvâspa* im Awestâ und im neup. سياه, *siyâh*, schwarz, dem indischen *harita*, glänzend gelb entspricht im Awestâ *zairita*, gelblich grün, neup. زرد, *zard*, flavus, ind. *babhru*, braun, neup. بور, *bor*, color ruber. Weniger genau entsprechen sich die folgenden Namen: das indische *arusha*, röthlich ist lautlich identisch mit *aurus'a* im Awestâ, letzteres Wort heisst aber weissglänzend [1]), noch im Mitteléränischen *alos*, ebenso ist indisch *çukla*, weiss, identisch mit *sukhra*, roth im Awestâ, neup. سرخ, *surkh*, alle diese Wörter, mit Ausnahme des zuletzt genannten, können bereits für indo-

---

1) Schon Justi und Hübschmann (Kuhn, Zeitschr. 27, 102) haben darauf hingewiesen, dass *arus* dem awestischen spaetita entspreche. Piétremont will (Révue linguistique 15, 78) aus naturwissenschaftlichen Gründen dem Worte *aurus'a* die Bedeutung hellroth geben.

keltisch gelten. Endlich ist neup. سبز, *sabz*, grün, gewiss nichts anders als das indische *çashpa*, Graskeime, junger Trieb, aber das lat. *caespes*, Rasen, stempelt das Wort bereits zu einem indokeltischen.

Auch die intellectuellen Begriffe haben uns mithin einige, wenn auch nur kleine Beiträge zu dem gesonderten Wörterbuche der arischen Sprachen gegeben. Dahin rechnen wir *asaṁkhya* oder *ahāshta* für die unbegränzte Zahl, *doshâ* oder *daos'a* für den Abend, *dishṭi* oder *dishti*, für ein Mass, ebenso *yojana* und *yujyesti*. Dazu füge man noch die beide Farbennamen *çukla* und *sukhra*, *arusha* und *aurus'a*, von welchen wir eben gesprochen haben.

§ 8.

Die Arier.

Wir haben in allen den Wissensgebieten, welche wir bis jetzt durchwandert haben, nicht wenige Wörter gefunden, welche den Ariern gemeinsam waren ohne dass sie dieselben mit den übrigen Indokelten zu theilen brauchten, wir haben aber unter diesen Ausdrücken keine zu entdecken vermocht, welche sich auf besonders eigenthümliche Begriffe bezogen hätten und uns dadurch veranlassen könnten, eine eigenthümlich arische Cultur anzunehmen; in nicht wenigen Fällen mag es bloser Zufall sein, dass ein Wort in den andern Sprachen nicht mehr nachzuweisen ist. Auf dem Gebiete, welches wir nun betreten, werden wir seltener mehr in der Lage sein, auf die europäischen Glieder des indokeltischen Stammes Rücksicht nehmen zu müssen. Als eines der besonderen Kennzeichen für die nahe Zusammengehörigkeit der Arier hat man früher auch den Namen Arier gehalten, mit welchem sie sich beide benennen. Die Thatsache ist nunmehr als nicht ganz richtig erkannt worden, denn einmal beschränkt sich der Name nicht blos auf die asiatischen Sprachen, in Europa haben höchst wahrscheinlich auch die Iren Anspruch auf denselben [1]), dann ist es aber nicht ganz leicht die Anschauungen zu vereinigen, welche die Inder und Erânier mit diesem Namen verbinden, wie jetzt nachgewiesen werden soll.

Beginnen wir mit den Indern, so finden wir im Rigveda ein Wort *aryá*, welches gewöhnlich mit „zustrebend, zugethan" oder auch „freundlich" und „fromm" übersetzt wird. An sehr vielen Stellen kann aber dieses *aryá* auch als gen. sg. von *arí*, strebsam, fromm betrachtet werden, Ludwig giebt uns diese Auffassung meistens, immerhin bleiben noch Stellen genug übrig, welche *aryá* als selbständiges Wort erweisen, das als Beiname der Götter: des Indra (312, 17), des Agni (621, 34. 226, 2. 297, 7), des Varuṇa (580, 3. 602, 7), des Savitar (860, 13), des Mitra-Varuṇa (581, 2) erscheint, auch als Beiwort für menschliche Herrscher wie Trasadasyu (639, 36). Den Arier bezeichnet aber dieses Wort im Rigveda nicht, dafür ist das Wort *ârya* gebräuchlich, welches nicht selten ist und häufig im Gegensatze zu den feindlichen *dâsa*, *dasyu* steht (Zimmer l. c. p. 214. Ludwig Rigveda 3, 207 fg.). Daneben kennt nun aber die indische Sprache auch ein *árya*; das sich zwar nicht im Rigveda, aber in der Vâjasaneyi-saṁhitâ findet (14, 30. 20, 17), wo es von Mahîdhara durch Vaiçya erklärt wird, ebenso im Atharvaveda (4, 20. 4; 19, 62. 1) und dieses árya wird dem Çûdra entgegengesetzt. Auch Pâṇini (3, 1. 103) kennt das Wort und giebt ihm die Bedeutungen: Herr und Vaiçya und eine Vârtikâ zu Pân. 4, 1. 49, nennt das Fem. âryâ = vaiçyâ. — In enger Gemeinschaft mit *arya* steht auch *aryaman*, ein Wort das zwar meist im Rigveda als Eigenname zu fassen ist, das aber an nicht wenigen Stellen nach übereinstimmender Ansicht der Erklärer die Grundbedeutung freundlich, Freund erhalten hat.

1) Vgl. hierüber Kuhn, Beiträge 1, 81 flg. 129 f. und neuerdings Zimmer in Bezzenberger Beitraege 3, 137 flg.

Gegenüber von ind. *ari*[1]), *aryá*, *árya* und *ârya* finden wir bei den Erâniern *ariya* im Altp. und *airya* im Awestâ, womit die Bewohner des Landes bezeichnet werden, welches den Namen *airyana* (sc. Khshathra) d. i. arisches Reich führt. Seiner Bedeutung nach ist mithin *ariya* dem indischen *árya* am nächsten verwandt, wie dem indischen árya der Çûdra, so steht dem érânischen *airya* der *anairya* gegenüber. Obwohl mit diesen Wörtern auch religiöse Gegensätze bezeichnet sein mögen, so scheint mir doch nicht zweifelhaft, dass diese Bedeutung nicht die ursprüngliche ist, sondern das Wort eine Eigenschaft des Volkes ausdrücken soll. Die Bedeutung des Herrn, die man aber nach den indischen Angaben voraussetzen sollte, lässt sich für die érânischen Sprachen nicht nachweisen; wenn wir der Geschichte des Wortes innerhalb des érânischen Sprachkreises nachgehen werden wir vielmehr auf den Begriff des Gehorsams geführt, so dass das Wort näher verwandt mit indisch *aryá* als *árya* erscheint. Aus *ariya* ist nämlich im Mitteléránischen *ér* geworden, welches erscheint in *értan* mit ehrerbietigem Körper, *ér-maneshn* mit ehrerbietigem Geiste, *anairya* ist zu *anér* geworden und bedeutet unfolgsam, daher *anérî* die Unfolgsamkeit. Dem indischen *aryaman* entsprechend finden wir im Awestâ *airyaman*, das namentlich in den Gâthâs vorkommt und einen Diener (âdeçika) bedeuten soll, ebenso ist das im Mitteléránischen vorkommende *érmânî* Diener = چاکر und auch im Neup. ist ایرمان, *îrmân*, noch im Gebrauche und bedeutet nach den Wörterbüchern hospes. So heisst es bei Firdosi (Shâhn. 1043, 8)

اگر کشته گردد بدست تو گرگ تو باشی بروم ایرمانی بزرگ

1) Das indische *ari*, böse, scheint mir ein verschiedenes Wort von *ari* fromm zu sein, verwandt mit *araska*, Neid, im Awestâ, ἔρις im Griechischen. Bei den Indern ist wohl auch *iras*, *irasyâ*, dann das lat. ira dazu zu rechnen.

d. i. „wenn der Wolf durch deine (des Gushtasp) Hand getödet wird, da wirst du in Griechenland ein hochgeehrter Gastfreund sein". In der Bedeutung Diener scheint es an einer andern Stelle desselben Buches gebraucht (Sh. 1508, 13)

چو موبد بدید اندر آمد ز در ابا او یکی ایرمانی دگر

d. i. „als der Mobad es sah, da kam er aus der Thüre heraus, mit ihm ein anderer Diener". Noch klarer ist der Gegensatz ausgesprochen in dem Gedichte Vês u Râmîn (p. 151, 9 ed. Calc.)

چو داری در خراسان مرزبانی چرا جوئی دگر جا ایرمانی

d. i. „da du in Khorâsân eine Herrschaft hast — warum suchst du an anderer Stelle Dienst?" — Angesichts dieser Stellen glaube ich als Grundbedeutung des Wortes die gewöhnlich angenommene: edel, ehrwürdig, nicht festhalten zu können.

Einer etymologischen Untersuchung über die Grundbedeutung des Wortes arya werden wir um so weniger entgehen können, als es sich darum handelt zu ergründen, ob das Wort von der Bedeutung des Herrn zu der des Dieners herabgesunken ist, oder ob umgekehrt sich der Diener in den Herrn verwandelt hat. Fragt man nach der Herkunft des Wortes *arya*, so ist wohl die übereinstimmende Antwort, dass dasselbe von der Wurzel *ar* abzuleiten sei, welche aber sehr vieldeutig ist. Gewöhnlich pflegt man unser Wort mit ar, erheben, in Verbindung zu setzen, wovon gr. *ὄρνυμι*, lat. orior. An und für sich ist dagegen Nichts zu sagen, wir finden diese Wurzel im indischen *udâra*, erhaben, edel, ebenso im awestischen *paityâra*, Opposition. Ein zweites *ar*, erreichen, treffen ist dem Indischen gleichfalls bekannt, daran will Fick indische Wörter wie ara, ṛita, ṛitu, artha anschliessen, die uns später noch näher beschäftigen werden. Die indokeltischen Sprachen kennen nun aber noch ein drittes *ar*, einfügen, gr. *ἀραρίσκω*, dazu rechnet Fick auch ind. *arati*, Diener, ich möchte auch ind. *ara*, bereit = awestisch *ara* und *âra*, vollständig, *areta*, vollkommen (Ys.

52, 6 e.) anschliessen, ebenso Wörter wie *aretha*, *asʿa*, auf die wir später zurückkommen. So auch Lefmann (Kuhn, Zeitsch. 19, 396), der von der Bedeutung „gehörig, ordentlich, recht“, zu den weitern „rechtschaffen, recht, geehrt“ fortschreitet. Aehnlich sind auch die Ansichten von G. Curtius gr. Etymologie p. 340 [1]). Eine Entscheidung unserer Frage wird indessen durch die Etymologie nicht gegeben, denn es bleibt ungewiss ob arya der dienstbereite, also sich fügende sei, oder der ordnende, zurechtrichtende, der ersteren Erklärung liegt die Bedeutung des Dieners, der letzteren die des Herren näher.

§ 9.

Geographische Bezeichnungen.

Es ist Burnoufs Verdienst, zuerst auf das wichtige Band aufmerksam gemacht zu haben, welches die arischen Völker durch gemeinschaftliche geographische Namen verbindet. Er hat zuerst gezeigt, dass der indische Flussname *Sarasvatî* ganz identisch ist mit dem altérânischen *Harauvatish* oder *Haraqaiti*, mit welchen Namen, wie er richtig erkannt hat, der Fluss benannt wird den die Alten Arachotus nannten und der noch im Mittelalter الرخش, *Arrokhash*, genannt wurde. Ausdrücklich aber hat Burnouf erklärt (Yasna Not. et Ecl. p. XCII), dass er weder behaupte, der Name Sarasvatî sei von Indien nach Erân gebracht worden noch umgekehrt; der eine wie der andere sei national in seinem Lande und der eine so passend wie der andere. Mit andern Worten: das Wort *sarasvatî* ist bereits in der arischen Periode gebildet worden, es mag zuerst einen Fluss überhaupt bezeichnet haben, denn die Grundbedeutung „Wassermassen in sich enthaltend“ passt auf zahl-

1) Dagegen betrachtet M. Müller *arya* als mit der Wurzel von arare zusammenhängend, also Ackersmann. Allein in den arischen Sprachen kommt ar in dieser Bedeutung nicht vor. Penka (Origines ariacae p. 35) will eine Wurzel ar, strahlen annehmen, arya daher die Hellfarbigen.

reiche Flüsse; ob aber schon vor der arischen Zeit ein bestimmter Fluss diesen Namen trug, das wissen wir nicht, nur dass die Westarier den Arachotos, die Ostarier einen kleinen Fluss Indiens mit diesem Namen benennen, der noch heute bei ihnen hohe Verehrung geniesst, wahrscheinlich ist allerdings dass der Rigveda nicht diesen, sondern einen anderen, bedeutendern Fluss mit dem Namen *Sarasvatî* bezeichnet. Betrachten wir die Form dieses Namens so ist nicht zweifelhaft, dass die Form *Sarasvatî* die ursprünglichere, die beiden érânischen Formen *Harauvatish* und *Haraqaiti* lautlich aus derselben abgeleitet sind, es wäre aber ganz unrecht, daraus etwa historische Folgerungen ziehen zu wollen. Nach Allem was wir über die ältesten Zeiten wissen, müssen wir annehmen, dass die indischen Arier nach Indien eingewandert sind, wenn sie uns auch die ursprüngliche Form des Namens erhalten haben, so haben sie ihn doch aus ihren frühern Wohnsitzen mitgebracht, aller Wahrscheinlichkeit nach ist also die Benennung des érânischen Flusses mit dem Namen *Sarasvatî* die ältere und die lautliche Veränderung ist erst später eingetreten. Was hier über den Namen *Sarasvatî* gesagt ist, das gilt auch von den andern geographischen Namen die den Ariern gemeinsam sind, nirgends lässt sich der Nachweis führen, dass sie in dem einen oder dem andern Lande früher da waren, sie sind im Osten wie im Westen gleich national. So ist das altpersische *Haraiva* dasselbe Land, welches im Awestâ *Haraeva* oder schon *Haroyu* lautet, nämlich der District, welcher das heutige *Herât* als Hauptstadt hat, dessen Fluss den Namen *Harê* bis ins Mittelalter bewahrt hat. Der indische Name erscheint in dem indischen *Sarayû*, dem alten Namen des Flusses der jetzt Goggra heisst; hier ist die Form des indischen Namens die spätere, ursprünglich dürfte die Bedeutung von *Haraiva* oder *Sarayû* der von Sarasvatî sehr nahe gekommen sein. Nicht viel anders verhält es sich mit einen dritten gleichnamigen Flusse. Der Name *Rasâ* bedeutete gewiss ursprünglich blos Feuchtigkeit,

Nass, in dieser Beziehung findet sich das Wort noch im Rigveda, daneben aber bedeutet es auch einen irdischen Fluss (so gewiss 407, 9. 901, 6 und wohl auch 112, 12), an manchen Stellen auch einen fabelhaften Strom, der am Ende der Erde zu fliessen scheint (395, 15. 753, 6. 934, 1. 947, 4). Dass die Inder den Yaxartes unter *Rasâ* verstanden, möchte ich mit Zimmer (Altind. Leben p. 16) nicht behaupten. Auch bei den Erâniern erscheint das identische Wort *Ragha* als Flussname an verschiedenen Stellen des Awestâ (Vd. 1, 77. Yt. 5, 63. 12, 18. 14, 29. 15, 27) und zwar als ein Fluss des Nordens. Auch hier glaube ich nicht, dass das Awestâ immer an einen bestimmten Fluss denkt, es mag nach Umständen der Yaxartes oder auch die Wolga (*Ῥᾶ*) sein, wie Lagarde (Abhandlungen p. 263) will. Für das awestische *Ragha* haben wir im Altp. *Raha* zu erwarten und ich bin überzeugt, dass daraus bei den Griechen *Ἀράξης* geworden ist. Mit diesem Namen bezeichnet Herodot sowohl den bekannten Fluss in Armenien (4, 40. 1, 202), als auch den Yaxartes (3, 36. 4, 11), Xenophon kennt einen Araxes in Syrien, den jetzigen Bilikh (Anab. 1, 4. 19), es scheint mir demnach, dass die Perser die Raha als die Gränze ihres Reiches betrachteten. Meines Erachtens liegt hier dasselbe vor wie bei den früher genannten Flussnamen: die Namen Rasâ und Ragha sind identisch, jedes der arischen Völker bezeichnete aber damit einen andern Fluss. Im Vorübergehen erwähnen wir noch den indischen Flussnamen *Yavyâvatî*, der mit den oben bereits (p. 28) besprochenen Worte *yavyâ*, êrânisch *yaviyâ* zusammenhängt.

An diese Namen von Flüssen schliessen sich einige andere gemeinschaftliche Bezeichnungen an die einen etwas weiteren geographischen Begriff bedeuten. Der Name *Kuru* ist beiden arischen Völkern gemeinsam und darf wohl auf die Wurzel kar, machen, zurück geführt werden, welche bei den Indern die Eigenthümlichkeit hat sich in *kur* umzugestalten, bei den Südêrâniern in *ku*, was augenscheinlich aus kur verstümmelt ist.

Die Inder unterscheiden zweierlei Kurus, nördliche und südliche. Im Rigveda werden die Kurus nur mittelbar einige Male genannt (cf. Zimmer, altind. Leben p. 130), ebenso im Atharvaveda und Yajurveda (p. 306 ed. Weber), aber in den Brâhmaṇas erscheinen die Kurus häufig in Verbindung mit den Pancâlas die nach einer Nachricht (Zimmer l. c. p. 102) früher Krivi geheissen hatten und in der Nähe des Indus wohnten. Spätere Nachrichten bezeichnen als das Land der Kurus die Gegend um die Stadt Indraprastha (Lassen, ind. Alterthumsk. 1, 593). nördlich davon Kurujângala, im Westen der Yamunâ lag Kurukshetra das Land zwischen der Sarasvatî und Dṛishadvatî [1]), es heisst auch Dharmakshetra und ist noch heute ein gefeierter Wallfahrtsplatz, ein heiliger See der dort liegt soll der See Samantapancaka sein, in welchem der Sage nach Paraçu-Râma das Blut der von ihm getödeten Krieger gesammelt haben soll, dieser See ist ein Hauptort für die Wallfahrer, weit und breit um ihn herum gilt das Land für geheiligt. Getrennt von diesen südlichen Kurus kennen die Inder auch noch nördliche Kurus, die zwar fast ganz der Sage anheimgefallen, ursprünglich aber historisch sind. Schon Ptolemaeus (6. 16) kennt sie unter dem Namen Ottorokorra [2]) und betrachtet sie als einen Theil von Serike, nach Lassen muss das Ottorokorra des Ptolemäus im Osten von Kashgar gesucht werden. Die wichtigsten Nachrichten der Inder über Uttarakuru hat bereits Muir [3]) gesammelt, es geht daraus hervor, dass das Aitareya-brâhmaṇa das älteste indische Werk ist in welchem sie genannt werden und zwar an zwei Stellen (8, 14. 23). Aus der ersteren dieser Stellen geht hervor, dass man die Uttarakurus mit den Uttaramadras verband, ein Name der merkwürdiger Weise an den der Meder anklingt. Diese Länder wurden über den Himâlaya hinaus,

---

1) Vgl. Cunningham, Archaeological Report 2, 213. Bei Manu 2, 17 heisst dieser Landstrich Brahmâvarta.

2) Lassen, Zeitschrift f. die Kunde des Morgenlandes 2, 62. 66.

3) Muir, Sanscrit texts 2, 324 fg.

also im Norden gesucht. Das Râmâyaṇa (4, 44. 82) preist die Uttarakurus als beständig glückliche Menschen, bei welchen es weder Hitze noch Kälte gab, keine Krankheit, kein Alter, weder Furcht noch Traurigkeit. Weiter heisst es (4, 44. 117) über die Uttarakurus hinaus liege der Somagiri, der Schatz der Gewässer. Das Mahâbhârata bestätigt diese Nachrichten (M. Bh. 1, 4719—22, 2, 1045 fg.) und man sieht daraus, dass man sich unter den Uttarakurus im hohen Norden wohnende glückliche Menschen dachte, ganz wie Herodot die Hyperboräer beschreibt. Im Mahâbhârata erscheinen neben den Uttarakurus im höchsten Norden auch noch solche die im tiefsten Süden wohnen (1, 4346) und im Glücke mit den nördlichen wetteifern, auch hier denkt man an die Aethiopen Herodots. Bei den Erâniern bedeutet Kuru sowohl eine Person, als einen Fluss, nur über den letztern wollen wir hier sprechen. Auch hier ist ein doppelter Kuru zu unterscheiden, ein nördlicher und ein südlicher; ein Fluss Kyros d. i. Kuru in der Persis ist schon den Alten bekannt und noch im Mittelalter hat er den Namen Kur behalten [1]). Noch berühmter ist aber der nördliche Fluss gleichen Namens, der ebenfalls bei den Alten Kyros, bei den Neuern bis heutigen Tages Kur genannt wird. Interessant wäre es zu wissen, ob bei den arischen Völkern der Name aus dem Süden in den Norden übertragen wurde oder umgekehrt. Es fehlt uns durchaus an Anhaltspunkten um diese Frage zu entscheiden.

Ganz ähnlich wie mit den Kurus verhält es sich auch mit den Kambojas. Als ein indisches Volk werden sie bereits von Yâska im Nirukta genannt (2, 2) und den Aryas entgegengestellt, unter welchen hier nur die Inder im strengeren Sinne zu verstehen sind. Im Rigveda kommen sie nicht vor, aus ihrer Stellung im Epos hat Lassen [2]) bereits geschlossen, dass sie

1) Yâqût s. v. كُر.

2) Lassen l. c. p. 56. Webers Ansicht (indische Literaturgeschichte p. 194. 195), dass die Kambojas zu den Westariern gehörten, kann ich

nicht weit vom Indus gewohnt haben, ihm gehört auch die Vermuthung, dass der Name Kamboja in dem neueren Kamozc wieder zufinden sei [1]), mit welchen sich nach Elphinstones Versicherung ein Stamm der sogenannten Kâfirs benennt, welche im Hindukush wohnen, sie erscheinen im Mahâbhârata in der Nähe der Daradas. Dagegen ist Zimmer (l. c. p. 102) geneigt, die Kambojas im heutigen Kashmir zu suchen. Dass auch die Erânier ein Kamboja oder Kambuja gekannt haben, kann man schon aus dem altp. Namen Kambujiya schliessen, der nur bedeuten kann: aus Kambuja stammend, die Alten kennen aber auch einen Fluss Cambyses als einen Nebenfluss des Kur, welcher heute Gori oder Yora heisst, ebenso einen kleinen Fluss Cambyses an den Gränzen Dilmâns, an welchen sich eine Landschaft Cambysene anschliesst. Wir dürfen uns nicht bedenken Kamboja und Kambuja als vollkommen identisch anzusehen, es ist in den arischen Sprachen nicht ungewöhnlich, dass die eine von ihnen eine Vocalsteigerung zeigt, welche die andere vermissen lässt, der Name stammt aus der arischen Zeit, weder die Erânier haben ihn von den Indern noch umgekehrt die Inder von den Erâniern. An diese ziemlich sicheren Uebereinstimmungen wollen wir anhangsweise noch einige weniger sichere anfügen. Rgv. 534, 11 wird ein Doppelvolk *vaikarṇa* genannt, *vikarṇika* soll ein District heissen, der bald im nordwestlichen Hindustân, bald im Penjâb, ja auch im Kaschmir gesucht wird (Zimmer l. c. p. 103). Der Name *Vaikarṇa* klingt ziemlich genau an *vaekereta* an, welcher nach der sehr wahrscheinlichen Tradition die Umgegend von Kâbul bedeuten soll und bereits von Geiger (ostiranische Cultur p. 83) mit *Vaikarṇa*

---

nicht theilen, da sie sicherlich östlich von der Gränze wohnten, welche die Erânier und Inder scheidet.

1) Diese Ansicht Lassens ist jetzt hinfällig geworden, da wir durch Biddulph wissen, dass bei den Kâfirs Kamoz = Ober-Kam ist, entgegengesetzt dem Kamtoz = Nieder-Kam. Cf. Biddulph, tribes of the Hindoo-Koosh p. 127.

verglichen worden ist. Ein anderes im Awestâ öfter genanntes Land *Varena* wird gewöhnlich mit ind. *Varuṇa* verglichen, was mir sehr zweifelhaft ist. Da die Inder auch einige Male eine Gegend nennen die *Varṇu* heisst und im Himâlaya gelegen sein soll, so liesse sich auch an diese denken. Endlich ist auch der Berg *Maināka* zu nennen, der mehrfach im Mahâbhârata vorkommt und mit dem im Awestâ einmal genannten *maenakha* wenigstens dem Namen nach verwandt sein dürfte. Nur der Vollständigkeit wegen nennen wir noch die *Gandhâras*, welche die Erânier *Gañdâra* nennen. Es ist dies der Name eines wirklich existirenden indischen Volkes, das an dem rechten Ufer des Indus wohnte. Wichtig erscheint uns auch die Uebereinstimmung des indischen *Pârthava* (Rgv. 468, 8 nom. gent. eines Königs) mit altp. Parthava, Parther. Die lautliche Uebereinstimmung ist vollständig, denn die Unterlassung der Verlängerung des ersten a ist ganz dem érânischen Sprachgebrauche gemäss. Es scheint mir allerdings wahrscheinlich, dass die beiden Wörter insoweit zusammenstimmen, dass beide ursprünglich den Abkömmling eines *Pṛithu* oder *Parthu* bedeuten, auch für das érânische Wort weiss ich keine passende Ableitung, dass wir keine Kenntniss von einem érânischen *Parthu* haben mag Zufall sein. Auch das indische *Parçu* (Rgv. 105, 8. 626, 46. 859, 2. 912. 23) hat man bereits mit dem érânischen *Pârça* verglichen. Auch hier stehen sich beide Ausdrücke ziemlich nahe, wenn sie auch nicht identisch sind. Sicher ist wenigstens soviel, dass *Parçu* im Rigveda nicht blos als nom. appell., sondern auch als Eigenname vorkommt, dass Pâṇini mit diesem Namen einen Volksstamm bezeichnet, dass endlich die Ableitung *Pâraçavya* Name einer Mischkaste ist. Alles dieses macht mir wahrscheinlich, dass *Parçu* der Name eines Stammes im Westen von Indien war. Ob derselbe zu den Indern oder Erâniern gehörte wird sich schwer entscheiden lassen, die Namensverwandtschaft von *Parçu* und *Pârsa* möchte ich nicht in Zweifel ziehen.

Fassen wir das Resultat aus diesen geographischen Berührungen der Arier zusammen, so haben wir gefunden, dass die Namen einer Anzahl geographischer Localitäten bei beiden Völkern identisch sind, aber jedes derselben eine andere Localität mit dem gemeinschaftlichen Namen bezeichnet. Alles was wir hieraus schliessen können ist, dass diese Namen in eine frühe Zeit vor der Trennung der beiden Völker zurückgehen, was schon darum nothwendig ist, weil diese Bezeichnungen ganz die lautlichen Eigenthümlichkeiten der Sprache theilen, welcher sie angehören, darum also von keiner der beiden Seiten eine Entlehnung stattgefunden hat. Weitere Schlüsse auf den Ort wo diese Bezeichnungen zuerst entstanden sind, lassen sich leider nicht ziehen. Einen Fall etwas verschiedener Art werden wir nunmehr zu untersuchen haben.

§ 10.

Die sieben Flüsse und die sieben Indien.

Zu den übereinstimmenden geographischen Bezeichnungen der Arier von welchen wir soeben gesprochen haben ist noch eine weitere hinzuzufügen: wir finden nicht blos den indischen Flussnamen *sindhu* in den érânischen *hiñdu* oder *heñdu* wieder, sondern sogar der geographischen Bezeichnung *sapta sindhavas* der Inder entspricht *hapta heñdu* bei den Erâniern. Ohne Frage schliessen sich diese Benennungen an die vorher genannten an: keines der beiden Völker hat den Namen als geographischen Begriff von dem andern erhalten, sonst würde er nicht an der Lautverschiebung theilnehmen, welche die beiden arischen Sprachen trennt, auch die Entwicklung dieses Begriffes reicht also in die Zeit vor die Scheidung der beiden Völker zurück. Gleichwohl ist diese Bezeichnung zunächst keine Vermehrung unseres Wissens, sondern eher der Grund zu einer Verlegenheit. Sie ist keine Vermehrung unseres Wissens, denn wir kennen schon die Thatsache, dass identische Namen sich bei den westlichen wie bei den östlichen Ariern gleichmässig erhalten haben. Sie ist aber der Grund einer Verlegenheit, weil sie sich nicht ebenso erklären lässt wie die früheren Beispiele. Bisher haben wir immer gefunden, dass die Inder mit dem identischen Namen einen Fluss oder einen Platz ihres eigenen Landes bezeichnet haben wie die Erânier einen des ihrigen. Demgemäss sollte man also erwarten, dass die Erânier in ihrem eigenen Lande einen Ort sich ausgesucht hätten, dem sie ebenso den Namen *hapta heñdu* beilegen konnten wie die Inder, wenn sie von den *sapta sindhavas* sprechen. Orte, wo sieben Flüsse oder auch nur Bäche zusammentreffen, sind zwar in dem wasserarmen Erân nicht sehr häufig, bei einigem guten Willen würden sich aber doch mehrere dergleichen finden lassen, sowohl in Ost- als in Westérân; allein dieser Weg ist eben nicht eingeschlagen worden, vielmehr scheint *hapta heñdu* dieselbe Gegend zu bezeichnen, welche die Inder unter *sapta sindhavas* verstehen. Die Frage, wie es möglich gewesen sei, dass diese Bezeichnung solange erhalten blieb, wird sich nur beantworten lassen durch Vergleichung der Quellen, welche uns dieselbe überliefert haben. Wir werden erst sehen, was die Inder unter *sapta sindhavas* verstanden, dann welchen Sinn die Erânier mit *hapta heñdu* verbinden und werden schliesslich untersuchen, worin beide Völker zusammentreffen und wodurch sie sich von einander scheiden.

Beginnen wir mit den Indern, so finden wir den Ausdruck *sapta sindhavas* bereits im Rigveda. Nicht an allen Stellen indessen sind unter den sieben Strömen irdische Ströme zu verstehen, mehrfach sind es himmlische (cf. z. B. 32, 12. 235, 3. 4. 324, 1. 678, 12), an andern Stellen (502, 9. 10. 583, 8. 901, 1 fg.) sind aber gewiss wirkliche Flüsse gemeint. An einer Stelle (614, 27) sind nicht die Flüsse selbst, sondern das Land neben den Flüssen mit dem Ausdrucke bezeichnet, wie Ludwig (Rigveda 3, 200) richtig bemerkt hat; wir können ihm jedoch nicht beistimmen, wenn er glaubt, dass die Erânier diese Anschauung von den Indern entlehnt hätten, das Umgekehrte schiene uns eher richtig zu sein, doch liegt die Sache nahe genug, dass jedes der beiden Völker unabhängig vom andern diese Anschauung gewonnen haben kann [1]). Nicht übersehen darf man, dass bereits der Rigveda nicht blos von sieben Strömen spricht, sondern auch von dreimal sieben (890, 8. 901, 1). Man hat geglaubt, dass auf die Siebenzahl ein weiteres Gewicht nicht zu legen sei, der Verlauf dieser Untersuchung wird zeigen, warum wir anderer Ansicht sind. Sâyaṇas Commentar zum Rigveda lässt sich bekanntlich auf die Benennung dieser sieben Ströme nicht ein, sondern sagt blos, man verstehe darunter die Gangâ u. s. w. Im Gegensatze zu Sâyaṇa pflegt man bei uns unter den sieben Flüssen gewöhnlich den Indus mit seinen Nebenflüssen zu verstehen: dem *Krumu* (*Kuram*) und *Gomatî* (*Gomal*) auf der rechten, der *Vitastâ* (*Jelam*), *Asiknî* (*Cinâb*), *Irâvatî* (*Ravi*), *Vipâç* (*Beas*) und *Çutudrî* (*Setlej*) auf der linken Seite. Diese letztern fünf Flüsse führen später zu einem einzigen Strome vereinigt den Namen *Pañcanada* (Fünffluss), auf die Zuflüsse der rechten Seite des Indus ist dabei keine Rücksicht genommen, aber für die vedische Zeit werden wir annehmen müssen, dass man den Indus mit seinen Nebenflüssen zu einem Stromsystem von sieben Flüssen vereinigte. Dass dies nicht die Ansicht Sâyaṇas von den Sapta Sindhavas ist, haben wir bereits gesehen, welche Flüsse er meinte, sagt er uns nicht, wir wissen blos, dass der Mittelpunkt seines Systems die Gangâ ist. Man denkt zunächst an die Erzählung des Râmâyaṇa (1, 44. 14 flg.) nach welcher aus der himmlischen Gangâ sieben irdische Ströme entstehen, von welchen drei: *Hlâdinî*, *Pâvanî*, *Nalinî* gegen Osten, drei andere *Sucaxus*, *Sîtâ*, *Sindhu* gegen Westen fliessen, während der siebente Strom hinter *Bhagîratha* hergeht und die eigentliche *Gangâ* bildet. Abge-

---

1) In späterer Zeit bezeichnet Sindhu auch das Land am Indus. Cf. Mahâbh. 3, 15576 15621. Der Ursprung des Wortes Sindhu ist zweifelhaft.

sehen aber davon, dass sich diese Stelle in der bengalischen Recension (1, 45. 10 flg. Gorresio) nicht wieder findet, ist auch einzuwenden, dass dieselbe offenbar von einer bestimmten geographischen Ansicht ausgeht, welche möglicher Weise eine sehr späte ist. Eine ähnliche Ansicht von der Gangâ als dem Mittelpunkte eines Systems von sieben Strömen muss aber auch Ptolemäus gehabt haben, da er diesem Strome nur sechs Zuflüsse giebt, von welchen er sogar nur drei mit Namen nennt, während doch bereits Megasthenes 19 Zuflüsse der Gangâ kannte [1]. Aber nicht blos Indus und Ganges, auch andere indische Ströme werden zu Stromsystemen von je sieben Flüssen vereinigt [2]. Hodgson lehrt uns noch drei weitere solche Systeme kennen: das Karnâlisystem, zu welchem *Sarju*, *Gori*, *Kali*, *Çvetagangâ*, *Karnâli*, *Bheri* und *Rapti* gehören; das Gandakîsystem, dessen Flüsse die sieben Gandaks heissen, nämlich *Barigâr*, *Nârâyani*, *Çvetigandakî*, *Marsyângdi*, *Daramdi*, *Gandi* und *Trisul*, endlich das Bassin der Kosi, welches die Nepalesen Sapt Kausika nennen, die sieben Flüsse, welche zu diesem Systeme gehören, sind: *Milamchi*, *Bhotia Kosi*, *Tâmba Kosi*, *Likhu*, *Dûd Kosi*, *Arun*, *Tamor*. Man wird, diesen Thatsachen gegenüber, nicht mehr die Ansicht festhalten wollen, dass die Zahl sieben oder dreimal sieben im Rigveda eine zufällige sei, wir sehen vielmehr, dass die Inder gewohnt waren, die reiche, vom Himâlaya niederströmende Wassermasse in Stromsysteme von je sieben Flüssen zu vertheilen. Selbst die Wissenschaft kann sich diese Anschauung bis zu einem gewissen Grade aneignen, da dieselbe den natürlichen Verhältnissen entspricht; man wird aber zugeben müssen, dass in Bezug auf das westlichste dieser Stromsysteme, den Indus, diese Anschauung sehr bald verlassen und auf ein Stromsystem von fünf Flüssen beschränkt wurde;

1) Vgl. Lassen, Alterthumsk. 3, 130. Die drei genannten Zuflüsse sind die Yamunâ, Çoṇa und Sarayû, als die drei ungenannten werden von Lassen die Koçî, Tistâ und Dharmodaya bestimmt.

2) Cf. dessen Essays (London 1874), Geography of the Himalaya p. 5.

so waren die Verhältnisse bereits zur Zeit Alexanders des Grossen. Es brauchen hier nicht weitläufig die Beweise dafür angegeben zu werden, dass die Entwicklung der Inder in der Zeit nach der vedischen Periode, ihren Schwerpunkt immer mehr vom Indus hinweg nach Osten verlegte, dass das reine Land mit der Sarasvatî und Dṛishadvatî endigte, dass die westlich von den genannten Flüssen wohnenden Völker zwar noch als Inder, aber doch als draussen wohnende (bâhika) angesehen wurden. Mit dem Indus endigte aber nach Ansicht der Alten Indien, und die jenseits dieses Flusses wohnenden Völker, obwohl sicher indischer Abstammung, wurden nicht mehr als Inder betrachtet, wahrscheinlich weil sie unter fremder Herrschaft standen. Es ist darum auch begreiflich, dass man in Indien auf die rechtseitigen Zuflüsse des Indus keine Rücksicht mehr nahm.

Von den *Sapta sindhavas* der Inder wenden wir uns nunmehr zu den *Hapta heñdu* der Erânier. Die Frage ob hiñdu oder heñdu der Name eines Flusses sei und ursprünglich denselben Fluss bezeichnet habe wie das indische sindhu, darf meines Erachtens unbedingt bejaht werden. Mit Recht hat Lassen (l. c. 1, 2) die schon bei Herodot und Ktesias vorkommenden Bezeichnungen Indos, India daher erklärt, dass die Griechen ihre erste Kunde vom Vorhandensein des Sindhu durch die Perser erhielten und dass sich die von diesen gebrauchte Namensform Hindu als Indos im Griechischen einbürgerte. Auch scheint der Name bei den Erâniern des Awestâ mit dem des fabelhaften Berges *Heñdva* in Beziehung zu stehen, welcher bei der Vertheilung des himmlischen Wassers eine Rolle spielt. Thatsache aber ist nicht minder, dass in den uns übrig gebliebenen Urkunden der Name meistens nicht den Fluss selbst, sondern das Land am Indus bedeutet. So schon Darius I., der unter seinen Besitzungen (dahyâva) auch *Hiñdush* aufführt, so auch das Awestâ, wenn es Vd. 1, 73 als fünfzehnten der von Ahura Mazda geschaffenen Orte und Plätze *yo hapta heñdu* (oder *hiñdu*) aufführt, ein Satz der schon grammatisch betrachtet, sich als sehr spät ausweist. Also *Hiñdush* wie *Hapta heñdu* bezeichnet einen Landstrich am Indus, und die Sitte, das angränzende Land nach dem Flusse zu benennen, ist bei den Erâniern häufig und sehr natürlich, da in dem wasserarmen Lande der Fluss die Hauptbedingung für den Anbau bildete. Näheres über *Hapta heñdu* erfahren wir aus der alten Uebersetzung, in dieser wird der Ausdruck mit *haft hendukân* übersetzt, wir finden also hier die Pluralendung, welche dem Worte des Grundtextes mangelt, *heñdukân* hat ausserdem noch den Zusatz eines k erhalten, welches aber nach § 18 meiner Huzvâreschgrammatik nicht zu lesen ist, so dass wir *heñdukân* für ganz identisch mit هندوان, *hinduvân*, halten dürfen, mit welchem Namen Firdosi meistens Indien bezeichnet. Dieser Ausdruck heisst also eigentlich „die Indien“ und der alte Uebersetzer des Awestâ bemerkt zu dieser Stelle ausdrücklich, der Ausdruck sieben Indien komme daher [1]), weil es dort sieben Fürsten gebe. Solche sieben Fürsten nennt denn nun Firdosi auch an einer Stelle (Shâhn. p. 1579 Mac.), es sind die Fürsten von *Kâbul, Sindh, Hindh, Sandal, Candal, Kashmîr, Multân*. Von diesen sieben Fürstenthümern liegen also drei auf der rechten, vier auf der linken Seite des Indus, die Lage von Candal und Sandal ist ungewiss (letzteres Land wird noch öfter von Firdosi genannt), ich bin aber überzeugt, dass sie in der Nähe des Indus, ausserhalb der Sarasvatî und Drishadvatî gesucht werden müssen. Verschweigen dürfen wir übrigens nicht, dass Firdosi ausser diesen sieben Indien noch ein achtes kennt, dessen Könige die Fürsten dieser sieben Indien tributpflichtig sind. Dieser Herrscher führt den dunklen Namen *Shankul* (شنكل), seine Residenz ist in *Kanoj*, d. i. Kanyâkubja, er besitzt also das Land zwischen der Yamunâ und der Gangâ.

1) Cf. Geiger, die Pehleviversion des ersten Capitels des Vendidâd p. 62.

Aus diesem Allen geht bereits klar hervor, dass die Erânier mit dem Ausdrucke *haptu heñdu* nicht mehr die Vorstellung von sieben Flüssen, sondern von sieben Landstrichen verbunden haben, diese mögen sie immerhin durch Flüsse von einander geschieden gedacht haben.

Weiter macht uns der Uebersetzer des Awestâ auf eine sonst im Awestâ nicht mehr nachweisbare Redensart aufmerksam, man sage: *haca us̔astara heñdva avi daos̔atarem heñdum* d. i. vom östlichen Indien bis zum westlichen Indien. Die Frage, ob es ein solches westliches Indien gegeben habe, muss unbedingt bejaht werden, nur darf man dasselbe nicht in der Urzeit suchen, sondern weit später, zur Zeit der Sâsâniden. Die Byzantiner nennen die Axumiten in Aethiopien öfter Inder, so sagt Malalas (p. 429 ed. Bonn.) *τῶν δὲ Ἰνδῶν Αὐξουμιτῶν ἐβασίλευσεν Ἄνδας ὁ γεγονὼς Χριστιανός*, ebenso nennt er (p. 433) sowohl die Axumiten als Homeriten Inder: *ἐν τῷ αὐτῷ τῷ χρόνῳ συνέβη Ἰνδοὺς πολεμῆσαι πρὸς ἑαυτοὺς οἱ ὀνομαζόμενοι Αὐξουμῖται καὶ οἱ Ὁμηρῖται* und so noch öfter. Auch Theophanes (1, 346) nennt die Axumiten Inder, Simon Episc. Beth-Arsamensis aber sagt (bei Assemani 1, 360): Septem enim sunt Indorum, atque Aethiopum regna: tria nimirum Indorum et quatuor Aethiopum. Also ein Siebenindien im Westen wie im Osten. Ohne Zweifel hat zu dieser Annahme die Ueberzeugung beigetragen, das südlichste Asien sei durch ein Festland mit der Ostküste Afrikas verbunden, eine Ansicht die schon Aristoteles [1]) angehört und möglicher Weise in sehr alte Zeit zurückgeht. Diese Thatsachen machen es nun auch möglich, zwei Stellen des Awestâ zu erklären, in welchen nach meiner Ansicht dieselbe Anschauung in etwas anderer Weise ausge-

---

1) Cf. Lassen, Alterthumsk. 2, 743 (1. Aufl.) Vgl. auch Od. 1, 23, wo statt der Inder die Aethiopen gesetzt sind:

Αἰθίοπας, τοὶ διχθὰ δεδαίαται, ἔσχατοι ἀνδρῶν,
οἱ μὲν δυσομένου Ὑπερίονος, οἱ δ᾽ ἀνιόντος

drückt ist. Ys. 56, 11. 6 heisst es nämlich vom Sros'a: *yaḍciḍ us'astaire heñdro âgéurvayeite yaḍciḍ daos'ataire niğhne*, was im östlichen Indien ist, ergreift er, was im westlichen .... Die Stelle ist klar bis auf das letzte Wort, welches Schwierigkeit macht. Die Tradition ist dafür nicht zu brauchen, sie hat die Bedeutung des Wortes nicht mehr gekannt und sucht sie zu errathen, ist aber dabei nicht eben glücklich. Es fragt sich aber, ob man zu *daos'ataire* nochmals *heñdro* ergänzen soll, dann müsste *niğhne* eine Verbalform sein, was nicht ohne Schwierigkeit ist. Man kann *niğhne* aber auch als Nominalform zu *daos'ataire* ziehen, dies ist das Wahrscheinlichere. Justi wollte unter *niğhna* Ninive verstehen, ich sehe darin den Namen des Nils, so dass also der westliche Nil statt des westlichen Indiens stehen würde. Ebenso, nur noch ausführlicher, äussert sich Yt. 10, 104, wo es von Mithra heisst: *yeğhe dareğhâciḍ bâzava fragereweñti mithroaojağho yaḍciḍ us'astaire hiñdro [ağéurvayeiti] yaḍciḍ daos'ataire niğhne yaḍciḍ sanake rağhayâo yaḍciḍ vîmaidhîm ajhâo zemo* d. h. „dessen (des Mithra) lange Arme, die mithrakräftigen ausgreifen: was im östlichen Indien ist, was im westlichen Nighna, was an den Steppen(?) der Raġha, was im Süden der Erde (ist)“. Offenbar wird hier die Macht Mithras gerühmt, die nach allen den Himmelsgegenden soweit als die bewohnte Erde reicht [1]), von Osten nach Westen, von Indien bis Nighna oder, wie man ebensogut hätte sagen können, vom östlichen Indien bis zum westlichen.

Wenn wir nun das Resultat dieser Untersuchung zusammenfassen, so wird es dieses sein: die Ausdrücke *Sapta sindhavas* und *hapta hiñdu* bedeuten bei den arischen Völkern nicht dasselbe. In Indien bezeichnet man damit sieben Flüsse und bei

---

1) Eine ganz andere Fassung der Stelle hat Geldner vorgeschlagen, s. Kuhn,' Zeitschrift Neue Folge 5, 505, welcher ich mich aber nicht anschliessen kann, die oben angegebene Textverbesserung ist die von Harlez und die Stelle Yt. 10, 104 in dieser Form scheint mir die ursprüngliche Gestaltung des Textes zu sein.

den Indern hat sich die Gewohnheit, die Flüsse in Stromsysteme von je sieben Flüssen zu zerlegen, bis jetzt erhalten, weil eben diese Anschauung durch die natürliche Beschaffenheit Nordindiens unterstützt wird. In Erân verbindet man mit dem Ausdrucke *hapta hiṅdu* die Vorstellung von sieben Bezirken Indiens und diese Vorstellung war nicht nur unter den Sâsâniden, sondern auch zur Zeit Firdosis noch lebendig. Kein Zweifel aber ist, dass die ursprünglichste Bedeutung des Ausdrucks „die sieben Ströme" ist und dass man damit wohl zuerst den Indus und seine Nebenflüsse bezeichnete, wie es denn auch ganz natürlich ist, dass auf die aus den wasserarmen Gegenden Erâns kommenden Arier die gewaltigen Wassermassen dieser Flüsse einen grossen Eindruck machten.

Mit dieser einen Schlussfolgerung brauchen wir uns indessen nicht zu begnügen, es lassen sich meines Erachtens noch weitere aus der oben erörterten Thatsache ziehen. Es ist zu erwägen, dass das Stromsystem des Indus nicht blos darin eigenthümlich ist, dass es aus sieben Strömen besteht, sondern auch darin, dass diese Ströme zuletzt in einen einzigen zusammenfliessen. Die gleiche Thatsache finden wir auch bei den übrigen oben aufgeführten Stromsystemen, wie ja überhaupt die zahlreichen Ströme Nordindiens sich zuletzt in wenigen grossen Wasseradern vereinigen, durch welche sie dem Meer zugeführt werden. Die indischen Schriften zeigen nun, dass man nicht blos der Menge des Wassers, sondern auch der Vereinigung desselben einen besonderen Werth beilegte, der Ort der Vereinigung heisst *prayâga* und wird öfter der Gegenstand grosser Verehrung, der berühmteste unter diesen *prayâgas* ist der der Gangâ und Yamunâ, aber nicht der einzige. Der Grund dieser Verehrung ist klar genug: in einem Lande, in welchem die künstliche Bewässerung eine grosse Rolle spielt, war es von hohem Werthe zwischen zwei Flüssen zu wohnen, deren Strombette sich allmälig näherten, so dass man zuletzt von beiden Seiten das Wasser herleiten konnte, wenn der Gehalt der Flüsse durch frühere Verwendung grossentheils erschöpft war. Auch das Indusland scheint schon zur Zeit, als die Vedas verfasst wurden, in solche Districte zerfallen zu sein, dahin deute ich Namen wie *pañca kṛishṭayas* oder *pañca kshitayas*, die doch ursprünglich bedeuten: die fünf Ackerplätze, die fünf Wohnungen und dann in abgeleiteter Bedeutung dasselbe bezeichnen wie die Ausdrücke *pañca janâs*, die fünf Leute, oder *pañca mânushâs* die fünf Menschen. Es ist höchst wahrscheinlich und darum auch allgemein angenommen, dass hiermit die fünf Stämme der Yadu, Anu, Druhyu, Turvaça und Pûru zu verstehen sind, die einen bedeutenden Theil des vedischen Volkes gebildet haben werden, und deren Wohnsitze wir also durch die einzelnen linksseitigen Zuflüsse des Indus begränzt denken müssen. Spätere Zeiten haben diese ursprünglich auf einen kleinen Raum beschränkten Verhältnisse nochmals im Grossen wiederholt und die genannten Vedastämme zu grossen Völkern gemacht: Yadu regiert im Süden, Anu im Norden, Druhyu im Westen, Turvaça im Südosten. Von Yadu stammen die Yâdavas, von Anu die Mlecchas, von Druhyu die Bhojas, von Turvaça die Yavanas, Pûru aber und seine Nachkommen erhielt das Land der Mitte, das eigentliche Indien. Aehnliche Verhältnisse und Anschauungen lassen sich auch in Erân nachweisen, wenn man die sieben Ströme der Inder als eine Reihe von Systemen von Doppelströmen auffasst, solche Doppelströme giebt es auch in Erân und auch dort haben sie aus begreiflichen Gründen einen hohen Werth. Wahrscheinlich hat der Ausdruck *kares̒vare*, der mit dem indischen *kṛishṭi* in sehr naher Beziehung steht, ursprünglich ein solches Mesopotamien bezeichnet. Wie die Inder haben auch die Erânier die *kares̒vares*, die ursprünglich kleinere Landstriche bezeichneten, auf allgemeine Weltverhältnisse übertragen und sieben grössere *kares̒vare* entsprechen etwa unseren Welttheilen oder genauer den indischen *Dvîpas*, welches Wort ursprünglich nur bedeutet: „zwischen zwei Wassern gelegen", also mit neup. *Duâb* identisch ist, was dasselbe besagt[1]). Die Eintheilung der Völker in fünf Theile findet sich wenigstens einmal im Awestâ, nämlich Yt. 13, 143 144. Kein Name der indischen Völkerschaften erinnert an éránische oder umgekehrt mit Ausnahme des *Turraça*, der von dem Rgv. 888, 10 genannten Stammvater *Turva* hergeleitet werden muss und möglicher Weise in Verbindung steht mit dem éránischen *tûirya*, *tûra*, was einen Turânier bedeutet. Auch der Name des angeblichen Stammvaters der Turânier kann nicht anders als *tûra* gelautet haben, was die noch im Neup. gebräuchliche Form تور, *Tûr*, erweist. — Ob der indische Völkername *Kirâta* mit neup. کرد, *Kurd*, (*Κύρτιοι* bei den Alten) zusammenhängt, lasse ich dahingestellt.

§ 11.

Airyanem vaejagh.

Wir können das Gebiet der geographischen Bezeichnungen nicht verlassen, ohne vorher einer Gegend mit einem Namen gedacht zu haben, der zwar nicht beiden arischen Völkern gemeinsam ist, aber stets bei Untersuchungen über die arische Vorzeit eine bedeutende Rolle gespielt hat. Es ist dies die Gegend, welche das Awestâ *airyanem vaejağh* nennt. Als sich Lassen die Ansicht gebildet hatte, dass die Inder vom Westen her nach Indien eingewandert seien und dass sie vorher mit den Erâniern, ihren nächsten Anverwandten, eine Zeitlang zusammengewohnt und mit ihnen sich gemeinsam entwickelt haben müssten, da sah er sich nach einem Lande um, welches als die gemeinsame Urheimath beider Völker gelten könne. Er bemerkte (l. c. 1, 526), dass die Inder keine Erinnerung an ein

---

1) Die Eintheilung der Welt in drei Drittel, welche im Vendîdâd vorkommt, ist wohl sicher bereits arisch, es wird die Eintheilung in ein oberes, mittleres und unteres Drittel sein, wie wir sie auch Rgv. 108, 9 finden.

solches Land erhalten haben, wohl aber eine heilige Gegend und Göttersitz im Norden Indiens annehmen. Dass dagegen die Erânier ein solches Urland kennen, ist ihm nicht zweifelhaft, da sie Airyanem vaejaǧh als das zuerst geschaffene Land bezeichnen. In Uebereinstimmung mit Rhode setzt er dieses als sehr kalt geschilderte Land an die Westgränze des Belurtâgh und Mustâgh, „des heiligen Berges, der im Zendawesta als Urquell der Gewässer angerufen wird und von dem vielleicht die Inder eine Erinnerung aufbewahrt haben, da sie aus dieser Gegend die Weltströme mit ihrer mythischen Kosmographie ableiten". Diese Annahme hat vielen Anklang gefunden und hat längere Zeit dazu gedient, die Herkunft der Indokelten aus Centralasien zu begründen.

Seitdem Lassen die eben angeführten Worte niedergeschrieben hat, ist uns das Awestâ besser bekannt geworden, als es ihm sein konnte und manche unserer früheren Anschauungen haben sich gänzlich geändert. Zuerst: die Ansicht, die Rhode aufgestellt hatte, dass das erste Capitel des Vendîdâd Nachrichten enthalte über die Wanderungen, welche die Erânier und mit ihnen die Inder von einer Gegend in die andere unternommen hätten, ist seitdem durch Kiepert bedeutend erschüttert worden. Mit Recht wurde bemerkt, dass die Idee des Wanderns in den Text hineingetragen sei und in diesem nirgends hervortrete. Mögen auch noch Manche an der alten Wanderungshypothese hartnäckig festhalten, wir haben die feste Ueberzeugung, dass sie verlassen werden muss. Ueberhaupt hat man, wie schon Bréal [1]) bemerkt hat, das erste Capitel des Vendîdâd in eine viel zu hohe Zeit zurückversetzt, vornehmlich wegen der Erwähnung der Hapta Hendu, dass aber ein solcher Schluss aus diesem Namen nicht berechtigt ist, haben wir bereits gesehen. Wir sind ferner jetzt besser im Stande, als

1) Bréal de la géographie de l'Avesta, Journal asiatique 1862. Vgl. auch Harlez, les Aryas et leur patrie, Révue Linguistique XIII, 270 flg.

Lassen es war, zu erfahren, welche Vorstellungen die Erânier mit Airyanem vaejagh verbanden. Fragt man zunächst nach der Bedeutung des Namens airyanem vaejo, so antworten wir unbedenklich: *airyanem vaejo* bedeutet ursprünglich die arische Kraft. Das Wort *airyana* gehört nur dem Awestâ an, denn ein entsprechendes *ariyana* lässt sich in den Keilinschriften nicht nachweisen, im Awestâ aber wird *airyana* adjectivisch gebraucht, immer in Verbindung mit *vaejo*, mit Ausnahme zweier Stellen (Yt. 18, 1. 7), wo aber höchst wahrscheinlich *airyanãm* zu lesen ist. *Vaejo* entspricht dem Sinne nach dem Worte *aojo* (cf. Geiger, die Pehlevîversion des 1. Capitels des Vendîdâd p. 27) und das davon abgeleitete *vézh* ist in den neueren éranischen Sprachen nicht selten. So wird das awestische *aiwithûra* in der alten Uebersetzung mit *awar-vézh*, von Neriosengh mit adhikaçakti übersetzt, es ist dasselbe Wort wie neup. پرويز, *parvéz*, wofür man richtiger پرويژ, *parvézh*, schreiben würde und das nach den Muhammedanern soviel als siegreich bedeuten soll (m. Alterthumskunde 3, 483). Im Shâhnâme finden wir ويژگان, *vézhagân*, nicht selten im Sinne: die Vornehmen, namentlich von der Umgebung des Königs gebraucht. Endlich بويژه, *bavézha*, bedeutet bei Firdosi soviel wie inprimis. Auch bei den Alten kommt der Name Ariana als Bezeichnung Gesammtérâns noch nicht vor, sondern nur als Name einzelner Landstriche. So nennt Stephanus von Byzanz ein Ariana neben den Kadusiern und schon de Saçy [1]) hat gesehen, dass dies dasselbe Land sei, welches im Mittelalter ارّان, *Arrân*, genannt wurde, denn dieser Name ist aus *ariyana* durch Assimilirung des y entstanden. Mit diesem Namen bezeichnete man alles Land zwischen dem Kur und dem Araxes bis nach Tiflîs, der letztere Fluss bildet die Gränze desselben gegen Atropatene.

1) Mémoires sur diverses antiquités de la Perse p. 52.

Ein anderes Ariana im Osten kennt Strabo, welches Gedrosien, Arachosien, Karamanien, Drangiana, Aria und die Paropanisaden umfasst. Obwohl nun der Bundehesh sagt, dass wir *Airyanem vaejo* oder *Erânvêzh* in der Nähe von Atropatene zu suchen haben, so wird man darauf ein besonderes Gewicht nicht legen dürfen und nur annehmen müssen, dass damit die Richtung angedeutet werde, in der wir Airyanem vaejo suchen sollen. Es scheint mir vielmehr unzweifelhaft, dass Airyanem vaejo ein rein mythisches Land ist. Betrachten wir kurz die Stellen an welchen von Airyanem vaejo die Rede ist [1]). Aus dem ersten Capitel des Vendîdâd erfahren wir, dass es ein im höchsten Norden gelegenes Land ist, in welchem der Sommer zwei, der Winter zehn Monate dauert. Nach dem zweiten Capitel desselben Werkes ist Airyanem Vaejo das Land in welchem Ahura Mazda sammt den Ames'a spentas mit Yima zusammen kommt. Nach dem Yasna wird Zarathushtra dort geboren, darauf deuten auch die Aeusserungen im 19. Capitel des Vendîdâd. Nach verschiedenen Stellen der Yashts opfern daselbst sowohl Ahura Mazda selbst als auch Zarathushtra und Vîshtâspa. Nach dem Mînokhired leben die Menschen in Airyana vaeja 300 Jahre, das Vieh 150, die Menschen leben dort glücklich und haben ausser von der Kälte nichts zu leiden. Wir können uns ungefähr denken, wie glücklich die Zustände in einem Lande sein können wo der Winter 10 Monate lang dauert. Ferner heisst es, der Var des Jamshêd sei in Erânvêzh unter der Erde. König in Erânvêzh ist Gopatishâh, der von den Füssen bis zur Mitte des Leibes kuhförmig ist, von der Hälfte des Leibes bis oben die Gestalt eines Menschen hat. Im Bundehesh wird Airyana vaeja neun Mal erwähnt: 1) in Erân-vêj ist der Berg Kudrâs, 2) dort findet sich der Stier und die Kuh, welche vom Urstier abstammen, 3) dort ist der Fluss Daitik, 4) dort ist der Fluss Daraja, an welchem die Wohnung des Pourus'âspa liegt, in der

1) Cf. S. d'Oldenbourg im Muséon 2, 320 flg.

Zarathushtra geboren wurde, 5) dort ist der Winter sehr strenge. 6) erscheint Airyana vaeja neben andern Gegenden, 7) In Airyana vaeja wächst der Baum Jaḍ-bésh, 8) Airyana vaeja liegt nach der Richtung von Atropatene, 9) In Airyana vaeja hat Zarathushtra zuerst seine Lehre verkündigt. Nach dem Minokhired liegt die gleichfalls fabelhafte Gegend Kandézh in der Nähe von Erân-véj. Ich glaube diese Nachrichten sprechen für sich selbst, es erhellt aus ihnen, dass Airyanem vaejo ein im höchsten Norden gelegenes glückliches aber fabelhaftes Land ist, die erste Vorstellung von einem solchen geht in eine Zeit zurück, in welcher man von der Kälte des Nordens noch keine Kunde hatte. Bald erhielt aber *Airyanem vaejağh* auch die Stellung eines nach Norden gelegen Landes in einem geographischen Systeme, welches die Erânier mit andern Völkern des Alterthums theilen und das kaum in Erân entstanden ist. Dieses System versetzte ein reiches und glückliches Volk in den höchsten Norden und so kam es, dass die Bewohner von *Airyanem vaejağh* den Hyperboreern der Griechen und den *Uttarakurus* der Inder gleichgesetzt wurden. Dieses nördliche *Airyanem vaejağh* wird man aber kaum an einem bestimmten Orte nachweisen können, weder am Belurtâgh und Mustâgh, wo es Lassen finden wollte, noch auch am Zerefshân, wo man es gleichfalls gesucht hat [1]). Abgesehen davon, dass sich keine Spur davon findet, dass es jemals in jener Gegend ein Ariana gegeben hat, würde uns die Angabe über das Clima, das in *Airyanem vaejağh* geherrscht haben soll, in ein weit nördlicheres Land führen. Zwei Sommermonate und zehn Wintermonate mag es etwa im Quellgebiete des Irtysch oder noch nördlich davon geben [2]), von jenen Ländern ist aber kaum mehr als eine dunkle Kunde zu den Erâniern gedrungen. Die Annahme, dass in den An-

1) So Geiger, ostirân. Kultur p. 32.

2) Dahin versetzt das Land Piétremont: les Aryas et leur première patrie. Revue Ling. XII, 99 flg.

gaben über *Airyanem vaejağh* Nachrichten über ein Urland der arischen Völker enthalten seien, werden wir demnach abweisen müssen.

§ 12.

Die Religion der Arier.

Wenn schon die gemeinsame Benennung von Flüssen, Bergen und Gegenden bei den Ariern uns die Ueberzeugung beibringen musste, es gebe einen Zusammenhang zwischen diesen beiden Völkern, der enger ist als der mit den übrigen indokeltischen Völkern, so wird diese Vermuthung uns zur Gewissheit werden, wenn wir das Gebiet der Religion betreten. Gerade die Religion ist es, welche die Thatsache erweist, dass Inder und Erânier eine Periode gemeinsamer Entwicklung durchlebt haben müssen, ehe sie sich in zwei Völker schieden. Es wird aber nöthig sein, ehe wir zu Einzelheiten übergehen, einige Betrachtungen allgemeiner Art vorauszuschicken.

Wir halten es durchaus nicht für unsere Aufgabe uns hier über das Wesen der Religion und ihre Entstehung überhaupt zu äussern. Die Beantwortung dieser Frage sollten unseres Erachtens Philologen wie Linguisten gleichmässig ablehnen, denn da die Wissenschaften, welche sie betreiben, historische sind, so kann ihnen nicht zugemuthet werden über Dinge zu belehren, für welche sie keine Quellen haben, Fragen wie die oben genannten liegen ja vor aller Geschichte. Eine andere auch noch in graue Ferne führende Frage werden wir aber weniger gut vermeiden können zu beantworten, die Frage nämlich, wie die ältesten religiösen Vorstellungen der Indokelten beschaffen gewesen sein mögen, denn diese Vorstellungen müssen wir als die Grundlage voraussetzen, auf welcher sich dann die arische Religion aufbaute. Hier sind nun durch die bisherigen Forschungen zwei Ergebnisse gewonnen, die wir als sicher aufstellen können ohne einen Widerspruch befürchten zu müssen, nämlich erstens: die Indokelten verehrten ursprünglich die Naturkräfte und zweitens: schon in indokeltischer Zeit hat man sich darüber geeinigt, dass der Himmel als Hauptgott zu verehren sei. Der Name *Dyâus*, der sich in gr. Ζεύς, lat. Jupiter, ahd. Ziu, wieder findet, zeigt dies unwiderleglich. Hieraus erhellt, dass die alten Indokelten schon einen bedeutenden Grad von Bildung erreicht hatten, ehe sie sich trennten, es folgt aber aus dieser Uebereinstimmung durchaus nicht, dass dieser Gott der älteste indokeltische Gott überhaupt gewesen ist, es mögen andere ihm vorhergegangen sein. Ob dies der Fall war und wie überhaupt die Indokelten dazu kamen den Himmel als ihren Gott zu betrachten, darüber sind die Ansichten verschieden und die Frage fällt zusammen mit einer andern, nämlich wie überhaupt die Menschen dazu kamen, übersinnliche Wesen zu verehren? Wir stimmen M. Müller [1]) vollkommen bei, wenn er die Frage, wie unsere Vorfahren zur Vorstellung einer jenseitigen Welt gelangten, so beantwortet wissen will, dass man weder zu einer uranfänglichen Offenbarung noch auch zu einem religiösen Instinkt seine Zuflucht nimmt, sondern blos die fünf Sinne des Menschen auf der einen und die Welt wie sie ist auf der andern Seite voraussetzt. Lässt sich mit diesen natürlichen Mitteln der Uebergang nicht erklären, so ist eben überhaupt die Frage auf wissenschaftlichem Wege nicht zu lösen. Unsere Ansicht von dem Verlaufe des Uebergangs, welche sich von der Müllers etwas unterscheidet, wollen wir nun genauer darlegen.

Herodot hat uns einen kurzen Abriss der altpersischen Religion gegeben [2]), den ich als eine der allerwichtigsten Nachrichten betrachte unter den vielen wichtigen, welche er uns hinterlassen hat. Er sagt uns, dass die alten Perser dem Dia (oder Zeus) auf den Bergeshöhen opfern, indem sie das ganze

1) Vorlesungen über den Ursprung und die Entwickelung der Religion p. 197 der deutschen Ausgabe.

2) Her. 1, 131—140. Cf. auch Hovelacque Révue linguistique 7, 242 flg.

Himmelsgewölbe mit diesem Namen bezeichnen. Ausserdem bringen sie Opfer der Sonne, dem Monde, der Erde, dem Feuer, dem Wasser, den Winden, diesen Göttern allein dienten sie von Alters her, später hätten sie noch andere verehren gelernt. Welches diese späteren Götter sind, soll uns nicht hier beschäftigen, wir halten uns lediglich an die ältesten. Man hat oft genug hervorgehoben — ich selbst habe dies gethan — dass dieser Bericht nicht ganz vollständig und nicht einmal ganz correct sei, ich glaube aber nicht, dass dies dem hohen Werthe desselben irgend einen Eintrag thut. Herodot spricht ja nicht davon, dass sich die Perser seiner Zeit auf die Verehrung dieser Gottheiten beschränkten, er nennt dies vielmehr ausdrücklich eine frühere Religionsform, er muss also irgend eine Quelle für seine Annahme gehabt haben. Gewöhnlich ist nun auf solche Ueberlieferungen aus dem Alterthume nicht viel zu geben, ausnahmsweise mag jedoch auch einmal eine solche richtig sein, und dies ist nach meiner Ueberzeugung mit der vorliegenden der Fall. Betrachten wir die Götter, welche uns Herodot als die ältesten erwähnt, so zerfallen dieselben in zwei Classen: in himmlische und irdische. Was die letzteren betrifft, so finden wir die vier Elemente als Götter personificirt: Feuer, Wasser, Luft und Erde. Nicht für alle diese Gegenstände liefert uns das Altpersische entsprechende Wortformen, wir finden sie aber ohne Schwierigkeit wieder, wenn wir das Awestâ zu Rathe ziehen: das Feuer heisst gewöhnlich *âtare*, das Wasser *âpo*, die Luft *vayu*, die Erde *zem* oder im Nom. *zâo*. Von diesen Wortformen werden sich die altpersischen nur wenig unterschieden haben; *âtar* findet sich zwar nicht in den Keilinschriften, aber Eigennamen wie *Âtrina*, *Âtriyâdiya* weisen darauf hin, dass diese oder eine nahe verwandte Form dort bestand. Für *âpo* (pl.) finden wir im Südéranischen *âpi*, der Stamm von *zem*, Erde, ist erhalten in dem Eigennamen *Uvârazamish*. Nur für *vayu*, Luft, fehlt ein entsprechender Ausdruck ganz, kann aber mit voller Sicherheit vorausgesetzt werden.

Betrachten wir nun die Bedeutung dieser Wörter im Nord-éränischen, so sehen wir, dass sie auch dort als göttliche Wesen aufgefasst werden, am deutlichsten ist dies bei *âtare*, dem Sohne Ahura Mazdas, der so oft genannt wird, dass weitere Belege überflüssig sind. Auch für das Wasser brauche ich nur auf die Belege in meiner Alterthumskunde (2, 60) hinzuweisen und will hier blos bemerken, dass bereits im Yasna haptaghâiti (Ys. 38, 7 fg.) eine ausführliche Anrufung des Wassers sich findet, ebendaselbst (Ys. 38, 1 fg.) auch eine Anrufung der Erde. Für die Anrufung der Luft wissen wir zwar aus den ältesten Theilen des Awestâ keine Belege beizubringen, im jüngeren Awestâ sind sie häufig, es wird der Luft sogar ein eigener Lobgesang gewidmet. Hiernach dürfte es keinem Zweifel unterliegen, dass Herodot Recht hat, wenn er sagt, dass die alten Perser die Elemente verehrten, und wenn später diese Verehrung auch zurücktritt, so hat sie doch nicht aufgehört und Spuren der Wichtigkeit derselben finden sich besonders in den Schwurformeln, die uns von Persern und Armeniern aus alter Zeit aufbewahrt sind [1]), wie es denn auch ein sehr gewöhnlicher Vorwurf ist, den die christlichen Armenier den Erâniern machen, dass sie Verehrer der Elemente seien.

Betrachten wir nun das ostarische Volk, so wird es uns nicht schwer, dieselben Götter auch bei ihm wiederzufinden. Das Feuer heisst zwar in den Vedas nicht *âtar*, sondern *agni*, was aber an der Gleichheit des Namens abgeht, das ersetzt sich reichlich durch die hervorragende Rolle, welche das Feuer im Cultus der Inder spielt, die Mehrzahl der vedischen Hymnen ist demselben gewidmet. Weniger hervortretend ist das Wasser, doch auch dieses wird unter dem Namen *âpas* angerufen und mehrere Hymnen richten sich an dasselbe. Auch der Luft sind verschiedene Hymnen gewidmet und ihr Name *vâyu* unterscheidet sich nur durch die Quantität des ersten Vocales von

1) Vgl. meine Alterthumskunde 3, 685.

dem éránischen. Endlich ist die Erde auch in den Vedas eine häufig angerufene Gottheit, ihr gewöhnlichster Name ist zwar *prithivî*, doch ist auch der Name *gmâ* oder *jmâ* nicht unbekannt, der sich mit dem éránischen *zem* leicht vereinigen lässt. Die Verehrung dieser Gottheiten auch während der arischen Periode dürfte bei solcher Gleichheit der Namen und Anschauungen keinem Zweifel unterliegen.

Zur zweiten Classe von Göttern, zu den überirdischen, rechnet Herodot bei den Persern die Sonne, den Mond und den Umkreis des Himmels. Auch diese Götter der Südéránier finden wir bei den Nordéräniern wieder. Der Name der Sonne ist zwar in den Keilinschriften nicht erhalten, wir können aber kaum zweifeln, dass er *uvar* gelautet haben wird, was ganz und gar dem nordéránischen *hvare* entspricht und woraus — mit starker Aspiration des Anlautes — der neup. Name der Sonne خور, *khor*, hervorgegangen ist. Es ist wohl auch unzweifelhaft, dass Herodot Recht hat, wenn er sagt, die Perser hätten die Sonne verehrt, auch im Awestâ wird sie als ein göttliches Wesen angerufen. Die zweite Gottheit ist der Mond. Wir kennen nicht den Namen des Mondes im Altpersischen, wohl aber den des Monats, *mâha*, von welchem sich die Bezeichnung des Mondes kaum unterschieden haben wird, da auch im Neup. derselbe ماه, *mâh*, genannt wird. Im Nordéránischen treffen wir für den Mond die Namen *mâo* und *mâogha*, von welchen der letztere mit dem altpersischen identisch ist. Auch im Awestâ erhält der Mond einige Verehrung, wenn auch gerade keine hervorragende. Schwieriger ist es, die Gottheit zu bestimmen, welche Herodot als den Umkreis des Himmels bezeichnet. Es sind hier vornehmlich zwei Fragen zu beantworten, nämlich erstens: welches war das Wesen dieser Gottheit und zweitens: wie hat sie geheissen. Die erste dieser Fragen lässt sich wenigstens negativ dahin beantworten, dass Herodot nicht denjenigen Himmel gemeint haben kann, welchen die Perser *asman* nennen und woher neup. آسمان, *âsmân*, stammt. Dieser Himmel, den auch das Awestâ unter dem Namen *asman* kennt, wird in den Keilinschriften ausdrücklich das Geschöpf eines andern Gottes, des Auramazdâ, genannt, der sowohl jenen Himmel wie diese Erde geschaffen hat (O, 2. NRa) 2, D 1, P 2, etc.) Im Awestâ wird dieser Himmel zwar angerufen, aber als ein Ding aus einem bestimmten Stoffe gefertigt dargestellt. Das Awestâ kennt nun aber auch noch einen zweiten Himmelsgott, den es *thwâs'a* nennt. Dieser Gott wird zwar nur selten angerufen, erhält aber den Beinamen *qadhâta*, d. i. seinem eigenen Gesetze folgend, er ist also ein vollkommen unabhängiger Gott und dadurch ist ihm ein hoher Rang gesichert. In späterer Zeit wird allerdings auch er dem Ahura Mazda untergeordnet und bezeichnet den ganzen sich drehenden Himmelsraum, an welchem Sonne, Mond und Sterne befestigt sind. Dass diese nordérânische Gottheit auch in Südérân verehrt worden sei, trotzdem dass die Keilinschriften sie nicht nennen, ist sehr wahrscheinlich, da auch das érânische Königsbuch, das doch zum Theil auf südérânischen Grundlagen beruht, diese Gottheit kennt und ihr einen grossen Einfluss auf den Lauf der Welt zuschreibt [1]). Die zweite Frage ist, wie der Name dieser Gottheit in Südérân gelautet haben mag. Die Worte des Herodot geben zu Zweifeln Veranlassung, die schon bis ins Alterthum zurückreichen. Es fragt sich nämlich, ob man das Wort *Δία*, das Herodot gebraucht, um den Himmelsgott zu bezeichnen, als den Accusativ von *Ζεύς* auffassen oder ob man es für ein persisches Wort halten soll, das Herodot vielleicht nicht ohne Absicht anführte. Diese letztere Ansicht war bereits die des Hesychius. Wir würden darauf ein besonderes Gewicht nicht legen, wenn nicht auch das indische *dyâus* im Acc. *dyâm* bildete, und wir dafür im Altpersischen nichts Anderes erwarten können als *diyâush*, *diyâm*, Wörter, die allerdings für uns nicht zu be-

1) Cf. meine Alterthumsk. 2, 13.

legen sind, aber darum doch sehr wohl vorhanden gewesen sein mögen; zu erweisen ist dies freilich nicht, und im Falle wir *Δία* für den acc. von *Ζεύς* nehmen, werden wir die persische Bezeichnung erst suchen müssen. Hier ist nun zu berücksichtigen, erstlich dass im Awestâ der Name des Himmelsgottes ein ganz anderer ist nämlich *thwâsʿa*, ebenso im Neup., wo dafür die Form سپهر, *sipihr*, erscheint. *Thwâsʿa* und *sipihr* scheinen sehr weit auseinander zu liegen, sind aber gleichwohl etymologisch nicht unvereinbar. Aus *thwâsʿa* muss nach den Lautregeln im Mittelérânischen zunächst *spâsh* werden, eine Form, welche in den Awestâübersetzungen auch vorkommt, gleich erlaubt war aber auch eine Form *spahr*, und ich kann es blos als einen Zufall betrachten, dass sie nicht zu belegen ist. Die Umwandlung des *spahr* in *sipihr* geschah entweder so, dass sich zwischen h und r ein i eindrängte, also *spahir* gelesen wurde, worauf dann eine Anähnlichung des vorhergehenden Vocals erfolgte. Oder, es ist zuerst zwischen s und p ein i zur Erleichterung der Aussprache eingeschoben und in Folge davon dann der nachfolgende Vocal geändert worden. Für das eine wie für das andere Verfahren lassen sich aus dem Neupersischen Beispiele namhaft machen. Der erste Fall ist eingetreten in neup. چهل, *cihil*, vierzig, altéranisch *cathwaresatem*, der letzte Theil des Wortes ist abgefallen, der erste wurde zu *cahr* verstümmelt (im Gegensatz zu *cathware* = چهار, *cehâr*, das einen verschiedenen Accent hatte), woraus dann *cihir*, *cihil* und zuletzt sogar *cil* wurde. Den anderen Weg finden wir eingeschlagen im neup. زره, *zirih*, Panzer, altér. *zrâdha*, mitteléranisch *zrah*. Hiernach wird jedermann zugeben, dass es möglich ist, dass *thwâsʿa* und *sipihr* identisch sind, als Gewissheit wollen wir aber diese Gleichsetzung nicht geben. Eine andere und sehr ansprechende Ansicht hat Oppert ausgesprochen, welcher neup. *sipihr* mit dem indischen *çvitra* (hell, glänzend) vergleicht, welches Wort im Altéranischen nicht blos *spithra* lauten konnte, sondern wirklich gelautet hat, wie man aus dem Namen Σπιθραδάτης entnehmen kann. Die Hauptsache scheint mir zu sein, dass man auf diese Weise auch für die alten Perser eine Bezeichnung des Himmels erhält, welche von *asman* verschieden war. Noch müssen wir erwähnen, dass man unter der Gottheit, welche Herodot Zeus genannt hat, den Auramazdâ der Keilinschriften verstehen wollte. Wir können Nichts finden, was diese Annahme bestätigte. Nirgends finden wir den Auramazdâ als den Gott des Himmelsgewölbes bezeichnet, weder in den Keilinschriften, noch im Awestâ, noch auch in der spätern Literatur der Perser, in der letzteren bedeutet er vielmehr auch den Stern Jupiter und diese Bedeutung kennen auch die Armenier. Mit dieser Abweisung der Vergleichung mit Rücksicht auf die uns jetzt noch zugänglichen Denkmale ist indessen nicht ausgesprochen, dass nicht früher eine Identität des Ahura und des indokeltischen Himmelsgottes vorhanden war. Es scheint uns im Gegentheil immer am wahrscheinlichsten, dass der Dyâus asuro der indokeltischen Zeit mit dem abstracten Ahuro mazdâo verschmolzen worden sei und dass man erst auf érânischem Gebiete asman und thwâs'a als zwei besondere Wesen ausschied, weil die Rolle eines Himmelsgottes für den so abstract gefassten Ahuro mazdâo nicht mehr passend erschien.

Wir haben mithin auf érânischem Boden sowohl im Süden wie im Norden die Sonne, den Mond und den Umkreis des Himmels als hoch verehrte Gottheiten gefunden, ganz so wie Herodot angiebt. Es wird uns nicht schwer werden, dieselben Gottheiten auch in der indischen Mythologie wieder zu finden. Der érânische Name *Uvar* oder *Hvare* findet sich wieder im indischen *svar*, dort ist er Name des Lichts und des Himmels überhaupt, seltner der der Sonne, für diese ist aber das davon abgeleitete *sûrya* in häufigem Gebrauche. Der Mond heisst *cándramas* und dieses Wort weist in seinem letzten Theile das érânische *mâo* auf, kann aber in den Vedas auf eine besondere

Verehrung keinen Anspruch machen, sondern ist erst in der nachvedischen Periode zur Bedeutung gekommen. Um so mehr tritt der gesammte Himmel unter dem Namen *dyâus* hervor, wir haben bereits gesagt, dass dieser auch eine indokeltische Gottheit ist. Dies wären also die Gottheiten, welche uns Herodot als die ältesten érânischen nennt und die wir sowohl bei den Erâniern als auch bei den Indern wiedergefunden haben. Wir haben sie in zwei Theile getheilt: in irdische und überirdische; will man nach dem Alter dieser Gottheiten fragen, so dürfte den irdischen der Vorrang gebühren. Die Verehrung des Feuers und des Wassers, der Luft und der Erde wird man in allen indokeltischen Religionen wiederfinden, dass namentlich die Bekanntschaft mit dem Feuer eine grosse Errungenschaft ist, welche als der Anfang aller Cultur vorausgesetzt werden muss, wird wohl allgemein zugegeben werden. Die Namen der Elemente sind zwar in den verschiedenen indokeltischen Sprachen nicht ganz die gleichen, aber sie sind überall so leicht auf ursprüngliche Wurzeln zurückzuführen, dass an dem hohen Alter dieser Ausdrücke nicht gezweifelt werden kann. Findet sich der indische Name des Feuers *agni*[1]) auch nur im lat. *ignis*, litt. *ugni*, slav. *ogni* wieder, so hat doch auch das alleinstehende érânische *âtare* seine Verwandten im lat. *ater*, *atrium*, wie auch mit dem griech. πῦρ, arm. *hour*, lat. *purus* sich vereinigen lässt. Als Namen für das Wasser haben wir bei den Indern und im Nordérânischen *âp*, im Südérânischen *âpi*, lat. *aqua*, altpr. *ape*, Fluss, litt. *upe*, Quelle; an ind. *udan*, Wasser, schliesst sich nordérânisch *vaidhi*, Fluss, gr. ὕδωρ, lat. *vadum* und *unda*, litt. *vandŭ*, slav. *voda* und goth. *vatan*. Für die Luft finden wir bei den Indern den Namen *vâyu*, bei den Nordérâniern *vayu*, litt. *vėja*; für Wind indisch und érânisch *vâta*,

---

1) Vielleicht darf man eine Spur des Wortes in neup. نگال, *nigâl*, Kohle finden. Cf. skr. *aṅgâra*.

litt. *veta*, lat. *ventus*, goth. *vinds*. Endlich für Erde finden wir den indischen Ausdruck *gmâ* nicht blos im altérân. *zam*, sondern auch im gr. *χαμαί*, *χθών*, litt. *zemė*, slav. *zemlja*, vielleicht auch in lat. *humus* wieder. Lässt sich hiernach nicht bezweifeln, dass die Namen für die Elemente schon in indokeltischer Zeit gegeben wurden, so darf man getrost noch hinzufügen, dass auch die Verehrung der Elemente schon in dieselbe Zeit zurückweist. Bei den Griechen ist das Herdfeuer immer ein Sinnbild nicht nur der festen Ansiedlung, sondern auch des aus dem Himmel stammenden Feuers und bildete einen religiösen Mittelpunkt für die Familie. Feuer und Wasser sind auch bei den Römern Vorbedingungen, die zu dem Dienste der Vesta gehörten, wie auch bei Griechen und Römern sowohl die Winde als die Erde Gegenstände der Verehrung waren. Das Gleiche würde sich auch für andere indokeltische Völker nachweisen lassen, wenn es uns nicht zu weit von unserer Aufgabe abführte. Wir dürfen also getrost die Verehrung der Elemente als einen bereits indokeltischen Cultus ansehen, und dasselbe gilt auch von der Verehrung des Himmels, über welche wir schon oben gesprochen haben.

Wenn wir von der Verehrung der Elemente ausgehen, so scheint mir der Uebergang zur Verehrung des Himmels ein ganz natürlicher zu sein, besonders wenn wir die älteste Religionsform nicht blos aus einer menschlichen Neigung zu metaphysischen Speculationen erklären wollen, wie dies gewöhnlich geschieht, sondern auch erwägen, dass der Mensch seine Götter besonders darum verehrt, weil er ihrer bedarf. Es ist sehr zu bezweifeln, dass der blosse Drang nach Erkenntniss den ursprünglichen Menschen angetrieben haben würde, Götter anzunehmen, wenn ihn nicht die Noth dazu bewogen hätte. „Noth lehrt beten“ ist ein deutsches Sprichwort, und die frömmsten Personen gestehen, dass nichts so lässig im Beten mache als die lange Dauer ungetrübten Glücks. Nun war der Besitz der vier Elemente zwar ein wünschenswerthes Gut, aber es gehörte nur geringe Erfahrung dazu, um zu sehen, dass man mit ihnen nicht ausreiche. Zwar die Erde hatte der Mensch überall unter sich, wohin er sich auch begeben mochte und die Luft umgab ihn gleichfalls an allen Stellen. Anders war es aber mit dem Wasser, das bei grosser, andauernder Hitze versiegte, man machte die Erfahrung, dass nicht blos die Quellen, sondern selbst die Flüsse austrocknen konnten, abgeholfen wurde aber dem Mangel durch reichlichen Regen, der vom Himmel her nicht blos auf die Erde herabfiel, sondern auch in dieselbe eindrang und die vertrockneten Quellen wieder speiste. Kein Wunder also, dass man auf den Gedanken kam, es müssten oben am Himmel grosse Wasserbehälter sein, aus welchen der Vorrath von irdischem Wasser herrühre. ·Mit dem Feuer war es nicht viel anders. Wie wünschenswerth auch der Besitz des irdischen Feuers sein, wie wohlthätig die Helle und Wärme, welche es verbreitet, wirken mochte, es war doch nur ein unsicherer und schwacher Ersatz für das Feuer, das vom Himmel herabstrahlte und in weitesten Kreisen Wachsthum und Gedeihen verbreitete. Der Besitz der Erde war nicht viel werth, wenn nicht durch die Wärme der Sonne und die Feuchtigkeit des Regens ihre Fruchtbarkeit ermöglicht wurde, wenn nicht auch die Luft kühlend oder erwärmend ihre Dienste that. So bildete sich die Ansicht aus, dass die Güter dieser Welt Gaben von oben seien: man konnte mit eigenen Augen sehen, wie das Wasser von oben herabströmte und auch das Feuer sah man im Blitze vom Himmel herab zünden, man hielt demnach das Feuer wie das Wasser der Erde für vom Himmel herabgesandte Gaben. Der Himmel selbst aber war zwar von der Erde durch einen weiten Zwischenraum getrennt, welchen die Luft ausfüllte, es wäre aber ein Irrthum zu glauben, dass sich die ursprünglichen Indokelten denselben durchaus unnahbar gedacht hätten. Sah man doch am Horizonte, dass derselbe auf der Erde auflag, und wenn man sich auch vielleicht bald selbst überzeugte, dass in nächster Nähe Himmel und Erde sich nicht berührten, so war darum doch die Ansicht nicht ausgeschlossen, dass dies am Ende der Erde der Fall sei. Frühe mag sich auch schon die Vorstellung ausgebildet haben, dass man nicht von jedem beliebigen Punkte der Erdgränze zum Himmel hinüber zu gehen vermöge, sondern dass es nur an bestimmten Stellen Brücken oder sonstige Mittel zum Uebergange gebe. So kann es uns denn gar nicht in Verwunderung setzen, dass sich der Blick der Arier immer mehr von der Erde ab und dem Himmel zuwendet. Anfangs wird man den Himmel als ein Ganzes verehrt haben, später aber zerlegte man ihn in einzelne Theile und betrachtete die Sonne wie den Mond als selbständige Wesen. Auch diesen Schritt haben die Indokelten noch gemeinschaftlich gemacht, wie wir bereits gesehen haben, unleugbar ist, dass sie den Erscheinungen des Tages eine grössere Beachtung gewidmet haben als denen der Nacht; Mond und Sterne spielen keine so hervorragende Rolle wie die Morgenröthe und die Sonne. Die irdischen Elemente Feuer und Wasser sanken zu verhältnissmässig unbedeutenden Wesen herab, nachdem einmal die Ueberzeugung sich befestigt hatte, dass die Urquellen derselben in der jenseitigen Welt zu suchen seien, überhaupt wurde nun die irdische Welt Nebensache, die himmlische die Hauptsache. Für die Kenntniss dieser himmlischen Welt konnte man sich auf gar keine Erfahrungen stützen, dafür war der Phantasie ein sehr weites Feld eingeräumt, nicht nur der Phantasie des ganzen Volkes, sondern auch des Einzelnen. In wie weit sich hierin noch eine Uebereinstimmung unter den arischen Völkern nachweisen lässt, soll im Folgenden mit Benützung ihrer ältesten Schriften gezeigt werden, dabei werden wir immer von der irdischen Form des Gottes ausgehen und von da zu den himmlischen Gestalten fortschreiten.

§ 13.

Ṛita und Arta.

An die Spitze der zu besprechenden Ausdrücke aus dem Gebiete der religiösen Anschauungen müssen wir einen abstrakten Begriff setzen, den die Arier mit dem in der Ueberschrift genannten Namen bezeichnen. Es ist Darmesteters Verdienst, auf die Wichtigkeit dieses Begriffes für unseren Zweck hingewiesen zu haben, im Allgemeinen sind wir mit ihm einverstanden, im Besonderen wird es sich zeigen, dass wir Manches anders fassen.

Das indische *Ṛita* ist neuerdings mehrfach besprochen worden [1]) und wir haben dem über diesen Ausdruck Gesagten wenig mehr hinzuzufügen. Das Wort kommt jedenfalls von einer Wurzel *ar*; wenn man auf deren Grundbedeutung „gehen" zurückgeht, wird man *ṛita* ursprünglich als den Lauf, den Gang (der Dinge) auffassen, woran sich der Nebenbegriff des Natürlichen, Richtigen, Nothwendigen fügte. Da aber der Wurzel *ar* auch die Bedeutung „einfügen" zukommt, so kann man als ursprüngliche Bedeutung auch „das Gefügte, Angepasste" annehmen, in welchem Falle das Wort mit dem oben besprochenen *arya* genau verwandt wäre. Die vedischen Stellen zeigen, dass *ṛita* zuweilen für *dharma* steht, es ist daher das Feststehende, Gesetzliche, besonders das regelmässige Ineinandergreifen der verschiedenen Factoren, namentlich der elementaren Kräfte. Wie also *Ṛita* die Ordnung im Gebiete der natürlichen Welt bezeichnet, so geht dann dieser Begriff auch schon in den Vedas in das moralische Gebiet hinüber und *ṛita* bezeichnet das Wahre, die Wahrheit, das Recht und wird in diesem Sinne

1) Vgl. zum Folgenden: Ludwig, die religiösen und philosophischen Anschauungen des Veda (Prag 1875) p. 15 und dessen Uebersetzung des Rigveda 3, 284 flg. Darmesteter, Ormazd et Ahriman p. 13 flg. und Harlez, Journal asiatique 1878. XI, 105 flg.

dem *anṛita* entgegengestellt, welches Wort zunächst das Unwahre bedeutet (Rgv. 152, 1. 3. 950, 5), aber auch das Schlechte die Schlechtigkeit (544, 4. 602, 6). Nicht unwichtig ist auch, dass das *Ṛita* der *Druh*, der Lüge, gegenüber gestellt wird (133, 1). Andere Bedeutungen des Wortes in den Vedas, wie Opfer, Wasser, brauchen als speciell vedische hier nicht in Betracht gezogen zu werden.

Das vedische *ṛita* finden wir in den Keilinschriften als *arta* wieder, zufälliger Weise nicht als ein Wort für sich, sondern als Theile von Eigennamen wie *Artakhshatrʿa*, *Artavardiya*, auch die von den Griechen überlieferten Namen wie *Artaphernes*, *Artasyras*, *Artembares*, *Artayktes*, *Artayntes* zeigen uns den häufigen Gebrauch des Wortes; auch muss man sich erinnern, dass nach Herodot (7, 61) die Perser sich den Namen Ἀρταῖοι beilegten, was Hesychius mit δίκαιοι erklärt. Im Awestâ findet sich *areta* dreimal (Ys. 52, 6. 9. Vsp. 1, 7) und wird an den ersten Stellen von den einheimischen Uebersetzern mit „vollkommen" erklärt, eine Bedeutung, die sich aus *ar*, fügen, sehr wohl entwickeln konnte. Es ist aber nicht zu bezweifeln, dass auch das so häufig gebrauchte Wort *asʿa* nichts anderes als eine Nebenform von *areta* ist. Meine früheren Bedenken gegen diese Gleichsetzung habe ich fallen lassen, seitdem nachgewiesen ist, dass auch *peretu* und *pesʿu* gleichwerthig neben einander vorkommen. Das Wort *asʿa* wird nun ganz so als Abstraktum gebraucht wie *ṛita* in den Vedas, und dass auch die Bedeutungen nicht weit auseinander liegen, zeigt, dass noch die späten Sanskritübersetzungen das Wort bald mit satya bald mit dharma wiedergeben. Wir werden nicht fehl gehen, wenn wir auch hier die Bedeutung des Geordneten, Gesetzlichen als die Grundbedeutung auffassen und daraus die gewöhnliche Bedeutung des Wahren und Reinen ableiten. Auch ist zu beachten, dass *gaethâo asʿahyâ*, die Welt der Reinheit, dem *drujo*, der Unwahrheit, entgegengesetzt wird (Ys. 31, 1). Diese Reinheit ist etwas, was dem höchsten göttlichen Wesen (cf. Ys. 1, 2) zukommt, aber auch irdischen Wesen. Sehr wahrscheinlich ist auch *anarata*, ungesetzlich, (cf. meinen Commentar zu Ys. 13, 14) ganz das indische *anṛita* und mit unserem Worte genau zu verbinden. Neben *ṛita* steht im Veda *ṛitâvan*, was, von Göttern ausgesagt, heilig bedeutet, vom Menschen: fromm. Ganz entsprechend ist im Awestâ der Ausdruck *as̀avan*. Dieses Wort wird von den himmlischen Wesen gebraucht: von den Yazatas (Ys. 2, 63), von Haoma (Vsp. 10, 13), vom Wasser (Ys. 54, 23), aber auch von Menschen wie Zarathushtra und anderen frommen Personen. In den Gâthâs steht dem *as̀ava* der *dregvañt* (Ys. 31, 17. 43, 12.), im jüngern Awestâ *drvañt* gegenüber, die neuern Perser sehen in dem ersteren Ausdrucke die für das Paradies, im letzteren die für die Hölle bestimmten Menschen. Eine moralische Bedeutung hat das Wort *as̀ava* bestimmt schon im Awestâ, dies zeigen uns Stellen wie Ys. 10, 19, 64, 24—32. Der Gegensatz von dem Geordneten, Wahren und dem Lügenhaften, Unwahren scheint auch hier ursprünglich zu Grunde zu liegen.

Wie bei den Indern *ṛitu* enge mit *ṛita* verknüpft ist, sô bei den Erâniern *ratu* und *arta*; wir erwähnen beide Ausdrücke hier nur beiläufig, da wir oben (§ 2) bereits über dieselben gesprochen haben. Die Grundbedeutung des indischen Wortes: bestimmte Zeit, angemessene Zeit, ist auch dem Awestâworte eigen, die Bedeutung Ordnung wird auch hier die ursprüngliche sein, doch wird *ṛitu* von den Jahreszeiten, *ratu* von den Tageszeiten gebraucht. Die concrete Bedeutung des êrânischen Wortes: Führer, Herr, ist mit der Grundbedeutung sehr wohl vereinbar. Hieran schliesst sich indisch *ṛitvya*, êrânisch *rathwya*: ordnungsgemäss.

Es ist mithin der Begriff der Ordnung als das Richtige, welcher dem Worte *ṛita* oder *arta* und den damit in Verbindung stehenden Ausdrücken zu Grunde liegt. Einen so abstrakten Begriff bereits in der arischen Periode ausgebildet zu finden, kann uns nicht im Mindesten befremden, da wir ja wissen, dass bereits die Indokelten bis zur Verehrung des Himmels vorgedrungen waren; die Beobachtung der Himmelskörper und ihres Umlaufs musste ganz natürlich zu dem Begriff des Geordneten und Gesetzlichen führen, woraus sich wohl später der Begriff des Fatum entwickelt hat. Die Ansicht, dass *ṛita* und *arta* ursprünglich nur von der richtigen Vollbringung des Opfers gebraucht worden seien und später ihre Bedeutungen erweitert hätten, kann ich nicht theilen, und wenn auch nicht zu leugnen ist, dass *ṛita* in den Vedas das Opfer bedeute, so wird sich doch nicht erweisen lassen, dass dieser Gebrauch schon indokeltisch sei. Die Aehnlichkeit indischer Ausdrücke wie *sumati*, *sûkta*, *sukṛita* mit awestisch *humata*, *hûkhta*, *hvarshta* ist einmal nicht sehr gross, dann werden auch die drei vedischen Ausdrücke nicht in der Weise verbunden wie die des Awestâ. Wirklich identisch ist aber nur *sûkta* und éränisch *hûkhta*. Beide vereinigen sich in der Grundbedeutung: gut gesprochen; während aber das indische Wort gewöhnlich einen Hymnus bedeutet, ist eine solche Bedeutung im Erânischen nirgends nachweisbar und die indische Bedeutung ist in diesem Falle die abgeleitete.

§ 14.

Das Feuer (*agni*, *âtare*).

Ehe wir uns anschicken, die einzelnen mythologischen Gestalten zu betrachten, welche sich aus dem Kreise der indischen und érânischen Religionsvorstellungen vergleichen lassen, wird es gut sein, in Kürze die Grundsätze darzulegen, die wir bei dieser Arbeit in Anwendung bringen wollen. Wir theilen vollständig die Ansichten, welche A. Kuhn früher in seiner Zeitschrift (3, 331 flg.) als die leitenden für die Behandlung der vergleichenden Mythologie ausgesprochen hat. Will man die Göttergestalten verschiedener Völker mit einander vergleichen, so kann dies nur dadurch geschehen, dass man die gleichen

Züge nachweist, die sich bei zwei Völkern desselben Stammes vorfinden, dabei aber vor Allem begründet, dass diese Züge nicht blos gleichartig, sondern wirklich identisch sind und dass nicht blos durch Zufall bei beiden Völkern dieselbe Ansicht sich selbständig entwickelt hat. Wenn man indessen blos den Inhalt der Mythen vergleicht, wird man bei aller Vorsicht sich doch leicht täuschen können und vielleicht später entstandene oder gar eingewanderte Mythen für ursprünglich halten. Die sicherste Begründung bleibt es immer, wenn man neben den gleichartigen Zügen auch Gleichheit der Götternamen nachweisen kann, natürlich so, dass bei diesem Nachweise der Identität die Lautgesetze der einen wie der andern der zu vergleichenden Sprachen strenge beobachtet werden. Ebenso sind wir mit Kuhn vollkommen darin einverstanden, dass bei allen Forschungen auf dem Gebiete der vergleichenden Mythologie (also auch bei Vergleichung der Mythologien der arischen Völker) den Anschauungen der Vedas eine besondere Beachtung geschenkt werden müsse, denn unter allen indokeltischen Völkern ist keines, dessen ächte Quellen soweit zurückgehen wie die der Inder. Dabei geben wir aber vom heutigen Standpunkte der Wissenschaft folgende Punkte zu bedenken:

Erstens: Die alte romantische Ansicht, dass Indien das Urland der Indokelten sei, von wo aus Colonien mit Priestern an der Spitze ausgewandert seien und indische Sprache und indische Weisheit in weitem Umkreise verbreitet hätten, ist, wie wir bereits gesehen haben, heute fast vollständig aufgegeben. Vielmehr ist man der Ansicht, dass die das Sanskrit redenden Inder in ihre heutigen Wohnsitze erst später eingewandert seien. Was also von alten indokeltischen Errungenschaften in Indien zu finden ist, das ist dorthin eingewandert, nicht aber von dort heraus.

Zweitens: Obwohl es feststeht, dass die indische Literatur die älteste unter den indokeltischen Literaturen ist, so ist sie eben doch nur die Literatur des indischen Volkes, nicht die des indokeltischen Urvolkes, vielmehr ebenso national ausgeprägt wie irgend eine andere. Die Schlussfolgerung, weil die alte indische Sprache der ursprünglichen indokeltischen Sprache am nächsten stehe, so müssten auch die religiösen Anschauungen der Inder den alten indokeltischen am nächsten stehen, lasse ich nicht gelten. Nichts hinderte die Inder, auch nach ihrer Einwanderung in die Indusgegenden ihre Sprache rein zu erhalten. Die Ueberschreitung der klimatischen Gränze zwischen Orient und Occident musste aber in ihren Sitten und Anschauungen Veränderungen hervorbringen, welche den sämmtlichen mehr nach Westen wohnenden Verwandten fremd blieben. Auch hat man früher die Ursprünglichkeit der vedischen Sitten und Lebensgewohnheiten vielfach überschätzt. Dass dort nicht mehr nomadische Ursprünglichkeit zu finden sei, sondern im Gegentheil recht fortgeschrittene Zustände, das lehrt ein Blick in Zimmers „altindisches Leben".

Drittens: Alle Indianisten gestehen zu, dass die vedischen Gedichte nicht alle aus derselben Zeit stammen, sondern aus mehreren zum Theil recht jungen Perioden (s. Kuhn, Zeitschrift 18, 321 flg.). Der blosse Hinweis, dass eine Anschauung im Veda vorkomme, genügt darum in keiner Weise, um deren Ursprünglichkeit darzuthun.

Viertens: Man darf auch auf dem Gebiete der vergleichenden Mythologie nicht länger übersehen, welche Umwälzung unsere Anschauungen gerade auf dem Gebiete der alten Geschichte in den letzten dreissig Jahren erfahren haben. Eine Literatur wie die vedische, welche in ihren ersten Anfängen vielleicht bis 2000 v. Chr. zurückgeht, konnte früher für uralt gelten. Die Ausgrabungen im Gebiete des Euphrat und Tigris haben uns Inschriften gebracht, die bis zu jener Zeit hinaufreichen, sie haben auch — was noch höher anzuschlagen ist — erwiesen, dass die Anfänge der Cultur und selbst der Literatur höher hinaufgehen, als man früher vermuthete. Zu der Zeit, da die indische Literatur beginnt, gab es am Tigris bereits grosse

Handelsstädte, die kaum ohne Verkehr mit Indien gewesen sein werden, und unter den im Rigveda so oft genannten Paṇis sind gewiss zum Theil fremde Kaufleute zu verstehen. Hieraus folgt, dass wir uns auch die vedischen Inder nicht als ein von der ganzen Welt abgeschlossenes Volk denken dürfen, dass damals, wie später, indische Ansichten aus Indien heraus, aber auch fremde Ansichten nach Indien hinein kommen konnten. Diesen Umständen wird man Rechnung tragen müssen und bedenken, dass nicht jede Anschauung, die sich als sehr alt erweist, darum auch indokeltisch zu sein braucht. Zunächst sehen wir also in den vedischen Anschauungen nur Anschauungen des indischen Volkes, nichts weiter.

Fünftens: Die Vedas enthalten nur einen Theil der indischen Anschauungen, namentlich die Ansichten der Priester, weniger die des übrigen Volkes. Es sind daher neben den Vedas auch die übrigen indischen Schriften, namentlich die Epen zu berücksichtigen; überhaupt muss Alles gesammelt werden, was sich an mythologischem Material über jeden Punkt erhalten hat. Mag nun auch Manches davon spät und darum für die vergleichende Mythologie unbrauchbar sein, so ist doch andererseits bekanntlich nicht Alles neu, was uns in neuer Form geboten wird.

Sechstens: Als selbstverständlich fügen wir noch bei, dass die Forschung natürlich frei von jeder Voreingenommenheit für das eine oder andere Volk lediglich die Wahrheit suchen darf.

Wenden wir uns nun von diesen allgemeinen Betrachtungen zu unserer eigentlichen Aufgabe, so wird es wohl Niemanden befremden, wenn wir unter den verehrten Elementen dem Feuer die erste Stelle einräumen. Die hohe Bedeutung dieses Elements für die menschliche Cultur muss Jedem einleuchten, erst der Gebrauch des Feuers macht dieselbe möglich, weil er es ist, der den Menschen scharf von den Thieren abscheidet, welche insgesammt — auch die mächtigsten unter ihnen nicht ausgenommen — das Feuer nicht nur nicht zu gebrauchen wissen, sondern dasselbe sogar ängstlich vermeiden. Der Beginn dieses Gebrauches geht darum in die ältesten, vorhistorischen Zeiten zurück, und die Gründe, welche denselben veranlasst haben, werden uns wohl stets räthselhaft bleiben. Da wir den primitiven Menschen in ein warmes Klima setzen müssen, so kann es nicht das Bedürfniss nach Wärme gewesen sein, welches den Menschen veranlasste, sich dem Feuer zu nähern, ebensowenig das Bedürfniss nach gekochten Speisen, ohne welche der ursprüngliche, vielleicht nur von Vegetabilien lebende Mensch leicht gedacht werden kann. Man hat die nicht unwahrscheinliche Ansicht aufgestellt [1], das Feuer sei eine religiöse Entdeckung, zufällig entstanden aus Gebräuchen bei der Verehrung der Götter und zwar zu einer Zeit, als die Menschen an eine Verwerthung desselben zu praktischen Zwecken noch gar nicht dachten; auch die gekochten und gebratenen Speisen dürften zuerst blos Opferspeisen gewesen sein. Unsere Aufgabe kann es jedoch nicht sein, in jene frühe Zeit zurückzugreifen, welche vor der Entstehung der Indokelten liegt, für diese dürfen wir die Kenntniss des Feuers und die Ueberzeugung von der Nützlichkeit desselben schon voraussetzen, daher die hohe Verehrung, welche dasselbe geniesst. Aber eben diese Verehrung war auch die Ursache, dass man die Gabe des Feuers als eine übernatürliche betrachtete und sich dadurch gewöhnte, das irdische Element hinter seinem vorausgesetzten himmlischen Urbilde zurücktreten zu lassen. Immer aber ist das Feuer bei den Indern dasjenige Element, welches bei Opfern zuerst anzurufen ist (Rgv. 77, 3), es musste dasselbe auch jeden Morgen neu entzündet werden durch Holzstücke, deren Wahl nicht gleichgiltig war. Diese Sitte hat ihre Analogien bei den verschiedensten Völkern der Welt, nicht blos bei den Indokelten [2]. Nicht die Nützlichkeit des Feuers, auch nicht seine Wärme ist

1) Vgl. L. Geiger, Zur Entwicklungsgeschichte der Menschheit p. 99. 105.

2) Geiger l. c. p. 96.

es, was am meisten gepriesen wird, sondern sein Glanz, dieser dürfte es auch gewesen sein, wodurch sich die Indokelten zunächst zu dem Feuer hingezogen fühlten. Aus dem reichen Materiale über das Feuer bei den Ariern, welches theils von Andern, theils von mir selbst gesammelt worden ist, wähle ich hier nur dasjenige aus, welches für unseren Zweck dienlich erscheint.

Der indische *Agni* ist zunächst das irdische Feuer und wird als solches verehrt. Auf die Sitte, dass das zum Opfer gebrauchte Feuer durch die Reibung zweier Holzscheite gewonnen werden muss, wird zuweilen angespielt (Rgv. 263, 1), darum heisst auch Agni *dvimâtâ* (31, 2) d. h. zwei Mütter besitzend, und es wird von ihm gesagt, dass er mit zehn Fingern hervorgebracht werden kann (302, 8). Er wird durch menschliche Speisen gestärkt (236, 10), namentlich drei Speisen scheinen für ihn bestimmt (254, 2). Sein einfachstes Geschäft ist, dass er die Thore der Finsterniss öffnet (239, 1) und das Dunkel vertreibt (355, 2. 368, 4). Agni wacht beständig (260, 3. 365, 1. 456, 8), er schläft nicht (263, 14), er ist Oberherr (asura und samrâj 522, 1. 298, 5. 366, 1. 369, 1) oder König, Held oder Fürst (448, 3. 643, 13). Alle diese Dinge lassen sich ohne Schwierigkeit auf das irdische Feuer beziehen, fragen wir aber nach der Herkunft des Feuers, so hören wir, dass es schon alt und von Manu eingesetzt sei (457, 9), nach Anderen hängt es mit Atharvan und dessen Sohn Dadhyañc zusammen (457,13. 14. 847, 5), nach wieder Andern wird es bei Sriñjaya entzündet (311, 4), wieder nach Andern von den Bhṛigus [1]), und bei dieser Gelegenheit findet sich auch bereits die Ansicht, dass eine dieser genannten Personen das Feuer vom Himmel hernieder gebracht habe, darum wird auch das Feuer nicht selten als Gastfreund (*atithi*) der Menschen bezeichnet (236, 2. 355, 8. 9. 445, 2. 639, 8), auch als Freund (*mitra*) derselben (75, 4. 193, 3).

1) Cf. Kuhn, Herabkunft des Feuers p. 6 flg.

Nachdem man einmal die Ueberzeugung gewonnen hatte, dass *Agni* himmlischen Ursprungs sei, trat die Wichtigkeit des irdischen Feuers zurück, und sein Verhältniss zum Himmel beschäftigte überwiegend die Aufmerksamkeit. Man denkt den Agni in Verbindung mit dem Sonnenrosse, welches des Abends zu ihm geht (443, 2 und Sây. ad h. l.), er ist das Auge der Götter (362, 6), er schmückt den Himmel mit Sternen (68, 10), er giebt auch den Regen als Blitzesfreund (72, S. 79, 2), Morgen- und Abendröthe laufen zu ihm hin auf den Wegen des Windes (248, 3), er ist in der Nacht, was die Sonne am Tage ist (914, 6). Agni hat Sonne und Sterne an den Himmel gesetzt (982, 4), er donnert im Himmel (379, 8), auf seinem Haupte sind die sieben Ströme gewachsen (448, 6), er ist unsterblich (520, 4), er stützt die Welten (449, 3), trägt die Erde und festigt den Himmel (67, 5), er übertrifft die andern Götter (520, 5), als deren Purohita er gilt (236, 8). Auch die ethischen Eigenschaften mangeln dem Agni nicht: er ist wahrhaftig (adroghavâk, adhruk 446, 1), er erscheint als die Wahrhaftigkeit personificirt (300, 14), führt über die Bedrängniss hinweg (249, 3), ist erbarmend (36, 12. 299, 13), schützt vor Sünde (531, 3), erlöst die Götter vom Fluche (529, 2), er vernichtet Unholde: die Yâtudhânas, Mûradevas und Kravyâd (913, 2), ebenso die Rakshas (944, 7). Ein Bild der Gestalt des Gottes gewinnt man trotz aller Beschreibung bei Agni ebensowenig wie bei anderen vedischen Göttern. Dieser himmlische Agni ist nun nach Ansicht der Inder auf die Erde herabgestiegen, und zwar wird vielfach gesagt, dass er als Bote des Vivasvat (d. i. der Sonne, wie wir später sehen werden) auf die Erde herabgekommen ist (449, 4. 659, 3. 847, 5). In Verbindung steht auch Agni nach anderen Stellen mit Mâtariçvan, der angeblich den Agni herabbringt [1]) und ihn den Bhṛigus übergiebt (60, 1. 96, 4. 239, 10), nach einer Stelle (128, 2) den Menschen überhaupt. Nach einer Stelle hat Agni

1) Cf. Kuhn, Herabkunft des Feuers p. 5 flg.

drei Geburtsstätten (95, 3): Wasser, Himmel und Luft, er hat drei Körper, eine für diese, zwei für die anderen Welten (236, 9, 871, 1). Er ist in den Pflanzen (67, 4. 5. 669, 15. 827, 2) oder in den Wassern (70, 2), in den Bäumen, in Allem, was geht und steht, auch in den Steinen (192, 1. 70, 2. Atharvav. 3, 21. 1), er ist selbst der Keim der Pflanzen (192, 14). Wenn es heisst, er werde in den Gewässern und zwar in den himmlischen Gewässern gefunden von den Göttern (70, 2. 95, 3. 235, 3. 4. 259, 5. 872, 9), so wissen wir längst, dass damit der in den Wolkenwassern liegende Blitz gemeint sei. Die nach dem Himmel strebende Flamme des Feuers liess dasselbe gleichsam die Rückkehr in den Himmel suchen und machte es fähig, die Rolle eines Vermittlers zwischen Göttern und Menschen zu übernehmen, daher heisst es, dass die Götter den Agni zu ihrem Mund und ihrer Zunge gemacht haben (192, 13. 14), er ist der Bote, der zwischen Göttern und Menschen hin und her geht (520, 1), er heisst ein Priester (94, 6), besonders Hotar (68, 4. 127, 2. 144, 1) und ist auch der Purohita der Menschen (237, 2. 872, 10). Er ist der Freund der Menschen (75, 4. 193, 3), mit seiner Eigenschaft als Priester verträgt es sich, dass er als Herr der Verständigen (237, 4), als weise (142, 11. 455, 2), ja selbst als allwissend geschildert wird (259, 1). Es werden auch Fälle erwähnt, wo Agni als Gott einzelnen Personen hülfreich erscheint, und dabei werden, wie es scheint, verschiedene Feuer (Bhârata, Daivodâsa, Vaiçvanara etc.) unterschieden. Unter den Beinamen des Feuers wollen wir den Namen Narâçam̃sa hervorheben, da uns derselbe später wieder beschäftigen wird. Alles in Allem genommen scheint aus diesen und anderen Stellen hervorzugehen, dass man sich das Feuer nicht blos in der Gestalt dachte, in welcher wir dasselbe vor uns sehen, sondern auch als in anderen Dingen verborgen ansah, namentlich im Holze, aus welchem man es ja durch Reiben gewinnen konnte, ebenso aus Steinen. Weiter aber war man schon zur Zeit, als die vedischen Hymnen geschrieben wurden überzeugt.

dass das irdische Feuer nicht das ursprüngliche, sondern dass es vom Himmel auf die Erde herabgekommen sei. Die Art der Herabkunft scheint man sich verschieden gedacht zu haben, am einfachsten war die Ansicht, dass dasselbe in den Wolken enthalten und von da als Blitz auf die Erde herabgekommen sei. Diese Ansicht entstand wohl aus der Beobachtung der Naturerscheinung selbst. Eine andere Ansicht aber ist, dass das Feuer in sehr früher Zeit einem Sterblichen geschenkt worden sei, es werden dafür verschiedene Namen genannt, die wir schon oben angegeben haben. Die Stellung, welche Agni im indischen Epos einnimmt[1]) ist der vedischen vielfach ähnlich; auch dort erscheint er als Gastfreund der Menschen, er ist der Purohita der Götter und der Menschen, er findet sich aber auch unsichtbar im Innern der Menschen und in allen Dingen; er sieht Alles und weiss Alles. Seine Gestalt ist die des wirklichen Feuers, aber Agni äussert sich in jeder Flamme, er erscheint aber auch dreifach und fünffach. Als Person erscheint er aber öfter auch an der Spitze der Götter, er wird dem Indra gleichgestellt, und beide vereint werden die Herrn der Welt genannt. Ein wichtiger Zug, der hier hinzutritt, ist, dass man an der Gefrässigkeit des Agni Anstoss nimmt, er verzehrt Alles, was ihm nahe kommt. Eine Mythe sucht uns die Sache zu erklären, indem sie diese Gefrässigkeit als Folge eines Fluches darstellt, der aber dahin gemildert wird, dass Alles, was Agni verzehrt, gereinigt wird. Nicht minder wichtig ist auch der Anstoss, den man daran nimmt, dass das Feuer genährt werden muss, um nicht zu verlöschen, ein Zustand der eigentlich eines Gottes unwürdig ist.

Obwohl wir bereits wissen, dass wir den Namen des Feuers bei den Erâniern nicht wiederfinden, so gewährt uns doch die Vergleichung des Feuercultus bei diesen ein ganz ähnliches Bild.

---

1) Cf. H. Holtzmann, Agni nach den Vorstellungen des Mahâbhârata Strassburg 1878.

Auch in der Religion des Zarathuschtra wird noch das wirkliche Feuer verehrt, und wie es bei den Indern in allen Feuern verehrt wird (Rgv. 26, 10. 453, 6) so auch im Awestâ das Feuer mit allen Feuern (Ys. 1, 38). Da der érânische Priester bei seiner Darbringung das Feuer vor sich hat, so wird dasselbe gewöhnlich direct angeredet (Ys. 1, 38. 3, 8. 36, 4. 7. 61, 1 etc.) Daneben fehlt es auch nicht an Zeichen, dass man sich das Feuer als eine Person dachte, nach Vd. 8, 250, tödtet es die Geschöpfe des Agro mainyush, nach Yt. 13, 77. 19, 49, betheiligt es sich auf der Seite des Ahura Mazda an dem Kampfe gegen die bösen Wesen. Aber auch das Awestâ kennt bereits den himmlischen Ursprung des Feuers und bezeichnet dasselbe gewöhnlich als einen Sohn Ahura Mazdas. Ueber die Art, wie das Feuer in die Welt gekommen sei, giebt uns eine neuere Quelle einigen Aufschluss, welche erzählt, dass das Feuer sich geweigert habe auf die Erde zu gehen, als dieselbe geschaffen war, wegen der Unbill, welche ihm dort von schlechten Menschen zugefügt würde, und nur einwilligte, als ihm die Bestrafung aller solchen Menschen zugesichert war. Dass diese Erzählung in ihren Grundlagen nicht so jung sei, als es den Anschein hat, sieht man aus Ys. 19, 3, wo das Feuer in Uebereinstimmung mit der späteren Legende gerade da genannt wird, wo man es erwarten muss: es wird nämlich zuerst die Schöpfung der Welt in der gewöhnlichen Weise beschrieben, vor der Schöpfung des Menschen aber erscheint das Feuer; nicht zufällig ist es auch, wenn Ys. 1, 6, neben dem eingeborenen Stiere gleich das Feuer genannt wird. Es ist demnach auch nach Ansicht der Eránier das Feuer, als eine für den Menschen nothwendige Gabe, aus dem Himmel auf die Erde herabgesandt worden. Auch der Widerspruch, der darin liegt, dass das himmlische Feuer, der Sohn Ahura Mazdas, irdische Speise zu sich nehmen muss, ist den Eräniern nicht entgangen, aber die Sache wird anders erklärt, als es die Inder thun, wie aus den Stellen Vd. 18, 56 flg., Ys. 61, 18 flg., deutlich hervorgeht. Indem nämlich das Feuer eingewilligt hat, auf diese Erde herabzusteigen, ist es auch einiger Mängel theilhaftig geworden, unter welchen diese Welt leidet: der Einfluss des Dämons der Begierde erstreckt sich auch auf das Feuer, es muss essen, um sein Leben zu erhalten; geschieht dies nicht, so verfällt es ebenso dem Hungertode wie der Mensch, welcher sich der Speise enthält. Aber nur der Hunger, nicht auch der Durst hat Macht über Feuer. Dass das Feuer nicht blos reine, sondern auch unreine Dinge verzehre, ist auch von den Erâniern bemerkt worden, aber sie wollen, dass das Feuer nur mit reinem, trockenem Holze und Wohlgerüchen genährt werde, und stellen die Annäherung von anderen, besonders unreinen Stoffen als eine Belästigung des Feuers dar, welche in jener Welt schwere Strafe nach sich ziehen werde, wenn sie nicht auf die vorgeschriebene Art gesühnt wurde.

Wie die Inder beim Gottesdienste drei Feuer unterscheiden, so unterscheiden auch die Erânier vom Hausfeuer das Feuer des Dorfes und des Bezirkes, und letztere werden als reiner und heiliger angesehen, als das erstere. Wie die Inder ein drei- und ein fünffaches Feuer unterscheiden, so kennt auch das Awestâ fünf Feuer[1]): eines in der Höhe, welches nichts verzehrt, ein zweites im Körper der lebenden Wesen, welches Alles verzehrt, ein drittes in den Pflanzen, welches blos Wasser verzehrt, ein viertes als das Blitzesfeuer und als fünftes das gewöhnliche Feuer. Es ist hiernach Indern wie Erâniern die Ansicht eigen, dass das Feuer auch auf Erden nicht blos das sichtbare Feuer sei, sondern auch unsichtbar in den Dingen wirke. — Die Erzeugung des Feuers aus zwei Holzstücken ist auch den Erâniern nicht ganz unbekannt, denn der Bundehesh (c. 15) sagt, dass Meshya und Meshyâna unter Anleitung der himmlischen Genien das Feuer aus zwei Holzstücken von Kirsch- und Buchsbaumholz entzündet hätten; zu gleicher Geltung wie

1) Vgl. Ludwig, Rigveda 3, 325 und meine Alterthumsk. 2, 48.

in Indien ist aber dieses Verfahren in dem an Holz armen Erân wohl nie gekommen. Das Königsbuch lässt das Feuer unter Tahmuraf entdeckt werden und zwar ganz zufällig dadurch, dass einem Steine Funken entlockt werden, und ein Fest wurde damals zum Andenken an dieses Ereigniss gestiftet (Shâhn. 15, 1. Mac.).

Ziehen wir nun unsere Folgerungen aus diesen Thatsachen, so wird man sagen dürfen, dass sowohl Inder als Erânier das irdische Feuer verehren und dass diese Verehrung in eine sehr frühe noch vorarische Periode zurückgeht. Bei beiden arischen Völkern tritt aber die Verehrung des irdischen Feuers zurück gegen das himmlische, denn beide sehen im Himmel das ursprüngliche, auf Erden nur das von dort abgeleitete Feuer. Auch diese Vorstellung dürfte noch in die vorarische Zeit zu verlegen sein, ebenso die nahe liegende Ansicht, dass das Feuer verborgen auch in lebenden Wesen und in Pflanzen und Steinen vorhanden sei. Dagegen scheinen die Bedenken über die Nothwendigkeit, dem Feuer Nahrung zu geben, so wie über die Gefrässigkeit desselben einen vorwiegend arischen Charakter zu tragen.

§ 15.

Das Wasser *(âpas, âpo)*.

Die Verehrung des Wassers tritt gegen die des Feuers bei den Indern sehr zurück, wiewohl bei den Cultushandlungen auch das Wasser ihnen unentbehrlich ist. Während aber eine grosse Anzahl von Hymnen das Feuer besingt, sind dem Wasser nur sehr wenige ausschliesslich gewidmet. Den Werth des Wassers kannten die vedischen Inder in ihrem heissen Lande natürlich sehr genau, dasselbe war aber auch in reichlichem Maasse vorhanden. Die Gewässer werden von den vedischen Indern als die Mütter angerufen (835, 2. 843, 10), sie erhalten den Beinamen mayobhuvaḥ d. h. erquickend, labend. In den Gewässern[1]) sieht man die heilenden Arzneien (835, 5—7), sie werden mit Soma, dem himmlischen Tranke, in Verbindung gesetzt (835, 6), sie gehen täglich auf wie die Sonne (863, 2) und stehen unter den Befehlen des Savitar (229, 2). Aus diesen letzteren Stellen lässt sich schliessen, dass auch dem Wasser ein himmlischer Ursprung zugeschrieben wurde. Noch deutlicher tritt dieser himmlische Ursprung hervor in der Vorstellung von den sieben Strömen, die ihren Ursprung im Himmel haben und von dort auf die Erde herabfliessen. An manchen Stellen ist es ganz klar, dass unter den sieben Strömen nicht irdische Ströme zu verstehen sind, denn dieselben werden von Indra losgelassen (32, 12. 203, 3. 12. 318, 7. 324, 1), wenn sie auch in das Meer fliessen (71, 7). Die sieben Ströme sind es auch, welche den Agni grossziehen (235, 4), nach einer andern Stelle (678, 12) fliessen sie hinter Varuṇa her. Als sieben Mutterströme finden wir sie an manchen Stellen bezeichnet (34, 8. 705, 1). Mögen sie aber auch im Himmel entstanden sein, man wird nicht zweifeln dürfen, dass sie wirklich irdische Ströme waren, einer derselben, die Sarasvatî, wird sogar namentlich genannt, und dieser Fluss war ein wirklicher, der für die vedischen Inder eben dieselbe Bedeutung hatte wie die Gangâ für die späteren. An manchen Stellen ist auch Sarasvatî gewiss der später so genannte Fluss, da die Dṛishadvatî daneben genannt wird, an andern jedoch scheint ein grösserer Strom darunter verstanden zu sein. An die Verehrung der himmlischen Ströme schloss sich dann ganz natürlich auch die der übrigen Ströme an. In den Vedas finden wir auch eine Eintheilung der Gewässer in *divyâḥ*, *khanitrimâḥ* und *svayaṁjâḥ* d. i. himmlische, durch Graben erschlossene und selbstgeborene; selbstverständlich werden unter den beiden letztern Arten Wasser verstanden, die man findet, wenn man nachgräbt oder die in

1) Vgl. auch Darmesteter, Haurvatât et Ameretât p. 73 flg.

Quellen selbst zu Tage treten, also irdische, welche den zuerst genannten himmlischen entgegengesetzt werden.

Auch im Awestâ tritt die Verehrung des Wassers nicht in dem Grade hervor wie die des Feuers, aber sie hat wiederum viele Aehnlichkeit mit der indischen. Ein besonderer Cult des Wassers ist nicht zu bemerken, doch wird dasselbe öfter angerufen, gewöhnlich als das gute Wasser (Ys. 1, 39. Vd. 18, 24. 19, 5 etc.), oder die guten vom Mazda geschaffenen Wasser (Ys. 3, 14. 7, 4 etc.). Die Hauptstellen, wo das Wasser in seiner Gesammtheit angerufen wird, sind Vd. 19, 116 und Ys. 64, 28 flg.) Unter den Glücksgütern, welche dasselbe verleiht, treten Gesundheit, langes Leben und Nachkommenschaft besonders hervor (cf. Ys. 67, 30). Man weiss auch, dass das Wasser aus den Wolken herniederströmt und dann heilkräftig wirkt (Vd. 21, 5 fg.), nach einer Stelle (Yt. 13, 53. 54) konnten die Wasser ehemals nicht fliessen, bis ihnen die Fravas'is die Bahn frei gemacht hatten. Die Eintheilung des Wassers bei den Erâniern ist der der Inder sehr ähnlich, es sind die von selbst sich ergebenden Kategorien (Ys. 67, 15): die stehenden Gewässer, die fliessenden, die in der Tiefe und in den Flüssen befindlichen, dann aber auch die durch Hagel und Regen aus der Höhe herabkommenden. Merkwürdig ist eine andere Eintheilung (Ys. 38, 13 fg.), welche uns zeigt, dass man das Wasser, ebenso wie das Feuer, in verschiedenen geschaffenen Dingen verborgen glaubte; in dieser Hinsicht zerfällt es in folgende Abtheilungen: 1) Das Wasser in den Bäumen, 2) das Wasser der Berge, 3) das Regenwasser, 4) das Wasser der Seen und Brunnen, 5) der Same des Menschen, 6) das Blut in den Adern, 7) das Blut in den übrigen Theilen des Körpers, 8) der Urin, 9) der Schweiss, 10) die Flüssigkeit in Oel, Butter u. s. w.

§ 16.

Die Luft (*vâyu* oder *vayu*).

Es ist nicht eben viel, was sich über die Verehrung dieses Gottes aus den ältesten Schriften der Inder beibringen lässt; die Hymnen, in welchen Vâyu angerufen wird, sind nicht eben zahlreich (2. 134. 343. 344. 606. 607, vgl. auch 646, 21), häufiger als in eigenen Hymnen erscheint er in Verbindung mit Indra, darum nennnt ihn auch das Nirukta mit Indra zusammen (7, 5). Die Stellung des *Vâyu* ist gleichwohl keine geringe, denn ihm gebührt der Vortritt beim Somaopfer (2, 1. 134, 1. 6. 343, 1. 606, 1). Ueber seine Herkunft und Gestalt wissen wir wenig, nach einer Stelle ist er von Himmel und Erde erzeugt (606, 3), er ist der Tochtermann des Tvashṭar (646, 21. 22), er heisst der Weisse (606, 3. 607, 3), er siegt mit Indra (317, 4), er fährt auf einem Wagen, der mit rothen Pferden bespannt ist (134, 1. 3), er fährt mit 99, selbst mit 1000 Rossen (344, 4. 5. 607, 6). Dass er als der Vater der Maruts gilt (134, 4) ist natürlich, ebenso dass er mit der Morgenröthe in Verbindung steht (134, 3. 4), wenig verständlich ist seine Verbindung mit der Kuh Sabardughâ (134, 4). Die Gaben, welche *Vâyu* seinen Verehrern gewährt, sind die gewöhnlichen: er lässt das Wasser fliessen (606, 4), er verleiht Nachkommenschaft, Reichthum an Rossen, Rindern und Gold (606, 2. 6. 607, 3), er schützt seine Verehrer vor Verlust und vertreibt die Feinde (344, 2), daher wird er von den Schwachen zum Schutze angerufen (134, 5). Genauere Angaben fehlen. Dass Vâyu nicht blos Gott ist, sondern Luft, Wind überhaupt, beweisen Stellen wie 373, 5. 202, 14. 962, 5 und das Adj. vâyukeça, flatternde Haare habend.

Auch den Erâniern ist der Gott *Vayu* wohl bekannt, und wenn auch seine Stellung im zarathushtrischen Systeme eine etwas verschiedene ist, so lässt sich doch eine arische Grundlage der Vorstellung nicht bezweifeln. Auch der êrânische

Vayu fährt auf einem Wagen und zwar auf einem goldenen mit goldenen Rädern, er ist mit einer goldenen Rüstung und einem goldenen Helme bekleidet (Yt. 15, 57), auch er erscheint als ein starker, mächtiger Gott, der von den Helden der Vorzeit angerufen wird und der ihnen die Gaben verleiht, um welche sie ihn bitten. Er ist in der Bedrängniss anzurufen, er hilft in der Schlacht und rettet die Gefesselten und Gefangenen. *Vayu* gehört bei den Erâniern zu den Gottheiten, die ihrem Wesen nach sowohl der guten als der bösen Schöpfung angehören (Ys. 22, 27.. Sîr. 1. 21); es dürfte darin ein Beweis seines Alters liegen, indem demselben Züge zugeschrieben waren, welche sich in das zarathushtrische System nicht fügen wollten; andererseits lag es freilich gerade in Erân nahe genug, den aus der Wüste wehenden schädlichen Wind als von dem bösen Geiste herrührend zu denken. Mit Mithra steht dieser Gott im engen Zusammenhange, doch ist diese Verbindung wohl kaum mehr arisch, ebensowenig der Name Râman, welchen derselbe im Awestâ führt. Der Zug aber, dass Vayu in beiden arischen Religionen mit glänzenden Rossen auf einem Wagen daherfährt, scheint mir schon alt zu sein.

§ 17.

Der Wind (vâta).

Beide arische Religionen stimmen darin überein, dass sie den Wind als eine besondere Gottheit von *Vayu* abtrennen, wiewohl er unzweifelhaft eigentlich mit demselben identisch ist, auch nennen beide übereinstimmend den Wind *Vâta*. Nur zwei Hymnen sind im Rigveda dem *Vâta* gewidmet (994 und 1012), die Züge, welche über ihn mitgetheilt werden, sind darum nicht sehr zahlreich. Natürlich ist *Vâta* die bewegte Luft, während Vâyu dies nicht nothwendiger Weise sein muss. *Vâta* wandelt im Luftraum (994, 3), seine Herkunft ist unbekannt (ibid.), ebenso ist seine Gestalt nicht zu erkennen (994, 4). Er schläft nicht und kann gehen, wie er will (994, 3. 4), er heisst der Geist der Götter und der Embryo der Welt (994, 4) den Menschen ist er freundlich gesinnt, er gilt als ihr Freund, auch als ihr Bruder oder Vater, er verlängert ihr Leben, daher wird er auch um Heilmittel angerufen (1012, 1. 2) und in seinem Hause ist der Schatz des Unsterblichkeitstrankes (ibid. v. 3).

Ist es nun auch nicht viel, was wir von dem indischen *Vâta* erfahren, so ist es doch immer noch mehr als das, was wir von dem érânischen wissen; die Abtrennung von Vayu und der gemeinschaftliche Name ist eigentlich das Einzige, wodurch sich die arische Entwicklung dieses Gottes erweisen lässt. Eine uns in einem späteren Buche erhaltene Erzählung [1]), die ich aber für alt halte, berichtet, dass der Wind einmal vom Agro mainyush betrogen wurde und mit solcher Heftigkeit zu wehen anfing, dass Gefahr vorhanden war, er werde alle Berge umwerfen und nicht eher rasten, als bis er sie in Ebenen verwandelt habe. Glücklicher Weise gelang es dem Helden Keresâspa das Stillstehen des Windes zu erzwingen und dadurch die Welt vor einer grossen Zahl von Unglücksfällen zu behüten. In Zusammensetzungen erscheint im Awestâ nur *vâta* (*vâto-beretu*, *vâto-s'âta*), niemals *vayu*.

§ 18.

Erde und Himmel.

Da die Namen, welche den Ariern für die beiden in der Ueberschrift genannten Gegenstände geläufig sind, schon oben in § 12 besprochen wurden, so brauchen wir hier nicht mehr auf dieselben zurückzukommen und können uns lediglich mit ihrer Wesenheit beschäftigen. Unter den vielen Hymnen des Rigveda ist nur ein einziger (438) direct an die Erde gerichtet, und aus den wenigen Versen dieses Hymnus lernen wir eben

1) Cf. meine Alterthumsk. 1, 562.

nicht viel, auch scheint er nicht sehr alt zu sein und den Erdgeist von der sichtbaren Erde zu trennen. *Pṛithivî* oder die Erde trägt die Berge und hält die Bäume fest; ob sie auch Regen entsendet, wie Grassmann (438, 2) meint, muss zweifelhaft bleiben. Weit zahlreicher und älter sind die Hymnen, in welchen Himmel und Erde gemeinsam gefeiert werden; wir werden daher anzunehmen haben, dass schon zur Zeit, als der Veda entstand, Himmel und Erde, trotz ihres Abstandes von einander, als zwei zusammengehörende Wesen angesehen wurden. Als Dinge angesehen, heissen Himmel und Erde *dhishaṇe* (160, 1), d. h. nach Grassmann's mir sehr wahrscheinlicher Ansicht die beiden Schalen, so dass schon damals den Indern die Idee des Welteis vorgeschwebt haben mag. Als Personen betrachtet, sind sie die Aeltern aller Geschöpfe, so zwar, dass *Dyaus* als der Vater, *Pṛithivî* als die Mutter gilt (159, 2. 160, 1), sie haben nicht blos die Welt, sondern auch die Unsterblichkeit geschaffen und beschützen dieselbe (159, 2. 160, 2). Zunächst sind aber die Götter die Kinder von Himmel und Erde, letztere werden daher oft *devaputre*, Götter als Kinder besitzend, genannt (z. B. 159, 1. 569, 1. 352, 2 etc.), als der besonders wirksame Sohn scheint Savitar, der Sonnengott, betrachtet zu werden (159, 5), er reinigt auch die Schöpfung (100, 3). Es versteht sich, dass Himmel und Erde, die Urheber der Schöpfung, diese auch beschützen (160, 2), sie verleihen ihren Verehrern grossen Ruhm und Herrschaft (160, 5) und auch andere Schätze. Bekannt ist indessen, dass in den Vedas diesen Stellen andere gegenüberstehen, welche Himmel und Erde selbst als geschaffen betrachten, meistens gilt Indra als deren Schöpfer, doch auch andere Götter. Es dürften dies jedoch spätere Anschauungen sein.

Am undeutlichsten, aber für unsere Zwecke von grosser Wichtigkeit, ist ein Göttin, welche man bei den Indern schon im Rigveda nicht mehr mit aller Sicherheit, erkennen kann. nämlich *Aramati*. Wir werden später ausführlicher von dieser

Göttin zu reden haben, hier soll über sie nur soviel bemerkt werden, dass der Name jedenfalls ein alter ist und dass Spuren in beiden arischen Sprachen darauf hinweisen, dass wir es mit einer alten Göttin der Erde zu thun haben.

Mit Beziehung auf *Dyaus* muss ich noch beifügen, dass ich denselben ganz in Uebereinstimmung mit Ludwig [1]) für einen sehr alten Gott halte, der nur zurückgetreten und namentlich durch Indra verdrängt worden ist. Als Person ist er aber im Rigveda noch an manchen Stellen zu erkennen, so wenn er *Dyaus pitâ*, Vater Dyaus genannt wird (297, 10. 492, 5) oder *Asura* d. i. Herr (54, 3. 122, 1. 131, 1 etc.). Auch wird Indra ein Sohn des *Dyaus* und namentlich Ushas so oft eine Tochter desselben genannt, dass es klar ist, man müsse in ihm eine bestimmte Persönlichkeit gesehen haben.

Wenn wir uns nun bei den Erâniern nach Gottheiten umsehen, welche den genannten indischen entsprechen, so fällt das Ergebniss, wenigstens was die Erde betrifft, sehr spärlich aus, es genügt uns aber schon, dass wir nachweisen können, es sei die Erde überhaupt verehrt worden. An Stellen wie Vd. 3, 88 fg., wird die Erde persönlich dargestellt, in Gestalt eines Mädchens oder einer Frau, es muss jedoch diese Vorstellung mehr für ein gelegentliches Bild als für einen alten Mythus gelten. Wichtiger scheint mir die Anrufung der Erde (zâo), welche sich Ys. 38, 1. 2 findet und wo sie als diejenige angerufen wird, welche uns trägt, also als Mutter, auch Ys. 10, 8 erhält sie den Namen Trägerin (*barethri*). Mehr noch als unter ihrem gewöhnlichen Namen wird die Erde angerufen als *Ârmaiti* oder, wie ihr Name nach den Untersuchungen über die Metrik ursprünglich gelautet haben muss: *Arammaiti*. Dass dieser Name mit dem der indischen *Aramati* identisch sei, bedarf keines weiteren Beweises, aber auch der Sinn berührt sich

1) Cf. Ludwig, Rigveda 3, 313. Vgl. jetzt auch P. von Bradke, Dyâus Asura, Ahura Mazdâ und die Asuras. Halle 1885.

augenfällig. Årmaiti erscheint bei den Erâniern sowohl als der Genius der Erde wie auch der Weisheit, zu der letzteren Function hat ihr wohl ihr Name verholfen, wir werden sehen, dass der indische Scholiast auch der Aramati diese Bedeutung zuweist. Uns interessirt sie hier nur als Genius der Erde und nach dem Scholiasten finden wir auch bei den Indern dieselbe Vorstellung (cf. unten § 29). Auch *Årmaiti* erhält (Vd. 2, 36) den Namen *barethri*, d. i. Mutter, die Vorstellung, dass die Erde die Mutter der lebenden Wesen sei, dürfen wir mithin schon der arischen Zeit zuschreiben. Bemerkenswerth ist, dass die Erânier diese Erde jenem Himmel entgegen zu setzen pflegen, so in den Keilinschriften, wie auch im Awestâ. Ebenso wird die geistige Welt der irdischen im Awestâ entgegengesetzt (Ys. 28, 2. 38, 9. 56, 10. 5 u. s. w.), noch bei neuern Erâniern wie Firdosi ist von دو سرای, *dû serâi*, von zwei Welten die Rede. Im Rigveda lassen sich Ausdrücke wie *kshoṇî* (627, 22) und *ubhe rodasî* (640, 4) damit vergleichen. Auch ist zu bemerken, dass im Awestâ die Erde das Beiwort *dûraepâra*, fern zu überschreiten, erhält, womit sich im Rigveda *dûre pâre* (202, 8. 875, 6), am äussersten Ende, vergleichen lässt.

Reichlicher als für die Erde fliessen die érânischen Quellen mit ihren Nachrichten über den Himmel, allein Ursprüngliches dürfen wir in diesen Vorstellungen nicht viel suchen. Dass die Namen in den arischen Sprachen nicht übereinstimmen, wissen wir bereits, mit dem Inhalte ist es nicht viel anders. Der érânische *Thwâs'a* (nur von diesem kann die Rede sein, nach dem was oben (§ 12) gesagt wurde), ist eine ganz abstrakte Gottheit, der Himmelskreis, an welchem die Sterne sich bewegen und durch den Luftkreis (asman) hindurchscheinen, dabei gilt er als ein Geschöpf des Ahura Mazda. Nichts desto weniger glaube ich doch, dass wir es auch hier mit einem sehr alten, nur durch den Gang einer späteren Speculation verdunkelten Gotte zu thun haben. *Thwâs'a* hat eine durchaus unabhängige von Niemand beeinflusste Stellung und erhält daher den Namen *qadhâta* d. i. dem eigenen Gesetze folgend. Nach den jetzigen Ansichten erstreckt sich zwar diese Stellung nur auf den gegenwärtigen Zustand der Welt bis zur Auferstehung, dies ist aber kaum immer so gewesen. Noch bei Firdosi und anderen Dichtern der neuen Zeit spielt der Himmel (*sipihr*) eine wichtige Rolle, aber als eine Art von Schicksalsgott, der mitleidslos seinen Weg geht, ohne sich um die Wünsche der Sterblichen sonderlich zu kümmern. Jeder Tag, jede Nacht hat die einmal zugemessene Dauer, welche, sei es zum Wohle oder zum Wehe der lebenden Wesen, niemals verlängert oder verkürzt wird. Der Himmel in seinem gleichmässigen Gange duldet keine Dauer: das Niedrige erhöht er, das Hohe zieht er in den Staub, das Junge altert durch ihn, was alt ist, kann durch ihn wieder verjüngt werden. Diese Unsicherheit der weltlichen Zustände hat, je nach dem Standpunkte des Beschauers etwas Melancholisches oder Erhebendes, die Lehre aber, die der Mensch aus diesen unabänderlichen Zuständen ziehen soll, ist die: durch Unglück nicht in Verzweiflung zu gerathen, weil dasselbe nicht ewig dauern kann, im Glücke aber zu geniessen, was der Tag bietet, weil man nicht weiss, ob dies morgen noch möglich sein wird. Man hüte sich diese Ansicht für jung zu halten, dieselbe Lehre wird nicht nur im Qohelet gepredigt, dasselbe ist im Grunde auch schon in der angeblichen Inschrift des Sardanapal gesagt (Aristotel. fragm. no. 6. ed. Müller): „Iss, trinke, scherze, das Andere ist nicht soviel werth (nämlich des Schnalzens mit den Fingern)". Es wird also immerhin angenommen werden dürfen, dass der Himmelsgott in die arische Zeit zurückgeht, wenn auch gemeinschaftliche Züge wenig mehr aufgefunden werden können, weil seine Gestalt sehr bald neben anderen, neu erfundenen Himmelsgöttern verblasste. Ueber die Vorstellung, dass Ahura Mazda dieser alte Himmelsgott sei, vgl. man oben § 12.

Wir dürfen es demnach als ein Endresultat der vorhergegangenen Untersuchungen aussprechen, dass die Verehrung der vier Elemente: Feuer, Wasser, Luft und Erde, sowie des Himmelsgottes bereits in der arischen Zeit nachzuweisen seien. Zugleich haben aber die ältesten Urkunden gezeigt, dass man diese Elemente nicht als Fetische verehrte, sondern durchdrungen war von der Ueberzeugung, dass der eigentliche Ursprung und die Heimath der drei ersten Elemente im Himmel zu suchen sei, und dass wir hier auf Erden nur einen schwachen Abglanz von dem himmlischen Urbilde haben. Auf den Himmel hatte man daher schon in der arischen Zeit seine ganze Aufmerksamkeit gerichtet, ihn hatte man als Geber aller Güter, ja als Vater ansehen lernen, auch hatte man bereits bemerkt, dass er nach unabänderlichen Gesetzen sich in seinen Bewegungen richte. Da nun aber der Himmel fern und unnahbar war, so konnte man nur mit Hülfe der Phantasie eine Vorstellung bilden von den Dingen, welche dort vorgingen, und von den Wesen, welche denselben bewohnten. Wie weit diese Vorstellungen, für die eine Schranke nicht gefunden werden kann, bis in die arische Zeit zurückgehen, das kann nur aus der Vergleichung indischer und érânischer Anschauungen ermittelt werden; es ist dies die Aufgabe, der wir uns nun zuwenden wollen.

§ 19.

Die höheren Arten des Feuers.

Ehe wir indessen zum Himmel emporsteigen und die Gottheiten kennen lernen, welche nach der Ansicht der Arier dort ihren Sitz hatten, müssen wir noch einige Wesen nennen, welche den früher beschriebenen ähnlich sind, aber doch für höher gelten als diese, weil sie in einer nähern Beziehung zum Himmel stehen als die Elemente.

Schon früher haben wir gesehen, dass im Rigveda neben dem Feuer im Allgemeinen auch besondere Feuer genannt werden, die einzelnen hülfreich oder auch besonders wirksam gedacht werden: das *Bharatafeuer* besiegt den Pûru (524, 4), als besonders mächtig wird (712, 2. 3) das Feuer des *Divodâsa* genannt, das sich zum Himmel erhob, und das die Menschen fürchten. Auch das Feuer *Vaiçvanara* erscheint an einzelnen Stellen (59, 6. 7), in Verbindung mit den Menschen gedacht, es hilft dem Pûru (521, 3), an einer Stelle heisst es von ihm, es wetteifere mit der Sonne, deren Zwillingsbruder es sei. Immerhin bleiben diese Erwähnungen bei den Indern unbestimmt und vereinzelt, man kann sich kein Bild von der Wirksamkeit dieser Feuer machen. Anders ist dies bei den Erâniern, wo wir neben dem allgemeinen Feuercultus einen besonderen ausgebildet finden. Neben dem Feuer im Hause und im Feuertempel, dessen Pflege den Hausvätern und den Priestern obliegt, giebt es auch noch besondere Feuer für die verschiedenen Stände des érânischen Reiches. Nach den späteren Nachrichten im Bundehesh sind diese Feuer von Anbeginn an auf Erden umher gewandelt und erhielten erst nach und nach ihre festen Wohnsitze. Ueber das erste und dritte dieser Feuer, das Feuer der Priester (*Âdar-frâ*) und das Feuer der Ackerbauer (*Âdar-burzîn*), sind wir nur wenig unterrichtet; das erstere scheint mehrfach gewandert zu sein, als sein ursprünglichster Wohnsitz wird ein Berg in Kharizm genannt, über seinen späteren Aufenthalt giebt es zwei verschiedene Angaben: nach der einen verweilt es jetzt in Nordérân, auf dem Berge Roshan in Kâbulistân, nach der anderen wurde es nach Südérân, nach der Stadt Dârâbgird gebracht. Die erste Ansicht ist die des Bundehesh, die andere die des Arabers Shahrastâni. Das Feuer der Ackerbauer soll sich auf dem Berge Pusht-i-Gushtâspân niedergelassen haben. Wenn wir auch den Ort, wo dieser Berg liegt, nicht mit aller Sicherheit bestimmen können, so leidet es doch keinen Zweifel, dass wir denselben in Khorâsân zu suchen haben und, dass er auch den Namen Raivand führte. Wir glauben nicht zu irren, wenn wir den Berg Raivand in der Nähe der Ebene Raivand suchen und annehmen, dass er nicht zu ferne von dem jetzigen Wallfahrtsorte Meshhed lag, der wohl an die Stelle des alten Tempels getreten sein dürfte. Andere Nachrichten setzen den Ort dieses Feuers etwas südlicher, an einen Ort Kishmar, der in der Nähe der heutigen Stadt Turshîz lag. Bei weitem das bekannteste Feuer ist aber das zweite, das Âḍar Gushasp genannt ward, für das Feuer der Krieger galt und als solches von den Königen hoch verehrt war. Wir haben an einer anderen Stelle [1]) ausführlich von diesem Feuer gehandelt und wollen hier blos wiederholen, was für unseren Zweck wesentlich ist. Der Name *Gushasp* ist abgekürzt aus *Gushanasp*, d. i. männliches oder kräftiges Pferd besitzend, er entspricht genau dem indischen *Vṛishanaçva*, das als Bezeichnung mehrerer mythischer Personen vorkommt, über die wir jetzt nichts Näheres mehr wissen. Warum das Feuer gerade diese Namen trägt, wird aus dem Mythus klar genug, der mit Âḍar Gushasp verbunden ist. Nach den érânischen Angaben ist nämlich dieses Feuer vom Himmel gefallen bei einer bestimmten Veranlassung, um ein Gottesurtheil abzugeben, durch welches der Himmel den Kava Husrava als rechtmässigen König von Erân bestätigte [2]). Kava Husrava und Ferîborz bewerben sich nämlich beide um den Königsthron, beide sind aus königlichem Geschlechte und können gewichtige Gründe für ihr Verlangen geltend machen, die Frage war daher schwierig und die Ansicht der Grossen des Reichs so getheilt, dass ein Bürgerkrieg auszubrechen drohte. Zur Vermeidung eines solchen Unheils wurde vorgeschlagen, die beiden Kronprätendenten nach der Festung Behmendiz (nach Angabe der Parsen ist es ein Götzentempel), zu entsenden, wer diese für uneinnehmbar geltende Festung erobern könne, der solle als der rechtmässige König gelten. Ferîborz, der zuerst den

1) Zeitschrift der DMG. 33, 496 fg.
2) Cf. meine Alterthumsk. 1, 621 fg.

Zug nach dieser von Dämonen und Zauberern (d. h. Ungläubigen) vertheidigten Festung unternimmt, muss unverrichteter Dinge wieder abziehen, denn die Mauern der Festung reichen bis an den Himmel, eine Thüre ist nirgends zu sehen, und der Umkreis der Festung, auf welchem das Heer lagern muss, ist so heiss, dass es unmöglich ist, auf demselben auszuharren. Auch Kava Husrava findet dieselben Zustände, aber als der vom Himmel erwählte rechtmässige König weiss er sich zu helfen. Er schreibt sofort einen Brief, der im Namen Gottes die Uebergabe der Festung fordert, diesen Brief lässt er durch einen seiner Helden aussen an den Mauern der Festung anschlagen, womit die Aufforderung als insinuirt gilt. Alsbald erhebt sich ein donnerähnliches Getöse, die Sonne verfinstert sich, tiefes Dunkel bedeckt die Erde, so dass die persischen Helden Nichts sehen können. Da betheiligt sich auch der Himmel an der Sache: ein Feuer kommt vom Himmel und setzt sich auf den Sattel des Rosses, welches Kava Husrava reitet, bei dem Glanze dieses Feuers wird die Festung erobert und die Ungläubigen vertrieben. Nach den besten Zeugnissen soll diese Festung in der Nähe der heutigen Stadt Ardebîl gelegen haben, an der Stelle, wo sie stand, wurde ein Tempel gebaut, in welchem das vom Himmel gekommene Feuer Gushasp seinen Sitz erhielt und fortan brannte. Noch eine ganze Reihe ähnlicher, wenn auch weniger berühmter Feuer wird erwähnt, deren Erscheinung an eine bestimmte Veranlassung geknüpft ist, von welchen wir aber Nichts wissen als den Namen. Sie scheinen insgesammt für wunderthätig gehalten worden zu sein, und etwa die Stelle unserer Wallfahrtsorte vertreten zu haben.

Das Awestâ erwähnt keines dieser drei Feuer, ebensowenig die Keilinschriften, auch aus den Schriften der Alten ist mir keine Stelle bekannt, welche auf das Vorhandensein dieser drei Feuer und die Verehrung derselben in der Zeit der Achämeniden sich beziehen liesse. Die Parther hatten indessen ein heiliges Feuer, welches nach dem Zeugnisse des Isidor von Charax (cf. m. Alterthumsk. 3, 72) in der Stadt Asaak aufbewahrt wurde; klar und deutlich sind die Zeugnisse der Orientalen für die Sâsânidenzeit, die Verehrung der heiligen Feuer wird bestätigt durch die Beschreibung, welche Procop (Bell. Pers. 2, 24) von dem heiligen Feuer in Âḍarbaijân giebt. Man könnte demnach die Frage aufwerfen, ob man denn nicht die Entstehung dieses Feuercultus in so späte Zeit versetzen müsse, dass derselbe für unsern Zweck unbrauchbar würde. Ich glaube indessen nicht, dass diese Annahme richtig wäre, indirecte Zeugnisse scheinen mir vielmehr das Alter dieser Feuer oder doch wenigstens des Âḍar Gushasp zu erweisen. Zuerst, wenn auch die Erwähnung eines dieser Feuer während der Achämenidenzeit nicht mit Bestimmtheit zu erweisen ist, so wissen wir doch von dem Vorhandensein eines heiligen Feuers, das in Processionen mit dem Könige herumgeführt wurde (Xen. Cyrop. 8, 3. 12. Curt. 3, 7), dann lassen sich auch aus dem angeführten Mythus von Âḍar Gushasp Gründe entnehmen, welche für das hohe Alter desselben sprechen. Der ganze Mythus gehört offenbar in die Kategorie der Gewittermythen, welche einen wichtigen Theil der indokeltischen Mythologie ausmachen. Die Art und Weise der Insinuation eines Schriftstückes durch das Anschlagen an das Thor oder die Mauer oder sonst an einen auffallenden Theil des Hauses dürfte ein Rechtsgebrauch sein, der in sehr frühe Zeiten zurückgeht. Einzelne Züge könnten sogar auf eine Verwandtschaft des Âḍar Gushasp mit agni Vaiçvanara hinweisen, von dem es heisst, dass er die Burgen der schwarzen Männer zerbreche (Rgv. 521, 2. 6. 522, 3). Es scheint mir mithin mit ziemlicher Sicherheit behauptet werden zu können, dass schon in der arischen Zeit neben dem Feuer als Element im Allgemeinen ein Cultus besonderer Feuer sich gebildet hatte, die man als besonders heilkräftig ansah und mit bestimmten Persönlichkeiten in Verbindung setzte. Bei den Erâniern hat sich indessen dieser Cultus weit reicher entwickelt als bei den Indern, wozu die Beschaffenheit des Landes im Norden von Atropatene beigetragen haben mag.

§ 20.

Die höheren Arten des Wassers: Soma-Haoma.

Wir haben oben (§ 15) bereits gesehen, dass nach arischer Anschauung der Ursprung des Wassers ebenso in den Himmel gesetzt werden muss, wie der des Feuers, wir haben dort bereits auf die höhere Art des Wassers hingewiesen, auf den Somatrank. Beide arische Völker kennen denselben, die Inder unter dem Namen *Soma*, die Erânier unter dem Namen *Haoma*, mit Recht wird diese Uebereinstimmung zu den sichersten Beweisen der ehmaligen arischen Einheit gerechnet. Wir beschäftigen uns zuerst mit dem Soma der Inder, und hier wollen wir vor Allem feststellen, dass er nicht blos himmlischen Ursprungs, sondern sogar ein wirklicher Gott ist, als solcher hat er einen Wagen der mit geflügelten Rossen bespannt ist (798, 37. 40. 800, 3), er nimmt Waffen zur Hand (773, 30. 788, 2. 802, 3), er hat Himmel und Erde ausgebreitet (668, 13), ja selbst die Götter gezeugt (798, 10. 799, 2. 808, 5). Als Gott erhält Soma öfter den Beinamen König (91, 8. 668, 8), sein Gebiet ist nicht blos im Himmel, sondern auch auf Erden, in den Bergen, Pflanzen und Wassern (91, 4), er hat nicht blos die Luft ausgebreitet und die Finsterniss abgehalten, sondern auch die Pflanzen und Rinder hervorgebracht (91, 22). Darum erstreckt der Gott auch seine wohlthätige Wirksamkeit auf die Menschen: er gab nicht blos den Vorfahren Schätze und andere gute Dinge (91, 1. 20), er beschützt auch seine Anhänger (91, 8. 9), ist im Kampfe gegen die Feinde thätig (91, 23), wesshalb er den Namen vṛitrahan, Feindestödter, erhält, er schlägt besonders auch die Rakshas (761, 5. 768, 1. 775, 28. 29. 779, 20), für den Divodâsa schlägt mit ihm Indra den Çambara, Turvaça und Yadu (773, 2). An anderen Stellen wieder erscheint Soma als ein barmherziger Gott (668, 9. 851, 3). Als Gott wird Soma auch in Verbindung mit Indra, mit Rudra, mit Pûshan und besonders mit Agni gefeiert. Trotz dieser persönlichen Auffassung ist Soma doch auch im Himmel ein Trank, den alle Götter trinken (821, 15), und zwar ist er der Unsterblichkeitstrank (84, 4), an unzähligen Stellen heisst es, dass sich Indra in Soma berauscht. Als Trank ist er nun nicht im Himmel geblieben, sondern auch auf die Erde herabgestiegen, wie Agni hat auch der irdische Soma seinen Sitz in Pflanzen genommen, aus welchen er hervorgelockt werden muss. Ueber die Art und Weise, wie Soma auf die Erde herabgekommen sei, geben die Vedas verschiedene Erzählungen, nach einer derselben brachte ihn ein Adler den Menschen (322, 4), der ihn vom Himmel gestohlen hatte (322, 6), auf diese Erzählung wird im Rigveda öfter Rücksicht genommen und Soma heisst daher çyenâbhṛitah, der vom Adler gebrachte. Es wird ferner gesagt, dass ein Schütze Kṛiçânu auf diesen Adler geschossen habe, als derselbe auf die Erde herabflog (323, 3). Einige Stellen indessen stellen den Gandharva als den Besitzer des Soma hin (795, 4. 797, 12) und diese Erzählung wird in den Brâhmaṇas näher ausgeführt. Dieser irdische Soma ist es vorzüglich, der uns hier angeht. Seine Farbe ist gelb wie der Mond, (691, 8), oder auch wie die Sonne (766, 2. 3), es wird vor Allem seine Heilkraft gepriesen, er schadet Niemand, der ihn schlürft (668, 10), er heilt die Kranken (681, 17), die Krankheiten entfliehen vor ihm (668, 11), er verlängert das Leben (688, 6), er ist besonders den Blinden und Lahmen nützlich (688, 2. 851, 11), daher sein Name amîvahan, Krankheit vernichtend. Sehr häufig wird von ihm gesagt, dass er auf den Bergen wachse (730, 1. 783, 4. 810, 9), namentlich auf dem Berge Mûjavat (860, 1), nach einer Stelle (439, 2) hat ihn Varuṇa auf die Berge gesetzt. Die Zweige der Somapflanze werden zuweilen auch aṅçu genannt (91, 17.

843, 12), und vielfach ist davon die Rede, dass der Saft aus der Pflanze durch Pressung gewonnen wird [1]).

Wir wenden uns nun zu dem érânischen Haoma. Auch dieser ist ein Gott und wird als solcher verehrt, seinen Verehrern gewährt er Stärke und Sieghaftigkeit (Ys. 9, 54), besonders in der Schlacht (Ys. 9, 68. 85. 88. 10, 13. 24), er heisst König und Herrscher (Ys. 9, 78. 83), mit seiner Hülfe vernichtet man die bösen Wesen, überirdische wie irdische (Ys. 9, 59. 10, 14. 33), er giebt Gesundheit und Heilmittel (Ys. 9, 56), verleiht Gesundheit und langes Leben (Ys. 9, 65. 66), den Männern gewährt er schnelle Pferde (Ys. 9, 71), den Frauen schöne Kinder (Ys. 9, 72), den Mädchen, welche lange unverheirathet waren, gewährt er einen Gatten (Ys. 9, 74). Das Erscheinen der vorzüglichsten Helden der Vorzeit ist nur durch seinen Beistand möglich geworden, doch ist auf diesen Umstand weniger Gewicht zu legen, da dasselbe von mehreren himmlischen Wesen behauptet wird, ihm besonders wird aber zugeschrieben, dass er den Keresâni machtlos machte, der die Priester vertilgen wollte (Ys. 9, 75). Doch Haoma gewährt auch geistige Güter. Wer ihn geniesst, kommt ins Paradies (Ys. 9, 64), er verleiht seinen Verehrern Weisheit (Ys. 9, 58. 10, 36. 37), nach einer Stelle trägt er die Religion als seinen Gürtel (Ys. 9, 81), es kann daher nicht befremden, wenn Haoma sowohl als Herr der Weisheit, wie auch als Herr der Länder verehrt wird (Ys. 9, 83). Aber auch der himmlische Haoma der Erânier erscheint nicht blos als Gott, sondern als Baum Gaokerena genannt (Vd. 20, 17. Yt. 1, 30. 2, 3. Sir. 1, 7), welcher den Trank enthält, der die Unsterblichkeit denen verleiht, die ihn getrunken haben. Auch der érânische Haoma ist auf die Erde herabgestiegen, sowohl als Pflanze, wie als Person, auf welche Art dies geschieht, wird nicht näher angegeben. Die Pflanze

---

1) Beweise für die Heilkraft der Pflanzen überhaupt in den Vedas s. b. Darmesteter Haurvatât p. 74 flg.

wächst auf Berggipfeln (Ys. 9, 82. 10, 6. 7. 53), doch auch in Schluchten (Ys. 10, 53), nach der Versicherung Anquetils (Zend. Avesta 2, 535) ist es eine Pflanze mit fleischigen Stengeln, die besonders auf den Bergen von Shirvân und Mâzenderân wachsen soll. Diese Ansicht wird bestätigt durch den Mythus, dass der König Fragrasyan oder Afrâsiâb in seiner unterirdischen Wohnung, die auf einem hohen Berge bei Berdaa sich befindet, von Haoma entdeckt und gefangen genommen wird [1]), eine Erzählung, auf welche schon im Awestâ angespielt wird (Ys. 11, 21). Nach einer anderen Nachricht hat ein Gott den Haoma auf die Hara berezaiti gesetzt (Ys. 10, 26—30). Auf die Eigenschaft des Haoma als Pflanze beziehen sich mehrere Beiwörter desselben: er ist goldfarbig (Ys. 9, 52. 10, 31) mit weichen Stengeln (Ys. 9, 52), wohlriechend (Ys. 10, 9), heilkräftig (Ys. 9, 50), es wird hervorgehoben, dass der Genuss des Haoma nicht blos heilbringend sei (cf. Ys. 10, 22. 23) für den Leib, sondern auch für die Seele (Ys. 9, 53), er gehört unterschiedslos sowohl den Armen wie den Reichen, zumeist dadurch, dass er ihren Geist schärft, so dass sie Räuber und Wölfe zeitig bemerken (Ys. 9, 69); anderer Art ist die Weisheit, welche die Frommen von ihm erhalten, welche die heiligen Schriften lesen (Ys. 9, 73).

Mit vollem Rechte betrachtet man den Soma- oder Haomacultus als den hauptsächlichsten Beweis für die ursprüngliche Einheit der Arier, denn dass derselbe bei beiden Völkern aus einer Quelle stamme, lässt sich nicht bezweifeln. Dass dieser Cultus nicht blos arisch, sondern indokeltisch sei, hat A. Kuhn in seinem bekannten Buche über die Herabkunft des Feuers zu erweisen gesucht, wir leugnen auch gar nicht, dass die Anfänge dieser Idee bis in die indokeltische Zeit zurückreichen mögen, aber bei den Ariern hat sie erst die bestimmte eigenthümliche Gestalt angenommen, die sich bei den anderen Indo-

---

1) Cf. meine Alterthumsk. 1, 653 und Shâhn. 986. Mac.

kelten nicht nachweisen lässt. Zuerst der Name *Soma* oder *Haoma* ist derselbe, man wird denselben von der Wurzel *su* oder *hu*, auspressen, ableiten müssen, die in dieser speciellen Bedeutung nur den arischen Sprachen bekannt ist, daher sich ausser in ihnen auch sichere Ableitungen nicht nachweisen lassen. Bei beiden Völkern ist *Soma* oder *Haoma* sowohl ein Gott als ein Trank. Als Gott verleiht er bei beiden arischen Völkern Reichthum, besonders an Vieh und Nachkommenschaft, wenn bei den Indern *Soma* um Verzeihung gebeten wird, so wissen wir andererseits. dass auch der érânische *Haoma* zornig werden kann und den Menschen schädlich wird, wenn man ihm das Seinige vorenthält. Als Trank wird bei beiden Völkern der himmlische vom irdischen unterschieden, der erstere giebt überall die Unsterblichkeit, der letztere wird wegen seiner Heilkraft gelobt. Bei beiden Völkern wird der Trank durch Pressung der Stengel der Pflanzen gewonnen, und diese Stengel führen den gemeinsamen Namen *aṁçu* oder *ãsu*, zur Pressung selbst gebrauchen die Inder ein Haarsieb, die Erânier ein Gefäss mit neun Löchern, durch welche der Saft in ein anderes Gefäss abträufelt; die Sitte, ein Haar in dieses Gefäss zu legen, mag darauf hindeuten, dass auch bei den Erâniern ursprünglich ein Sieb im Gebrauche war. Nicht zu übersehen ist auch, dass bei beiden Völkern der Trank goldfarbig genannt wird, also eine dunkelgelbe Farbe gehabt haben muss. Natürlich giebt es neben diesen Aehnlichkeiten auch Verschiedenheiten, die gleichfalls nicht ausser Acht zu lassen sind. Zuerst die *Soma*pflanze der Inder und die Haomapflanze der Erânier sind nicht dieselben. Die Pflanze oder die Pflanzen, aus welchen wenigstens jetzt die Inder den Soma bereiten sind bekannt [1]), der érânische *Haoma* ist meines Wissens botanisch noch nicht bestimmt, der Name *Hom* als Pflanzenname scheint noch jetzt in Erân vorzukommen, eine Art nennt Bellew [2]) als eine Art von Ephedra, dies kann

1) Vgl. hierüber Roth in der Zeitschr. der DMG. 35, 682. 688 flg.
2) From the Indus to the Tigris p. 282.

aber nicht die zu dem heiligen Tranke gebrauchte sein, diese wächst im Norden von Âḍarbaijân, in Shirvân und Mâzenderân, in jenen Gegenden hat sich auch der Mythus von dem Gotte Haoma lokalisirt. Auch die Verwendung des Trankes ist bei beiden Völkern insofern verschieden, als derselbe bei den Indern mit Milch oder Molken gemischt wird (gavâçir, dadhyâçir), bei den Erâniern wird er mit Fleisch verbunden (Ys. 10, 38), noch heute ist es Sitte, dem Haoma den Kopf jedes geschlachteten Thieres zu weihen, nach dem Awestâ (Ys. 11, 17) ist die Zunge und das linke Auge des Thieres der Antheil der Haoma.

Diese Abweichungen, welche sich in dem Cultus beider Völker ergeben, sind nicht geeignet, uns an der ursprünglichen Einheit derselben zweifeln zu lassen, wohl aber zu fragen, auf welcher Seite die grössere Ursprünglichkeit sei. Hier giebt es nun zwei verschiedene Ansichten. Windischmann [1]) ist der Ansicht, dass die Erânier die ursprüngliche Tradition von Haoma und seinem Opfer reiner erhalten haben, während die Somalehre der Inder schon in den Vedas jene Ausschweifung der Phantasie zeigt, deren das enthusiastische Wesen der Brahmanen fähig war. Dagegen wird jetzt die Sache von den meisten Indianisten gerade umgekehrt angesehen, als ob der Haomacultus ein blosser Reflex des Somacultus sei, ohne dass jedoch besondere Gründe für diese Annahme angeführt würden. Wir schliessen uns der Ansicht Windischmann's an und zwar aus folgenden Ursachen. Zuerst müssen wir daran erinnern, dass Indien weder das indokeltische noch das arische Urland ist, die Inder sind nach Indien eingewandert, was sie von indokeltischem und arischem Gemeingute noch besitzen, das haben sie aus ihren früheren Wohnsitzen mit nach Indien hineingebracht. Was hier im Allgemeinen gesagt wurde, das gilt ganz besonders von dem Gegenstande, der uns hier beschäftigt. Wir

1) Ueber den Somacultus p. 141.

haben schon oben gesagt, dass die Indokelten, welche nach Indien einwanderten, die Naturgränze überschritten haben, welche den Occident vom Orient trennt[1]. Die Verschiedenheit des Klimas, welche dort plötzlich eintritt, bedingt eine gänzliche Verschiedenheit der Pflanzen- und Thierwelt, es ist daher äusserst unwahrscheinlich, dass die Inder die ursprüngliche Pflanze in ihrer neuen Heimath wieder fanden. Wollte man nun aber annehmen, der Somacultus sei erst in Indien entstanden und habe sich von da nach Erân verbreitet, so sprechen dagegen sehr gewichtige Gründe. Nirgends hat sich auch nur die leiseste Andeutung erhalten, dass der érânische Haomacultus nach Indien weise, im Gegentheil, die in Indien wohnenden Parsen müssen nach Erân senden, um den richtigen Haoma zu erhalten. Dagegen ist es von Wichtigkeit, dass das indische Ritual vorschreibt, dass der Soma gekauft werden müsse[2], woraus man schliessen darf, dass derselbe den Indern von Händlern zugeführt wurde, im Rigveda (860, 1) wird der maujavataḥ somaḥ gepriesen, der Berg Mûjavat lag aber im Westen von Indien; auch wird von den Indianisten zugegeben, dass der jetzt in Indien gebrauchte Soma nicht der ursprüngliche sei, und es können verschiedene Surrogate an seine Stelle treten. Auch der Name der Pflanze gilt uns für keinen Beweis. Wir geben willig zu, dass die Form *soma* oder *sauma* älter ist als *haoma*, allein nichts hinderte die Inder, in ihrem neuen Vaterlande die ursprüngliche Namensform beizubehalten, wenn sie auch das Kraut selbst nicht mehr besassen, die Erânier konnten die ursprüngliche Pflanze behalten, aber den Namen verschlechtern. Uebrigens wollen wir keineswegs behaupten, dass der érânische Haoma die ursprüngliche Pflanze sei, es fragt sich eben, wo das Urland der Arier sich befunden habe, solange dieses nicht ermittelt ist, lässt sich hierüber kaum ein sicheres Urtheil fällen.

---

1) Vgl. meine Alterthumsk. 1, 244.

2) Roth l. c. p. 687.

Ausgeschlossen ist ja auch nicht, dass die Arier den Somacultus von auswärts, etwa von den im Westen wohnenden Sumeriern erhalten haben könnten; da das indische Ritual vorschreibt, dass der Soma gekauft werden müsse, so ist es möglich, dass derselbe von auswärts eingeführt wurde.

Noch müssen wir einen untergeordneten Punkt erwähnen, über den sich in neuerer Zeit eine Meinungsverschiedenheit erhoben hat. An mehreren Stellen des Yasna wird das Wort *madha* in Verbindung mit Haoma gebraucht, die einheimischen Uebersetzer geben dieses Wort durch Wissenschaft und wir folgen ihnen darin, während namentlich die Indianisten darauf dringen, dass dieses Wort dem indischen *mada* entspreche und mit Rausch übersetzt werden müsse, es wäre demnach der êrânische Haoma ebenso ein berauschendes Getränke gewesen wie der indische Soma. Ich nenne diese Frage eine untergeordnete, weil sie in der Hauptsache nichts ändert: die ursprüngliche Identität des indischen Soma- und êrânischen Haomacultus bleibt bestehen, mag diese Nebenfrage bejahend oder verneinend entschieden werden. Dennoch ist es wünschenswerth, dass die Frage entschieden werde und es wird am besten sein, die wenigen Stellen nebst den bis jetzt veröffentlichten Uebersetzungen derselben den Lesern vorzulegen, damit sich dieselben ein unabhängiges Urtheil über sie bilden können:

Ys. 9, 54 sagt Zarathushtra: *nî tẹ zairi madhem mruyẹ.* Ich übersetze: „Deine Wissenschaft, o Goldener, preise ich“. Burnouf: je te demande la prudence. Harlez: Je te demande la sagesse. Der Unterschied liegt in der Auffassung von *nimruyẹ,* wo die beiden genannten Uebersetzer das Medium urgiren. Dagegen übersetzt Geldner: „Ich spreche dich an, o Goldener, um Begeisterung“.

Ys. 10, 18—20: *vîspẹ zî anyẹ madhâoǵho aes'ma hacaiñtẹ khrvîdrvo âaḍ ho yo haomahẹ madho as'a hacaitẹ urvâsmana reñjaiti haomahẹ madho.* Ich übersetze: „Denn alle anderen Wissenschaften hängen mit Aes'ma zusammen, dem mit schrecklicher Waffe versehenen, die Wissenschaft des Haoma hängt mit As'a zusammen, dem Erfreuer. Leicht ist die Wissenschaft des Haoma". Harlez: car tous les autres moyens de guérison dépendent du cruel et impétueux Aeshma, celui de Homa procède de la pureté qui réjouit le coeur. Le remède de Homa soulage. Harlez beschränkt mithin den Ausdruck *madha* hier auf die Heilwissenschaft. Dagegen Geldner: „denn alle andern Räusche sind begleitet von dem Zorne mit blutiger Waffe; aber der Rausch des Haoma ist begleitet von der friedlichen Frömmigkeit. Leicht macht der Rausch des Haoma".

Ys. 10, 40 *Fras'a frayañtu tẹ madho verezyâoṅ̄ho jaseñtu.* Nach meiner Uebersetzung bedeuten die Worte: „vorwärts sollen gehen deine Wissenschaften, wirksam sollen sie an das Ziel gelangen". Harlez: que tes moyens de salut se repandent et qu'ils viennent (en nous), opérant avec puissance. Geldner: „Herbei sollen eilen deine Räusche, sehr wirksam sollen sie kommen".

Ys. 10, 60 *imâose tûmciḍ mâvoya fras'a frayañtu tẹ madho raokhs'na frayañtu tẹ madho reñjyo vazaiñtẹ tẹ madho.* Ich übersetze: „diese deine Wissenschaft — du nämlich — möge zu mir gehen, leuchtend gehe deine Wissenschaft vorwärts, schnell fliegt die Wissenschaft". Harlez: Que tes agents curatifs se répandent en ma faveur, qu'ils s'étendent avec éclat. Ils se propagent avec facilité et promptitude. Geldner: Jene (sind) dir, du bist mir: Herbei soll kommen deine Begeisterung, licht soll deine Begeisterung kommen! Im Fluge eilt deine Begeisterung herbei".

Ys. 11, 26 *thwakhs'âi haomâi madhâi havaṅ̄hâi as'avastâi*, d. i. für den rüstigen Haoma zur Wissenschaft, Vorbereitung, Heiligung. Harlez: à Homa puissant, parfait et pur.

Ys. 47, 10. 6) *Kadâ ajẽn mûthrem ahyâ madahyâ.* Ich muss sehr zweifelhaft übersetzen: wann werden sie wegtreiben den Unrath dieser Lehre? Harlez: Quand rejetteront-ils l'impureté de cette science. Haug: Quando faciunt contaminationem hujus inebriantis potionis.

Wir müssen es unseren Lesern überlassen zu beurtheilen, ob wirklich für das Verständniss dieser Stellen soviel gewonnen wird, wenn das Wort, welches wir mit Wissenschaft übersetzen mit Rauschtrank übersetzt wird, auch müssen wir darauf hinweisen, dass auch Geldner diese letztere Uebersetzung nicht an allen Stellen festhält, sondern an einigen mit Begeisterung vertauscht, was denn doch etwas Anderes ist als Rausch. Wir fügen noch bei, dass die Bedeutung Wissenschaft dem Worte madha einmüthig von der Parsentradition gegeben wird und dass auch sonst von der Weisheit des Haoma die Rede ist, an Stellen, wo das Wort madha nicht in Frage kommt. Etymologisch lässt sich die Bedeutung Wissenschaft für madha sehr leicht begründen. Jedenfalls ist dies die Ansicht von der Bedeutung unseres Wortes, die seit lange bei den Persern sich eingebürgert hat, wenn sie auch nicht die ursprüngliche sein sollte. Ueber ein anderes *madha*, welches soviel als *hura* sein soll, haben wir oben schon gesprochen (§ 4). Dass die êrânischen Sprachen auch eine Wurzel mad, trunken sein, gehabt haben, ist gar nicht zweifelhaft, man hat davon noch das sehr gewöhnliche Particip mast, betrunken, dass aber die Erânier sich in Haoma betrunken hätten, davon ist in der ganzen êrânischen Literatur keine Spur zu finden, es wird dies nur angenommen um eine Identität zwischen *Soma* und *Haoma* auch in diesem Punkte herzustellen, was ich nicht gerechtfertigt finde. Die Sache ist übrigens nicht spruchreif, man wird zuerst die Haomapflanze botanisch bestimmen, dann aber chemisch feststellen müssen, dass wirklich aus den Stengeln derselben ein berauschendes Getränke bereitet werden kann. Uebrigens scheint es mir, dass man auch für Indien die Bedeutung des Soma als Rauschtrank' sehr übertrieben habe, dass man sich jetzt dort keine Somaräusche trinkt, ist gewiss, aber auch im Rigveda kann ich dafür keinen rechten Anhaltspunkt finden. Aus den meisten Stellen erfahren wir nur, dass Indra den Soma in ungeheuren Quantitäten trinkt und sich darin berauscht, es ist zwar gewöhnlich, dass die Menschen dem Gotte Genuss von Dingen zutrauen, die sie selbst lieben, es kommt aber auch vor, dass sie ihm das geben, was sie selbst nicht mögen. Dass auch die Menschen Soma tranken, beweisen mehrere Stellen (283, 1. 668, 1. 811, 3), nach 668, 3 glaubt der Sänger unsterblich zu sein, weil er Soma getrunken hat, nach 277, 5 gedenkt er durch diesen Trank Rishi zu werden, nach 488, 3. 808, 5 begeistert er sich zu Gesängen; Sâyaṇa zu 911, 3 sagt, es werde der Soma maithunakâmârtham und cikitsârtham gebraucht, also als Aphrodisiakum und als Heilmittel. Dieser Punkt wird also noch näher zu untersuchen sein.

Oben ist bereits gesagt worden, dass die Verehrung des Soma nicht indokeltisch sei. Dagegen zeigt aber der Somadienst namentlich in seiner érânischen Form bedeutende Verwandtschaft mit westlichen Ideen. Windischmann, dem wir die erste Aufklärung über den Zusammenhang von Soma und Haoma verdanken, hat uns auch eine Abhandlung über den Zusammenhang des Soma mit dem Lebensbaume der Genesis hinterlassen [1]), dabei handelt es sich natürlich mehr um den himmlischen Soma als um den irdischen. Man wird diese Andeutungen um so mehr beachten müssen, als in neuerer Zeit der Lebensbaum auch bei den Assyrern nachgewiesen worden ist; es ist darum nicht unmöglich, dass dieser Cultus zuerst bei den ältesten Urbewohnern Mesopotamiens entstanden ist.

§ 21.

Die himmlischen Wesen. Mitra oder Mithra.

Mitra-Varuṇa und Mithra-Ahura.

Die Verehrung himmlischer Wesen geht bis in die indokeltische Zeit zurück, und es gehört zu den bekannten That-

1) Zoroastrische Studien p. 165 flg.

sachen, dass das Wort *deva*, mit welchem die Inder dieselben bezeichneten, sich in den meisten Sprachen wiederfindet und dass die Bedeutung des Leuchtenden, Glänzenden, welche das Wort nach den indischen Grammatikern haben soll, wahrscheinlich die ursprüngliche ist. Sondern wir aber die arischen Sprachen von den übrigen ab, so finden wir ein eigenthümliches Verhältniss: beide Völker kennen den Namen, bei den Indern lautet er *deva*, bei den Erâniern *daeva*, während aber die ersteren damit ihre Götter bezeichnen, verstehen die letzteren böse Wesen darunter. Es ist kein Grund vorhanden, die Identität beider Wörter zu bezweifeln, wir geben aber Ludwig vollkommen Recht, wenn er behauptet die érânische Bedeutung könne sich erst dann gebildet haben, als die Erânier den Ursprung des Wortes ganz vergessen hatten, denn die frühere Annahme von einer plötzlichen Scheidung beider Völker wegen religiöser Zwistigkeiten bewahrheitet sich nicht, und da das indische *yajata*, verehrungswürdig, unter der Form *yazata* im Erânischen nicht nur wieder erscheint, sondern sogar mit der Zeit zum hauptsächlichen Ausdrucke für das Göttliche wurde, so kann von einer absichtlichen Herabsetzung des Namens *daeva* wohl nicht die Rede sein. Derselbe Fall tritt ein mit *bhaga*, was bei den vedischen Indern sowohl der Vertheiler von Gütern überhaupt als auch einen besonderen Gott bedeutet, bei den Erâniern im Altp. *baga*, so wie im Awestâ *bagha* als Name für Gott überhaupt im Gebrauche geblieben ist. Wir müssen auch bemerken, dass der Name *daeva* in den Keilinschriften nicht vorkommt, ebensowenig als Theil eines altpersischen Eigennamens, sondern nur im Awestâ, das wir für später halten als die Keilinschriften, es ist daher kein Beweis vorhanden, dass der Name *daeva* in seiner érânischen Bedeutung überaus alt sei. War aber einmal die ursprüngliche Bedeutung dieses Wortes vergessen, so konnte man dasselbe leicht an die Wurzel *div*, betrügen, anschliessen und in *daeva* den Betrüger sehen. Dass dies in der That die Ansicht der späteren Erânier sei, wird man daraus schliessen dürfen, dass der Name häufig *dêw* geschrieben wird. Wie sich dies auch verhalten mag, daran kann man nicht zweifeln, dass die érânische Bedeutung des Wortes die spätere und die Bedeutung vom lichten Wesen nicht nur für die indokeltische, sondern auch noch für die arische Zeit zu gelten hat.

Unter den arischen Lichtgöttern hat nun gewiss *Mitra* den ersten Anspruch auf unsere Betrachtung. Ueber die Etymologie des Wortes ist kaum mehr zu streiten. Es scheint uns sicher, dass die frühere Ansicht zu verwerfen ist, welche das Wort von der indischen Wurzel *mâ* oder *mi*, tauschen, wechseln, ableiten und die Bedeutung Freund oder Vertrag als die Grundbedeutung ansehen wollte. Wir nehmen vielmehr mit Justi und Hillebrandt [1]) an, dass es auf die érânische Wurzel *miḍ* zurückgehe, welcher bei den Indern *mith* und wohl auch *mîl* entspricht und zwar mit dem Suffix *ra* (nicht *tra*, das im Erânischen *mistra* oder *maestra* ergeben würde). Diese Wurzel heisst verbinden, einkehren, bei Jemand verweilen, von ihr stammt im Erânischen noch *maethana*, np. میهن, *méhan*, Wohnung und *maethman* np. مهمان, *mihmân*, Gastfreund. Diese Bedeutung des Freundes, Gastfreundes, dürfte die ursprüngliche sein, die Bedeutung Vertrag, welche das Wort *mithra* im Awestâ hat, ist erst in Erân entstanden und erklärt sich vollkommen aus dem Wesen des érânischen *Mithra*. Bei den Indern gehört bekanntlich *Mitra* zu den verschwindenden Gottheiten, und es ist nicht leicht, sein Wesen genau zu bestimmen, ob er das Tageslicht im Allgemeinen bezeichne oder ob er der Sonnengott selbst ist, jedenfalls steht er in sehr naher Beziehung zur Sonne. Nur ein einziger Hymnus (293) ist dem Mitra gewidmet, und aus ihm lernen wir nicht eben viel. *Mitra* blickt die Menschen mit nicht blinzelndem Auge an (293, 1), wen er beschützt, der wird nicht getödet, kein Unglück naht ihm aus der

1) Varuṇa und Mithra p. 113.

Nähe oder aus der Ferne, er besitzt Reichthümer, er trägt alle Götter. An anderen Stellen (419, 4) heisst es, dass er aus jeglicher Noth befreie, mehrfach wird er als Âditya bezeichnet und erhält den Namen *yâtayajjana*, die Menschen einigend, ein Name, den er übrigens mit *Varuṇa* und *Aryaman* theilt (136, 3). Am häufigsten wird *Mitra* in Verbindung mit *Varuṇa* gefeiert, und da man auch diesen letzteren Gott zu einen arischen machen will, so sind wir genöthigt, hier einige Worte über denselben zu sagen. Der Name dieses Gottes wird gewöhnlich aus der Wurzel *var*, umhüllen, abgeleitet, was auch ganz gut angeht: varuṇa steht für varaṇa, umhüllend, denn im Indischen ist es nicht selten, dass ein ursprüngliches *a* nach *r* in *u* übergeht, es ist daher auch möglich, dass varuṇa dem gr. *οὐρανός* entspricht. Wenn sich dieses Wort im Erânischen wiederfände, so würde dasselbe — wenigstens im Awestâ — wahrscheinlich vauruna lauten, denn die eben genannte indische Eigenthümlichkeit scheint sich auch auf das Erânische zu erstrecken, da dem indischen *taruṇa* érânisch *tauruna*, dem indischen *araṇa* érânisch *auruna* entspricht. Allein weder *vauruna* noch *varana* findet sich im Erânischen in einer passenden Bedeutung; in Ermangelung einer passenden Form hat man nach dem Worte *varena* gegriffen, das einen abgeschlossenen Bezirk am Demâvend bezeichnet. Wir müssen die Gleichstellung von *varuṇa* und *varena* in jeder Hinsicht ablehnen, erstlich ist sie schon lautlich unwahrscheinlich [1]), denn *varena* entspricht zunächst einem indischen *varṇa*, zweitens ist aber auch die Bedeutung nicht zu vermitteln; welche Bewandtniss es mit der Behauptung habe, es sei der frühere himmlische Kampf auf die Erde herabgestiegen, werden wir unten zu untersuchen haben. Da wir mithin einen directen Stellvertreter des *Varuṇa* bei den Erâniern nicht annehmen, so haben wir auch über diesen Gott hier weiter nicht zu sprechen, dessen hohe

1) Cf. meine Bemerkungen in der Zeitschr. der DMG 32, 716 fg.

Bedeutung für das indische Pantheon wir übrigens hiermit ausdrücklich anerkennen. Ob nun *Varuṇa* nicht wenigstens indirect in Erân vertreten sei, das werden wir erst später untersuchen können, hier wollen wir aber bemerken, dass *Mitra* zwar allein im Rigveda ziemlich selten, um so häufiger aber in Verbindung mit *Varuṇa* angerufen wird. In dieser Verbindung werden dem *Mitra* so ziemlich dieselben Eigenschaften beigelegt wie dem *Varuṇa*, wie dies schon Muir bemerkt hat: *Mitra* und *Varuṇa* werden die Kinder des Himmels (divo napâtâ) genannt (272, 5); sie fahren mit Pferden (416, 4) und zwar auf einem Wagen in der höchsten Luft (417, 1), sie haben eine Wohnung mit 1000 Säulen, welche näher beschrieben wird (416, 6—8). Wichtig wäre eine Stelle (115, 5), wo die Gestalt des *Mitra* und *Varuṇa* beschrieben zu werden scheint, doch sind die Erklärer über sie nicht einig. Sie vermehren die Pflanzen und die Rinder und geben Regen (416, 3), auch in H. 417 wird hervorgehoben, dass *Mitra* und *Varuṇa* Sonnenschein und Regen geben, der Asura, durch den sie wirken scheint Parjanya zu sein. Die Sonne heisst das Auge des *Mitra* und *Varuṇa* und des *Agni* (115, 1. 492, 1. 577, 1. 591, 1), sie heissen unbetrüglich (anabhidruhâ 232, 5) und weitblickend (urucakshasâ 710, 2). Daneben sind sie aber auch in anderen Eigenschaften thätig: als Feindesbezwinger und Vernichter der Dasyus (420, 1. 424, 3. 425, 1), sie sind die Beherrscher des Alls (425, 2. 645, 8), sie entfernen das Unrecht und sind mit dem Rechte zusammen (152, 1), sind die Schützer des Rechts und die Herren der Flüsse (sindhupatî 580, 2), sie heissen die asurâ unter den Göttern (581, 2) und sind von dem Göttern zum asuryam bestimmt (645, 3. 4). Sie haben ihre Späher überall (508, 5), die nicht schlafen (577, 3). Diese beiden Götter werden bei Sonnenaufgang angerufen (581, 1) und mit Darbringungen von Soma verehrt.

Unter den Ansichten, welche über das Wesen der beiden obengenannten indischen Götter aufgestellt worden sind, scheint mir die Ansicht Ludwigs (Rigveda 3, 314—316) der Wahrheit am nächsten zu kommen, dass sie nämlich weitere Entwickelungen des Himmels (dyâus) sind. Die Lichtnatur des *Mitra* ist allgemein zugestanden, er dürfte wohl ursprünglich der Sonnengott gewesen sein; dass bei *Varuṇa* die Spendung des Regens und seine Verbindung mit dem Wasser besonders in das Auge gefasst werden muss, dürfen wir daraus schliessen, dass ihn die spätere indische Mythologie gerade als den Beherrscher des Wassers feiert.

Weit lebendiger als die Darstellung des *Mitra* bei den Indern kann die des *Mithra* bei den Erâniern sich gestalten, wir müssen aber natürlich hier Alles bei Seite lassen, was nur den érânischen Mithra betrifft, und uns auf das vergleichbare Material beschränken, welches uns zur Ermittlung des arischen Mitra dienen kann. Da das Wort *mithra* in dem neupersischen مهر, *mihr*, Sonne, wieder erscheint, so könnte man glauben, es sei dies die ursprüngliche Bedeutung; diese Annahme ist indessen nicht richtig, auch in den älteren Schriften der Erânier ist Mithra nicht die Sonne selbst, sondern das sie begleitende oder auch vorangehende Licht. Deutlich heisst es, dass Mithra vor der Sonne die Hara berezaiti überschreite (Yt. 10, 13), da nun Mithra als Beschützer der Zeitperiode erscheint, in welcher die Sonne aufgeht (Gâh Hâvani), so ist es klar, dass man ihn mit der aufgehenden Sonne in Beziehung setzen muss, weil aber die ganze Erde von ihm beschaut wird und diese das ihm zugewiesene Gebiet ist, darum heisst er auch der Gott, der weite Triften besitzt. Darum heisst es auch weiter, *Mithras* Wohnung sei so breit wie die Erde (Yt. 10, 44), sie ist auf der Hara berezaiti, dem Randgebirge der Erde, auf welchem auch Sonne, Mond und alle Sterne umherwandeln, darum giebt es dort auch keine Finsterniss, keinen warmen und keinen kalten Wind (Yt. 10, 50. Vd. 19, 92. 93). Dass *Mithra* als wachsam und schlaflos genannt wird (Ys. 10, 7. 103), das hat er seiner Feuernatur zu verdanken. Aber auch der érânische *Mithra* ist kein theilnahmloser Zeuge der Dinge, welche geschehen, er besitzt, wie an vielen Stellen gesagt wird, 1000 Ohren und 10000 Augen, er weiss daher, was geschieht, braucht sich nicht auf fremde Berichte zu verlassen und kann nicht betrogen werden (Yt. 10, 21. 27. 141). Vermöge dieser seiner Stellung kennt er alle Verbrechen und die Verträge, die auf der Welt abgeschlossen werden, und so wenig er selbst betrügt, will er auch, dass Andere betrogen werden, darum verlangt er die Heilighaltung der Verträge und in dieser Hinsicht kann man von ihm sagen, dass er ebenso für den Schlechten, wie für den Guten vorhanden sei, denn sein Licht leuchtet sowohl über Gerechte als Ungerechte, auch Versprechungen, selbst wenn sie Andersgläubigen gemacht worden sind, müssen ebenso gehalten werden, wie die unter den Gläubigen selbst. *Mithra* erscheint als der Beaufsichtiger und König der ganzen Welt (Ys. 10, 103), aber er ist darum doch kein stolzer Gott, der in unnahbarer Ferne thront, er ist vielmehr ein freundlicher Gott, an den sich auch der Geringe mit seinem Anliegen wenden darf, den Kriegern ist er hülfreich und unterstützt sie in den Schlachten, denn er ist selbst ein gewaltiger Krieger, der nicht rastet bis der Gegner zu Boden geworfen ist (cf. Yt. 10, 36. 70. 93—97). Ackerbauer und Hirten vermögen den *Mithra* anzurufen, denn er macht, dass die Wasser laufen (Yt. 10, 61), verirrtes Vieh bringt er seinen Besitzern wieder zurück (Yt. 10, 86), er vermehrt auch Vieh und Menschen (Yt. 10, 28. 30). Aecht arisch ist auch der Zug, dass *Mithra* zornig wird, wenn man ihn beleidigt und diejenigen thatsächlich straft, welche sich gegen ihn vergehen (Yt. 10, 18. 19. 108. 110). Auch, dass man sich den *Mithra* als einen Krieger vorstellt, der auf einem Wagen dahin fährt, der von vier weissen Rossen gezogen wird (Yt. 10, 67. 125) ist wohl ein alter in die arische Zeit zurückgehender Zug. Erinnern wir uns der Gleichheit der Namen *Mitra* und *Mithra*, betrachten wir die verschiedenen, aber unter sich übereinstimmenden Eigenschaften der beiden Götterwesen, so wird es uns nicht zweifelhaft bleiben können, dass wir hier einen wirklichen arischen Gott vor uns haben, der zu der Sonne und zu dem Lichte überhaupt in der nächsten Beziehung steht.

Wenn nun aber *Mithra* bei den Erâniern vorwiegend ein Lichtwesen ist, freilich nicht ohne alle Beziehung zum Wasser, wie auch der indische *Mitra*, so fragt es sich, ob nicht auch ein mehr auf die Gewässer und ähnliche Dinge sich beziehendes Wesen neben ihm stand, wie der indische Varuṇa, und ein solches wird auch ziemlich allgemein angenommen. Wie in den Vedas *Mitra* und *Varuṇa* verbunden werden, so finden wir im Awestâ *Mithra* und *Ahura* verbunden. Leitet man nun die érânische Religion in die indische zurück, wie das häufig genug geschieht, so muss man annehmen, dass Ahura mit dem indischen Varuṇa identisch sei. Wir haben schon oben bemerkt, dass wir uns dieser Ansicht nicht anschliessen, dass wir zwar eine religiöse Uebereinstimmung der Inder und Erânier in der arischen Zeit annehmen, dass aber die Anschauungen dieser Zeit mit den vedischen durchaus nicht zusammenfallen. Wir müssen daher erst untersuchen, wie sich die érânische Verbindung *Mithra-Ahura* zu der indischen *Mitra-Varuṇa* verhalte und, da wir die Sache nicht a priori von einem fremden Forschungsgebiete aus entscheiden lassen wollen, so werden wir zunächst fragen, wie die Verfasser des Awestâ und die Erklärer des Buches diese Sache angesehen haben. Wir müssen unseren Lesern die Stellen selbst vorlegen, welche bei der Entscheidung dieser Frage in Betracht kommen; es sind deren im Ganzen nur sieben, welche sich folgendermassen vertheilen:

1) Ys. 1, 34 nivaedhayẹmi hañkârayẹmi ahuraeibya mithraeibya berezenbya aithyajaǵhaeibya as'avanaeibya. Ich lade ein und richte zu: für Ahura und für Mithra die grossen, unvergänglichen, reinen.

2) Ys. 3, 48 lautet ebenso, mit Ausnahme der beiden ersten Wörter, die ayẹsẹ yeshti, d. i. ich rufe herbei mit Opfer, lauten.

3) Ys. 2, 44 ahura mithra berezanta aithyejaǵha as'avana

d. i. (mit Weihwasser und Baresman verlange ich) Ahura und Mithra die grossen, unvergänglichen, reinen.

4) Ys. 6, 36 ahura mithra berezanta aithyajag̃ha asʿavana yazamaide d. i. wir preisen Ahura und Mithra, die grossen, unvergänglichen, reinen.

5) Yt. 10, 145 lautet wie Ys. 6, 36, nur dass hier mithra ahura geschrieben ist, statt ahura mithra, wie an den andern Stellen.

6) Yt. 10, 113 taḍ no jamyâḍ avag̃he mithra ahura berezanta, es mögen uns zu Hülfe kommen Mithra und Ahura die grossen.

7) Ny. 1, 7 ist identisch mit Ys. 10, 113.

Die Frage, welche uns zunächst beschäftigen muss, ist die: welche Stellung der beiden Wörter die richtige ist, ob *Mithra Ahura* in den Yeshts oder *Ahura Mithra* im Yasna den Vorzug verdiene. Es liesse sich denken, dass in dem Yesht des Mithra dieser Gott nur darum zuerst genannt werde, weil er eben im ganzen Texte die Hauptperson ist. Wer von den Vedas ausgeht, wird geneigt sein, der Verbindung *Mithra Ahura* den Vorzug zu geben, weil sie der Verbindung *Mitra Varuṇa* am ähnlichsten ist, und auch wir möchten uns an diese Ansicht anschliessen, wenn auch aus anderen Gründen. Eine weitere Frage ist es nämlich, wer unter *Mithra Ahura* verstanden werden soll. Hören wir die Ansicht der Parsen, so ist die durchgängige Ansicht, dass darunter nur eine einzige Person zu verstehen sei: der Herr Mithra, so dass ahura ein blosser Titel des Mithra wäre. Diese Ansicht würde sich zur Noth halten lassen: ahura bedeutet in der That bei den Erâniern den Herrn, das Wort wird nicht blos von himmlischen, sondern selbst von irdischen Wesen gebraucht, als Titel des Mithra erscheint es bestimmt Yt. 10, 25. 69. Auch die Schwierigkeit, dass die Wörter ahura mithra als Duale zu betrachten seien würde sich beseitigen lassen; wenn man übersetzen wollte: ihn der sowohl Herr als Mithra ist, so würde das den grammatischen Gesetzen der Awestâsprache nicht geradezu widersprechen. Geleugnet kann nun aber nicht werden, dass diese Fassung eine harte ist und bei aller Achtung vor der Tradition möchte ich doch lieber annehmen, dass sie in diesem Falle ungenau sei und, dass man — absichtlich oder unabsichtlich — von zwei Gottheiten die eine beseitigt habe. Was nun aber die Verbindung dieser beiden Gottheiten besagen solle, wen man unter Ahura zu verstehen habe, das ist sehr schwer zu sagen; an den meisten Stellen, wo Ahura und Mithra verbunden erscheinen, sind sie vorher schon ein- oder mehrere Male einzeln angerufen worden. Ich habe in meinem Commentare (zu Ys. 1, 34) die Vermuthung aufgestellt, es möchten Mithra und Ahura als Gestirne angerufen werden, diese Ansicht hat auch theilweise Zustimmung gefunden, bleibt aber darum doch nur eine Meinung, für die alle Beweise fehlen. Als den in dieser Verbindung genannten Ahura nimmt man gewöhnlich den Ahura Mazda an, wie ich selbst früher gethan habe, ich bezweifle jedoch sehr, dass die bis jetzt geltend gemachten Gründe hinreichen, um zu erweisen, dass Ahura mazda derselbe Gott sei, den Herodot Zeus nennt, und also ursprünglich das Himmelsgewölbe bedeutet habe, ebenso wenig finde ich auch zureichende Gründe, ihn für den indischen Varuna zu halten. Zu beachten ist auch, dass der Beiname ahura bei den Erâniern nicht blos dem höchsten Gotte zukommt, dass in den sieben Stellen, von welchen hier die Rede ist, immer das Beiwort berezant, gross, neben den Götternamen erscheint, dass aber mit den Titel ahuro bereza der Apãm napâḍ bezeichnet wird (Ys. 1, 15), eine Gottheit, die mit dem Wasser in naher Beziehung steht und über die wir unten noch reden werden. Nehmen wir nun an, diejenige Stellung der Wörter sei die ursprüngliche in welcher Mithra voransteht, so steht das Wort berezant immer neben Ahura. Was nun auch von Seite der Awestâphilologie dafür sprechen muss, diese Verbindung als die ursprüngliche anzusehen, das ist eine andere Redensart, die zu besprechen wir nicht unterlassen dürfen. An zwei Stellen des Awestâ finden wir nämlich die Verbindung pâyû thworeshtâra:

Ys. 41, 22 pâyûcâ thworeshtârâ yazamaide, wir preisen den Beschützer und den Schöpfer. Ys. 56, 1. 4 yazata pâyû thworeshtâra yâ vîspâ thweresato dâmãn, er pries den Beschützer und den Schöpfer, welche alle Wesen schaffen.

Hören wir die Tradition, so wird auch hier wiederum nur ein einziges Wesen angerufen und zwar Mithra, so dass wir wieder übersetzen müssten: ihn, der sowohl Beschützer als Schöpfer ist. Wir ziehen es aber auch hier vor, zwei Genien zu verstehen, von welchen der eine Mithra, der andere Apãm napâḍ ist, so zwar, dass wir den ersteren als den Beschützer den letzteren als den Schöpfer ansehen. Dieser letzte Zug ist es, welcher besonders unsere Aufmerksamkeit verdient. Es ist ganz den gewöhnlichen Anschauungen des Awestâ entgegen, einen anderen Gott als Schöpfer anzuerkennen als Ahura Mazda, wir müssen daher in der Bemerkung, dass diese Genien nicht blos erhalten, sondern selbst schaffen, eine Formel sehen, die sich aus alter Zeit erhalten hat, da noch andere Anschauungen, galten als die zarathushtrische Religion erlaubt. Gerade vom Apãm napâḍ wird aber auch Yt. 19, 52 gesagt, dass er geschaffen habe, und wir sehen daher in dieser Stelle eine Bestätigung unserer Ansicht, dass hier Mithra und Apãm napâḍ in Verbindung gesetzt sind, wie sie auch Yt. 13, 95 zusammen genannt werden. Unsere Ansicht ist also der gewöhnlichen zwar ähnlich, aber nicht mit ihr identisch, nach ihr kennt auch die érânische Religion die Verbindung eines lichten und eines feuchten Wesens, aber an die Stelle des indischen Varuṇa, den die Erânier nicht kennen, setzte man den Apãm napâḍ. In späterer Zeit fielen dann die ursprünglich getrennten Wesen in ein einziges zusammen.

§ 22.

Die Sonne: Sûrya oder Hvare.

Die Sonne dürfen wir strenge genommen nicht zu den arischen Gottheiten zählen, denn die Namen für dieselbe stimmen in den arischen Sprachen nur dadurch zusammen, dass sie aus derselben Sprachwurzel gebildet werden, die Inder aber fügen noch ein Suffix an, welches in den éranischen Sprachen fehlt. Der Name der Sonne lautet im Awestâ *hvare*, wofür wir ein altpersisches *uvar* oder *uvara* erwarten müssen, welches auch durch die neupersischen Formen هور, *hor* und خور, *khor*, bestätigt wird. Die indische Form nun, welche jenem éranischen *hvare* entspricht, ist *svar*, ein gutes, altes Wort, das aber zunächst nicht die Sonne, sondern nur das Licht, Himmelslicht überhaupt bedeutet, und éranische Worte wie *qarenaȝh*, neup. خره, *khorra*, Majestät, erweisen die Bedeutung des Lichtes auch für die éranischen Sprachen als die ursprüngliche [1]). Dass die Bedeutung Sonne dem Worte schon vor der arischen Periode zukam, lässt sich durch das lat. *sol* wahrscheinlich machen, aber auch *sûrya*, der indische Name für die Sonne, wird als alt durch griech. ἠέλιος erwiesen, so dass der Rücktritt der Bedeutung Sonne im Indischen für *svar* vielleicht nur Zufall sein könnte und mithin sowohl *svar* als *sûrya* in der Bedeutung Sonne in der arischen Zeit gebraucht worden sein müsste. Was uns meines Erachtens das Recht giebt, die Sonne hier noch besonders zu besprechen, liegt in dem Umstande, dass sowohl Mitra als auch Mithra weder auf indischem noch auf éranischem Gebiete die Sonne selbst mehr bedeuten, sondern nur zu derselben in einer engen Beziehung stehen, selbst also,

1) Wir folgen hier Grassmann in der Anordnung der Bedeutungen von svar. Nach dem petersburger WB. wäre die Bedeutung Sonne die ursprüngliche.

wenn der Name Mitra ursprünglich den Sonnengott bezeichnet haben sollte, so muss doch diese Bedeutung schon in der arischen Periode verwischt gewesen sein. Es wird sich nun fragen, ob der Namensunterschied dadurch ausgeglichen werden kann, dass man gemeinsame Züge nachzuweisen vermag, welche auf dieselbe Vorstellung von der Sonne bei beiden arischen Völkern hindeuten. Im Rigveda werden der Sonne (sûrya) mehrere Hymnen gewidmet, dieselbe ist gewöhnlich als eine männliche Persönlichkeit zu denken, die auf einem Wagen fährt, der mit sieben Stuten bespannt ist (50, 8. 115, 3), diese letzteren heissen die Töchter des Wagens (50, 9), die Nacht kommt, wenn die Sonnenrosse abgespannt werden (115, 4). Nach einer anderen Stelle fährt aber die Sonne mit nur einem Pferde (579, 2). Die Sonne ist ein Kind des Himmels (divas putra 863, 1), sie geht hinter der Morgenröthe her (115, 2), welche als die Gattin derselben gedacht wird (591, 6), sie macht den Mitra und Varuṇa sichtbar (115, 5), sie heisst der Lebensodem der Welt (115, 1), auch das Auge des Varuna (50, 6), auch das Auge des Varuna, Mitra und Agni (115, 1. 863, 1), als Auge erscheint sie auch sonst (984, 3. 4). Von der unmittelbaren Wirksamkeit des Sûrya wird wenig gesprochen, er ist wie sonst Agni der Priester der Götter (devânâm purohitaḥ 710, 12), er sieht und erleuchtet Alles (50, 2. 576, 2. 579, 1), damit ist er als ein entschieden freundlicher und gerechter Gott bezeichnet. Neben dem männlichen Sûrya kennt der Rigveda noch eine weibliche Sûryâ, der zwar keine besonderen Hymnen gewidmet sind, die aber oft genug erwähnt wird. Gemahl des Sûryâ ist (499, 4) Pûshan, eine eigenthümlich indische Gestaltung des Sonnengottes, nach Roth ist sie nicht nur seine Gemahlin, sondern auch seine Schwester, indem er nämlich 496, 4. 5 unter der Schwester nicht die Ushas, sondern die *Sûryâ* versteht. An verschiedenen Stellen erscheint sie aber als die Gemahlin der Açvins und dies scheint das Ursprüngliche zu sein. In einem allerdings späten Hymnus (911, 6. 17) ist *Sûryâ* eine Tochter des Savitar und ihr Gemahl ist Soma, der hier bereits als der Mond verstanden werden muss. Bekanntlich ist aber *Sûrya* bei den Indern nur eine der Bezeichnungen des Sonnengottes, nicht weniger häufig wird er als *Savitar* verehrt, eine Name für den in den éranischen Sprachen sich nichts Entsprechendes findet, auch die Rolle, welche ihm in den Vedas zugetheilt wird, bietet uns keine Vergleichungspunkte, ebensowenig *Pûshan*, eine dritte aber gewiss rein indische Form, die wir daher übergehen können.

Die Verehrung der Sonne bei den Erâniern ist bei Weitem nicht so ausgedehnt wie bei den Indern, doch wird sie angerufen und ist gleichfalls männlichen Geschlechtes. Unter den Beiwörtern, die sie erhält, müssen wir den Ausdruck *aurvaḍ-aspa* d. i. mit schnellem Pferde hervorheben, so dass sie auch in Erân mit Pferden in Verbindung steht. Ferner heisst sie (Ys. 1, 35) das Auge des Ahura Mazda, wie wir sie in den Vedas als das Auge des Varuṇa, Mitra und Agni gefunden haben. Nach Allem, was wir aus unseren Texten entnehmen können, ist es nicht die Fruchtbarkeit erzeugende Kraft der Sonne, welche in Erân so hervorgehoben wird wie in Indien, sondern ihre Fähigkeit Alles zu reinigen, was sie bescheint, wie auch, dass sie durch ihr Licht die Finsterniss zu verscheuchen weiss. Auch bei den Indern vertreibt Savitar die Rakshas und Yâtudhânas (Rgv. 35, 10. 554, 7). Nach den Angaben der Alten kann es scheinen, dass der Cultus der Sonne früher in Erân eine grössere Ausdehnung hatte, als es nach unseren jetzigen Quellen scheint, sowohl Xenophon (Cyrop. 8, 3. 12) als Curtius (3, 3. 7) sprechen von einem Sonnenwagen und Sonnenrossen ebenso wohl auch Herodot (7, 40), aber es ist eben schwer zu sagen, ob diese Aeusserung sich auf die Sonne (hvare) oder auf Mithra beziehen. Am wahrscheinlichsten dürfte es sein, dass der Cultus der Sonne als ein besonderer sich erst später von der Verehrung des Mitra abgeschieden hat.

§ 23.

Apām̃ napât.

Die nächste Anwartschaft auf unsere Aufmerksamkeit hat Apâm napât, ein gewiss sehr alter, aber nichts weniger als deutlicher Gott. Dass der Name bei den Indern den Sohn der Gewässer bedeute, ist allgemein zugestanden, ebenso, dass darunter das Blitzesfeuer zu verstehen sei, das in den Wolken ruht. Nur ein einziger Hymnus des Rigveda (226) ist diesem Gotte gewidmet, der seiner Natur nach eine Zwischenstellung zwischen den Gottheiten des Feuers und des Wassers einnimmt. Er wird zumeist mit dem Feuer, doch auch mit dem Wasser in Verbindung gesetzt (563, 2. 856, 3. 4). Daher erklären sich seine Beinamen: er heisst *nâdya* d. i. der zu den Flüssen in Beziehung stehende (226, 1), aber auch *hiraṇyarûpaḥ*, *hiraṇyasaṁdṛik*, *hiraṇyavarṇaḥ* d. h. goldgestaltig, golden anzusehen, goldfarben (226, 10), was auf seine Feuergestalt hinweist (856, 4). Das Wichtigste, was wir von ihm erfahren, ist, dass er durch seine göttliche Kraft (asuryam) alle Wesen gezeugt hat (226, 2), alle Welten sind nur seine Zweige (226, 8). Sein Haus ist uneinnehmbar, um ihn herum stehen die Gewässer, die in der Gestalt von jungen Mädchen gedacht werden (226, 3. 4), eine Auffassung, welche an die Najaden und Nereiden erinnert, wie schon Windischman bemerkt hat. Weiter hat G. de Rialle darauf hingewiesen [1]), dass Apâm napât auch mit den Pferden in Verbindung gesetzt wird (226, 6), letzteren wird ein himmlischer Ursprung zugeschrieben. Andere gelegentliche Erwähnungen des Apâm napât fördern die Kenntniss seines Wesens nicht sonderlich, aus 186, 5 geht jedoch hervor, dass ihn gedankenschnelle Rosse fahren.

Der êrânische Apām napâḍ wird meistens in Verbindung

---

1) Révue de Linguistique 3, 48 fg.

mit den Wasser angerufen (Ys. 1, 15. 2, 21. 6, 13. 64, 53. 69, 19. Yt. 2, 9), einige Male auch mit Nairyosag̃ha, einem Genius von feuriger Natur, dessen Name mit dem oben (§ 14) erwähnten vedischen Narâçamsa grosse Aehnlichkeit hat. Nach einer Stelle (Yt. 8, 34) vertheilt Apãm napâḍ die Gewässer über die Erde, es ist daher klar, wie dies auch schon Windischmann bemerkt hat, dass Apãm napâḍ von den Erâniern mehr mit dem Wasser als mit dem Feuer verbunden wird, aber seine Feuernatur ist nicht nur dadurch sichtbar, dass er mit Nairyosag̃ha verbunden wird, sondern auch weil er nach Yt. 19, 51 den Glanz oder die Majestät bewahrt, welche den Königen gehört (also ein Feuer), seine Wohnung scheint aber eher in der Tiefe als in den Wolken zu suchen zu sein. Einen grossen Herrn (ahurem berezañtem) nennen ihn die érânischen Texte wiederholt, mit dem indischen Apâm napât hat er mancherlei Berührungen: er heisst khs'athrya d. i. mit Frauen versehen, man brachte also auch ihn mit den Frauen in Beziehung. Auch von ihm wird (Yt. 19, 52) gesagt, dass er die Wesen erschafft, wir haben bereits gesagt, dass diese Anschauung eigentlich der Religion Zarathushtras fremd ist und darauf hinweist, dass wir es hier mit einem Gotte zu thun haben, der älter ist als diese. Apãm napâḍ erhült auch den Beinamen aurvaḍ-aspa, er wird also ebenso mit den Pferden in Verbindung gesetzt wie in Indien. Wir sehen hier ab von andern Eigenschaften des Apãm napâḍ, die erst in Erân entstanden zu sein scheinen, wie z. B., dass er auch eine auf der Erde zu suchende Localität bedeutet, die mitgetheilten Züge werden aber ausreichen, um uns mit Bestimmtheit eine Gottheit erkennen zu lassen, die in die arische Zeit zurückreicht und sowohl mit dem Feuer als dem Wasser in Verbindung stand. Es mag sein, dass die indische Fassung älter ist und in Erân die Beziehung zum Feuer mehr in den Hintergrund trat, ohne dass jedoch dieselbe ganz verwischt wurde. Wir sehen eben in Apâm napât einen ziemlich unbestimmt gehaltenen Beaufsichtiger der himmlischen Gewässer, der in einem entfernten Hause wohnt und von da aus ihre Vertheilung besorgte, er gehört seinem Wesen nach in die Nähe des Mitra, mit dem er auch in Erân wahrscheinlich verbunden wurde, Seine Beziehung zu dem Pferde ist gleichfalls unleugbar, aber wenig deutlich. In Indien wird Apâm napât ursprünglich nicht weniger als in Erân mit dem Wasser verbunden gewesen sein, in den uns erhaltenen Schriften ist diese Bedeutung bereits zurückgetreten. Die Auffassung des Apãm napâḍ als eine Localität ist nur érânisch.

§ 24.

Indra und Iñdra.

Vṛitrahan und Verethraghna.

Die Identität der beiden in der Ueberschrift genannten Namen muss uns bestimmen auch das Wesen der beiden Persönlichkeiten zu betrachten, welche dieselben bei den Ariern führen. Ueber Indra nur wenige Worte: es ist bekannt, dass er der bevorzugte unter den indischen Göttern ist, dessen Persönlichkeit zwar immer nicht genügend, aber doch besser hervortritt als die der andern bisher genannten arischen Gottheiten. Die Eigenschaften des indischen Indra hier weitläufig zu erörtern, haben wir keine Veranlassung, nur das wollen wir hervorheben, dass die Rolle eines siegreichen Kriegers bereits im Rigveda am meisten hervortritt. Ueber den érânischen Indra ist sehr wenig zu bemerken, er kommt nur an zwei Stellen vor (Vd. 10, 17. 19, 140), die letztere Stelle steht nicht einmal in allen Handschriften. Die Form des Namens ist auch nicht ganz sicher, an der ersten Stelle entscheiden sich die meisten Handschriften für Indra, eine sehr gute dagegen für Añdra, an der zweiten lesen drei iñdra, zwei añdra, bei dieser Lage der Dinge bleibt die Form Indra immer die wahrscheinlichste, aber auch wenn man Añdra lesen will, würde man nicht nöthig haben

Indra und Añdra zu trennen, nur würde man dann die letztere Form als die ursprünglichere ansehen und eine andere Etymologie als die jetzt geltende suchen müssen, nach welcher indra mit indu, Tropfen, zusammenhängen soll[1]), einem Worte, das sich in den érânischen Sprachen nicht wiederfindet. Von der Persönlichkeit des Indra bei den Erâniern lässt sich weiter Nichts sagen als dass derselbe kein Gott, sondern ein Dämon ist und für einen Gegner des As'a vahishta, des obersten Genius des Feuers, gilt.

Länger werden wir bei dem Beiworte Vṛitrahan[2]) und seinen érânischen Aequivalenten verethrajan und verethraghna verweilen müssen. Es ist kein Zweifel, dass das indische vṛitra einen Dämon bezeichnet, der von Indra getödtet wird, wesswegen dieser den Namen Vṛitrahan, Tödter des Vṛitra, führt, es ist aber auch kein Zweifel, dass vṛitra oft genug auch im sg. und pl. in der Bedeutung „Feind" vorkommt und dass darunter ebensowohl überirdische als irdische Feinde verstanden werden. Es ist auch kein Zweifel, dass das Beiwort vṛitrahan selbst nicht blos dem Indra, sondern auch anderen vedischen Göttern, dem Agni, dem Soma, den Maruts, den Açvins zukommt und „Feinde schlagend, siegreich" überhaupt bedeutet, ebenso wie vṛitra-tur Feind bewältigend und vṛitrahatya Schlacht überhaupt. Bei den Erâniern nun bedeutet verethra den Sieg, verethrajan siegreich, verethra-taurvañt siegreich überwindend, verethraghna sowohl als Abstractum den Sieg selbst als auch den Gott des Sieges. Es ist kaum möglich, hier nur zufällige Anklänge zwischen beiden verwandten Sprachen zu finden, um so weniger als wir sehen werden, dass den sprachlichen Gründen auch sachliche zur Seite stehen. Verwandt sind also diese Ausdrücke wohl jedenfalls, aber ihre Bedeutungen mit einander zu vermitteln, ist

1) Cf. M. Müller Lectures 2, 430 und Essays 2, 161 der deutschen Ausg Bergaigne 2, 166.

2) Vgl. meine Bemerkungen in Kuhn, Beiträge 6, 388 flg. und Pott, Etymologische Forschungen II, 3. p. 534 fg.

nicht leicht. Die Ansicht Grassmann's ist, dass Vṛitra ursprünglich einen Dämon bezeichne und dann, als diese Bedeutung verblasst war, jeden Feind bedeuten konnte, allein einen solchen Uebergang können wir nach unseren oben ausgesprochenen Grundsätzen nicht billigen, da wir die érânische Ansicht durchaus nicht aus der indischen ableiten, sondern beide, als Ableitungen aus einer arischen gleichberechtigt neben einander stellen. Aber auch, wenn wir von dieser unserer Ansicht absehen und mit dem petersburger Wörterbuche Feind als Grundbedeutung ansehen wollten, so würde das nichts helfen, denn der Uebergang von der Bedeutung Dämon, Feind, zu der Bedeutung Sieg lässt sich nicht vermitteln; ich komme daher wieder auf meine früher schon ausgesprochene Ansicht zurück, dass vṛitra ursprünglich ein Adjectiv war, das etwa „gegen einander gekehrt" bedeutete, woraus sich dann die verschiedenen Bedeutungen nach beiden Seiten hin entwickeln konnten. Diese Bedeutung würde aber eine Ableitung des Wortes von der Wurzel vṛit voraussetzen, welche auch aus anderen Gründen wahrscheinlicher ist als die gewöhnliche von vṛi, umgeben[1]), die Bildung des Wortes ist also dieselbe, die wir oben auch für Mithra gefunden haben.

Eine nicht geringere Verwandtschaft als in der Form der Wörter finden wir nun auch im Mythus selbst. Dieser wird im Rigveda öfter erwähnt und 32, 1 fg. ausführlicher dargestellt. Vṛitra erscheint hiernach als dreiköpfiges Ungeheuer, das die himmlischen Kühe fortgetrieben und in einer Höhle eingesperrt hat, Indra verfolgt und erschlägt es mit dem Blitze, er öffnet die Höhle und befreit die Kühe, deren Milch als Regen auf die Erde herabströmt. Es lässt sich nicht verkennen, dass diese indische Anschauung grosse Aehnlichkeit hat mit der érânischen, nach welcher (cf. Yt. 8, 13—34) der Stern Tishtrya durch den Dämon Apaos'a verhindert wird, den nöthigen

---

1) Cf. Lindner, altindische Nominalbildung p. 82 not.

Regen auf die Erde herabzugiessen. In den Gestalten eines Jünglings, eines Stieres und eines Pferdes bekämpft Tishtrya den Dämon, der ihm in Gestalt eines hässlichen Pferdes entgegenläuft und besiegt ihn nach hartem Kampfe, so dass die Wasser auf die Erde herabfliessen können, nach einer Nachricht des Bundehesh ist der Blitz die Waffe, welche Tishtrya gebraucht und der Donner ist das Geschrei, welches der getroffene Dämon ausstösst. Die Identität des Mythus ist unleugbar, aber derselbe scheint bei den Erâniern auf eine andere Persönlichkeit übertragen, ich habe aber schon anderwärts [1]) zu zeigen versucht, dass der Stern Tishtrya erst spät an die Stelle des Verethraghna getreten ist, mit welchem er den gleichen Cultus erhielt. Verethraghna war demnach ursprünglich sowohl der Gott des Gewitters als des Sieges, nur der letztere Theil dieser Functionen ist ihm geblieben. Es scheint mir demnach gar nicht zweifelhaft, dass ein Gott Vṛitrahan oder Verethraghna (was auch die ursprüngliche Wortform sein mag), bereits in der arischen Periode ausgebildet war, dass man ihn als den siegreichen Bekämpfer der überirdischen Mächte verehrte, welche den Regen und mithin die Fruchtbarkeit der Erde zu verhindern trachten. Damals mag er auch schon als der siegreiche Gott überhaupt verehrt worden sein, der auch in den irdischen Kämpfen den Sieg zu verleihen geeignet war. Einen Zusammenhang des Verethraghna mit Haoma wird man aus der dunklen Stelle Yt. 14, 57 kaum nachweisen können.

Ein Beiname des Indra ist bekanntlich in den Vedas *haryaçva* d. i. mit falben Rossen begabt, Haryaçva ist dann aber auch Eigenname, so heisst ein König aus dem Geschlechte Ikshvâkus, von welchem MBh. 5, 3934 flg. Hariv. 5142 die Rede ist, der in Ayodhyâ regierte. So heisst auch ein König von Benares der MBh. 13, 1949 fg. genannt wird. Der Name ist ganz identisch mit dem êrânischen *Ζαριάσπα*, mit welchem

1) Vgl. meine Alterthumsk. 2, 100 fg.

Namen öfters eine Stadt bezeichnet ist, welche in der Nähe Baktriens gelegen war. Ich habe bereits anderswo (Alterthumsk. 2, 553) bemerkt, dass die Bedeutung des Namens für eine Stadt nicht eben passend ist und dass dieselbe wahrscheinlich nach ihrem Besitzer genannt wurde. Im êrânischen Epos wird زراسپ *Zarasp*, öfter genannt und die ältere Form dieses Namens muss *Zairyaspa* sein. So heisst nach Shâhn. 578, pen. der Sohn des Tus, wohl derselbe der ib. 554, 10 als Führer der Nachkommen des Naudar genannt wird. Ein anderer Zarasp ist wohl der Schatzmeister des Kai-Khosrav Shâhn. 994, 11. Dieser Name geht jedenfalls in die arische Zeit zurück.

§ 25.

Âdityas und Ames'aspentas
Aramati und Ârmaiti
Sarvatâti und Haurvatâd
Uparatât und Uparatâd
Nâsatya und Nâoghaithya.

Ehe wir die einzelnen oben genannten Götterwesen der arischen Zeit betrachten, haben wir die Frage zu untersuchen, ob die Klasse der *Ames'a-spenta,* zu der einige von ihnen entweder in Erân gehören oder zu der sie in Beziehung stehen, schon in die arische Zeit zurückgeht und ob wir dieselbe — trotz der Verschiedenheit des Namens — in den indischen *Âdityas* wieder erkennen sollen. In meiner Alterthumskunde (1, 435 fg. 2, 27 fg.) habe ich diese Gleichsetzung, ungeachtet der entgegenstehenden Gründe, nicht als unmöglich bezeichnet, weil die Namen *hukhs'athra*, *hazaos'a*, *adhaoyamna*, *jagâurvâo* ganz den indischen *sukshatra*, *sajoshas*, *adâbhya* und *jâgrivas* entsprechen. Diesen Grund muss ich, als durchaus unzureichend, nun zurücknehmen, denn diese Ausdrücke werden ebensowenig bei den Erâniern ausschliesslich zu der Bezeichnung der *Ames'a spenta* verwendet als die entsprechenden bei den Indern zur Bezeichnung der *Âdityas*, es lässt sich aus diesen Ausdrücken weiter nichts schliessen als dass es alte Beiwörter sind, die man schon in der arischen Periode göttlichen Wesen beizulegen pflegte. Ich schliesse mich jetzt ganz der Ansicht von Harlez und Luquiens an, dass zwischen den indischen *Âdityas* und den êrânischen *Ameś'a-spentas* eine Verwandtschaft überhaupt niemals bestand. Die Zahl sieben steht für die Âdityas nicht ganz fest, es werden deren auch acht genannt [1]), die gewöhnlichen Namen sind *Mitra*, *Aryaman*, *Bhaga*, *Varuṇa*, *Daksha* und *Añsa*, der siebente wird nicht genannt, die sechs *Ameś'a-spenta* ausser *Ahura mazdâo* aber heissen: *Vohu-mano*, *As'a vahishta*, *Khs'athra vairya*, *Speñta-ârmaiti*, *Haurvatâḍ* und *Ameretâḍ*, hier finden wir also gänzliche Verschiedenheit. Dazu kommt, dass das Alter der *Ameś'a-spenta* innerhalb der êrânischen Religion selbst nicht ganz feststeht. Thatsache ist, dass die Keilinschriften dieselben nicht erwähnen, die altpersischen Monatsnamen haben mit ihnen nichts gemein, während sie im Awestâkalender mehreren Monaten ihre Namen verliehen haben. Drei der angeführten Namen sind Feminina, drei sogar Neutra (cf. Ys. 56, 10. 3. 4. Yt. 10, 92), Beweis genug, dass wir es hier mit ganz abstracten Begriffen zu thun haben, man konnte sich eben die nächste Umgebung Ahura Mazdas gar nicht geistig genug denken. Dass die *Ameś'a-spentas* an die Stelle von Planetengöttern traten, ist nicht so unwahrscheinlich, als es auf den ersten Blick scheint, doch können wir darauf hier nicht eingehen. Dass die *Ameś'a-spenta* noch unter den Achämeniden entstanden seien, soll nicht abgeleugnet werden, aber aus der arischen Periode stammen sie gewiss nicht her. Sicher ist aber auch, dass die Namen zweier *Ameś'a-spenta* sich bereits im Rigveda finden, und wir haben jetzt zu untersuchen, welche Bewandtniss es damit hat.

1) Vgl. hierzu Muir, Sanscrit texts 4, 101 fg.

Der erste dieser Genien ist die *Aramati*, die man mit der érânischen *Ârmaiti* verglichen hat. Die Stellen des Rigveda, in welchen dieser Name vorkommt, sind nicht zahlreich, und wir halten es für das Beste das Material im Urtexte zugleich mit Ludwigs Uebersetzung unsern Lesern vorzulegen.

229, 4 *arámatiḥ savitā́ devá ā́gât.* Bereites Sinnes ist Savitar der Gott gekommen.

397, 6 *ā́ no mahī́m arámatim̃ sajóshâ gnā́m̃ devī́m̃ námasâ râtáhavyâm̃ . . . . vaha*, herbei führe uns, die hehre Aramati uns beistimmend, das göttliche Weib, der unter Anbetung Havya dargebracht wird.

408, 6 *ádha smâ no arámatim̃ sajoshasaç cákshur iva yántam ánu neshatâ sugám*, da habt ihr den Bereitwilligen von uns, ihr eines Sinnes (Maruts), wie das Auge den Gehenden einen guten Weg geführt.

517, 6 *úpa yám éti yuvatíḥ sudákshan̄ doshā́ vástor havíshmatî ghṛitā́cî úpa svaínam arámatir vasûyúḥ.* Dem als jugendliche Frau naht dem sehr tüchtigen (Agni) Abends und Morgens der Havis bietende Ghṛitavolle Löffel, dem naht die ihm gebührende Bereitwilligkeit, nach Gutem verlangend.

550, 21 *práti naḥ stómam̃ tváshṭâ jusheta syā́d asmé arámatir vasûyúḥ.* Es finde Tvashtar den Stoma gefällig, unser sei Aramati, anstrebend Gutes.

552, 8 *prá vo mahī́m arámatim̃ kṛiṇudhvam̃.* Lasst thätig werden euch die hehre Aramati (oder die bereitwillige Erde).

558, 3 *ā́ yajñíyâm arámatim̃ vavṛityâḥ*, mögest du kommen machen die zum Opfer gehörige Aramati.

651, 12 *arámatir anarváṇo víçvo devásya mánasâ | âdityā́nâm anehá it.* (Es komme) Aramati, Viçva der feindlose mit eines Gottes Geiste, der Aditya Feindlosigkeit.

890, 15 *ví shā́ hótrâ víçvam açnoti vā́ryam bṛ́haspátir arámatiḥ pánîyasî.* Alles Treffliche erlangt diese Hotrâ; Brihaspati, die sehr preiswürdige Aramati (ist dort).

918, 4 *ṛitásya hí prásitir dyaúr urú vyáco námo mahy àrá-*

matiḥ pínîyasî denn der heiligen Ordnung Netz. des Dyaus weiter Raum, das hehre Namas, die preiswürdige Aramati.

918, 5 *prá rudréṇa yayínâ yanti síndhavas tiró mahî́m arámatiñ dadhanvire.* Mit dem wandelnden Rudra gehen die Ströme, über die grosse Aramati sind sie gelaufen. — Im Atharva-veda kommt Aramati nicht vor.

Es ist nicht eben viel, was sich aus diesen wenigen Stellen an welchen *Aramati* im Rigveda vorkommt, über das Wesen derselben schliessen lässt, doch erhellt aus Stellen wie 651, 12. 890, 15 und 918, 4, wo *Aramati* im Vereine mit andern Göttern genannt wird, dass man sich dieselbe als persönliches Wesen vorgestellt hat. An vier Stellen (397, 6. 552, 8. 918, 4. 5) erscheint das Wort *mahî* neben *Aramati* und zu der ersten Stelle hat Ludwig 3, 383 und im Commentare zu d. St. bemerkt, dass es zweifelhaft bleiben müsse, ob man *mahî* oder *Aramati* als nom. propr. fassen solle, dasselbe gilt wenigstens auch von der letzten Stelle. Wenn wir *mahî* als das nom. propr. ansehen, so würde an diesen Stellen von der Erde die Rede sein; die erste Stelle (229, 3) schliessen wir von unserer Betrachtung ganz aus, denn dort ist das Wort sicher ein Adjectiv, ein Beiwort des Savitar. Nicht ohne Interesse ist, wie sich der Commentator zu der Sache verhüllt. Sâyaṇa erklärt an vier Stellen (552, 8. 558, 3. 918, 4. 5) *Aramati* mit *bhûmi* oder als Beiwort zu *mahî* in der Bedeutung unendlich (*paryantarahitâ*), an einer Stelle (651, 12) ist ihm *Aramatiḥ* soviel als *alammatiḥ*, dazu stimmt auch, wenn er (550, 21) dafür *paryâptâ buddhiḥ* setzt und nur eine Besonderung ist es, wenn (890, 15) *paryâptâ stutiḥ* steht. Gegen die Fassung als determinatives Compositum spricht allerdings der Accent, in der Hauptsache aber dürften Sâyaṇas Erklärungen richtig sein. Ganz vereinzelt und unbegreiflich ist die Erklärung von *Aramati* durch *dîptiḥ* (517, 6). An der Stelle 397, 6, wo man am deutlichsten eine Göttin genannt findet, will Sâyaṇa in *Gnâ* den Eigennamen sehen, man kann aber auf seine anderweitigen Angaben gestützt, sehr wohl

Mahî als den Eigennamen ansehen, wie Ludwig bereits gesagt hat.

Die érânische *Ârmaiti* mit der indischen *Aramati* zu vergleichen, haben wir vollkommen ausreichende Gründe. Der Name ist in der That derselbe, denn es ist nicht zweifelhaft, dass *ârmaiti* zusammengezogen ist aus *ârem-màiti*, wir finden im Awestâ neben dem Substantiv sogar noch das Verbum *aremman*. Die Länge des Anlautes im érânischen Worte kann auch nicht gegen die Gleichsetzung geltend gemacht werden, denn auch in dem einfachen Worte schwankt die Schreibung zwischen *ara* und *âra*, es ist möglich, dass die Verlängerung blos aus der Zweideutigkeit der frühern Schrift erklärt werden muss, welche für anlautendes a und â nur ein Zeichen besass. Ein possessives Compositum wird nun freilich *ârmaiti* im Erânischen nicht sein, sondern ein determinatives: es bedeutet das passende, angemessene Denken, im Gegensatze zu *taro-maiti*, das Denken über das richtige Mass hinaus, der Hochmuth. Dass *ârmaiti* im Gegensatze zu *taro-maitî* die Demuth bezeichne, wie man früher angenommen hat, ist aus érânischen Quellen nicht nachzuweisen, auch nach den einheimischen Uebersetzungen ist *ârmaiti* soviel als *bunda mînashni* im Mitteléránischen oder *sampûrṇamânasatâ* im Sanskrit, d. i. vollkommenes Denken. Diese Uebersetzung des Wortes ist in den Gâthâs, wie im spätern Awestâ häufig genug, aber nicht die einzige, sowohl *ârmaiti* als *speñta ârmaiti* wird von Neriosengh auch mit *prithivî*, Erde, gegeben und, dass das Wort nach der Ansicht der Verfasser des Awestâ wirklich diese Bedeutung hat, zeigen Stellen wie Vd. 2, 32. 3, 119. 18, 127. Eine Beziehung der *Ârmaiti* zur Erde finden wir auch in dem alten Texte Ys. 38, 1 flg., wo die Erde sammt den Frauen angerufen wird und unter den Namen dieser Frauen erscheint in Gemeinschaft mit anderen Abstracten auch *Ârmaiti*.

Hiernach wird man nicht leugnen können, dass die indische *Aramati* und die érânische *Ârmaiti*, nahe mit einander verwandt sind, sowohl was ihren Namen als auch die Bedeutung desselben nach unserer oben gegebenen Auffassung betrifft. Diese letztere ist nun aber nicht die allgemeine, Grassmann wie auch Bergaigne und Darmesteter wollen in *Aramati* die Idee der Andacht oder der Frömmigkeit, des Gebetes finden, obwohl diese Fassung an einigen der oben angeführten Stellen nicht unmöglich ist, so kann ich doch nicht finden; dass diese Bedeutung so hervortritt, dass man mit Nothwendigkeit auf sie geführt würde. Die ursprüngliche Bedeutung ist gewiss: passendes Denken (*mati*, Gebet, Andacht ist blos indisch), aus dieser müssen sich die anderen erst entwickelt haben. Sehr schwierig ist es nun aber, von dieser Bedeutung den Uebergang zu der der Erde finden und doch ist auch diese Bedeutung für beide arische Sprachen bezeugt. Am einfachsten wäre noch die Annahme, dass in *aramati* zwei Wörter verschiedenen Ursprungs zusammengeflossen seien. Eine Wurzel ar, alere, ist wenigstens den érânischen Sprachen nicht abzusprechen, wegen as̒a (= areta) neup. آرد, Mehl, doch erwartete man freilich eher die Form *aramati*. Dass *Ârmaiti* bei den Erâniern unter die Ames̒a-spenta aufgenommen wurde, hat das Wort wohl nur seiner abstracten Bedeutung zu verdanken.

Eine ganz ähnliche Bewandtniss hat es mit einer zweiten Persönlichkeit unter den Ames̒a-spentas, welche *Haurvatâḍ* oder *Haurvaḍ* genannt wird[1]). Etymologisch angesehen ist das Verhältniss dasselbe wie bei Ârmaiti: das Wort ist ein Femininum und ein Abstractum, dessen Bedeutung Unversehrtheit, Ganzheit ist. Als Person ist aber *Haurvatâḍ* der Gott des Wassers, Etymologie und Bedeutung stimmen also nicht sonderlich zusammen. Wir geben Darmesteter vollkommen Recht, wenn er sagt, dass man bei der Erklärung des Wesens dieses Ames̒a-spenta nicht von seiner materiellen Geltung ausgehen darf, denn diese ist gewiss erst später auf ihn übertragen worden.

[1]) Cf. zum Folgenden: Haurvatâṭ et Ameretâṭ, essai sur la mythologie de l'Avesta par J. Darmesteter. Paris 1875.

Haurvatâḍ als Persönlichkeit ist rein éränisch und wir würden keine Veranlassung haben uns hier mit dieser zu beschäftigen, wenn wir nicht den Namen in dem indischen *sarvatât* und *sarvatâti*, den abgekürzten *haurvaḍ* sogar in lat. *Salus* wiederfänden. Es bleibt also zu untersuchen, ob nicht vielleicht *Haurvatâḍ* eine Persönlichkeit ist, welche in ihren Anfängen bis in die arische, ja bis in die indokeltische Periode zurückgeht.

Dass *Haurvatâḍ* bei den Erâniern nicht blos Unversehrtheit, sondern auch Wohlbefinden, Gesundheit bedeutete, ist uns nicht zweifelhaft und darum kann es uns nicht befremden, wenn wir Haurvatâḍ mit dem Wasser in Verbindung sehen, denn wir wissen ja bereits, dass Wasser und Pflanzen nicht blos bei den Erâniern, sondern schon in der arischen Zeit als heilbringend gedacht werden (§§ 15. 20). Nur fragt es sich eben, ob *Haurvatâḍ* schon in der arischen Zeit, also vor der Sonderentwickelung der Erânier als Gott des Wassers betrachtet worden sei, und hier muss unsere Antwort verneinend ausfallen. Wir halten es auch hier für das Beste, das vergleichbare Material aus dem Veda unseren Lesern vollständig vorzulegen.

Ein vedisches *sarvatât* finden wir an zwei Stellen:

322, 3 *ahám púro mandasânó vy aìram náva sâkám navatí'ḥ çámbarasya | çatatamám veçyàm sarvátâtâ dívodâsam átithigvam yád âvam.* Freudig erregt hab ich gesprengt die Burgen, neun und neunzig zusammen des Çambara; als hundertsten den Bewohner, so dass es alle waren, als ich Divodâsa Atithigva half.

534, 19 *ấvad índram yamúnâ tṛ́tsavaçca prấ́tra bhedám sarvátâtâ mushâyat.* Mit Indra waren die Yamunâ und die Tṛitsu, dort raubte er den Bheda ganz und gar aus.

Häufiger ist sarvatâti, das im Rigveda an zwölf Stellen sich findet:

94, 15: *yásmâí tvám sudraviṇo dádâço 'nâgâstvám adite sarvátâtâ*, dem du, o reich an Gut, Sündlosigkeit gütig gewährest, o Unendlicher, zur Unversehrtheit.

106, 2 *tá âdityâ á yatâ sarvátâtaye*, darum, Adityas, kommt zur Unversehrtheit.

288, 11 *âd asmábhyam á suva sarvátâtim*, uns her denn sende Unversehrtheit.

288, 19 *devá́nâm dûtáḥ purudhá prásûtó 'nâgân no vocatu sarvátâtâ.* Der Götterbote, der vielfach entsandte, verkünde uns als schuldlos zur Unversehrtheit.

423, 3 *râyé mitrâvaruṇâ sarvátâtéle tokáya tánayâya çám yóḥ*, um Reichthum, o Mitra und Varuna, zur Unversehrtheit fleh' ich für Samen und Kinder bei Ruhe und Kampf.

453, 2 *á yásmin tvé sv ápâke yajatra yákshad râjant sarvátâteva nú dyaúḥ*, du bei dem, dem nichts weniger als einfältigen, o Verehrter, o König, zur Vollkommenheit Dyaus gleichsam die Yajyâ sprechen soll.

456, 18 *jánishvâ devávîtaye sarvátâtâ svastáye*, erscheine zum Göttermahle, zur Vollkommenheit, zum Heile.

497, 6 *adyá ca sarvátâtaye çváçca sarvátâtaye* (Heil erflehen wir) heute zu Unversehrtheit, morgen zu Unversehrtheit.

808, 4 *ájîtayé 'hataye pavasva svastáye sarvátâtaye bṛihaté* läutre dich zum Nichtschwinden, zur Unversehrtheit, zur Wohlfahrt, zu grosser Vollkommenheit.

861, 11 = 106, 2.

862, 14 *savitá naḥ suvatu sarvátâtim.* Savitar schaffe uns Unversehrtheit.

900, 3 *iyám eshâm amṛ́tânâm gíḥ sarvátâtâ yé kṛipáṇanta ratnam* dies ist das Lied für die Unsterblichen hier, derer die Freude verlangten durch Unversehrtheit.

926, 1 *á sarvátâtim áditim vṛiṇîmahe*, Vollkommenheit (und) Unversehrtheit nehmen wir in Anspruch. (Cf. auch Darmesteter l. c. p. 82).

Hierzu füge man noch Ath. 6, 3. 3 *tvashṭar vardháya sarvátâtaye*, o Tvashtar, vermehre zur Unversehrtheit.

Es verlohnt sich nicht die Abweichungen Sâyaṇas und Grassmanns in Bezug auf *sarvatât* und *sarvatâti* anzugeben, diese Worte sind zu durchsichtig als dass über ihre Bedeutung sonderliche Zweifel möglich wären. Für unsern Zweck ist die Hauptsache, dass diese Stellen beweisen, beide Wörter seien im Rigveda reine Abstracta und nirgends eine Möglichkeit einer mythologischen Anknüpfung gegeben. Hiernach scheint mir der frühere (Alterthumsk. 1, 436) gezogene Schluss gerechtfertigt, dass ein alter Gott *Sarvatât* in der arischen Periode noch nicht existirt habe und die Ausbildung von *Haurvatâḍ* zu einer Gottheit auf rein érânischem Boden entstanden sei, die vedischen Stellen zeigen nicht einmal eine besondere Beziehung des Wortes *sarvatâti* zu dem Wasser. Auch auf érânischem Boden glaube ich nicht, dass *Haurvatâḍ* jemals eine lebenskräftige Gottheit war, die hohe Stellung in der Nähe Ahura Mazdas verdankt das Wort wohl blos seiner ganz abstracten Bedeutung, welche erlaubte sich unter demselben eine ähnliche farblose Gottheit zu denken, wie dies die übrigen Ames'a-spentas auch sind.

Ganz ähnlich wie mit Haurvatâḍ verhält es sich auch mit dem Ausdrucke *uparatât* oder *uparatâḍ*, der beiden arischen Sprachen gemeinsam ist. Das einfache upara kommt gleichfalls in beiden Sprachkreisen vor, aber in verschiedener Bedeutung; während es bei den Indern den späteren oder näheren bedeutet, bezeichnet es bei den Erâniern den oberen. Daher ist das érânische *uparatâḍ* das Obenaufsein, das mehrfach vorkommende personificirte *vanaiñti uparatâḍ* das siegreich schlagende Obenaufsein, d. h. die gründliche Ueberwindung des Feindes. Im Rigveda findet sich *uparatât* nur zweimal 151, 5. 564, 3 und wird von den europäischen Erklärern mit Nähe übersetzt. Die zuerst genannte Stelle ist für uns ohne Belang, die zweite lautet im Grundtexte: té cid dhí pûrvî'r abhí sánti çâsâ' víçvân aryá uparátâti vanvan oder nach Ludwigs Uebersetzung: „diese sind mit ihrer Heeresmacht über viele (Stämme), alle Feinde bekämpfen sie in der Nähe". Sâyaṇa indessen erklärt *uparatât* durch yuddha, Kampf, und da das Wort hier mit der

Wurzel van in Verbindung gesetzt ist, wie im Erânischen, so bin ich geneigt, hier auch einen ähnlichen Sinn anzunehmen.

Zu den Wesen, von welchen wir hier sprechen, gehört endlich auch im Awestâ *Nâoghaithya*, ein Name der sich mit dem indischen *Nâsatya* vollkommen deckt. Im Rigveda ist der Name *Nâsatya* sehr häufig als ein Beiwort, welches den Açvins gegeben wird, da aber diese ein Paar bilden, so erscheint das Wort gewöhnlich im Dual, nur in späteren Schriften ist auch von einem einzelnen *Nâsatya* die Rede. Eine weitere Verschiedenheit ist, dass *Nâsatya* ein gutes, *Nâoghaithya* aber ein böses Wesen bezeichnet, die erstere Bedeutung dürfte die der arischen Periode gewesen sein. Da indessen im Awestâ durchaus nichts vorkommt als der Name, so fehlt jeglicher Stoff zu weiterer Vergleichung und es muss die ursprüngliche Bedeutung unbestimmt bleiben.

§ 26.

Puramdhi und Parendi.
Narâçamsa und Nairyosagha.
Gandharva und Gandarewa.

Ueber die erstere der genannten Persönlichkeiten können wir uns kurz fassen. Das Wort *Puramdhi* kommt im Rigveda oft genug vor, für unseren Zweck ist es jedoch nicht nöthig, diese Stellen alle zu besprechen, es genügt zu sagen, dass Sâyana das Wort gewöhnlich durch solche Ausdrücke erklärt, welche Verstand bedeuten, (bahudhîḥ, buddhiḥ, prajñâ), auch Preis (stutiḥ) soll es bedeuten, was sich an die vorhergehende Bedeutung anschliesst und deutlich die Ableitung zeigt, welche Sâyana dem Worte geben will. Nur selten wird eine andere Ableitung angenommen, wie 323, 2, wo *puramdhiḥ* durch purâm dhârakaḥ erklärt wird. Auch die neuern Uebersetzer geben *puramdhiḥ* noch oft genug durch Weisheit wieder, aber auch durch Ueberfluss, Fülle, in dieser letzteren Bedeutung namentlich dürfte der Ausdruck für die arische Periode zu verwerthen sein. Puramdhi ist aber im Rigveda auch nom. propr. und solche Stellen sind es, welche uns hier interessiren:

396, 5: *ṛibhukshâ' vâ'ja utá vâ púraṁdhir ávantu naḥ.* Ribhukshan, Vâja und Puramdhi mögen uns gnädig sein.

462, 9 erscheinen Vishṇu, Agni, Puramdhi und Savitar neben einander.

551, 2 *çáṁ no bhágaḥ çám u naḥ çáṁso astu çáṁ naḥ púraṁdhiḥ.* Zum Heile sei uns Bhaga, zum Heile auch sei uns Çamsa das Wort, zum Heile uns Purandhi (Vgl. Ath. 19, 10. 2).

552, 8 *râtishâ'cam púraṁdhiṁ* (lasst thätig werden) den die Darbringung besuchenden Puramdhi.

911, 36 *bhágo aryamâ' savitâ' púraṁdhir máhyaṁ tvâdur gâ'rhapatyâya devâ'ḥ.* Bhaga, Aryaman, Savitar, Puramdhi haben die Götter dich mir für das Gârhapatyafeuer gegeben. (Vgl. auch Ath. 14, 1. 50).

Hiernach kann nicht geleugnet werden, dass *Puraṁdhi* als eine Persönlichkeit aufgefasst wird, wenn auch das Wesen derselben aus den angeführten Stellen des Näheren nicht klar hervorgeht; und zwar ist *Puraṁdhi* ein männlich gedachter Gott, obgleich das Wort puramdhi als Fem. nicht ungebräuchlich ist.

Mit dem indischen *Puraṁdhi* hat man nun die érânische *Pareṅdi* verglichen, welche einigemale im Awestâ vorkommt, das Wort wird auch *Pâreṅdi* geschrieben, doch mag der Unterschied blos graphisch sein. Sie wird bereits Ys. 38, 6, also im ältesten Theile des Awestâ genannt und auch sonst ist ihre Erwähnung nicht selten (Vsp. 8, 13. Ys. 14, 2. Yt. 10, 66. Sir. 1, 25), sie wird sogar beschrieben (Yt. 8, 38), wie sie auf leichten Wagen neben dem Sterne Tishtrya dahinfährt, aus späteren Büchern erfahren wir, dass *Pareṅdi* die Aufgabe hat, die in der Erde verborgenen Schätze zu behüten. Man sieht, dass diese wenigen Züge nicht genügen, um die érânische *Pareṅdi* mit dem indischen *Puraṁdhi* zu vergleichen, von dem wir gar nichts wissen. Eine Ungleichheit liegt jedenfalls vor in dem Geschlechte der beiden Götter. Vergleichen lässt sich eigentlich nur der Name, und auch hier ist es mir keineswegs gewiss, dass derselbe der gleiche sei. Der indische Name lässt sich sehr einfach in puram-dhi zerlegen, dhi für dhâ kommt zwar bei den Indern am Ende der Composita öfter vor, im Awestâ liesse sich etwa nur gaoidhi, Teller, vergleichen (cf. meine vergl. Grammatik der altérânischen Sprachen p. 188). Ein érânisches par, Fülle, dem indischen pur entsprechend, ist zwar möglich, lässt sich aber nicht nachweisen. Nicht zu übersehen ist auch, dass érânische Wörter vorhanden sind, welche Anspruch darauf machen können mit *pareñdi* verglichen zu werden. So پرند, *perend*, facies undulata gladii und sericum sinense pictum, dann پرن, *peren*, das lunae splendor bedeuten soll. Auf der anderen Seite ist wieder zu beachten, dass sowohl purañdhi als pareñdi auf irdische Güter Bezug zu haben scheinen. Wir müssen uns also begnügen, das Material vorzulegen, die Frage nach der Verwandtschaft beider Götter aber unentschieden zu lassen.

Mit mehr Zuversicht können wir uns über *Narâçamsa* und *Nairyosaṅha* ausdrücken. Das indische Narâçamsa für narâm çamsa (was noch vorkommt) heisst eigentlich Lob der Männer und gilt gewöhnlich als eine Bezeichnung des Agni und Pûshan, doch findet sich Narâçamsa auch als Gott genannt.

194, 2 *nárâçáṁsaḥ práti dhâ'mâny añján tisró dívaḥ práti mahnâ' svarcíḥ . . . . sám anaktu devâ'n* Narâçamsa verklärend die (himmlischen) Mächte, dem dreifachen Himmel, durch seine Grösse, der starkhelle, gleich, ... soll die Götter netzen.

896, 2 *â' devâ'nâm agrayâ'vehá yâtu nárâçáṁso viçvárûpebhir áçvaiḥ*, hieher komme, der vor den Göttern einhergeht, Narâçamsa mit allgestaltigen Rossen.

918, 11 *té hí dyâ'vâpṛithivî' bhû'riretasâ nárâçáṁsaç caturaṅgo yamó 'ditiḥ*, denn diese, Himmel und Erde, die vielsamigen, Narâçamsa der vierkörperige, Yama und Aditi (sind hochwürdig).

Ueber den érânischen *Nairyosaṅha* können wir uns kurz fassen. Die nahe Verwandtschaft des Namens leuchtet ein und und auch darin ist er dem *Narâçaṁsa* gleich, dass er im Awestâ zum Feuer gerechnet wird (Sir. 1, 9. Ys. 17, 68). An anderen Stellen erscheint er als der Götterbote (Vd. 19, 111. 112. 22, 22), was gleichfalls mit seiner feurigen Eigenschaft verträglich ist. Ursprünglich dürften wohl wirksame Gebetsformeln darunter zu verstehen sein, die aber schon frühe zu einer Persönlichkeit umgeschaffen wurden.

Es bleibt uns nur noch der indische *Gandharva* und der érânische *Gaṅdarewa* zu betrachten. Dass beide Wörter verwandt sind, wird wohl von Niemandem bezweifelt werden, schwieriger aber ist es zu sagen, was der Ausdruck bedeuten soll. Ich stimme Grassmann vollkommen bei, wenn er sagt, dass die Etymologie von *Gandharva* ungewiss und der Zusammenhang seines Wesens mit dem der griechischen Kentauren unwahrscheinlich sei. Den lautlichen Zusammenhang mit dem érânischen Worte kann man auch nicht ohne Schwierigkeit herstellen, zwar findet sich im Indischen die Form *gandharba*, für das érânische *gaṅdarewa* erwartete man eine Form wie *gandharbha*, welche sich auch in der Bildung an Wörter wie *gardabha*, *vṛishabha* etc. gut anschliessen würde. Ueber das Wesen des *Gandharva* ist aus dem Rigveda so wenig Klarheit zu gewinnen, dass wir auch hier am Besten thun werden, wenn wir das nicht umfangreiche Material unseren Lesern zur eigenen Beurtheilung vorlegen.

22, 14 *táyor íd ghṛitávat páyo víprâ rihanti dhîtíbhiḥ* | *gandharvásya dhruvé padé*, deren ghritareichem Wasser schmeicheln die brâhmanischen Sänger mit ihren Liedern an des Gandharva festem Orte.

163, 2 *gandharvó asya raçanấm agṛibhṇât sû́râd áçvaṁ*

vasavo nír atashṭa, Gandharva ergriff seine (des Rosses) Zügel, aus dem Sûra habt ihr, o Vasus, das Ross gebildet.

272, 6 *ápaçyam átra mánasâ jaganvấn vraté gandharvấn ápi vâyúkeçân.* Im Geiste dorthin gehend, bei heiligem Werke, sah ich auch die windharigen Gandharvas.

621, 11 *váhat kútsam ârjuneyáṁ çatákratus tsárad gandharvám ástṛitaṁ*, es beförderte den Kutsa Arjuneya Çatakratus (Indra), und überlistete den nicht niederzustreckenden Gandharva.

686, 5 *abhí gandharvám atṛiṇad abudhnéshu rájaḥsv ấ*, in den bodenlosen Räumen hat den Gandharven er (Indra) durchbohrt.

795, 4 *gandharvá itthấ padám asya rakshati pấti devấnâṁ jánimâny ádbhutaḥ.* Als Gandharva schützt er hier seinen Ort, er schützt der Götter Geschlechter, der wunderbare.

797, 12 *ûrdhvó gándharvó ádhi nấke asthâd víçvâ rûpấ praticákshâṇo asya*, hoch erhob er als Gandharva über den Himmel sich, alle seine Gestalten beschauend.

798, 36 *saptá svásâro abhí mâtáraḥ çíçuṁ návaṁ jajñânáṁ jényaṁ vipaçcítam | apấṁ gandharváṁ divyáṁ nṛicákshasaṁ sómaṁ víçvasya bhúvanasya râjáse.* Sieben Schwestern, die Mütter, sind um den jungen, den neugeborenen, edlen, liederkundigen, den himmlischen Gandharva, dass er über die Wasser, den Menschen beschauenden Soma, dass er über alle Wesenheit herrsche.

825, 3 *parjányavṛiddham mahisháṁ táṁ sûryasya duhitấ bharat | táṁ gandharvấḥ práty agṛibhṇan.* Den von Parjanya grossgezogenen Stier, den hat Sûryas Tochter gebracht; des haben die Gandharven sich bemächtigt.

836, 4 *gandharvó apsv ápyâ ca yóshâ sấ no nấbhiḥ paramáṁ jâmí tán nau*, der Gandharva in den Gewässern und die Wasserfrau ist unsere Sippe, unsere höchste Verwandtschaft ist dies von uns beiden.

911, 40 *sómaḥ prathamó vivide gandharvó vivida úttaraḥ*, Soma hat sie (die Sûryâ) zuerst erhalten, als der folgende erhielt der Gandharva sie.

911, 41 *Sómo dadad gandharvấ'ya gandharvó dadad agnáye*, Soma gab sie dem Gandharva, Gandharva gab dem Agni sie.

949, 4 *vidád gandharvó amṛ́tâni nấ'ma*, es hatte nämlich der Gandharva das Unsterbliche gefunden (nach Ludwig das Wasser).

949, 7 *ûrdhvó gandharvó ádhi nấ'ke asthât pratyáñ citrấ' bíbhrad asyâ'yudhâni*, Aufrecht stand der Gandharva am Himmelsgewölbe, herwärts tragend seine farbigen Waffen (cf. 797, 12).

962, 6 *apsarásâm̃ gandharvấ'ṇâm mṛigấ'ṇâm̃ cáraṇe cáran*, auf der Apsarasen, der Gandharva auf der wilden Thiere Pfade wandelnd.

965, 4 *Viçvấ'vasum̃ soma gandharvám â'po dadṛiçúshîs tád ṛiténâ vy àyan*. Zu Viçvâvasu dem Gandharva, o Soma, sind die Wasser, als sie ihn gesehen, vom Opfer hinweg gegangen.

965, 5 *Viçvấ'vasur abhí tán no gṛiṇâtu divyó gandharvó rájaso vimấ'naḥ* Viçvâvasu, singe dies uns zu, der himmlische Gandharva, des Raumes Durchmesser.

965, 6 . . . *ápâvṛiṇod dúro áçmavrajânâm̃ | prấ'sâm̃ gandharvó amṛ́tâni vocat*, er schloss auf die Thüren der Felsenstätte, der Gandharva verkündigte ihr Amṛita.

1003, 2 *patañgó vấ'cam mánasâ bibharti tấ'm̃ gandharvò 'vadad gárbhe antáḥ*, der geflügelte Vogel trägt im Geiste die Stimme, der Gandharva hat sie im Mutterleibe gesprochen.

An einer Stelle scheint auch ein weiblicher Gandharva erwähnt zu werden:

837, 2 *rápad gandharvî'r ápyâca yóshaṇâ nadásya nâdé pári pâtu me mánaḥ*, es spreche die Gandharvî und die Wasserfrau in des Flusses Tosen, sie schütze meinen Geist. — Die Sache ist jedoch nicht ganz sicher, Ludwig will unter Gandharvî einen Abkömmling des Gandharva verstehen.

Schon das petersburger Wörterbuch hat es unternommen, den Begriff *Gandharva* festzustellen, neuerdings hat dieser Aufgabe E. H. Meyer[1]) ein genaues Studium gewidmet. Es ist von dem letzteren mit Recht darauf aufmerksam gemacht worden, dass die Stellen an welchen von den Gandharven die Rede ist, sehr ungleich über den Rigveda vertheilt sind, dass der Name in den Familienbüchern 2—7 gar nicht erscheint (mit Ausnahme einer einzigen Stelle), sondern nur in den Sammelbüchern 1. 8. 9. 10. Auch darauf ist schon hingewiesen worden, dass an zwei Stellen des 8. Buches (621, 11. 686, 5), der *Gandharva* als ein Feind des Indra erscheint, sonst aber mehr als ein freundlicher Gott genannt wird. Endlich ist noch zu beachten, dass diejenigen Stellen überwiegen, an welchen nur von einem *Gandharva* die Rede ist, nur an drei Stellen begegnen wir dem *Gandharva* in der Mehrzahl (272, 6. 825, 3. 962, 6), immerhin beweisen diese Stellen, dass der Rigveda mehr als einen *Gandharva* kannte. Hinsichtlich der Anschauungen, welche mit dem Worte verbunden werden, ist zu bemerken, dass der *Gandharva* mehrfach mit der Sonne in Verbindung steht (795, 4. 796, 12), er regelt das Sonnenross (163, 2. 1003, 3). Wieder andere Stellen bringen ihn mit dem Soma in Verbindung, so namentlich die dem Soma gewidmeten Lieder des 9. Buches (cf. besonders 798, 36). Eine ganz besondere Stellung beansprucht 836, 4, wo der *Gandharva* und die *Apyâ yoshâ* (Wasserfrau) als die nächsten Verwandten des Yama genannt werden, so dass dieselben in die Geschichte der Heroen hereinspielen. Dass der Rigveda den *Gandharva* auch bereits als Liebhaber der Frauen kennt, beweisen die Stellen 911, 40. 41. — Im Atharvaveda ist von dem *Gandharva* häufig die Rede, doch erscheint dort der Plural ebenso häufig wie der Singular, der allein für uns Bedeutung hat, da eine Mehrzahl der Gandharven für die arische Periode nicht zu erweisen ist. Hier wird mehrfach auf den Zusammenhang des *Gandharva* mit den *Apsarasen* hingewiesen und die Wohnung derselben im Wasser bestimmt (AV. 2, 2. 3.

1) Vgl. dessen Indogermanische Mythen 1, 4 flg. 84 flg.

4, 37. 12). Mehrfach erscheint er als die Weiber liebend und seine Ansprüche auf die Frauen werden hervorgehoben (AV. 4, 37, 11. 14, 2. 2—3, vgl. auch 4, 4. 1). Die *Gandharven* werden theils als freundliche, theils als böse Wesen aufgefasst, in den späteren Schriften erscheinen sie mehr und mehr im Plural, als eine Klasse göttlicher Wesen, die aber zu dem Menschen in naher Beziehung stehen, sich auch mit menschlichen Frauen verbinden, ebenso wie die Apsarasen Verhältnisse mit Männern anknüpfen. Häufig werden sie auch später noch mit Seen und Flüssen in Verbindung gebracht. Ueber den éränischen *Gandarewa* können wir uns kurz fassen. Er erscheint im Singular und kommt nur an drei Stellen des Awestâ vor, nämlich Yt. 5, 38, wo er das Beiwort „mit goldner Ferse" enthält und als im See Vouru-Kas'a wohnend gedacht wird, Yt. 15, 28 wohnt er im Wasser. Dazu stimmt die dritte Stelle Yt, 19, 41, wo es heisst, dass der *Gandarewa* mit geöffnetem Rachen umhergehe und die reine Welt verschlingen wolle. Hieraus erhellt, dass wir den érânischen *Gañdarewa* für ein böses Wesen ansehen, also mit der vedischen Anschauung vergleichen müssen, welche von einem bösen *Gandharva* spricht. Ferner gehört der érânische *Gañdarewa* entschieden der Wasserwelt an und spätere Quellen [1]) bestätigen dies, sie betonen gleichfalls den Aufenthalt des Gañdarewa im Meere, das ihm bis an die Fersen reichte, während sein Haupt den Himmel berührte, dass er zwölf Männer verzehren konnte, bis ihn endlich Keresâspa aus dem Wasser zog und erlegte. Hiernach wird man eine Verwandtschaft zwischen Gandharva und Gañdarewa nicht in Abrede stellen wollen. Dass beide mit dem Wasser in Beziehung stehen, ist gewiss und die goldene Ferse des Gañdarewa deutet möglicher Weise auf Verbindung mit dem Lichte hin. Eine genauere Vorstellung von dem Wesen des Gottes in der arischen Zeit wird man sich nach den vorhandenen Quellen nicht

1) Cf. meine Einleitung in die trad. Schriften der Parsen 2, 339.

bilden können, wenn man nicht zu gewagten Hypothesen seine Zuflucht nehmen will, sie dürfte ebensowenig zur indischen wie zur érânischen Auffassung gestimmt haben [1]). Von einer Beziehung zum Haoma ist bei den Erâniern nirgends eine Spur zu finden, doch mag sie vorhanden gewesen sein, es wäre nicht unmöglich, dass Gañderewa ursprünglich als Widersacher des gleichfalls im See Vourukas'a weilenden Haoma gedacht wurde. Verschieden von diesem Dämon ist natürlich der Yt. 13, 123 genannte Gandarewa, welcher ein frommer Mann gewesen sein muss. Die Stelle ist wichtig, weil sie zeigt, dass auch die Erânier das Wort in verschiedenem Sinne gebrauchen konnten.

§ 27.

Druh und Druj. — Çaru und Sauru.

Während die beiden arischen Völker in der Bedeutung des Wortes *deva* auseinander gehen (§ 21), befinden sie sich dagegen in vollem Einklange über diejenige des oben genannten Wortes, das von einer Wurzel abstammt, welche bereits indokeltisch ist. Die indische Form des Wortes ist *druh*, die érânische *duruj* oder *druj* In beiden arischen Sprachen haftet an der Verbalwurzel der Begriff des Unwahren und Schädlichen, bei den Erâniern tritt der erste Begriff am meisten hervor, neben der gewöhnlichen Abstractbedeutung für das Substantivum bei den Ariern auch noch die eines persönlichen bösen Wesens. Ueber die indische *druh* hat bereits A. Kuhn (Zeitschr. I, 196 flg.) gehandelt, es genügt hier, diejenigen Stellen anzugeben, an welchen eine persönliche Auffassung der *druh* nicht zu bezweifeln ist:

1) Der Verwalter des Dahâk (Shâhn. 1, 57 ed. Vullers) den Kuhn (Zeitsch. 1, 541) nennt, heisst كندرو Kundrav und nicht Gandarf, nach Firdosis eigener Erklärung. Vgl. Vullers Lexicon s. v.

319, 7 *drúhaṁ jíghâṁsan dhvarásam anindrâ'ṁ tétikte tigmâ' tujáse ánîkâ*, Bestrebt die Dhruk zu tödten, die Indra feindliche Dhvaras, schärft er (Indra) die vielschneidigen Kanten zum Schlage.

575, 8 *yó no maruto abhí durhṛiṇâyús tirá̧ç cittâ'ni vasavo jíghâṁsati | druháḥ pâ'çân práti sá mucîshṭa*,[1] der, o Marut, böswilligen Sinnes heimlich, o Vasus, unseren Gedanken entgegenwirkt, der werde in der Dhruk Schlingen verwickelt.

133, 1 *ubhé punâmi ródasî ṛiténa drúho dahâmi sám mahî'r anindrâ'ḥ*, die beiden Welthälften reinige ich durch Opfer, die Indra feindlichen Dhruk brenne ich zusammen.

In seiner Bedeutung als Person ist das Wort *druh* Femininum, dass es auch als Masc. gebraucht werden kann ist natürlich, da es gewiss ursprünglich ein Adjectivum war. Im Erânischen ist es ebenso, im Altpersischen lässt sich das Wort nicht belegen, aber im Awestâ ist *druj* nur ausnahmsweise ein männlicher Dämon wie Ys. 45, 6. Yt. 11, 14, auch Dahâka wird gewöhnlich *druj* genannt, meistens bezeichnet es ein weibliches Wesen, am deutlichsten Vd. 18, 70 flg., wo die *druj* noch den Beinamen *daevî* erhält. Beifügen wollen wir noch, dass in den Keilinschriften ein Dämon *dushiyâra* genannt wird, der gewiss mit dem *duzhyâirya* des Awestâ identisch ist, und ein Wesen ähnlicher Art bedeutet. Dass schon in der arischen Zeit unter dem Namen *druh* oder *druj* ein den Menschen feindlich gesinntes, dieselben schädigendes Wesen verstanden wurde, welches man sich vorwiegend in weiblicher Gestalt dachte, kann nicht bezweifelt werden. Auch die Beziehung dieses Dämons auf die Finsterniss ist schon arisch, bei den Erâniern versteht sich diese von selbst, für den Rigveda erweisen sie Stellen wie 591, 1 und auch 324, 2.

Enge mt diiesem eben besprochenen Worte verbunden, weil von derselben Verbalwurzel stammend, ist das indische Wort *drogha*, das aber im Rigveda nur als Adjectiv in der Bedeutung trügerisch vorkommt. Dagegen ist im Altpersischen das entsprechende *drauga* bereits personificirt, wie eine Inschrift des Darius (H. 17—20) deutlich zeigt. Auch im Awestâ erscheint (Vd. 19, 146) *draogha*, die Lüge, als Person. Beachtenswerth sind ferner Ausdrücke wie das indische *drogha-mitra*, falscher Freund, *mitradruh*, bundesbrüchig und das awestische *mithradruj*, den Mithra belügend, den Vertrag brechend. Dagegen kann ich mich nicht entschliessen, die Worte *dregvañt*, *drvañt* mit der Wurzel *druh* in Verbindung zu bringen. Nach dem Awestâ bedeuten sie den Menschen, der zur Hölle reif ist, im Gegensatze zu dem *as'ava*, der Anspruch auf das Paradies hat. Das Wort *drvañt* muss von einer Wurzel *dru* stammen, von welcher auch *draoman*, Anlauf, herkommt. Es scheint mir indessen nicht nöthig, diese Worte durchaus von *dru*, laufen, abzuleiten, sie können ebensogut auf eine Grundform *dhru* zurückgehen und in vedischen Wörtern wie *dhruti*, Verführung, Verblendung, *varuṇadhrut*, den Varuna hintergehend, ihre nächsten Verwandten haben. Auf diese Art wäre es möglich, auch diese Anschauung bereits der arischen Zeit zuzutheilen.

Eine weitere Verwandtschaft unzweifelhafter Art besteht zwischen dem indischen *çaru* und awestischen *sauru*. Das indische *çaru* bedeutet den Pfeil, wir finden diesen aber auch als Gottheit dargestellt:

299, 7 *kád víshṇava urugâyâ'ya réto brávaḥ kád agne çárave brihatyâí*, was wirst du als Samen dem weitschreitenden Vishnu sagen, was, o Agni, dem Pfeil aus der Höhe.

Wilson in seiner Uebersetzung hat bereits darauf hingewiesen, dass Çaru hier möglicher Weise eine Personification des Uebels sei, da Sâyana unter seinen verschiedenen Erklärungen des Wortes auch die durch *nirṛiti* giebt. Auch Grassmann fasst an unserer Stelle *çaru* als Gottheit auf. Immerhin bleibt es fraglich, ob hier und 676, 15. 20, wo eine persönliche Auffassung des Wortes sich auch befürworten liesse, eine solche wirklich stattgefunden hat, Ludwig übersetzt daher das Wort immer durch Pfeil und diese Bedeutung ist auch ausreichend.

Verwandt ist aber auch *Çarva*, den Ludwig aus Ath. 6, 93. 1 nachweist:

yamó mrityúr aghamârό nirrithó babhrúh çarvó 'stâ nî'laçikhandah. Yama, Mrityu, der böse, tödtende Verderber, der braune Schleuderer Çarva mit stahlblauem Helmbusch.

Eine Verbindung von *çarva* (woraus später ein Beiname des Çiva wurde) mit dem *Sauru* des Awestâ ist längst behauptet worden und ist auch sehr wahrscheinlich, leider aber fehlen auf érânischem Gebiete alle Hülfsmittel um die Vergleichung weiter zu führen. Wir wissen blos, dass *Sauru* für einen Widersacher des Khs'athra vairya, des Beschützers der Metalle gilt.

§ 28.

Yâtu.

Zu den wichtigsten unter den bösen Wesen gehören die *Yâtus*, welche bei beiden arischen Völkern den gleichen Namen führen. Im Rigveda wird das Wort in doppelter Bedeutung gebraucht, sowohl abstrakt als Spuk, Zauber, wie auch concret als spukhafter Geist. An das einfache *yâtu* schliesst sich *yâtumat*, Spuk treibend an, das im Masc. und Fem. häufig gebraucht wird. Diese beiden Wörter finden sich ebenso im Awestâ wieder, neben *yâtu* wird auch dort *yâtumaḍ* im Masc. und Fem. gebraucht, dass der Ausdruck nicht blos dem Awestâ angehörte, sondern gemein érânisch war, zeigt das von *yâtu* abgeleitete neup. جادو, *jâdû*; dagegen findet sich für das indische *yâtudhâna* bei den Erâniern nichts Entsprechendes. Fragen wir nach der Etymologie des Wortes, so ist dasselbe nach der gewöhnlichen Ansicht von *yâ*, gehen mit dem Suffixe tu abgeleitet, nach Weber (Ind. Studien 4, 399) hängt es mit *yat*, gr. ζητέω zusammen, was auch möglich ist, aber keinen grossen Unterschied macht, da die Bedeutung der Wurzel *yat* ursprünglich gleichfalls die des Hinstrebens zu etwas gewesen zu sein scheint.

Die Stellen, welche von den *yâtus* sprechen, sind weder im Rigveda noch im Awestâ sehr zahlreich, die indischen Stellen sind die folgenden:

366, 2 *nâháṁ yâtúṁ sáhasâ ná dvayéna ṛitáṁ sapâmy arushásya vṛ́shṇaḥ.* Nicht bösem Zauber, sei es durch Gewalt oder Betrug, ich folge dem heiligen Gesetze des rothen Stieres (d. h. des Agni).

537, 5 *ná yâtáva indra jujûvur no.* Nicht Yâtus, o Indra, haben uns bestimmt.

620, 21 *Indro yâtûnâ'm abhavat parâçaráḥ*, Indra ward der Vernichter der Yâtu.

620, 22 *Ulûkayâtuṁ çuçulûkayâtuṁ jahí çváyâtum utá kókayâtuṁ | suparṇáyâtum utá gṛ́dhrayâtuṁ dṛishádeva prá mṛiṇa ráksha indra*, tödte den der Ulûkayâtu, der Çuçulûkayâtu der Çvayâtu, der Kokayâtu treibt, den der Suparṇayâtu, Gṛidhrayâtu treibt, wie mit einem Steine morde, o Indra, das Rakshas.

669, 20 *mâ' no ráksha â' veçîd âghṛiṇîvaso mâ' yâtúr yâtumâ'vatâṁ.* Kein Rakshas komme unter uns, gluttrefflicher, kein Zauber der Yâtukundigen.

Unter diesen Stellen sind die Ausführungen in 620, 22 die wichtigsten, aus ihnen geht hervor, dass der Zauber mit Vermittlung von Thieren getrieben wird, sei es, dass der Zauberer diese zu seinen Zwecken gebrauchen oder, dass er sich selbst in dieselben zu verwandeln vermag. Wir fügen nun auch noch die wenigen Stellen bei, an welchen von *yâtumat* die Rede ist:

133, 2 *abhivlágyâ cid adrivaḥ çîrshâ' yâtumátînâṁ | chindhí vaṭûríṇâ padâ'*, ausholend, o Steinschleuderer, die Köpfe der Yâtuzauberinnen zerschmettre mit dem Fusse eines Vaṭûra.

620, 20 *etá u tyé patayanti çváyâtava índraṁ dipsanti dipsávó 'dâbhyaṁ | çíçîte çakráḥ píçunebhyo vadháṁ nûnáṁ sṛijad açániṁ yâtumádbhyaḥ*, Hundeyâtu übende fliegen dort, Indra wollen sie schädigen, die schadlustigen, den unverletzlichen; für die Bösen schärft Indra die Waffe, jetzt schleudre er die Waffe auf die Yâtuzauberer.

So gering die Anzahl dieser Stellen auch ist [1]), so reichen sie doch hin zu zeigen, dass diese Zauberei und diejenigen, welche sie treiben, den Göttern unangenehm sind, dass sich nicht blos überirdische Wesen mit derselben abgaben, sondern dass auch Menschen sich vom Zauberer beeinflussen lassen und selbst Zauberei treiben können. Wir geben Ludwig (3, 341) Recht, wenn er sagt, dass in den Texten ein Unterschied zwischen Menschen und Dämonen in dieser Beziehung nicht gemacht wird.

Wir wollen nun auch die Stellen des Awestâ betrachten, an welchen von *Yâtus* die Rede ist, mehrere derselben können aber zu nichts Anderem dienen, als zu erweisen, dass die *Yâtus* böse Wesen sind und nur dem Umstande, dass Neriosengh das Wort bald mit *çâkinî*, bald mit *râkshasa* übersetzt, lässt sich folgern, dass derselbe überirdische Wesen unter ihnen vermuthete. Die *Yâtus* erscheinen im Awestâ gewöhnlich in einem Verzeichnisse böser Wesen, welches ebensowohl übermenschliche als menschliche Gestalten enthält, am gewöhnlichsten werden sie mit den *Pairikas* zusammen genannt cf. Ys. 9, 61. Yt. 1, 5. 8, 44. 10, 34. 15, 56. 13, 135. 19, 29; Vd. 20, 25 werden neben den Pairikas auch noch die *janayo* genannt, worunter weibliche Wesen, vielleicht die Jins der Araber, zu verstehen sind. Die *Yâtus* der Menschen (*yâtavo mas‘yânãm*) werden übrigens Yt. 8, 44 ausdrücklich genannt, woraus erhellt, dass wir unter *Yâtus* nicht immer übermenschliche Wesen zu verstehen haben. Hinsichtlich des Wortes *yâtumaḍ* wird sich nach der Beschaffenheit der Stellen schwer entscheiden lassen, ob dasselbe ursprünglich soviel bedeutet wie mit Zauberei behaftet oder mit Yâtus begabt, d. h. von Zauberei besessen. Wir geben hier die wenigen Stellen in welchen das Wort vorkommt:

1) Der Atharvaveda fügt unserer Kenntniss von den Yâtus etwas Näheres nicht hinzu als dass 5, 29. 8. 9 von einem *Kravyâdyâtûnâm* d. i. ein Fleischfresser unter den *Yâtus* gesprochen wird.

Yt. 11, 6 *âad drvatãm daevayasnanãm yatûshca yâtumatãm pairikâosca pairikavatãm dbaes̔o frateresãn fradvarãn*, dann wird die Pein der schlechten Dämonenverehrer — die Yâtus der mit Yâtu begabten, die Pairikas der mit Pairika begabten — sich fürchten und davon laufen.

Ys. 8, 7 (Yt. 3, 17) *Yâthwa gaethâo as̔ahe mereghente*, sie tödten durch Zauberei die Welten des Reinen.

Ys. 13, 16 *vî yâtush vî yâtumadbîsh*, (ich entsage der Herrschaft) der Zauberei und der mit Zauberei begabten.

Ys. 60, 11 *hamistayaeca nizhberetayaeca zañdãmca yâtumatemca*, um zu befehden, um zu vertreiben, Hexenmeister und Yâtubegabte.

Vd. 18, 116 *yatha zañda yâtumeñta mereñcaiti gaethâo as̔ahe*, wie Hexenmeister mit ihren Zauberern die Welt des Reinen tödten.

Ys. 64, 30 *yo yâtumâo ..... tem aoi dbaes̔âo paiti yañtu.* Wer mit Yâtus begabt ist ...... zu dem möge die Pein kommen.

Nicht selten ist *yâtumad* in Verbindung mit einem Femininum, so jahi yâtumaiti Vd. 21, 35. Yt. 3, 9. 12 *jahika yâtumaiti* Ys. 9, 101.

Wir lernen aus diesen Stellen, dass Yâtu bei den Indern, wie bei den Erâniern sowohl den Zauber als auch den Zauberer bedeutet. Diese Zauberer mögen zum Theil als überirdische Wesen betrachtet worden sein, zum Theil sah man in ihnen aber gewiss Menschen, die mit den Mächten der Finsterniss in Berührung standen und von diesen mit Gaben ausgerüstet wurden, welche gewöhnliche Menschen nicht besassen. Bei den Indern scheinen sie, nach den oben angeführten Stellen zu schliessen, die Fähigkeit gehabt zu haben, sich in Thiere zu verwandeln, aus dem Awestâ lässt sich dies nicht nachweisen, aber die Vorstellungen müssen ganz ähnliche gewesen sein. Im Shâhnâme (1, 342 ed. Vullers) erscheint dem Rustem eine Zauberin in schöner Gestalt, sobald aber der Name Gottes über sie ausgesprochen wird, verwandelt sie sich in ein hässliches altes Weib. Wir haben oben gesehen, dass im Vendîdâd der *Yâtu* sowohl mit Jahi, dem Dämon der Unzucht, als auch mit der *Jahika*, der Buhlerin, in nahe Beziehung gesetzt wird; dies beweist, nach welcher Seite hin man vorzüglich seine Thätigkeit gedacht hat, auch seine Verbindung mit der *Pairika* soll nichts Anderes sagen. Unter Umständen ist ein *Yâtu* ein Mensch, der den rechten Glauben nicht hat, aber eine Rechtgläubige an sich zieht oder auch ein Rechtgläubiger, der sich mit einer Ungläubigen verheirathet. Als Land der Zauberer (جادوستان) wird im Shâhnâme geradezu Hindostân genannt, ein Verehrer der Zauberer ist geradezu ein Ungläubiger, die Anhänger Dahâks bestehen aus Ungläubigen (Shâhn. 1, 53 ed. V.), auch die Gegner mit welchen Zarathushtra in seiner Jugend zu kämpfen hat, sind Zauberer. So wird es auch klar, wenn Vd. 1, 52 die *agha yâtava*, d. i. die Yâtusünden als hauptsächlichstes Uebel der Gegend Haetumant angegeben werden. Bedenkt man, dass die Herren in jener Gegend die Nachkommen des Keresâspa sind, von dem missbilligend berichtet wird, dass eine Pairika sich an ihn hing, so wird man kaum zweifelhaft sein können, dass unter den Yâtusünden hauptsächlich die Verheirathung mit ungläubigen Mädchen zu verstehen sei. Solche Heirathen konnten in jenem Theile des Landes sehr leicht vorkommen, da das Gebiet der Inder in der älteren Zeit das heutige Kâbulistân umfasste.

Betrachten wir alle diese verschiedenen Züge im Rigveda wie im Awestâ, so werden wir nicht zweifeln können, dass die Vorstellung von den *Yâtus* bis in die arische Zeit zurückgeht und auch in spätern Perioden bei beiden arischen Völkern sich ziemlich ähnlich geblieben ist. Andere Arten von Zauberei lassen sich bei beiden Völkern noch als übereinstimmend beweisen. So haben die Inder die Ansicht, dass Dämonen, wenn sie in ihren Kämpfen unterliegen, zu dem Mittel greifen, sich unsichtbar zu machen und so weiter zu kämpfen. Diess thut z. B. Indrajit, der Sohn Râvaṇas, nach der Erzählung im Mahâbhârata (3, 16457), wie auch im Shâhnâme der König von Mâzenderân plötzlich verschwindet und sich in einem Stein verbirgt, da er merkt, dass er dem Rustem nicht widerstehen kann.

§ 29.

Ishma und Aeśma, Kṛiçânu und Keresâni, Dânu und Dânava, Ayâsya und Ayẹhyẹ.

Wir schliessen diese Uebersicht von himmlischen Wesen, die in der arischen Periode schon vorhanden waren, mit einigen wenigen bei denen dasselbe zwar möglich ist, aber nicht bestimmt erwiesen werden kann. Das Awestâ kennt einen Dämon *aeśma*, den Dämon des Zornes und der Leidenschaft, der zwar seiner Wichtigkeit wegen oft genug genannt, aber nicht ausführlich beschrieben wird. Sein Name ist durchsichtig: er stammt von der Wurzel *ish*, wünschen, begehren, und noch im neup. خشم, *khishm*, Zorn, ist das Wort erhalten. Das indische Wort *ishma*, einen Namen des Liebesgottes, darf man ohne Bedenken mit den érânischen *aeśma* für identisch erklären, denn es kommt öfter vor, dass die érânischen Sprachen einen unregelmässigen Zulaut zeigen, der im Indischen fehlt. Bedenken kann es auf der andern Seite erregen, dass der Name *Ishma* erst der späteren indischen Literatur angehört, also sich erst in Indien selbst ausgebildet haben dürfte, immerhin wäre es möglich, dass derselbe schon frühe vorhanden und nur zufällig nicht erwähnt ist. Das nahe verwandte Wort *ishmin*, stürmisch, ist übrigens bereits vedisch.

Der im Rigveda vorkommende Schütze *Kṛiçânu* wird insofern mit dem Soma verbunden, als er sich der Herabbringung desselben durch einen Adler widersetzt (cf. § 20). Nach dem

Aitareya-brâhmana (3, 25) verwundet Kṛiçânu als Somawächter die Suparṇî oder Vâc und spaltet ihr eine Kralle, die zum Dorne wird. Anders als die alten Schriften wendet das Epos den Somaraub. Nach dem Mahâbhârata (1, 1496) ist Garuḍa der Amṛitaräuber, er sieht ein Rad (cakra) in der Nähe des Amṛita das jeden zerschneidet, der sich demselben nahen will. Nachdem es ihm gelungen ist, unversehrt durch das Rad zu kommen, sieht er zwei Schlangen, welche das Amṛita bewachen, er wirft sie in den Staub und zerfleischt sie, worauf er das Amṛita entführt. Zornig sendet ihm Indra seinen Donnerkeil nach, durch welchen ihm eine Feder entrissen wird. Diese Erzählung klingt an an eine Erzählung des spätern Parsismus, wo der himmlische Haoma durch den Karfisch vor bösartigen Geschöpfen beschützt werden muss, die ihn zu vernichten trachten. Das Awestâ nennt einmal (Ys. 9, 75) einen Dämon *Keresâni*, dessen Macht durch Haoma vernichtet. wird. Es lag nahe, dieses Wesen mit *Kṛiçânu* zu vergleichen, erst in letzter Zeit sind Zweifel an ihrer Identität laut geworden [1]). Auf alle Fälle sind beide Namen, mit Ausnahme der Endung, vollkommen gleich und wegen dieses geringen Unterschiedes möchte ich die Gleichheit der Namen nicht bezweifeln, was aber die Gleichheit der damit bezeichneten Wesen betrifft, so wird man zugeben müssen, dass die Vorstellung von ihnen bei beiden arischen Völkern eine so verschiedene ist, dass man sich mit der Vermuthung der ursprünglichen Gleichheit begnügen muss. Aehnlich verhält es sich mit den *Dânus* die im Awestâ (Yt. 5, 73. 13, 37) genannt werden, zwar als feindliche Wesen, aber ohne dass aus den beiden Stellen hervorginge, ob damit göttliche oder menschliche Wesen bezeichnet werden. Ein Zu-

1) Cf. Harlez, de l'exégése et de la correction des textes avestiques p. 108, 159. Bekannt ist, dass Keresâni die späteren Parsen in den Uebersetzungen als einen Collectivnamen für Ungläubige, besonders Christen ansehen, ebenso Keresa Yt. 11, 6.

sammenhang mit den bekannten *Dânavas* der Inder mag bestanden haben, wir können ihn aber nicht nachweisen.

Die Persönlichkeit des *Ayâsya* ist im Rigveda schlecht begründet, er soll zwar der Verfasser der Hymnen 870—872, 893, 894 sein, doch macht das petersburger Wörterbuch darauf aufmerksam, dass *ayâsya* auch appellativ gefasst werden könne. Im Awestâ dagegen ist Vd. 21, 35 das lautlich identische *ayęhyę* allerdings der Name eines bösen Wesens, von dem wir aber nicht das Geringste erfahren, über das wir also auch nichts sagen können.

§ 30.

Theologische Ausdrücke und Redewendungen der Arier.

Von nicht geringerer Bedeutung als die eben besprochenen auf bestimmte mythische Persönlichkeiten zu beziehenden Namen sind auch andere Ausdrücke die sich auf religiöse Gegenstände im Allgemeinen beziehen. Ueber den indischen Namen *deva*, der sich in dem éranischen *daeva* wiederfindet, haben wir bereits oben gesprochen (§ 21) und gesehen, dass die Verschiedenheit der Bedeutung zufällig entstanden ist. Ganz gleichbedeutend ist das indische *yajata*, opferwürdig, verehrungswürdig, Gott und das awestische *yazata*, himmlischer Genius, ind. *bhaga*, altp. *baga* (in derselben Bedeutung). Ebenso verhalten sich zu einander das indische *asu*, *asura* und das éranische *ahu*, *aura* oder *ahura*. Bei den Indern bedeutet *asu* Leben, das awestische *ahu* hat zwei Bedeutungen: 1) Ort, Welt, 2) Herr. Wo wir die Grundbedeutung dieser Wörter zu suchen haben, wird sich erst dann mit Sicherheit sagen lassen, wenn einmal die Grundbedeutung der Wurzel *as*, *ah*, ermittelt ist; ob dieselbe „athmen“ sei, wie vielfach geglaubt wird, oder „sitzen“, wie man auch angenommen hat, oder irgend eine andere, ist bis jetzt noch ungewiss[1]). In sehr naher Beziehung zu dem Worte *asu* oder *ahu* stehen die Ausdrücke *asura* oder *ahura*. Das indische *asura*, Herrscher, wird zumeist von den Göttern gebraucht, doch findet sich das Wort im Rigveda auch von einem menschlich gedachten Herrscher, dem Tryaruṇa, gebraucht (381, 1), später, aber noch in der vedischen Zeit, ist *asura* sogar zu einer Bezeichnung böser Wesen geworden[2]). Auch bei den Erâniern ist *ahura* ein Beiname göttlicher Wesen, jedoch nicht ausschliesslich, meistens bezeichnet das Wort den höchsten Gott allein, doch wird der Titel auch anderen Genien beigelegt, so dem Mithra (Yt. 10, 25. 69) und dem Apãm napâḍ, der den Namen *ahuro bereza* führt (z. B. Ys. 1, 15), dagegen bezieht sich das Adjectiv *âhuirya*, ahurisch, nur auf den höchsten Gott, wie bei den Indern *asurya*, Herrschaft, nur auf die Götter bezogen wird. Ueber den Versuch, auch den Namen des höchsten érânischen Gottes *Auramazdâ* oder *ahuro mazdâo* in den Vedas wiederzufinden, haben wir oben gesprochen. Ueber die Identität von *asura* und *aura* oder *ahura* kann zwar nach dem, was wir oben gesagt haben, kein Zweifel sein, weniger können wir es aber billigen, dass *mazdâ* oder *mazdâo* das indische *medhas* sein soll, obwohl diese Ansicht durch Bartholomaes Bemerkungen (Arische Forschungen 1, 13) bedeutend an Wahrscheinlichkeit gewonnen hat. Die altpersische Form des Genitivs *auramazdâha*, zeigt deutlich, dass der letzte Theil des érânischen Wortes ursprünglich *mazdâh* gelautet hat, wofür in den Texten mazdâ erscheint, weil auslautendes h im Altpersischen regelmässig nicht geschrieben wird. Der Acc. *auramazdâm* ist aus *auramazdâham* zusammengezogen, wie thâtiy

1) Darmesteter Ormazd et Ahriman p. 47 not. will zwei verschiedene ahu annehmen; mit skr. asu, Leben, würde bei den Erâniern aghva, Gewissen, zu vergleichen sein, während das indische Aequivalent für ahu, Ort, entweder ganz verloren ist oder in asu, Ort der seligen Geister (Rgv. 841, 1) sich erhalten hat.

2) Cf. jetzt Bradke l. c. p. 18 flg.

aus thahatiy. Der letzte Theil des Wortes ist die Wurzel *dah*, welche dem indischen *daṁs* entspricht, im Awestâ ist daraus theils *dağh*, theils déñg geworden (s. unten) theils ist auch geradezu die Verkürzung *dé* eingetreten. Wenn im Awestâ die Dative *mazdâi*, Genitive *mazdâo* erscheinen, statt des zu erwartenden mazdâoğhe, mazdâoğho so sieht man, dass hier eine Verkürzung eingetreten ist, die nicht ursprünglich ist. *Mazdâ* soll bedeuten: grosse Weisheit besitzend; wenn wir aber auch das Wort an das indische *medhas*, *sumedhâs* anschliessen wollten, was keineswegs gewiss ist, so würde doch ein *asuraḥ sumedhâḥ* in den Vedas nicht nachzuweisen sein. Ich kann daher auch jetzt nicht weiter gehen als ich schon in meiner Alterthumskunde (2, 26) gegangen bin: ich gebe zu, dass Ausdrücke wie *sumedhâs*, *asuro viçvavedâḥ* und *asuraḥ pracetâḥ* im Rigveda erweisen, dass der Begriff eines weisen allwissenden Gottes schon in die arische Zeit zurückgehen dürfte, dass aber diese Eigenschaften im Rigveda nur den uns sonst bekannten Naturgöttern zugeschrieben werden, wie Agni, Vâyu, Soma etc. nicht aber ein abstrakter Gott dieses Namens existirt. Andrerseits lässt es sich auch nicht erweisen, dass Ahura Mazda auf irgend eine der alten Naturgottheiten zurückgehe, es sieht vielmehr so aus, als ob derselbe eine Neubildung auf érânischem Boden wäre, der gar keine natürliche Grundlage haben, sondern ganz der Geisterwelt angehören sollte. Noch zwei andere Beiwörter der Götter müssen schon in der arischen Zeit entstanden sein: dem indischen *adâbhya*, unverletzlich, entspricht das awestische *adhaoya* unbeirrt, das in den Vedas häufig von den Göttern gebrauchte Wort *sajoshas*, gleichgesinnt, finden wir im Awestâ wieder als *hazaosʿa*, gleichen Willen habend; ebenso steht neben *sukshatra* schön waltend, *hukhsʿathra* im Awestâ, *jagrivâṁsâ* heissen im Rigveda Mitra und Varuna, ebenso führt im Awestâ Mithra den Namen *jaghâurvâo*, wachend. Diesen Beinamen, welche sich auf wohlthätige Gottheiten beziehen, lassen sich noch einige beifügen, welche für böse Wesen bestimmt sind.

15*

Zwar über *drogha*, *drogharâc* etc. haben wir schon oben (§ 27) gesprochen, es bleibt aber noch das indische *dveshas*, das nicht blos abstrakt Hass, Feindschaft bedeutet, sondern auch concret für Feinde und die Welt des Bösen gebraucht wird. In ganz ähnlicher Weise finden wir im Awestâ *ḍbaes'aṅh* verwendet: theils abstract als Peinigung, Leid, theils concret als Inbegriff der peinigenden Wesen. Ein ähnliches Wort ist das vedische *tyajas* Gewaltthat, das mit dem awestischen *ithyejaṅh*, vergänglich (nur von bösen Wesen gebraucht) aufs Nächste verwandt ist.

An diese Ausdrücke schliessen sich eine stattliche Masse solcher an, die sich theils auf den Cultus, theils auf das Gebet beziehen. Die Wurzel *yaj* (von welcher das oben bereits erwähnte *yajata* oder *yazata* stammt) heisst bei den Indern opfern, verehren, dasselbe bedeutet bei den Erâniern das identische *yaz*, das auch noch bei den neueren Parsen in يشتن *yashtan,* opfern sich erhalten hat. Von dieser Wurzel stammt auch das indische *yajña*, Götterverehrung, Opfer, wie das érânische gleichbedeutende *yasna*, das auch in dem neueren يزشن *îzashn*, noch erhalten ist, dann das indische *yajñya*, érânisch *yẹsnya* opferwürdig, anbetungswürdig. Wir müssen indessen bemerken, dass auch griech. ἁγνός und ἅζομαι hier sich anschliesst und also der Begriff schon in die indokeltische Zeit gesetzt werden kann. Anders ist dies bei den folgenden Ausdrücken. Das indische *namas,* eigentlich Verbeugung, dann Verehrung, Anbetung erscheint im Awestâ als *nemaṅh* wieder und in derselben Bedeutung ebenso, wenn auch wohl nur als Lehnwort, im neup. نماز *namâz* adoratio, preces. Den indischen Verbalstamm *namasya*, anbeten, finden wir als *nemaqya* im Awestâ wieder. Die Wurzel *nu*, lobsingen, findet sich in den Vedas, das Awestâ bietet keine Beispiele, aber neup. نويدن *noyîdan* lamentari, dann نوا *navâ*, sonus, melodia, cantus, weisen auf das Vorhandensein des Verbums auch im Erânischen hin, aber auch lett. naut schreien, ahd. niu-mo Jubel, sind hier zu beachten. *Pravac* verkünden, wird bei den Indern von den heiligen Schriften überhaupt gebraucht (cf. Ludwig 3, 38) ganz ebenso auch *fravac* im Awestâ. *Gar*, rufen, anrufen, findet sich im Veda in den Formen *gar*, *gir* und *gur* dann in *jar* wieder, zu dem ersten darf man vielleicht das awestische aibî-gairyâ daithe (Ys. 12, 2) ziehen, ich nehme an, ich preise, das Gegentheil liegt jedenfalls vor im neupers. پیغاره *paighâra* convicium, maledictio, die Form *jar* erweist *aibî jaretar*, Lobpreiser, im Awestâ. Wenn man bedenkt, dass im Veda häufig vom Weben der Lieder die Rede ist (Ludwig 3, 39) und dass Bergaigne wahrscheinlich macht, dass *vip* auf *vap* zurückgehe, so wird man auch das awestische *ufyâni*[1]) so wie das griech. ὑφαίνω in Erinnerung bringen dürfen. Die Inder gebrauchen *saṁkri* von Zurechtrichten und Zubereiten des Opfers, das identische *hañkar* gebraucht das Awestâ vom Vollenden des Opfers. Das indische *hotrâ* Opferguss und das awestische *zaothra* Weihwasserdarbringung gehen auf dieselbe Wurzel zurück, die wir auch im griech. χέω, ausgiessen, finden; auf *hu* rufen: indisch *havana*, Anrufung, awestisch *zavana* dasselbe, die vollere Form *hvâ*, *hve* findet sich im Awestâ als *zbâ* wieder. Dem indischen *prabhṛiti*, Darbringung, entspricht das érânische *frabereti* im Awestâ, *âhuti*, Opferguss, ist gewiss *âzûiti*, das gewöhnlich Fettigkeit bedeutet, in den Gâthâs aber auch Vermehrung, Grösse. *Râti*, in den Vedas Gabe, Geschenk (cf. Ludwig 3, 278) erscheint im Awestâ als *râiti* wieder, davon neup. رادی *râdî*, liberalitas; dagegen *arâti* Kargheit, im Awestâ *arâitirâo*, karg. Unbedenklich vergleiche ich auch ind. *ârâdhanâ*, Huldigung, mit *râzare*, das im Awestâ in ziemlich gleicher Bedeutung vorkommt. Das neup. پوزش *pûzish*, Entschuldigung, Begütigung, hängt mit skr. *pûj* zusammen, diese Wurzel scheint blos arisch zu sein. Ebenso merkwürdig ist eine Anzahl von Ausdrücken, die sich auf das Hersagen der Gebete beziehen. *Âprî* ist der Name gewisser Anrufungen im Rigveda, das Awestâ hat das

1) Cf. meine Bem. in Kuhn, Beiträge 1, 315.

Wort in *âfri-vacaġh*, Segensrede, erhalten. Die Wurzel *prî* oder *frî* heisst in beiden Sprachen „flehen, Jemand günstig zu stimmen suchen“, erhalten ist diese Bedeutung noch in neup. آفرین *âferîn* Lob, Preis. Auch ein Verbum *ishudhya* wird in Bezug auf die Anrufung der Götter in beiden arischen Sprachen gebraucht. Ganz arisch ist die Wurzel *stu* loben, die als Verbum vorkommt, aber auch in zahlreichen Ableitungen wie ind. *stuti* aw. *stûiti* Lob, *stotar* aw. *staotar*, Preiser, *stoma* und *staoma* Lob, Preis, *stomya* und *staomya* preiswürdig. Auch das Neupersische kennt noch ستودن *sutûdan* loben, preisen und ستودان *sutûdân* die Todtengebete. Aelter ist die Wurzel *çaṅs*, die man auch im Lateinischen und im Gothischen nachweisen kann, aber gewiss arisch ist das indische *praçasti* aw. *fraçasti* Verherrlichung der Götter, ind. *çaṅsa* Lob und aw. *saġha* Wort. Ein in beiden Sprachen identisches Wort ist *gâtha* Lied, auch die Wurzel *gâ*, singen, ist nur arisch. Das awestische *ukhdha*, Gebet, mag zunächst aus *ukhta* hervorgegangen sein, ein sehr naher Verwandter ist aber jedenfalls das vedische *uktha*, Spruch. Auch das indische *sûkta*, Hymnus, hat man mit *hûkhta*, gut gesprochen, im Awestâ verglichen, beide Wörter sind auch sicher identisch, hier hat aber das Awestâ die ursprüngliche Bedeutung erhalten, die vedische ist die abgeleitete und im Awestâ nicht nachweisbar. Das wichtigste unter diesen Wörtern ist aber *mantra* Spruch, Gebet, Lied, das im Awestâ gleichfalls einen heiligen Spruch bedeutet (cf. Vd. 3, 111. Ys. 29, 7. Yt. 14, 46.) und *mãthra* geschrieben wird. Hierdurch ist bewiesen, dass die Wurzel *man* in der arischen Periode nicht blos vom Denken schlechthin, sondern bereits auch vom erregten Denken gebraucht wurde, aber das griech. *μάντις* dürfte uns zwingen, die Entstehung dieser Bedeutung in eine noch frühere Periode zu verlegen. Es ist meines Wissens bis jetzt noch nicht darauf aufmerksam gemacht worden, dass das Wort *haṅdâiti*, welches von der Zusammensetzung heiliger Texte gebraucht wird (Ys. 57, 21. 70, 83) mit Ausnahme der Endung ganz dasselbe Wort ist wie das indische *saṁhitâ*. Zum Schlusse erinnern wir noch an die beiden arischen Sprachen gemeinsamen Ausdrücke *âvid* und *nivid*, die sich auf die Einladung zum Opfer beziehen, an das letzte Wort schliesst sich auch das neup. نويد *nivéd*, fröhliche Botschaft, an.

Von nicht geringerem Gewichte als diese Ausdrücke, welche sich mehr auf das Aeussere des Cultus beziehen, sind diejenigen, welche das Innere betreffen. Der Ausdruck *mâyâ* ist beiden arischen Sprachen gemeinsam und bedeutet Weisheit, wenn dafür im Awestâ *maya* erscheint, so ist dies ganz entsprechend, da dem *ây* dort fast immer *ay* entspricht. Auch neup. مايه *mâya* materia, valor, gehört hierher. Ebenso wichtig aber dunkler sind die indischen Ausdrücke *magha*, *maghatti*, von welchen ich nicht zweifle, dass sie in ihrem letzten Grunde mit dem *maga* der Gâthâs identisch sind. Die Zurückführung dieser Wörter auf eine ursprüngliche Wurzel *magh*, die später *mah* oder *maz* wurde, ist einfach genug. Das indische *magha* heisst Reichthum und wird gerne gebraucht, um die Gaben des Indra zu bezeichnen, *maga* in den Gâthâs wird wörtlich genug mit Grösse übersetzt, hiermit ist aber der Begriff des Wortes gewiss nicht erschöpft, es scheint dasselbe zumeist auf geistige Güter bezogen zu werden. Der Ausdruck *mazoi magâi* (Ys. 29, 11. 45, 14) scheint ganz dem *mahyâi maghattaye* (Rgv. 679, 9) zu entsprechen, auch das indische *mahimagha*, grosse Schätze besitzend, überreich, gehört hierher. Es mag sein, dass mit dem indischen *çraddhâ*, Glaube, sich das awestische *zarazdâ* deckt, wie Darmesteter annimmt. Das indische *satya*, gut, erscheint in altp. *hashiya* und awestisch *haithya* wieder. Wenn die Tradition dieses letztere Wort gewöhnlich mit „offenbar,“ wiedergiebt, so thut sie daran nichts Unrechtes, denn nach érânischen Begriffen ist eben das Offenbare das Gute, das Verdeckte aber das Schlechte; noch im Neupersischen, besonders bei Firdosi trifft man آشكار و نهان *âshikâr u nihân* in dieser Bedeutung häufig genug. Auch in den Gâthâs (Ys. 31, 13) findet man *âvis'yâ* offenbar, und *tayâ* verstohlen, geheim, sich gegenüber gestellt; dasselbe geschieht im Rigveda mit *âvis* und *guhâ* (880, 5. 897, 1) oder *âvishṭyaṁ* und *guhâ* (926, 7), so dass wir hier jedenfalls eine alte Anschauung vor uns haben, die wir aber ausserhalb der indokeltischen Welt uns auch nachzuweisen getrauen. In den Gâthâs (Ys. 30, 9) finden wir den Ausdruck *hathramanâo*, gehorsam, er entspricht dem indischen *satrâ manasâ*, vom ganzen Herzen, (Rgv. 616, 1). Ein alter Ausdruck ist auch das vedische *prâñc kar*, vorwärts machen, fördern, womit *fras'o-kereti* im Awestâ zusammenhängt: die Zeit der Auferstehung oder eigentlich die Zeit, in welcher die Leiber der Verstorbenen wieder wachsen. Das Wort *dhenâ*, Wort, wird zwar nicht von allen, aber doch von mehreren Interpreten des Rigveda anerkannt, die indischen Erklärer haben diese Bedeutung überliefert. Es liegt am Tage, dass dieses Wort am meisten Anspruch hat mit dem érânischen *daena*, Religion, zusammengestellt zu werden.

Es kann uns nicht wundern, wenn wir neben diesen Ausdrücken für priesterliche Gegenstände auch mehrere Namen finden, welche die Priester selbst betreffen. Unter diesen steht der Name *atharvan* oben an, mit welchem im Rigveda meist eine mythische Persönlichkeit, die den Feuercultus begründen half, sammt ihren Nachkommen, aber auch ein Feuerpriester bezeichnet wird. Das letztere ist die alleinige Bedeutung des Wortes *atharvan* im Awestâ, wo es nur in einigen Casus erhalten, in andern durch âthrava ersetzt worden ist; es ist schwer zu sagen, welche der beiden Bedeutungen die Grundbedeutung sei. Das Wort *maghavan*, Besitzer von Schätzen, finden wir im érânischen *magavan* in den Gâthâs wieder, die Bedeutung scheint verschieden und zwar wieder in derselben Weise wie oben bei *magha* und *maga*, dass nämlich der érânische Ausdruck sich mehr auf die jenseitige Welt bezieht. Unstreitig die wichtigste Uebereinstimmung auf diesem Gebiete ist aber die, dass das indische *hotar* sich im érânischen *zaotar* wiederfindet und das Wort hier wie dort den obersten Priester bezeichnet. Wir bringen das Wort mit dem oben genannten *hotrâ* oder *zaothra* in engste Verbindung, so dass die Grundbedeutung die des Opfers nicht die der Anrufung ist, für den Anrufer hat das Awestâ die Form *zbâtar* ausgebildet.

An die Beschäftigung der Priester schliesst sich im Alterthume gerne die des Studiums im Allgemeinen an. Hier scheint nun die indische Wurzel *çak* bemerkenswerth. *Çâkta* heisst bei den Indern der Lehrer, *çikshamâṇa* der Schüler. Im Awestâ scheint das entsprechende *sac* im Allgemeinen ausrüsten zu bedeuten, das indische Desiderativum *çiksh* ist im Awestâ zu einem eigenen Verbum *sîsh* geworden, das aber lehren bedeutet. Das np. ساختن *sâkhtan* heisst blos ausrüsten, zurecht machen. Oben haben wir bereits Gelegenheit gehabt, die indische Wurzel *daṁs* zu erwähnen, die dem érânischen *dag̃h* entspricht. Während die Inder mehr die Idee des Wunderbaren mit ihr verbinden, bildet sie im Erânischen Wörter, die mehr die Gelehrsamkeit hervorheben. So entspricht dem indischen *dasra*, wunderthätig, das awestische *dag̃ra* gelehrt, dem *dasma*, wunderkräftig, *dahma*, gelehrt, fromm. Auch *deñg-paiti*, Herr der Weisheit, gehört hierher. — Zum Schlusse erwähnen wir noch einige Redewendungen die im Veda und Awestâ gleichmässig vorkommen: *uttânahasta* = *ustanazasta* mit erhobenen Händen, *trâsithâṁ naḥ* (Rgv. 578, 4) und *nâo thrâzdûm* (Ys. 34, 7. 57, 13. 14. 15, rettet uns, endlich *dâtâro vasûnâṁ* und *dâta vag̃hvãm*. Auch *bhagabhakta* (Rgv. 24, 5) findet man im Awestâ als *bagho-bakhta* wieder vor.

§ 31.

Rechtsausdrücke.

An die Ausdrücke, welche die Religion betreffen, schliessen wir diejenigen an, die sich auf die Rechtszustände beziehen, da die letzteren mit der Religion in genauem Zusammenhange zu stehen pflegen. Die Ausbeute ist hier indessen nicht gross, einmal weil nach der Natur der uns erhaltenen Schriften uns nicht viele auf das Recht bezügliche Ausdrücke bekannt sind, dann weil diejenigen, welche wir kennen lernen, sich fast alle bis in die indokeltische Zeit zurückverfolgen lassen. Bei den Indern wird *diç* als Substantiv in der Bedeutung Anweisung, Befehl gebraucht, als Verbum im Causativum bedeutet es: anweisen, befehlen. Ebenso gebrauchen auch die Erânier im Awestâ das Causativum von *dis* in der Bedeutung anweisen, namentlich von der Festsetzung einer Strafe, freilich aber sind diese Bedeutungen nicht blos arisch, denn gr. δική, δικαστής sowie lat. ju-dex, deutsch zeihen, weisen auf dieselbe Anschauung hin. Ebenso ist es bereits indokeltisch, die Wurzel *dhâ* für die Festsetzung gesetzlicher Bestimmungen zu gebrauchen, wenn auch die Ableitungen von dieser Wurzel in verschiedenen Sprachen verschieden sind; neben indisch *vidhi*, *vidhâna*, Ordnung, gesetzliches Verfahren, steht in beiden altérânischen Dialekten *dâta*, Gesetz, das sich im neup. داد *dâd*, Gesetz erhalten hat, aber auch gr. θέ-μις, goth. doms lassen sich anschliessen. Die Idee der Gerechtigkeit und Aufrichtigkeit verbindet sich im Indischen wie im Erânischen mit der des Geraden, dem indischen *ṛiju* gerade, recht, gerecht, mit dem Superlativ *rajishṭha* schliesst sich im Awestâ *erezu*, *razishta* im Altp. *râsta* und im Neup. راست *râst* in derselben Bedeutung an, auch neup. رسم *rasm*, Regel, dürfte hierher gehören, sowie lat. regula, goth. raihts. Entgegengesetzt sind die Bedeutungen des Unrechts, der Schuld, hierin gehen die arischen Sprachen weniger zusammen. Für das Verbrechen wird im Awestâ öfter *shkyaothna* gebraucht, welches das indische *cyautna* ist und ursprünglich blos die That überhaupt bezeichnet, die Beschränkung in dem eben genannten Sinne scheint blos érânisch zu sein. Im Mittelérânischen erscheint für Vergehen der Ausdruck *vnâs*, aus dem im Neup. گناه *gunâh* geworden ist, lautlich ohne Zweifel identisch mit ind. *vinâça*, das aber nur Aufhören, Untergang bedeutet. Dass ursprüngliche Rechtsausdrücke verschwunden sein müssen, beweist die früher schon bemerkte Identität des Ausdruckes *fravarshta* im Awestâ mit goth. fravauhrts, Sünde und *uzvarezu*, Sühne, mit goth. usvauhrts, Gerechtigkeit. Die Arier bezeichnen die Idee des Sterbens mit der indokeltischen Wurzel *mar*, für die des Ermordens wird bei den Indern *han* bei den Erâniern *jan* gebraucht, indisch *bâdh*, peinigen, hinrichten, stimmt überein mit *ban*, krank, schwach sein, im Awestâ, das aus ursprünglichem *band* verkürzt ist. Alle diese Ausdrücke haben aber ihre entsprechenden Bezeichnungen in den übrigen indokeltischen Sprachen, ebenso *naç* oder *nas*, welches zu Grunde gehen bedeutet. Für die Bezeichnung des Stehlens ist jetzt eine Wurzel *stâ* als die ursprüngliche anerkannt, von welchen das beiden arischen Sprachen gemeinschaftliche Wort *tâyus*. Dieb (für *stâyus*) stammt. Eine Erweiterung der Wurzel *stâ* ist gewiss *sten*, dessen ursprüngliche Form *stân* noch im neup. ستاندن *sitândan* erhalten ist. Dass *mush* nicht blos im Indischen, sondern in den indokeltischen Sprachen überhaupt stehlen bedeute, dürfen wir als gewiss annehmen, der Name einer Pairika *mûsh* im Awestâ beweist, dass die érânischen Sprachen keine Ausnahme machten. Das alte indische Wort *yos* Heil, Glück, findet sich im awestischen *yaozh-dâ*, reinigen, wieder, man darf es gewiss mit lat. jus zusammenstellen. Für den Begriff der Rache, besonders der Blutrache haben die arischen Sprachen die Wurzel *ki* oder *ci* im Gebrauche, die erstere Form ist noch erhalten in dem awestischen *kaena*, Blutrache, und neup. كين *kîn*. Die Wurzel *ci* wird für rächen, strafen, in weiterer Beziehung in beiden arischen Sprachen gebraucht; so bezeichnet im Awestâ das abgeleitete *citha* besonders die Geldstrafe, bei den Indern *apaciti* Vergeltung, Sühne. Dass aber diese Anschauung nicht auf die Arier beschränkt war, sehen wir daraus, dass wir auch im Griechischen τίνω, τίσις finden.

§ 32.

Sitten und Gebräuche.

Wir stellen im Folgenden zusammen, was uns von übereinstimmenden Sitten und Gebräuchen der beiden arischen Völker bekannt geworden ist, wobei wir wieder mit denjenigen Dingen beginnen, welche mit der Religion am nächsten verwandt sind, die auf das Recht bezüglichen aber nachfolgen lassen. Der indische Hausherr hat jeden Tag fünf Opfer zu vollziehen und zwar Abends, Mittags und Morgens (Açvalâyana Gṛihya-sutra 1, 1. 2. u. 3, 1. 1—4), der Erânier dagegen fünfmal des Tages, beim Eintritt der verschiedenen Tageszeiten, zu beten, die Rücksicht auf den Sonnenumlauf ist dabei ganz augenscheinlich. Gemeinsam ist aber, dass bei den beiden Völkern täglich ein Opfer gebracht werden muss, durch das die Götter und andere überirdische Wesen gesättigt werden. Gemeinsam ist auch dem arischen Gottesdienst der Zug, dass die vorzüglichste Verehrung dem Feuer dargebracht wird (cf. Rgv. 140, 1. 308, 2. u. Ys. 61, 21—30). Die Monatsfeste lassen sich im Rigveda noch nicht mit Sicherheit nachweisen, doch können sie vorhanden gewesen sein, die Jahresfeste scheinen erst spätern Ursprungs [1]). Eine bedeutende Uebereinstimmung zeigt sich in den Gebräuchen beider Völker bezüglich der Namengebung nach der Geburt eines Kindes. Nach indischen Berichten [2]) ist es Sitte, dass der Vater dem Kinde bei der Geburt den eigentlichen Namen beilegt, den aber ausser den Eltern Niemand erfährt, erst am zehnten Tage erhält das Kind einen zweiten Namen, mit dem es von Allen genannt wird. Ganz dasselbe berichtet auch Firdosi (Shâhn. 1991, 7 Mac.) aus der Zeit der Sâsâniden. Es sei Sitte gewesen, erzählt er, dass der Vater dem Kinde nach der Geburt einen Namen leise ins Ohr gesagt habe, der nur den

---

1) Cf. Bergaigne, la religion védique 1, 31.

2) Cf. Stenzler zu Açval. 1, 15. 8.

Eltern bekannt war, ein zweiter Name wurde laut ausgerufen und das Kind damit benannt. Längst bekannt ist es auch, dass bei beiden arischen Völkern die Aufnahme eines Kindes in die religiöse Gemeinde durch die Bekleidung mit einen Gürtel und einer Schnur geschieht, nach Açvalâyana (1, 19) geschieht dies bei dem Brahmanenjünglinge bereits im achten Jahre nach der Geburt oder der Empfängniss, bei dem Kshatriya im elften, beim Vaiçya im zwölften. Es ist indessen erlaubt, diese Ceremonie auch zu verschieben, bei dem Brahmanen bis zum sechzehnten, bei dem Kshatriya bis zum zwei und zwanzigsten, bei dem Vaiçya bis zum vier und zwanzigsten Lebensjahre. Die Anhänger der mazdayasnischen Religion werden in Persien im zehnten Jahre mit dem Gürtel bekleidet, in Indien bereits im siebenten. Vor dem siebenten Jahre ist der junge Parse schlechthin unzurechnungsfähig; für das Böse, das er etwa thut, trifft die Schuld seine Eltern, vom siebenten bis zum zehnten Jahre trifft ihn die Schuld für Sünden zur Hälfte, nach dem zehnten Jahre, wenn er mit der heiligen Schnur umgürtet ist, gilt er für vollkommen selbständig und hat die Schuld für seine Thaten allein zu tragen. Andere Quellen jedoch geben das fünfzehnte Jahr als den Zeitpunkt an, wo der junge Parse mit dem Gürtel zu bekleiden ist. Unter den Heirathsceremonien heben wir hervor, dass bei beiden arischen Völkern das Ergreifen der Hände der Verlobten als der wichtigste Akt der Hochzeit gilt (cf. Haas in Webers ind. Studien 5, 316., meine Uebers. des Awestâ 2, p. XXXI) die Heirathsgebräuche gehen übrigens schon in die indokeltische Zeit zurück, die übrigen l. c. p. 410 flg. aufgezählten Gebräuche lassen sich hier nicht verfolgen. Weitere übereinstimmende Gebräuche finden wir bei beiden Völkern auch bei den Leichenceremonien. Die Sitten hinsichtlich der Bestattung weichen nicht nur bei Indern und Erâniern von einander ab, selbst bei den Erâniern war der Gebrauch nicht überall derselbe. Nach den Berichten Herodots und des Shâhnâme müssen wir annehmen, dass die Perser ihre Todten begruben, wenigstens die Vornehmen unter denselben, wie sich ja auch solche königliche Gräber noch erhalten haben. Dagegen haben die Bekenner des Awestâ ihre Todten an wüsten Plätzen ausgesetzt, was darauf hindeutet, dass sie grosse Wüsten in der Nähe hatten, und auch in den von Mongolen besetzten Landstrichen ist noch heute diese Art der Bestattung gewöhnlich; doch lässt sich auch aus dem Awestâ entnehmen, dass in manchen Gegenden Erâns die Todten entweder begraben oder verbrannt wurden. Die letztere Sitte ist die in Indien geltende. Eine übereinstimmende Sitte der Arier ist, dass man den Todten nicht im Hause liess. Bei den Indern muss nach Açvalâyana (4, 1. 6 flg.) für einen Todten an einer Stelle, wo nur Dornen und Kräuter mit Milchsaft wachsen, ein Stück Landes nach der südöstlichen oder südwestlichen Seite ausgegraben werden, so lang wie ein Mann mit emporgehaltenen Armen ist. Bei den Erâniern scheint man den Todten sobald als möglich fortgeschafft zu haben, hinderte aber die Witterung, so musste (Vd. 5, 34 fg.) ein Behälter (Kata) errichtet werden, so gross, dass er gerade für den Körper des Todten passte. Gemeinsam ist auch die Ansicht, dass durch einen Todesfall die Wohnung verunreinigt werde. Die Inder dürfen, nachdem die Leiche bestattet ist, in der Nacht keine Speise kochen und drei Nächte nichts Gesalzenes essen (Açv. 4, 4. 14. 16. 17.). Nach den Vorschriften des Awestâ (Vd. 5, 123 fg.) muss bei einem Todesfalle das Feuer aus dem Hause entfernt und darf während neun Nächten nicht dahin zurückgebracht werden, so dass es sich von selbst versteht, dass man in dieser Zeit nicht kochen kann. Nach neuerem Gebrauche darf drei Tage lang im Todtenhause nicht gekocht werden, aber am vierten Tage wird ein Todtenmahl gehalten und zu dem Ende ein Schaf geschlachtet. Auch über die Feste, die zu Ehren des Todten gefeiert werden, herrscht Uebereinstimmung. Bei den Indern findet am 10. oder 13. Tage nach der Verbrennung der Leiche die Sammlung der Knochen statt, daran schliesst sich ein Mahl (çrâddha) zu Ehren des

Todten (Açv. 4, 5. 1), dieses Mahl wurde jährlich am Sterbetage wiederholt. Ausserdem gab es auch monatliche Opfer und auch in das tägliche Opfer werden die verstorbenen Väter mit eingeschlossen (Açv. 1, 1. 1. u. 10). Ganz so bei den Bekennern des Awestâ. Am 10. Tage nach dem Tode wird ein Todtenamt gehalten, ebenso am Monatstage, dabei wird empfohlen, der Sicherheit wegen den 30. und 31. Tag zu feiern. Nach einem Jahre muss das Todtenopfer wiederholt werden. In das tägliche Opfer werden die Vorfahren gleichfalls eingeschlossen. Auf eine weitere Verbreitung dieser Sitte unter den indokeltischen Völkern weisen die Gebräuche der Römer hin, die auch am 9. Tage ein Todtenopfer verlangen, (sacrificium novemdiale), dieses Opfer musste bei Wiederkehr des Sterbetages wiederholt werden. Der Glaube, dass während 10 Tagen in jedem Jahre die Todten auf die Erde zurückkehren und dann mit Speisen und Getränken zu bewirthen sind, finden sich übereinstimmend bei den Erâniern, den Römern und ebenso bei den heidnischen Littauern und Ostpreussen[1]). Auch die Ansichten über die Schicksale der Seelen der Verstorbenen auf ihrer Reise in die jenseitige Welt wie sie das Mahâbhârata (3, 13392 fg.) und der Parsentractat Aogemadaeca beschreiben, haben viel Verwandtes, doch wollen wir darauf, als sehr spät, kein Gewicht legen.

Noch einer anderen wahrscheinlich gemeinsamen Anschauung müssen wir hier gedenken. Die Inder kennen zwei Hunde, die beiden Sârameya, welche die Seelen der Verstorbenen auf ihrer Reise in die jenseitige Welt beschützen und daher auch den Namen pathirakshî, Beschützer auf dem Wege, führen. Die Hauptstellen über diese Hunde, von welchen der eine als schwarz (çyâma) der andere als gefleckt (çabala) geschildert wird, sind Rgv. 840, 11. 12 u. AV. 8, 1. 9; weitere Mittheilungen über diese beiden Hunde findet man bei Weber, Indische Studien, 2, 296. Es war etwas kühn, dass ich in meiner Ueber-

1) Cf. Donner, Piṇḍapitṛiyajña (Berlin 1870) p. 6 fg.

setzung des Awestâ (2, CXV) die beiden gelben Hunde mit vier Augen, die nach Vd. 8, 48 auf den Wegen geführt werden sollen. auf welchen man einen Todten getragen hat, mit diesen gleichfalls vieräugigen Sârameyas verglich, aber doch wohl nicht ganz unrichtig. Hunde, welche der jenseitigen Welt angehören, findet man auch sonst im Awestâ, Vd. 13, 25 wird erwähnt, dass die Seelen der Menschen, welche einen Igel getödtet haben nicht von den Hunden in Schutz genommen werden, welche die Brücke beschützen. Der Ausdruck des Textes ist spâna pes'u-pâna, man fasst die Worte am besten als Duale, da es häufig vorkommt, dass der Dual des Nomens mit dem Singular des Verbums verbunden wird. Der Schutz, den diese Hunde der Brücke gewähren, wird wohl der sein, dass sie die Gottlosen verhindern, dieselbe zu überschreiten. Verschieden vielleicht ist der Hund, mit welchem nach Vd. 19, 99 das aus den guten Werken der Menschen gebildete Mädchen der Seele des Frommen entgegenkommt, dieser Hund wird, wie die indischen Sârameya, die Aufgabe haben, die Seele auf ihrem Wege zum Himmel zu schützen. Auch die viel besprochene Ceremonie der Parsen, der sogenannte Sag-dîd, dürfte ursprünglich auf den Gedanken zurückzuführen sein, dass man die Seele durch einen Hund als einen treuen Genossen auf dem Wege begleitet dachte, auf dem sie sonst Niemand begleiten kann. Weiter noch erstreckt sich der Glaube, dass die Hunde im Stande seien, die Zauberer und die überirdischen Wesen überhaupt zu sehen. Die alte Uebersetzung des Vendîdâd (13, 54) behauptet, dass der Hund Vohunazga die Zauberer und Drujas abhalte. Weitere interessante Berührungspunkte, besonders bei den Slaven findet man in der Abhandlung von W. Miller: sur le rôle du chien dans quelques croyances mythologiques in Atti del IV. congresso internazionale degli Orientalisti 2, 39 flg.

Hinsichtlich der Reinigungsgebote ist zu bemerken, dass den Erâniern verboten ist, Unreinigkeiten an das Wasser oder Feuer zu bringen (Vd. 6, 54 flg. 8, 251), ebenso ist es auch den

Brahmanen verboten das Wasser zu verunreinigen (Manu 4, 56). Weder der Brahmane noch der Mazdayasna kann Menschenknochen berühren. ohne sich zu verunreinigen (M. 5, 87 flg. Vd. 6, 17. 22. 27). Ein Brahmane soll im Zustande der Unreinheit mit dem Feuer nicht in Berührung kommen und soll die Himmelslichter nicht ansehen (M. 4, 142), dabei liegt wohl dieselbe Idee zu Grunde, als wenn die Erânier den unreinen Frauen verbieten in das Feuer zu sehen (Vd. 16, 8). Der im Vendîdâd so oft als Reinigungsmittel vorgeschriebene Rindsurin dient auch bei den Brahmanen zu gleichem Gebrauche (M. 5, 121). Die Nägel, die abgeschnitten sind, gelten beiden arischen Völkern als unrein (M. 5, 135. Vd. 17, 1 fg.) Auch für die Befriedigung der natürlichen Bedürfnisse werden bei Indern und Erâniern übereinstimmende Vorschriften gegeben (M. 4, 45—52. Vd. 18, 90).

Schon aus Herodot ist bekannt, dass es den Persern für schändlich galt zu lügen, die Inschriften des Darius wie des Awestâ bestätigen diese Aussage vollkommen. Aber auch den Brahmanen ist das Wahrheitsprechen zur Pflicht gemacht (M. 4, 138). Ueber die Ausdrücke *mitradruh* und *mithradruj* haben wir schon oben (§ 27) zu sprechen gehabt, hier wollen wir noch hinzufügen, dass nicht blos im Namen, sondern auch in der Sache eine grosse Gleichheit vorhanden ist, wie Jedermann zugestehen wird, der die Stellen M. 8, 89—99 mit Vd. 4, 6 flg. vergleicht. Der Schwur war beiden arischen Völkern bekannt, die érânische Form lässt sich indessen nur aus späteren Quellen erschliessen. Gottesgerichte kommen bekanntlich in Indien schon in sehr alten Zeiten vor, die älteste der bezeugten Formen ist die des Schreitens durch das Feuer, bei den Erâniern können wir ein Gottesurtheil erst aus Firdosis Königsbuche nachweisen, wo Siyâvakhsh, um seine Unschuld zu beweisen, durch das Feuer reitet, also auch hier dieselbe Anschauung. Gemeinsam ist beiden Völkern auch die Vorstellung, dass begangene Sünden sich nicht blos an dem Thäter rächen, sondern auch die Verwandten desselben in Mitleidenschaft ziehen (M. 4, 173. 8, 97 flg. Vd. 4, 24 flg.). Endlich wollen wir noch erwähnen, dass beide arische Völker die Verheirathung eines Mädchens mit einem frommen Manne als ein verdienstliches religiöses Werk ansehen (M. 3, 27. 28. 5, 151. Vd. 14, 66).

§ 33.

Epische Erzählungen. Vorbemerkungen.

Von nicht minderem Interesse für die Beurtheilung altarischer Zustände als die zahlreichen Uebereinstimmungen auf dem Gebiete der Religion sind auch die epischen Erzählungen, welche sich als beiden Völkern gemeinsam nachweisen lassen. Freilich müssen wir die Nachrichten für diese zum Theil aus Quellen schöpfen, welche von der Zeit, von der wir reden weit abliegen, und es ist daher sehr wahrscheinlich, dass wir weder in Indien noch in Erân bis zu den ältesten Gestaltungen vordringen können. Der Rigveda macht es sich nicht zur eigentlichen Aufgabe, uns solche Erzählungen mitzutheilen, nur hier und da erwähnt er einzelne epische Persönlichkeiten, ohne jedoch genauer auf ihre Geschichte einzugehen, auch wissen wir nicht, ob er nicht im priesterlichen Interesse Züge voranstellt, die in der volksthümlichen Auffassung mehr zurücktreten. Auch im Atharvaveda sowie in den Schriften der nächstfolgenden Periode, den Brâhmaṇas, können wir für unsern Zweck nur spärliche Aufklärung erwarten. In mehreren Fällen werden wir uns auch an das Mahâbhârata wenden. In diesem grossen Heldengedichte sollte man billig die beste Aufklärung über Alles erwarten, was in den Kreis des Epos gehört, es ist jedoch bekannt, dass das Werk unter den Händen der Brahmanen seinem ursprünglichen Zwecke vielfach entfremdet und zu einer Encyclopädie desjenigen Wissens umgestaltet wurde, welches man für den zweiten und dritten Stand zweckmässig erachtete, auch ist man längst von der Ansicht zurückgekommen, dass dem Werke ein hohes Alter zuzuschreiben sei; doch wird es uns in einigen Fällen erwünschte Aufklärung geben können. Aehnlich verhält es sich auch mit unseren éránischen Quellen. Das Awestâ ist für epische Erzählungen etwas ergiebiger als der Rigveda, auch befindet sich dasselbe fast durchgängig in schönster Uebereinstimmung mit dem Shâhnâme oder Königsbuche des Firdosi, welches Werk zwar noch später ist als das Mahâbhârata, aber den alten Stoff treu bewahrt hat. Demungeachtet würde es schwierig sein, den Beweis zu führen, dass dieser Stoff in eine ältere Zeit zurückgehe als die der Sâsâniden, aber gerade die Vergleichung der indischen und éránischen Erzählungen hilft uns über diese Schwierigkeiten hinweg, und die grosse Aehnlichkeit derselben in vielen Dingen verbürgt uns genügend das hohe Alter dieser Züge.

§ 34.

Yama und Yima.

Entgegen unserer sonstigen Gewohnheit müssen wir unsere Betrachtung mit dem éránischen *Yima* beginnen, weil wir die Persönlichkeit desselben am besten übersehen und sie uns für das Verständniss des weniger gut erhaltenen indischen *Yama* von Nutzen sein kann. Der Name Yima erscheint im Awestâ nicht selten als der Name eines der ältesten unter den mythischen Königen Erâns. Am ausführlichsten ist jedoch von ihm im zweiten Kapitel des Vendîdâd die Rede, welches ganz seiner Geschichte gewidmet ist. Es wird uns da erzählt, dass Ahura Mazda zuerst den Yima aufgefordert habe, der Träger und Verbreiter seiner Religion zu sein, dass aber Yima es ablehnte, weil er sich einer solchen Aufgabe nicht gewachsen fühlte. Ahura Mazda richtet dann eine zweite Aufforderung an ihn, dass er wenigstens die Beaufsichtigung und Beherrschung der

Welt übernehmen möge, und mit diesem Ansinnen erklärt sich Yima einverstanden, unter der Bedingung jedoch, dass in seinem Reiche kein heisser und kein kalter Wind wehen, weder Krankheit noch Tod Eingang finden solle. Jeder, der die Anschauungen des Awestâ kennt, wird nicht im Zweifel sein was diese Einleitung bedeuten soll. Sie soll uns belehren, dass man ein sehr guter, ja der beste König sein könne, ohne desswegen der hohen Aufgabe eines Religionsstifters gewachsen zu sein. Indem Yima diese höchste aller Würden ausschlägt, bleibt dieselbe dem später kommenden Zarathushtra gewahrt und Yima muss sich mit der zweiten Würde, der eines Königs, begnügen. Nachdem nun Yima die Königswürde übernommen hat, erhält er von Ahura Mazda Ring uud Schwert als Symbole seines Amtes, der Ring dient dazu, seine Befehle zu untersiegeln, das Schwert, um die Ungehorsamen zu züchtigen, welche seinen Befehlen nicht gehorchen wollen. Da Yima seinen Beruf auf das trefflichste erfüllt, so gedeihen Menschen und Thiere unter seiner Obhut, so dass er mehrere Male die Erde auffordern muss, sich zu erweitern, damit Menschen und Vieh Raum finden, und die Erde folgt auch willig seinem Befehle, wenn er sie mit dem Ringe und dem Schwerte berührt, denn auch sie ist dem Beherrscher der Erde unterthan. Ahura Mazda indessen sieht in seiner Allwissenheit voraus, dass dieser glückliche Zustand nicht ewig währen wird, sondern dass vielmehr noch schwere Zeiten für die Erde beschieden sind, Zeiten, in welchen sogar das Thier- und Menschengeschlecht ganz zu Grunde gehen und die Nahrungsmittel vernichtet werden. Darum lässt er den Yima in einem eingeschlossenen Raume einen Garten anlegen, in welchen nicht nur die besten Pflanzen und Lebensmittel, sondern auch die vorzüglichsten unter den Menschen und Thieren hingebracht werden. Unbekümmert und unberührt durch die Leiden, welche die übrige Welt treffen, leben die Bewohner dieses Gartens in ungetrübter Seligkeit fort, sie sind, wie wir aus anderen Quellen wissen, dazu bestimmt, künftighin, wenn einmal die Erde verödet sein wird, auf dieselbe herauszutreten und sie wieder zu bevölkern [1]).

Diese Erzählung des Vendîdâd ist ein Fragment, das die Geschichte Yimas nicht zu Ende führt, das aber durch andere Stellen des Awestâ theils seine Bestätigung, theils seine Ergänzung erhält (cf. Ys. 9, 13—20. Yt. 5, 25; 9, 8; 15, 15; 17, 28; 19, 30 fg.). Alle unsere Berichte sind darin einig, dass Yima ein Sohn des *Vîvaghâo* sei, doch wissen wir von diesem nichts weiter, als dass er ein eifriger Verehrer des Haoma gewesen sein soll. Das Glück von Yimas Regierung wird überall bestätigt, eine Stelle (Yt. 9, 10) theilt uns noch die interessante Notiz mit, dass Yimas Regierung 1000 Jahre gewährt habe, während die gewöhnliche Ansicht ist, dass er 616 Jahre und 6 Monate regierte und dann noch 100 Jahre in der Verborgenheit lebte. Wie dem auch sein mag, es ist klar, dass dieser glückliche Zustand längst aufgehört hat und als Grund der Veränderung wird uns (Yt. 19, 30 flg.) angegeben, dass Yima anfing, lügnerische Reden zu führen, worauf sich die göttliche Majestät von ihm entfernte und das Glück von ihm und seinen Unternehmungen wich, auch auf die spätere Ansicht wird angespielt, dass Yima von seinem Gegner und Nachfolger hingerichtet worden sei, indem ihn derselbe zersägen liess. Yima erhält demnach keinen Platz in dem von ihm eingerichteten Garten, als den Beherrscher desselben nennt man uns vielmehr den Urvataḍ-nara, den jüngsten Sohn Zarathushtras, während Zarathushtra selbst der oberste geistliche Vorstand ist [1]). Mit diesen Angaben des Awestâ stehen die des Shâhnâme

1) Die früher von Windischmann ausgesprochene und von mir getheilte Ansicht, dass Yima in dem von ihm gegründeten Garten lebe, lässt sich durch nichts wahrscheinlich machen, er ist offenbar niemals in demselben wohnend gedacht worden.

2) Diese Einrichtung entspricht vollkommen den Verhältnissen. Urvataḍ-nara ist nach allgemeiner Ansicht der Parsen der Begründer des Ackerbaues, nur für die Ackerbauer braucht in dem Garten des Yima

wenigstens nicht im Widerspruche, doch legen dieselben weniger Gewicht auf das Glück, das durch die Abwesenheit der Hitze und Kälte, der Krankheit und des Todes unter Yimas Regierung herrschte, als auf die Fortschritte der Civilisation, die unter seiner Regierung geschehen, durch die Erfindung der Kunst, das Eisen zu bearbeiten und Waffen zu schmieden sowie aus verschiedenen Stoffen feine Kleider zu fertigen, besonders aber darauf, dass Yima unter den Menschen verschiedene Stände unterschied und sie in die Priester, Krieger, Ackerbauer und Handwerker theilte. Es ist dies eine Regierungshandlung des Yima, welche mit anderen Angaben in Widerspruch steht, welche uns unten noch beschäftigen werden. Ueber das Ende des Yima befindet sich Firdosi mit der oben angeführten Stelle der Yasht im vollkommenen Einklange. Fügen wir diesen Angaben noch hinzu, dass nach dem Bundehesh Yima eine Schwester Yimak hatte, welche er nach seinem Abfalle von Gott mit einem Dämonen verheirathete, so werden wir alles Material beisammen haben, welches von êrânischer Seite für unsere Vergleichung geliefert werden kann.

Betrachten wir nun den indischen Yama. Das Wort *yama* erscheint im Rigveda in zweierlei Betonung: *yamá* bedeutet den Zwilling, eine Bedeutung, die wir auch dem awestischen *yéma* beilegen dürfen, yáma dagegen den Bändiger. Da die Betonung des Eigennamens der ersteren folgt, so wird man als Grundbedeutung des Wortes die Bedeutung Zwilling festhalten müssen, wiewohl die Inder den Yama gewöhnlich in der Bedeutung Bändiger fassen und diese Auffassung schon ziemlich hoch hinauf geht (cf. das Petersb. Wörterbuch s. v. yamá). Dass der indische *Yama* mit dem êrânischen *Yima* vollkommen identisch sei, erhellt schon daraus, dass als Vater des Yama bei den Indern *Vivasvat* genannt wird, was sich mit dem êrânischen

gesorgt zu werden, Krieger sind dort nicht vorhanden, da Zank und Streit ausgeschlossen ist. Für die Priester kann es aber keinen besseren Vorstand geben als eben den Zarathushtra.

Vivaghâo vollkommen deckt. Auffallend ist, dass Yama nur dem letzten und vorletzten Buche des Rigveda besonders angehört, ausserdem findet er sich nur selten erwähnt und zwar im ersten Buche an drei Stellen:

35, 6. tisró dyâ'vah savitúr dvâ' upásthân ékâ yamásya bhúvane virashâ'ṭ drei Himmel des Savitar, zwei Schosse (nahe), eine Virâshâṭ (Hölle) in der Welt des Yama.

83, 5 sácâ yamásya jâtám amṛ́taṁ yajâmahe die von Yama entsprungene Unsterblichkeit suchen wir zu eropfern.

116, 2. tád râ'sabho nâsatyâ sahásram âjâ' yamásya pradháne jigâya der (Esel) Râsabha hat, o Nâsatya, dies tausendfache in der Schlacht, in Yamas Kampf erbeutet.

An den übrigen Stellen bedeutet yamá Zwilling, 163, 2 erscheint Yama als Geber des Wassers. Nur im zehnten Buche des Rigveda erhält Yama das Beiwort König und wird ausdrücklich als Sohn Vivasvats bezeichnet. Seine Stellung geht am deutlichsten aus 839 hervor, wo er selbst zum Todtenmahle eingeladen wird und wo es heisst der Todte werde dahin gehen, wo Yama und Varuṇa wohnen und dort an der Seligkeit Theil nehmen, welche Yama in Gemeinschaft mit den Vätern geniesst (841, 8). Ebenso heisst es (844, 13), dass Yama dem Todten sein Haus gründen soll. Wenn nach diesen Stellen Yama deutlich als der König der Todten erscheint, so sind wir dagegen über seine anderen Lebensverhältnisse sehr wenig unterrichtet. Wir erfahren indessen (961, 1), dass Yama mit den Göttern zusammen trinkt, er soll früher auch den verborgenen Agni entdeckt haben (877, 3). Undeutlich bleibt wer der Hotar des Yama ist (878, 3). An einer Stelle endlich (839, 4 = Ath. 18, 3. 41) heisst es: priyâ'ṁ yamás tanvàm prâ'rirecît d. h. Yama hat seinen geliebten Körper verlassen. Aus diesem Allen erhellt, dass nach der Vorstellung des Rigveda Yama vorzugsweise der jenseitigen Welt angehört, wo er in Gemeinschaft mit den Göttern und den Vätern ein seliges Leben führt. Einmal (991, 4) erhält bereits im Rigveda Yama das

Beiwort mṛityu, Tod, also ganz nach der späteren Auffassung, wo Yama als der Gott des Todes erscheint.

Von grosser Wichtigkeit ist uns auch *Vivasvat*, der Vater des Yama (840, 5. 843, 1. 2), von welchem er das Beiwort *Vaivasvata* d. i. Sohn des Vivasvat, erhalten hat (cf. 825, 8. 840, 1. 884, 1. 886, 10). Das Wort *Vivasvat* hat mehrerlei Bedeutungen im Rigveda, auf die wir hier indessen nicht einzugehen brauchen; es genügt, dass das Wort eine Bezeichnung der Sonne ist, wir können demnach sagen, dass Yama von der Sonne abstamme. Genaueres über Yamas Stammbaum erfahren wir 843, 1. 2.

Tváshṭâ duhitré vahatúm̃ kṛiṇotî'tîdám̃ víçvam bhúvanam̃ sám eti |

Yamásya mâtá paryuhyámânâ mahó jâyá vívasvato nanâça ||

ápâgûhann amṛítâm mártyebhyaḥ kritví' sávarṇâm adadur vívasvate |

Utáçvínâv abharad yát tád âsîd ájahâd u dvá mithuná Saraṇyû'ḥ ||

Ich gebe hier Grassmanns Uebersetzung, weil sie meiner Auffassung mehr entpricht als die Ludwigs: „Tvashṭar richtet seiner Tochter die Hochzeit aus, dazu versammelt sich diese ganze Welt; des Yama Mutter als Gattin dem grossen Vivasvat vermählt, hat sich davon gemacht. (Die Götter) verbargen die Unsterbliche vor den Sterblichen; und eine ähnlich aussehende bildend, gaben sie dieselbe dem Vivasvat, und als dies geschah, trug Saraṇyu die beiden Açvinen als Leibesfrucht und gebar die beiden Zwillinge". Aus dieser Stelle lernen wir, dass Vivasvat die Tochter des Tvashṭar heirathete, die Saraṇyû genannt wird, Kinder dieser Saraṇyû waren zwei Paare, das eine Paar sind die Açvins, das andere ist (cf. Nirukta 12, 10—11 und den Commentar) Yama und seine Schwester Yamî. Weiter heisst es, die Götter hätten die Saraṇyû den Menschen verborgen, der Grund wird zwar nicht angegeben, es liegt aber die Vermuthung nahe, dass irgend eine Missgunst die Ursache dieses Verbergens war. An die Stelle der Saraṇyû tritt nun eine zweite Gattin, entweder eine gleichfarbige, oder, wenn man das Wort als Eigennamen fassen will, die Savarṇâ. Von den Kindern dieser zweiten Frau ist hier nicht die Rede, aus Yâska und aus Sâyaṇas Commentare erfahren wir jedoch, dass Manu der Sohn der Savarṇâ sei, weshalb derselbe sowohl den Beinamen Vaivasvata als auch Sâvarṇi führt. Manu ist demnach ein Halbbruder des Yama, demselben von väterlicher Seite vollkommen ebenbürtig, nicht so mit Hinblick auf die Mutter, welche keine Göttin ist. Unrecht wäre es, bei dieser Gelegenheit nicht auch der Darstellung zu gedenken, welche der Harivaṁça (v. 545, flg.) von diesem Mythus giebt; mag auch Manches in demselben spätere Zuthat sein, in den Grundzügen sehen wir auch hier die alte Vorstellung. Auch nach dem Harivaṁça heirathet Vivasvân die Tochter Tvashṭars, die aber hier Sureṇu oder Saṁjñâ genannt wird. Sie gebiert ihm die Zwillinge Yama und Yamunâ, da sie aber die Gestalt ihres Gatten nicht liebt, so schafft sie ihren Schatten (châyâ) in eine ihr ähnliche Frauengestalt um und gebietet dieser, im Hause zu bleiben und auf die Kinder zu achten, während sie selbst sich in das Haus ihres Vaters zurückbegiebt. Dieser Schatten, Savarṇâ genannt, wird von Vivasvân für seine Gattin gehalten und er zeugt mit ihr den Manu und Çanaiçcara. Da nun aber Savarṇâ ihre eignen Kinder am meisten liebt, die Zwillinge der ersten Gattin aber vernachlässigt, so entstehen Zwistigkeiten, bei einer derselben vergisst sich Yama so weit, dass er den Fuss gegen seine Stiefmutter aufhebt und von dieser verflucht wird. Von Yama aufgefordert, mischt sich nun Vivasvân in die Sache, und es stellt sich heraus, dass Savarṇâ nicht die wahre Gattin des Vivasvân ist. Tvashṭar klärt seinen Schwiegersohn über die Gründe des Missvergnügens seiner Tochter auf, und Vivasvân willigt ein, dass seine Gestalt verändert werde, aus den Abfällen entstehen die 12 Âdityas. Vivasvân vereinigt sich dann wieder mit seiner bei den Uttarakurus weilenden Gattin und erzeugt mit ihr die beiden Açvin, welche die Götterärzte werden, Yama wird Dharmarâjâ oder Gesetzeskönig und Beherrscher der Pitris, Yamunâ aber ein berühmter Fluss.

Ausserdem enthält der Rigveda noch in einem Hymnus (836) ein Zwiegespräch zwischen Yama und seiner Schwester Yamî; die letztere sucht ihn zu bewegen, dass er sich mit ihr ehelich verbinde, was Yama aber ablehnt. Das Gedicht endigt, ohne dass wir Klarheit darüber gewinnen, wer zuletzt in diesem Streite gesiegt habe, die Wahrscheinlichkeit spricht dafür, dass die Ehe nicht zu Stande kam, da wir sonst von Nachkommen der beiden Geschwister hören müssten [1]). Hiermit ist das Material erschöpft, welches uns der Rigveda über Yama bietet. Man sieht, dass er zwar als König, aber nicht als ein Beherrscher dieser Welt gedacht wurde. Er lebt, wie wir gesehen haben, bei den Göttern, in seiner Gemeinschaft geniessen auch die Seelen der Abgeschiedenen, die Pitaras, ein seliges Leben. Der Atharvaveda vermehrt aber unsere Kenntnisse noch durch die bekannte Notiz: yó mamára prathamó mártyânâm̃ d. i. der als der erste der Menschen starb (Athv. 18, 3. 13). Auch sonst wird Yama noch sehr häufig im Atharvaveda genannt, ohne dass wir jedoch dadurch sonderlich gefördert würden, er bestätigt (18, 2. 11), dass Yama mit den Göttern schmause, er nennt ihn mehrfach einen König, aber er hält ihn offenbar schon für den Gott des Todes, wie die späteren Inder. Auch von Yamî ist an einigen Stellen die Rede, doch sind diese aus dem Rigveda herübergenommen. In Uebereinstimmung mit den Aussagen der Vedas erweisen sich auch die Berichte des Mahâbhârata. In diesem Gedichte wird der Ort, wo Yama weilt, näher beschrieben (Mh.Bh. 2, 311 flg. ed. Calc.). Er ist hell und licht, weder grosse Hitze noch grosse Kälte herrscht daselbst, keine Trauer, kein Alter, weder Hunger noch Durst oder son-

1) Vielleicht dürfen wir in diesem Gespräche einen Protest gegen die Geschwisterehe sehen, wie solche in Erân gebräuchlich war.

stige Widerwärtigkeiten, dagegen findet man alle Genüsse in höchster Vollkommenheit. Mit Yama zusammen weilen daselbst die Könige der Vorzeit, wie Yayâti, Nahusha, Pûru etc. So gewiss demnach Yama nunmehr nicht auf Erden weilt, so lässt sich doch nicht bestreiten, dass derselbe auch nach indischer Ansicht früher auf der Erde war; darauf deutet die oben mitgetheilte Stelle des Rigveda, dass Yama den lieben Körper verliess sowie die Aeusserung des Atharvaveda, dass er der erste unter den Menschen war, welcher starb; die vedischen Berichte sind demnach unvollständig. Einige Andeutungen giebt uns indessen das Mahâbhârata an zwei Stellen, an der ersten derselben (1, 7275 fg.) heisst es, dass früher die Götter im Naimishawalde an einem Opfer theilnahmen, bei welchem Yama das Amt des Zerlegers übernahm, nach seiner Weihe liess er Niemand mehr sterben, so dass die Götter in Aufregung geriethen, weil die Sterblichen unsterblich geworden waren. Sie wandten sich an Prajâpati, weil jeder Unterschied aufgehoben sei, Prajâpati tröstet sie indessen dadurch, dass er bemerkt, dass eben nur desswegen Niemand sterbe, weil Yama mit den Vorbereitungen zum Opfer beschäftigt sei, die menschliche Unsterblichkeit sei also nur etwas Vorübergehendes und werde wieder aufhören. Hier erscheint also Yama in seiner gewöhnlichen Auffassung als Gott des Todes. Wichtiger noch ist eine zweite Erzählung desselben Buches (3, 10928 flg.), wo es heisst, dass im Kṛitazeitalter der Schöpfer das Yamasein (yamatva) angeordnet habe, in Folge davon sei Niemand in der Welt gestorben, weder Vieh noch Menschen und dadurch sei die Erde so belastet worden, dass sie wegen der Menge der auf ihr lebenden Menschen und Thiere, sich um 100 Yojanas senken musste. In dieser Bedrängniss rief sie den Vishṇu an, der darauf in Gestalt eines Ebers die Erde wieder emporhob [1]). Wenn hiernach es

1) Anders in der Taittirîya-Samhitâ VII, 1. 5. 1 fg. Cf. M. Müller, Indien p. 114.

nicht zweifelhaft bleiben kann, dass sich die Herrschaft Yamas einmal auch auf die Erde erstreckte, so vermissen wir dagegen jede Nachricht darüber, aus welchem Grunde diese Herrschaft aufhörte, ebenso wenig lässt sich eine Spur davon entdecken, dass er dieselbe irgend einem Nachfolger hinterlassen hätte. Es ist daher nicht sehr wahrscheinlich, dass von Yama überhaupt Nachkommen existirten, und in diesem Falle kam die Weltherrschaft an seinen Halbbruder Manu Vaivasvata oder Sâvarṇi, den wir für den einzigen ächten Manu halten und von dem die indische Monddynastie abstammen soll. Die Herrschaft des Yama mag für die Inder ursprünglich gleichfalls eine goldene Zeit bedeutet haben, die man dann später in ein früheres Weltalter verlegte. Noch wollen wir erwähnen, dass in Indien die Yâmas einige Male als eine besondere Klasse von göttlichen Wesen genannt werden (cf. MBh. 3, 15446).

Versuchen wir nun die Punkte festzustellen, in welchen der indische und érânische Mythus übereinstimmt; und dadurch eine Vorstellung zu gewinnen, wie der Yamamythus in der arischen Zeit ausgesehen haben mag. Vor Allem ist die Gleichheit der Namen hervorzuheben, denn *Yama* und *Yima* ist ganz dasselbe. Ueber die Ableitung des Namens haben wir schon oben gesprochen, die Bedeutung Zwilling lässt sich mit Rücksicht auf Ys. 30, 3 auch für das Erânische annehmen, selbst die Auffassung als Bändiger würde von dieser Seite auf keine erheblichen Schwierigkeiten stossen. Verstärkt wird nun diese Namensgleichheit noch dadurch, dass auch die Namen der Väter gleich sind, denn *Vivasvat* und *Vîvaǵhâo* sind ganz dasselbe. Der Name geht auf die beiden arischen Sprachen bekannte Wurzel *vas* oder *vaǵh* zurück, welche leuchten bedeutet, der Name ist also für die Bezeichnung der Sonne ganz angemessen. In Erân ist freilich die Bedeutung des Namens ganz vergessen worden, aber Yima erhält gewöhnlich den Beinamen *Khs'aeta* neup. شید *shéd*, Glanz, und auch sonst lässt sich die nahe Verbindung der érânischen Könige mit der Sonne nachweisen. Da indessen Yama keine Stelle im indischen Regentenverzeichnisse beanspruchen kann, so werden wir ihn vor den Beginn der Regentendynastien, in den Kṛitayuga, setzen müssen. In Erân ist Yima zwar wirklich König, nimmt aber nach der gegenwärtigen Reihenfolge nicht die erste, sondern die dritte Stelle ein, es ist indessen möglich, dass dies früherhin anders war. Es muss auffallen, dass nach Yt. 9, 10 dem Yima eine Herrschaft von 1000 Jahren zugeschrieben wird, während nach der gewöhnlichen Chronologie ihm nur 616 Jahre und 6 Monate zugetheilt werden. Man scheint ursprünglich den Yima an den Anfang der Welt gesetzt und demselben 1000 Jahre für seine Herrschaft bestimmt zu haben, wie ja auch sein Gegner und Nachfolger eine tausendjährige Regierung erhält. Später sah man ein, dass das Menschengeschlecht nicht gleich mit einem geordneten Staatsleben beginnen konnte und schob deswegen vor Yima noch zwei Könige ein, die auf érânischem Boden entstanden sind und keine Vergleichungspunkte darbieten; ihre einzige Aufgabe ist, die Menschen bis zu dem Zeitpunkte heranzubilden, wo sie in einen geordneten Staat eintreten können. Da damals aber die verschiedenen Perioden der Chronologie schon festgestellt waren, so blieb nichts übrig, als diese hinzugefügten Könige auf Yimas Kosten einzureihen, so dass zuletzt für denselben nur 616 Jahre verfügbar blieben.

Die Berichte über das Glück, welches Yama oder Yima früher verbreitete oder zum Theil noch verbreitet, sehen sich bei beiden arischen Völkern sehr ähnlich, aber ganz identisch sind sie nicht. Unverkennbar spielt in Indien der Neid der Götter eine Rolle, welche die Unsterblichkeit nicht gerne sehen, bei den Erâniern dagegen wird gerade das freundliche Verhältniss hervorgehoben, in welchem die Zeitgenossen Yimas mit den Bewohnern des Himmels standen, in jener Zeit gab es bei ihnen auch weder Krankheit noch Tod. Auch die indische Erzählung, dass die Erde unter der Fülle des Glückes gesunken sei, ist den Erâniern fremd. Ueber den Grund, welcher den

Yama von der Erde entfernte, haben wir bei den Indern keine Angabe; es ist klar, dass ein solcher angegeben werden musste, es wird aber kaum derselbe gewesen sein, welchen die Erânier angeben. Dass dieser der ursprüngliche gewesen sei, möchten wir bezweifeln. In einem der Yashts (19, 30 flg.) heisst es, dass Yima aus Liebe zu lügenhaften Reden die Majestät verlor. Worin diese Lüge bestand, erzählt uns das Shâhnâme und andere spätere Schriften: Yima ward durch das Glück, welches er um sich verbreitete, hochmüthig, er betrachtete sich nicht mehr als das Werkzeug Gottes, welcher durch ihn wirkte, sondern schrieb sich selbst das Verdienst seiner glücklichen Regierung zu, er hielt sich für einen Gott und wollte, dass auch seine Unterthanen ihm göttliche Ehren erweisen sollten. Auf diese Weise verlor er die himmlische Majestät, nach deren Entfernung ihm Nichts mehr gelang und sein vollkommener Sturz nur eine Frage der Zeit war [1]). Wir zweifeln nicht, dass auch das Awestâ ganz die Anschauungen dieser späteren Berichte vollkommen theilte, wenn auch in den uns erhaltenen Schriften nirgends Gelegenheit gegeben ist, dies klar auszusprechen. Nach den Ansichten des Awestâ musste es freilich für einen grossen Frevel gelten, wenn Yima sich für einen Gott hielt, aber dass er darum zum Lügner gemacht wird, ist doch wohl weder die ursprüngliche noch die allgemeine Ansicht. Wir erinnern daran, dass wir oben gefunden haben, es sei Vivasvat ein Name der Sonne und Vîvaghâo damit identisch; war aber Yima ursprünglich ein Sohn des Sonnengottes, so konnte er sich selbst mit allem Rechte auch für einen Gott halten. So mag es ursprünglich gewesen sein, und erst in der Zeit, als man den Vîvaghâo für einen gewöhnlichen Menschen hielt, nahm man an der Gottheit Yimas Anstoss und fand darin eine frevelhafte Ueber-

---

1) Einige Aehnlichkeit mit diesem Theile von Yimas Geschichte hat bei den Indern die Erzählung von Vena im Vishṇupurâṇa und Harivamça. Cf. Muir, Sanscrit texts 1. 298 fg. (2. Aufl.)

hebung. Wenn nun dies aber nicht blos die Ansicht des Awestâ, sondern auch die des Shâhnâme und überhaupt aller uns bekannten Quellen ist, so zweifeln wir doch, dass sich dieselbe selbst in historischer Zeit allgemeine Geltung errungen hat. Denn dass man die érânischen Könige sammt und sonders für ein göttliches Geschlecht hielt, lässt sich leicht erweisen [1]).

Auf den ersten Blick scheint freilich kaum ein grösserer Gegensatz gedacht werden zu können, als zwischen dem angeblichen Benehmen Yimas und dem der Achämeniden [2]). Niemals schreiben Darius oder Xerxes ihre grossen Thaten sich selbst zu, immer werden wir belehrt, dass Auramazdâ ihnen Beistand leistete, dass es seine Gnade war, wenn die Feinde besiegt wurden. Weder Darius noch Xerxes wollen auch nur ihre Paläste selbst gebaut haben, durch die Gnade Auramazdas ist es geschehen, seinem Schutze werden die Bauwerke empfohlen. Darius und Xerxes sind demnach Könige von Gottes Gnaden im strengsten Sinne des Wortes. Allein man lasse sich durch diese anscheinende Demuth nicht täuschen! So hoch wie Auramazdâ über den Königen stand, so hoch glaubten auch diese über den gewöhnlichen Menschen zu stehen und sie verlangten von ihren Unterthanen demgemäss behandelt zu werden. Lässt sich auch aus den Inschriften der Achämeniden selbst nicht nachweisen, dass sie als Götter verehrt sein wollten, so braucht doch schon Aeschylos die Bezeichnung ϑεός für den Perserkönig, in späterer Zeit tritt die Vorstellung häufiger auf, und selbst der erste Sâsânide, der doch für das Muster eines rechtgläubigen Herrschers gilt, legt sich in seinen Inschriften diesen Namen geradezu bei. Trotz aller priesterlichen Einwände hat die Mehrzahl der Einwohner des Perserreichs bis zu dessen Zerstörung den Glauben an den göttlichen Ursprung des Herrscherhauses festgehalten, daher kommt es auch, dass trotz

1) Cf. meine Alterthumsk. 3, 601.
2) Vgl. jetzt E. Wilhelm in der Zeitschr. ZDMG. 40, 105 fg.

zahlreicher Empörungen in der ganzen langen Zeit des alten Perserreiches doch keine Usurpatoren auftraten, man ist im Gegentheil bisweilen in Verlegenheit, einen rechtmässigen König zu finden, weil man sich innerhalb der Gränzen der Familie halten musste, die allein zur höchsten Würde berechtigt war. Eine ganz ähnliche Ansicht von der hohen Abstammung der Könige hatten auch die Inder. Wir werden später die Beweise beibringen, dass auch sie die alten Königsgeschlechter von der Sonne ableiteten, auch Manu (7, 8) warnt davor, den König, selbst wenn er ein Kind sei, für einen Menschen zu halten, er sei vielmehr eine grosse Gottheit, welche Menschengestalt angenommen habe. Im Awestâ erhält Yima öfter den Beinamen hvăthwa, der gute Hirte, denn er herrscht über Menschen und Vieh, die beide als seine Heerde (văthwa) betrachtet werden, ebenso erhält auch im Shâhnâme der König die Bezeichnung شاه رمه *shâh-i-rama* Beherrscher der Heerde. Ebenso im Rigveda (144, 6) *paçupâ*, anderer Namen wie *gopa* Hirt, Herrscher, nicht zu gedenken. Die Bezeichnung ist übrigens nicht blos arisch, wie das griech. *ποιμὴν λαῶν* beweist, sie ist nicht einmal indokeltisch, denn wir finden sie auch bei den Semiten und Aegyptern.

Wenn nun Yima anfänglich wirklich als ein Gott angesehen wurde, so kann die Ansicht, welche unsere Quellen über das Aufhören seiner Regierung haben, nicht für die ursprüngliche gelten, sie wird an die Stelle einer anderen getreten sein, die uns nicht erhalten ist. Unsere Ansicht über Yama und Yima ist die gewöhnliche, dass Yama und seine Schwester ursprünglich als die ersten Menschen, aber auch als die ersten Herrscher galten. In Indien wurde das Reich des Yama sehr bald in die jenseitige Welt verlegt und jeder Zusammenhang mit der irdischen Welt abgebrochen, während er in Erân an die Spitze der Königsreihe gesetzt wurde.

§ 35.

Ahi und Azhish Dahâka. Trita, Traitana, Thrita und Thraetaona.

Die Periode des Glücks unter der Herrschaft des Yima, welche, wie wir sahen, ursprünglich wohl 1000 Jahre dauerte, wird abgelöst durch einen ebenso lange andauernden Zeitraum des tiefsten Elendes, verursacht durch den tyrannischen Dahâka. Im Awestâ wird dieser Tyrann oft genug genannt (Ys. 9, 25flg.; Yt. 5, 29. 34; 14, 40; 15, 19; 17, 34; 13, 37. 46flg.), und die Berichte dieses Buches stimmen sehr gut zu denen des Königsbuches und der anderen späteren Quellen. Ueberall gilt er als der érânische König, der unmittelbar auf Yima folgte und diesem die Herrschaft entriss, nur ist Dahâka im Awestâ eine wirkliche Schlange (azhi) mit drei Köpfen und sechs Augen, während das Königsbuch ihn für einen Menschen hält, einen Araber, dem aber zwei Schlangen aus den Schultern hervorgewachsen waren. Ein Wort, das dem érânischen dahâka entspräche, hat der Inder nicht, sondern nur die Wurzel *das*, érânisch *dah*, verschmachten, verderben, von welcher das érânische Wort abstammt. Ebenso lässt sich in den Vedas keine einzige Person nachweisen, welche dem Dahâka entspräche, gleichwohl hat man auch ihn zur Vergleichung herbeigezogen und sich dabei an das Wort *azhi* gehalten, das im indischen *ahi* wieder erscheint und in beiden Sprachen eine Schlange bedeutet. An solchen Schlangen ist im Rigveda kein Mangel, namentlich hat man an die grosse Schlange gedacht, welche Indra besiegte, dessen Kampf mit derselben öfter beschrieben wird. Diese Schlange ist keine irdische, sie wird als sehr gross gedacht, hand- und fusslos, sowie mit Hörnern versehen; die hauptsächlichste Thätigkeit derselben besteht darin, dass sie die Wasser zurückhält und sie verhindert auf die Erde herabzuströmen. Dem Indra wird es nicht leicht, diese Schlange zu besiegen, sie brüllt laut, als er ihr mit dem

Donnerkeil das Haupt zerschlägt (52, 10). In allen diesen Dingen kann ich eine Aehnlichkeit mit Dahâka nicht entdecken, der ganze Kampf erinnert eher an den oben (§ 24) berührten des Tishtrya oder Verethraghna mit Apaosʻa, dort ist auch die Naturerscheinung klar, welche der Mythus erklären soll [1]).

Besiegt wird Dakâka in der érânischen Mythe durch einen Helden Thraetâna oder Thraetaona, welchem Namen vollkommen die neueren Formen Frédûn oder Ferîdûn entsprechen, er stammt aus königlichem Geschlechte und ist ein Nachkomme des ermordeten Yima. Auch von ihm ist im Awestâ oft genug die Rede (Vd. 1, 68; Ys. 9, 23—27; Yt. 5, 33. 61; 9, 13; 13, 131; 14, 40; 15, 23; 17, 33; 19, 36), und was von ihm gesagt wird, stimmt ganz mit den Mythen überein, welche Moses von Khorni, Firdosi, Tabari u. A. berichten. Nach diesen tödet Thraetaona seinen Gegner nicht, sondern hält ihn gefangen bei seinem Wohnsitze Varena, welchen die Späteren als ein kleines Dorf in unmittelbarer Nähe des Demâvend erklären; nach diesen späteren Berichten sollen die Erdbeben durch die Zuckungen des im Demâvend eingekerkerten Dahâka veranlasst sein. Wie man Dahâka mit Ahi vṛitra der Vedas verglichen hat, so wurden auch zur Vergleichung mit Thraetaona zwei mythische Wesen der Inder herbeigezogen: Trita und Traitana. Von dem letzteren wollen wir zuerst sprechen, denn der Name Trita liegt lautlich doch ziemlich weit ab, während Traitana und Thraetaona sich sehr ähnlich sehen, eine Aehnlichkeit, die sogar noch vollstän-

1) Dahâka kommt gewiss von der Wurzel dah = skr. das, versiegen, und scheint im Erânischen „abnehmen" zu bedeuten. Verwandt ist dahaka, verderblich. Die Verlängerung des a vor der Endung ka findet sich öfter. Im Sanskrit lässt sich das ἅπ. λεγ. dasa vergleichen, nach Grassmann und dem kleineren petersburger Wörterbuche ein feindlicher Dämon, nach dem grösseren soviel als dasyu. Die Stelle selbst 402, 11. yé mánuṁ cakrúr úparaṁ dásâya, wird sehr verschieden übersetzt. Wilson, frei nach Sâyaṇa: who rendered Manu (victorious) over his adversaries. Ludwig: die den Menschen dem Tode nahe stellten. Grassmann: die den Menschen setzten über die Dämonen.

diger werden würde, wenn man sich entschliessen könnte Vd. 1, 69. Ys. 9, 24 die von sehr guten Handschriften gebotene Lesart Thraetâna in den Text zu setzen. Aber, um diese Verwandtschaft zu beweisen, müssten uns bessere Hülfsmittel zu Gebote stehen, als der Fall ist. Die einzige Stelle des Rigveda (158, 5), welche diese Person nennt, lautet:

ná mâ garan nadyò mâtṛ́tamâ dâsá yád îm̐ súsamubdham avádhuḥ |

çíro yád asya traitanó vitákshat svayám̐ dâsá úro ám̐sâv ápi gdha ||

d. h. „Nicht haben mich verschlungen die wahrhaft mütterlichen Ströme, (wo) die Dâsa mich den fest zusammengepressten bargen, (und) als Traitana mein Haupt abhauen wollte, hat der Dâsa selber sich Brust und Schulter verwundet". Nach Sâyaṇa hat man unter der Person, welche hier spricht den Ṛishi Dîrghatamas zu verstehen, Traitana ist der Name eines Dâsa oder Dämons. Diese Stelle ist die einzige in der gesammten indischen Literatur, wo von Traitana die Rede ist, und es ist leichter, in die dunkle Stelle etwa hinein- als etwas aus derselben heraus zu lesen. So viel sieht man indessen, dass Traitana nicht ein gutes Wesen ist wie Thraetaona, sondern ein Dämon; von einem Kampfe desselben mit einer Schlange ist nirgends die Rede, ich glaube daher wie Ludwig (4, 44), dass Traitana und Thraetaona nichts mit einander zu schaffen haben. Dass wir auch die gewöhnliche Ansicht nicht zu theilen vermögen, es sei Azhish Dahâka mit der Vṛitraschlange der Vedas identisch, haben wir oben bereits gesagt. Es fehlen unseres Erachtens alle Vergleichungspunkte, und wenn man namentlich den Wohnort des Thraetaona, der Varena genannt wird, mit dem indischen Varuṇa vergleicht und den Himmel darunter verstehen will, so können wir einer solchen Ansicht durchaus nicht beistimmen. Ob man Varena auch nur lautlich auf das indische Varuṇa zurückleiten darf, muss zweifelhaft bleiben, keine Spur ist in dem érânischen Mythus vorhanden, dass man Thraetaona oder seine Wohnung jemals im Himmel gesucht habe; dazu findet Varena als abgeschlossener Platz seine vollkommene Erklärung aus den érânischen Sprachen selbst. Der Kampf des Thraetaona mit Azhi dahâka schliesst sich an verschiedene andere mythische Kämpfe dieser Art an, die auch nicht im Himmel stattfinden, wie der Kampf des Apollo mit dem Drachen Python, des Herkules mit der Hydra, vor Allem aber an den schweren Kampf des Zeus mit Typhon. Dieser letztere scheint mir in der That mit dem von Thraetaona und Azhish Dahâka die grösste Aehnlichkeit zu haben. Dass die Griechen diesen Mythus aus Kleinasien erhalten haben, darf man daraus schliessen, dass Homer (Il. 2, 780 flg.) die Landschaft Arima als den Ort nennt, wo Typhoeus lagert, welchen man theils in Kilikien, theils in Lykien und Phrygien sucht und der Kampf des Zeus mit Typhoeus wie ihn Hesiod (Theog. 820 flg.) beschreibt, hat mit dem des Thraetaona mit Dahâka grosse Aehnlichkeit. Auch ist nicht zu übersehen, dass nach demselben Schriftsteller (Theog. 295—300) sich Typhoeus in den Unterwelt mit der Echidna verbindet, welche halb Weib halb Schlange ist und mit ihr die Höllenhunde Orthros und Kerberos, die Chimaira und die lernäische Schlange erzeugt, so dass eine ganze Schlangenfamilie sich an ihn anschliesst. Wie Dahâka, so sendet auch Typhoeus noch von der Unterwelt aus feurige Dämpfe auf die Erde, und es ist klar, dass auch er mit den vulkanischen Erscheinungen in Verbindung gesetzt wird. Wir können überhaupt nicht glauben, dass man Recht daran thut, wenn man den Kampf des Indra mit der Wolkenschlange als den ursprünglichsten von allen Schlangenkämpfen ansieht, er scheint mir eher eine indische Eigenthümlichkeit zu sein. Wenn man behauptet, der Kampf sei im Awestâ und in den übrigen Mythologien vom Himmel auf die Erde herabgestiegen, so gestehe ich, dass ich mir bei dieser Redensart nicht viel denken kann. Man wird doch nicht glauben machen wollen, dass man darum angefangen habe, auf Erden mit Schlangen zu kämpfen, weil man die Ueberzeugung gewonnen hatte, dass auch im Himmel solche Kämpfe stattfinden; der natürliche Gang der Dinge ist vielmehr, dass der Mensch gezwungen war, auf Erden gegen Schlangen und andere schädliche Thiere anzukämpfen, welche ihn bedrängten und dass dann seine Phantasie die Himmelsbewohner ähnliche Kämpfe ausführen liess, wie er sie auf Erden zu bestehen hatte. Ueberhaupt ist es klar, dass man Schlangen ihrer ganzen Natur nach eher auf Erden und selbst unter der Erde suchen wird als im Himmel. Im Atharvaveda wie im indischen Epos ist die Erwähnung der Schlangen häufig, sie erscheinen in dem letzteren aber unter der Erde, wo sie eine besondere Stadt bewohnen und mit den Menschen in vielfacher Beziehung stehen. Dass die Schlangen, welche in der indischen Mythologie eine Stellung als göttliche Wesen einnehmen, von Alters her im nordwestlichen Indien hohe Verehrung genossen, hat bereits Lassen[1]) gezeigt, der auch darauf hinwies, dass dieser Cultus nur desswegen wahrscheinlich seine Stellung erhielt, weil sich die Brahmanen unfähig fühlten, denselben auszurotten. Auch von einer Schlangendynastie wissen die Inder zu erzählen, nach den érânischen Mythen hat auch Dahâka Verwandte, die bei seinem Sturze nach Indien entfliehen und dort als Könige fortregieren.

Nicht ohne Bedeutung ist es, dass man den Mythus von Dahâka und dem an denselben sich anschliessenden Schlangengeschlechte nach Armenien verfolgen kann und Spuren desselben bis heute im ganzen Kaukasus nachzuweisen sind. Moses von Khorni erzählt von einem solchen Schlangenfürsten, den er fälschlich für Astyages hält, der im Kampfe mit einem fabelhaften armenischen König Tigranes fällt, seine Familie wird fortgeführt und in der Umgegend des Ararat angesiedelt, damit man sie besser im Auge behalte und ihre schädlichen Anschläge vereiteln könne. Demungeachtet gelingt es einigen ihrer Mitglieder, einen Dämon an der Stelle eines Königskindes unter-

---

1) Lassen, Alterthumsk. 1, 701. 2, 235. 467.

zuschieben und an die Regierung zu bringen, doch wird dieser Dämon der den Namen Artavazd führt, gleich nach seinem Regierungsantritte beseitigt und in einer Höhle des Ararat angekettet. Aber er giebt seine Hoffnung auf künftige Befreiung nicht auf, unablässig ist er bemüht sich frei zu machen, zwei Hunde sitzen an seiner Seite und benagen seine Ketten, die aber durch Schläge, welche die Schmiede Armeniens jeden Sonntag auf ihren Ambos thun wieder fest werden, so dass der Unhold nicht entrinnen kann. Eine dunkle Ahnung besteht aber dennoch, dass derselbe einmal frei werden und dann grosses Unglück über die Welt hereinbrechen werde. Bei den Parsen ist es bekanntlich feststehende Ansicht, dass Dahâka zur Zeit der letzten Dinge wieder frei wird, dass er aber dann an dem später zu nennenden Helden Kerasâspa einen Gegner finden wird, der seinem verderblichen Treiben mit Erfolg entgegen tritt [1]).

Sicherer aber als die Verwandtschaft des Thraetaona mit dem indischen Traitana ist die des genannten Helden und des érânischen Thrita mit einem indischen Trita. Es scheint hier wiederum unsere Pflicht, den Lesern das gesammte Material mitzutheilen, damit sie den Grad der Verwandtschaft selbst beurtheilen können. Wir beginnen mit der Mittheilung der Vedastellen, welche den Trita erwähnen.

52, 5. abhí svávṛishṭim máde asya yúdhyato raghví'r iva pravaṇé sasrur ûtáyaḥ | índro yád vajrí' dhṛishámâṇo ándhasâ bhinád valásya paridhí'nr iva tritáḥ. Als gegen den Selbst-

---

1) Wir können den Gegenstand hier natürlich nur kurz behandeln, da er uns zu weit von unserem Zwecke abführen würde; Ausführlicheres findet man meiner Abhandlung „Typhon und Dahâka, Friedrich II und Sâm Keresâspa" in der Deutschen Revue Juni 1882. p. 328—340. Ueber die Verzweigungen des Mythus im Kaukasus findet man das vollständige Material in einem Aufsatze W. Müllers: Prometheische Sagen im Kaukasus in der Russischen Revue (1883) XII, 193—208. Nur die Ansicht, dass der Mythus sich näher an den von Prometheus anschliesse als an den von Typhon können wir nicht theilen.

regner (Dyâus) in dieses Trunkesfreude er kämpfte, eilten seine Helfer wie rasche (Rosse) auf abschüssigem Pfade; als Indra mit dem Keile aufgeregt vom Safte des Vala Einzäumungen gleichsam zerbrach (und mit ihm) Trita.

105, 9. amí' yé saptá raçmáyas tátrâ me nábhir átatâ | tritás tád vedâptyáḥ sá jâmitváya rebhati, dort wo jene sieben Strahlen, dort ist meiner Sippschaft Anfang; das weiss Trita Âptya; er singt sich in diese Verwandtschaft.

105, 17. Tritáḥ kû'pé 'vahito devân havata ûtáye | tácchuçrâva bṛíhaspátiḥ kṛiṇvánn aṁhûraṇád urú Trita, in die Kufe geborgen, ruft die Götter zu Hülfe; das hörte Bṛihaspati, der ihm aus der Enge Weite schuf.

163, 2. 3. Yaména dattám̃ tritá enam âyunag índra eṇam prathamó ádhy atishṭhat | gandharvó asya raçanâm agṛibhṇât sú'râd áçvam̃ vasavo nír atashṭa || ási yamó ásy âdityó arvann ási tritó gúhyena vraténa | ási sómena samáyâ víprikta âhús te trí'ṇi diví bándhanâni ||. Das von Yama Geschenkte hat Trita angespannt, Indra hat es zuerst bestiegen; der Gandharva ergriff seine Zügel, aus dem Sûra habt ihr, o Vasus, das Ross gebildet — Yama bist du, Aditya bist du, o Renner, du bist Trita durch verborgene Handlung, mit des Jahres Kreislauf bist du zugleich mit dem Soma ausgeschieden, drei nennen sie deine Anbindungsorte am Himmel.

187, 1. Pitúm̃ nú stosham mahó dharmáṇam̃ távishîm | yásya tritó vy ójasâ vṛitrám̃, víparvam ardáyat. Die Nahrung will ich jetzt preisen, die Trägerin grosser Stärke, durch deren Kraft Trita den Vṛitra aus seinen Gelenken riss.

202, 19. 20. sánema yé ta ûtíbhis táranto víçvâḥ spṛídha áryeṇa dásyûn | asmábhyam̃ tát tvâshṭrám̃ viçvárûpam árandhayaḥ sâkhyásya tritáya || asyá suvânásya mandínas tritásya ny árbudam̃ vâvridhânó astaḥ | ávartayat sû'ryo ná cakrám bhinád valám índro ángirasvân ||. Die wir durch deine Hülfleistungen überwindend bekämpfen möchten mit dem Ârya alle feindlichen Heere der Dasyu, uns gabst du Preis jenes (Geheimniss) des

Tvashṭar, das alle Gestalten (bildende, den Soma), der mit Trita ein Aussehen (einen Namen) hat. — Von diesem gepressten (Trita oder) des Trita, dem erfreuenden wachsend an Stärke, streckte er den Arbuda nieder; wie Sûrya liess das Rad er rollen (oder: liess er die Scheibe fliegen) Indra mit den Angiras spaltete den Vala.

222, 6. utá vaḥ çáṁsam uçíjâm iva çmasy áhir budhnyò 'já ékapâd utá | tritá ṛibhukshâḥ savitá cáno dadhe 'pâṁ nápâd âçuhémâ dhiyá çámi. Eure Zustimmung der freiwilligen wünschen wir, der Drache der Tiefe Ahi budhnya und der einfüssige Treiber, Trita, Ribhukshan, Savitar soll Gefallen an uns finden, der Wasser Kind rasches Laufes mit seinem Geiste am Opfer.

225, 10. citráṁ tád vo maruto yâma cekite pṛíçnyâ yád ú'dhar ápy âpáyo duhúḥ | yád vâ nidé návamânasya rudriyâs tritám járâya juratâm adâbhyâḥ. Dieser euer wunderbarer Zug ward wohl bemerkt, o Marut, als sie (ihr) der Pṛiçni Euter, obwohl Verwandte melkten (melktet), oder (der Zug von euch) als zum Tadel des Sängers, der ihn pries, o Rudrasöhne, sie (ihr?) den Trita zum Greisenalter altern machten (machtet?), ihr Unbethörbare.

225, 14. tán iyânó máhi várûtham ûtáya úpa ghéd enâ námasâ gṛiṇîmasi | tritó ná yân páñca hótṛîn abhíshṭaya âvavártad ávarâñ cakríyâvase. Sie angehend um hohen Schutz zur Hülfeleistung singen wir heran mit dieser Anbetung; die den fünf irdischen Hotar zur Gnade auf dem Wagen Trita zum Beistande hat kommen gemacht.

363, 5. yád îm áha tritó divy úpa dhmáteva dhámati çíçîte dhmâtárî yathâ, wenn Trita nur am Himmel ihn anbläst, wie ein (Metall)schmelzer, anfacht wie ein Schmelzer.

395, 4. prá saksháṇo divyáḥ káṇvahotâ tritó diváḥ sajóshâ váto agníḥ | pûshá bhágah prabhṛithé viçvábhojâ âjíṁ ná jagmur âçvàçvatamâḥ. Der Opfer besuchende, himmlische, der Kaṇva zum Hotar hat, Trita mit Dyâus eines Sinnes, Vâta,

Agni, Pûshan, Bhaga kamen die Alles geniessenden zur Darbringung, wie zu einem Wettlaufe Solche, die die raschesten Rosse haben.

395, 10. vṛíshṇo astoshi bhûmyásya gárbhaṁ tritó nápâtam apâṁ suvṛiktí | gṛiṇîté agnír etárî ná çûshaiḥ çocíshkeço ní riṇâti vánâ. Trita pries des irdischen Stieres Kind (Inhalt), das Kind der Gewässer bei der schönen Zurüstung, es wiehert Agni wie ein Renner vermöge seiner Kraft, flammenhaarig macht er zusammensinken die Wälder.

408, 2. prá vo marutas tavishâ udanyávo vayovṛídho açvayújaḥ párijrayaḥ | sáṁ vidyútâ dádhati vâçati tritáḥ sváranty ápo 'vánâ párijrayaḥ. Wasserreich, o Marut, sind eure starken, Mehrer der Lebensfülle, die mit Rossen fahren, Wanderer, mit Blitz umgeben sie; Trita schreit, es rauschen die Wasser, schweifend in ihrer Bahn.

440, 1. Índrâgnî yám ávatha ubhâ vâjeshu mártyam | dṛiḷhâ cit sá prá bhedati dyumnâ vâṇîr iva tritáḥ. Indra und Agni, dem ihr helft in den Schlachten dem Sterblichen, der wird auch Festes durchbrechen, als Trita, Glänzendes, durch die heiligen Chöre (erlangen).

627, 24. ánu tritásya yúdhyataḥ çúshmam âvann utá krátum ánv índraṁ vṛitratû́rye. Der Kraft und Tüchtigkeit des kämpfenden Trita waren sie hülfreich (die Maruts), dem Indra im Kampf mit Vṛitra.

632, 16. yát sómam indra víshṇavi yád vâ gha tritá âptyé | yád vâ marútsu mándase sám índubhiḥ. Wenn du auch den Soma mit Vishṇu oder Trita Âptya trinkst (findest), oder bei den Marut an den Tropfen dich erfreust.

661, 6. yásmin víçvâni kâvyâ cakré nâbhir iva çritâ | tritám jûtî́ saparyata. In dem alle Weisheit wie die Nabe im Rade ihre Stelle findet, um den Trita schaart euch mit Hast.

667, 13. 14. yád âvír yád apîcyàṁ dévâso ásti dushkṛitám | trité tád víçvam âptyá âré asmád dadhâtanâneháso || yácca góshu dushvápnyaṁ yác câsmé duhitar divaḥ | tritâya tád vibhâvary âptyáya párâ vahân. Was offen, was dem Blick entrückt, o Götter, die böse That, das schafft Alles weit von uns hinweg zu Trita Âptya.... Den Traum, der den Kühen, den der uns Böses verkündet, o Tochter des Himmels, zu Trita Âptya führ' den hinweg, o Strahlende.

667, 16. tádannâya tádapase tám bhâgám upasedúshe | tritáya ca dvitáya cósho dushvápnyam̃ vaha. Zu dem, dem dies als Speise dient, dess Verrichtung dies, der zu diesem Antheil gekommen, zu Trita und zu Dvita, o Ushas, führe du den bösen Traum.

744, 2. ád îm̃ tritásya yóshaṇo hárim̃ hinvanty ádribhiḥ. Und des Trita Frauen treiben fort den gelben mit den Steinen.

746, 4. bhúvat tritásya márjyo bhúvad índrâya matsaráḥ. Er (Soma) war es, den Trita schön machen musste, er war für Indra Rausch erzeugend.

750, 2. etám tritásya yóshaṇo hárim̃ hinvanty ádribhiḥ. Diesen gelben senden hervor des Trita Frauen mit den Steinen.

798, 20. tritásya náma janáyan mádhu ksharad índrasya vâyóh sakhyáya kártave, des Trita Namen erzeugend, hat er Madhu fliessen lassen, um Indras und Vâyus Freundschaft zu bewirken.

807, 4. Tritó bibharti Váruṇam̃ samudre. Als Trita erhält er (Soma) Varuṇa im Meere.

814, 2. úpa tritásya pâshyòr ábhakta yád gúhâ padám der Ort, der im Verborgenen, erlangte Tritas beide Steine.

834, 7—9: asyá tritáḥ krátunâ vavré antár ichán dhîtím pitúr évaiḥ párasya | sacasyámânaḥ pitrór upásthe jâmí bruvâṇá áyudhâni veti || sá pítryâṇy áyudhâni vidván índreshita âptyó abhy àyudhyat | triçîrshâṇam̃ saptáraçmim̃ jaghanván tvâshṭrásya cin níḥ sasṛije tritó gâḥ || bhû'rîd índra udínakshantam ójó 'vâbhinat sátpatir mányamânam | tvâshṭrásya cid viçvárûpasya gónâm âcakrâṇás trî'ṇi çîrshá párâ vark || durch seine (Agnis) Einsicht Trita auszuführen beabsichtigend in der Höle des höchsten Vaters Absicht, mitfolgend in der beiden Eltern

Schooss, brüderlich (mit Agni und Indra) sprechend (hast du) die Waffen versucht. — Âptya griff án, von Indra vermocht, der väterlichen Waffen kundig; als er den dreiköpfigen siebenstrahligen getödtet, liess Trita des Tvashṭṛisohnes Kühe aus. — Ihn, der viel Stärke sich anmasste, hieb Indra herab, der wahre Fürst den, der (dafür) sich hielt; indem er sich aneignete von des allgestaltigen Tvashṭṛisohnes Kühen, hieb er (seine) drei Häupter ab.

872, 6. ní pastyầsu tritáḥ stabhûyán párivîto yónau sîdad antáḥ. In Häusern feste Sitze gewährend umwunden sass Trita innerhalb seiner Wohuung.

874, 2. tritâya gấ ajanayam áher ádhi, vom Drachen hinweg bracht' ich die Kühe dem Trita zum Vorschein.

890, 3. sû'ryâmâsâ candrámasâ yamáṁ diví tritáṁ vâtam ushásam aktúm açvínâ (Sing zu) der Sonne und dem Monde, dem hellen Monde, Yama am Himmel, Trita, Vâta, Ushas, Aktu, den Açvinâ.

925, 6. asyá tritó nv ójasâ vṛidhânó vipá varâhám áyoagrayâ han, durch seine (des Indra) Gewalt hat der grosse Trita den Eber mit erzspitziger Schleuder getroffen.

941, 4. ví yásya te jrayasânásyâjara dhákshor ná vâtâḥ pári sánty ácyutâḥ | á raṇvâso yúyudhayo ná satvanáṁ tritáṁ naçanta prá çishánta ishṭaye || du, von dem, dem weit ausschreitenden, o unalternder, wenn du zu brennen bestrebt bist, gleichsam nichtstrauchelnde Winde rings herum sind, sie gelangten her, die erfreuenden als Kämpfer zu dem Helden Trita, unterweisend zu diesem Vorhaben.

Es muss bemerkt werden, dass an zwei Stellen (872, 3. 6.) auch ein Trita Vaibhûvasa genannt wird; wir führen sie nicht weiter an, da sie unseren Gegenstand nicht weiter aufhellen. Dagegen fügen wir noch die einzige Stelle bei, wo Trita im Plural von einer ganzen Klasse von Wesen gebraucht erscheint:

485, 23. ayáṁ tridhátu diví rocanéshu tritéshu vindad amṛítaṁ nigûḷham. Dreifach hat er an des Himmels drittem Glanze das Amṛita verborgen gefunden.

Ludwig versteht im Commentare triteshu von den Glanzregionen der Sonne, Mond und Sterne).

Nach dem Mahâbhârata (9, 2064 fg.) hatte Gautama drei Söhne: Ekata, Dvita und Trita, er selbst war ein sehr frommer Mann, ebenso seine Söhne, Trita aber zeichnete sich noch vor den Anderen aus und wurde darum sehr geehrt. Einmal hatten die Brüder ein Opfer gebracht, für das sie einen grossen Lohn in Kühen ausgezahlt erhielten, sie beschlossen, mit ihren Reichthümern in eine andere Gegend zu ziehen. Unterwegs überlegten sich die beiden Brüder, wie sie sich in den Besitz dieser Güter theilen könnten, ohne dem Trita etwas davon zu geben. Da ereignete sichs, dass sie einmal in der Nacht weiter zogen und Trita in der Nähe der Sarasvatî einen Wolf sah; als er aus Furcht vor demselben etwas auf die Seite trat, fiel er in einen wasserlosen Brunnen. Seine Brüder hörten zwar sein Hülfegeschrei, kümmerten sich aber nicht darum, sondern zogen weiter; Trita aber glaubte sterben zu müssen, da er keinen Soma getrunken hatte. Er nahm nun ein im Brunnen gefundenes Kraut als Soma und veranstalte ein Opfer, zu welchem die Götter herbeikamen und ihn aus seiner Gefangenschaft befreiten. Seinen Brüdern fluchte Trita und verwandelte sie in reissende Thiere. Diese Erzählung scheint fast mit Rücksicht auf die oben erwähnte Rigvedastelle (105, 17) erfunden worden zu sein, auch in Mahâbh. 12, 13174 wird auf diese Legende angespielt. An einigen anderen Stellen des Mahâbhârata wird Trita blos genannt. Auch die wenigen Stellen des Atharvaveda, welche von ihm sprechen (5, 1. 1. 6, 113. 1. 17, 15. 19, 56. 4) fügen unserer Kenntniss nichts weiter bei.

Man wird uns zugeben, dass, trotz der beträchlichen Menge von Stellen, an welchen Trita genannt wird, es recht schwer ist, sich ein deutliches Bild von seiner Persönlichkeit zu machen, auch ist es durchaus nicht klar, dass man alle diese Stellen zu einem Bilde vereinigen darf, weil sie auf verschiedene Wesen sich beziehen können.

Wir wissen bereits, dass Trita auch im Plural erscheint, also mehr eine Gattung von Wesen bezeichnen dürfte, aber auch über den Singular sind die indischen Erklärer nicht einig, sie verstehen z. B. 661, 5 den Varuṇa unter dem Namen Trita, 872, 6 scheint Agni verstanden werden zu sollen, 408, 2 vielleicht der Blitz, für viele Stellen wird ein Ṛishi Trita angenommen. Auf alle Fälle haben wir nach den Texten ein Recht, zwei Tritas zu unterscheiden: den Trita Vaibhûvasa und den Trita Âptya und nur der letztere kann uns hier beschäftigen. Die Stellen, wo von ihm die Rede ist, zeigen, dass man sich ihn als eine sehr entfernt wohnende Persönlichkeit dachte (cf. 632, 16. 667. 13. 14. 16; 834, 8), die zuletzt genannte Stelle zeigt ihn in Gemeinschaft mit Indra als einen Helden, den Feind des dreiköpfigen Sohn des Tvashṭri, der vielleicht mit dem 925, 6 genannten Ungeheuer identisch ist. Zu beachten ist, dass diese Ansicht wieder nur dem letzten Buche des Rigveda angehört[1]). Die Ansicht von zwei Brüdern des Trita, welche Ekata und Dvita heissen, scheint nach 667, 16 bereits dem Rigveda anzugehören. Auch das Awestâ kennt einen Thrita, welcher dem Namen nach dem indischen Trita vollkommen enspricht, was wir aber von ihm erfahren, ist sehr wenig. Auch im Awestâ scheint ein doppelter Thrita unterschieden werden zu müssen, der eine ist Ys. 9, 30 u. Vd. 20, 11 genannt und in nahe Beziehung zu Haoma gesetzt und als Arzt gerühmt, davon scheint verschieden Thrita der Sohn des Sâyuzhdri, von welchem Yt. 5, 72. 13, 113 die Rede ist und der am Apâm napâḍ gewohnt haben soll. Da nach Yt. 13, 139 auch eine Tochter Zarathushtras

1) Zimmer macht (l. c. p. 209) auf eine Stelle der Taittirîya-Saṁhitâ (2, 5. 1. 1.) aufmerksam, nach welcher Viçvarûpa, der dreiköpfige Sohn Tvashṭars, als Purohita der Götter immer seinen Verwandten, den Asuras, einen Antheil am Opfer zukommen liess. Indra merkte den Verrath und schlug ihm seine drei Köpfe ab. Ganz anders im Epos cf. Mahâbh. 5, 22 flg., wo der dreiköpfige Sohn des Tvashṭri und Vṛitra gleich ist. Perry in seiner Abhandlung über Indra (Journal of the American Oriental Society XI, 142 flg.) sieht in Trita einen Sturmgott.

Thriti genannt wird, so scheint der Name ziemlich gewöhnlich gewesen zu sein. Die späteren Nachrichten haben uns blos den Namen اثرت Athrit aufbewahrt, als eines Nachkommens des Yima und ein Glied der von ihm in Ostérân begründeten Herrscherreihe, welcher Sâm und seine Nachfolger entstammen, er ist mit dem zuerst genannten Thrita im Awestâ identisch.

Selbst nach diesen dürftigen Materialien wird es unleugbar sein, dass zwischen dem indischen Trita einerseits und dem érânischen Thrita und Thraetaona andererseits ein alter Zusammenhang besteht, dass aber die Ansichten der beiden arischen Völker über das Wesen dieser Persönlichkeiten bereits so weit auseinander gehen, dass es für uns schwer sein wird, die ihnen zu Grunde liegende ursprüngliche Idee wieder aufzufinden. Klar ist es, dass der érânische Thrita mit dem vedischen Trita nichts gemein hat, dieser letztere vielmehr mit dem érânischen Thraetaona zu vergleichen ist, trotz der weiter abliegenden Namensform. Dies zeigt das Beiwort *Âptya*, welches der indische Trita und *Âthwya*, welches des érânische Thraetaona erhält. Beide Wörter sind ohne Zweifel identisch [1]), die Awestâform versetzt die mittleren Consonanten, aber des neup. آبتين *Âbtîn* zeigt sie in der richtigen Reihenfolge. Was das Wort bedeuten soll, ist freilich schwierig zu sagen, das indische âptya scheint mit âp, Wasser in Verbindung zu stehen und soviel wie Apâm napât zu bedeuten (cf. Sâyaṇa zu 632, 16), die Erklärung ist nicht unwahrscheinlich, die formellen Schwierigkeiten sind aber nicht gehoben, es lässt sich nicht erklären, woher der Buchstabe t in die Form gekommen sein sollte. Hinsichtlich der Sache ist aber hervorzuheben, dass sowohl Trita als Thraetaona mit einem dreiköpfigen Ungeheuer kämpfen muss, das in Erân als eine Schlange dargestellt wurde; dass

1) Rgv. 946, 6 heisst Indra *âptya âptyânâm*. — Zu der auffälligen Form *âthwya* vergl. das indische *adbhis, adbhyas*.

auch in Indien dies der Fall war, lässt sich nicht beweisen, nach 925, 6 scheint es vielmehr die Gestalt eines Ebers gehabt zu haben. Nicht zu übersehen ist auch, dass nach dem érânischen Mythus Thraetaona auf seinem Zuge gegen Dahâka von zwei Brüdern begleitet wird, die auf dem Wege ihren Bruder zu tödten suchen, indem sie von der Höhe eines Berges, an dessen Fusse Thraetaona sein Lager aufgeschlagen hat, ein grosses Felsstück loslösen und auf den Schlafenden herabwälzen. Zum Glücke erwacht Thraetaona rechtzeitig und vermag durch seine Zauberkunst den Felsen zum Stillstande zu bringen. Diese Erzählung hat eine gewisse Aehnlichkeit mit der oben erzählten Legende von Trita, für den Mythus von Thraetaona hat sie nicht die geringste Bedeutung, man kann daher nur annehmen, dass sie als eine Erinnerung aus alter Zeit ohne einen bestimmten Zweck sich forterhalten hat. — Es fehlt mithin nicht an Vergleichungspunkten für Trita und Thraetaona, man wird also mit Bestimmtheit sagen dürfen, dass beide auf eine mythische Persönlichkeit zurückgehen, welche schon in der arischen Zeit bekannt war. Mit diesem allgemeinen Resultate werden wir uns freilich begnügen müssen, denn die Umgestaltung des Mythus bei beiden arischen Völkern ist bereits zu weit fortgeschritten, als dass man mehr zu sagen vermöchte, was spätere Zuthat und was ursprünglich ist.

§ 36.

Manu.

Wir haben oben (§ 34) bereits gesehen, dass der Rigveda in ältester Zeit wahrscheinlich den Yama als ersten Menschen anerkannte, dass aber im Laufe der Zeiten, diese Ansicht mehr und mehr sich verdunkelte und die glückliche Regierung des Yama im Mahâbhârata in ein früheres Zeitalter verlegt wird, während er jetzt nur als Beherrscher der abgeschiedenen Geister gilt. An seine Stelle als Vater des Menschengeschlechtes ist vielmehr Manu getreten, der, wie wir gleichfalls bereits gesehen haben, ein Halbbruder des Yama war, ebenbürtig von Seite des Vaters, geringer von Seite der Mutter. Auch den Manu kennt bereits der Rigveda und nennt ihn häufig sowohl als Vater der Menschen, wie auch als ersten Entzünder des Feuers und als den ersten Opferer, dann erscheint aber das Wort Manu auch als nom. appellativum in der Bedeutung Mensch überhaupt sowohl im Singular als im Plural. Wir werden jedoch Manu nur als den Vater der Arier auffassen dürfen, denn an nicht wenigen Stellen wird Manu dem Dasyu entgegengesetzt. Er wird nicht nöthig sein, für diese Behauptungen die Belege aus dem Rigveda anzuführen, da sie bereits von Muir sorgfältig gesammelt sind, auf dessen Mittheilungen wir hiermit verweisen[1]). Den Beinamen Vaivasvata erhält Manu im eigentlichen Rigveda noch nicht, aber die sogenannten Vâlakhilyas (1020, 1. 1021, 1) kennen einen Manu Sâm̃varaṇi und Manu Vivasvat, Die wenigen Stellen des Atharvaveda, welche von Manu sprechen (3, 9. 2; 6, 19. 1; 7, 82. 6; 8, 10. 24; 14, 2. 41; 18, 1. 20; 19, 11. 5 und 26, 2) sind unbedeutend, hervorzuheben ist nur, dass 8, 10. 24 er den Beinamen Vaivasvata erhält. In den Brâhmaṇas und in allen späteren Schriften überhaupt ist Manu Vaivasvata als Vater des Menschengeschlechts eine vielgenannte Person, nach dem Çatapatha-brâhmaṇa, dem Mahâbhârata und den Purâṇas geht seiner Menschenschöpfung eine grosse Fluth vorher, aber wahrscheinlich ist diese Erzählung nicht bei den Indern entstanden, sondern von den Semiten übernommen worden[2]). Das Menschengeschlecht selbst stammt von Manu und seiner Tochter Iḍâ. Ueber alle diese Dinge findet man in dem genannten Werke Muirs erschöpfende Mittheilungen. Die Ansicht von Manu als ersten Vater des gesammten Menschenge-

1) Muir Original Sanscrit texts 1, 162—175. der 2. Ausgabe.

2) Anderer Ansicht ist M. Müller, Indien p. 113flg., der den semitischen Ursprung der indischen Sintflutsgeschichte leugnet.

schlechtes, nach welcher also alle Menschen gleichberechtigt wären, ist jedoch nicht die einzige geblieben. bereits dem Rigveda ist ein Hymnus (916) einverleibt, das sogenannte Purushasûkta, welcher die verschiedenen Kasten aus den verschiedenen Gliedern des Purusha ableitet, also eine Ungleichartigkeit derselben annimmt. Unangefochten ist aber die Lehre geblieben, dass das berühmteste Königsgeschlecht Indiens, das Mondgeschlecht, auf Manu Vaivasvata zurückgeht. Obwohl dieses Geschlecht den Namen Mondgeschlecht führt, so ist es doch eigentlich ein Sonnengeschlecht, denn es stammt von Vivasvat her, der Name Mondgeschlecht kommt daher, dass Manus Tochter Iḍâ mit Budha, dem Sohne des Mondes, verheirathet gewesen ist und mit ihm die Stammväter dieses Geschlechtes erzeugt haben soll. Diese Annahme ist indessen durchaus nicht die einzige, nach anderen Nachrichten erzeugt Manu selbst mit seiner Tochter diese Nachkommen, nach anderen ist Iḍâ selbst bald Mann bald Frau und somit sowohl Vater als Mutter des Geschlechtes. Auch das eigentliche Sonnengeschlecht der Inder, die Könige von Ayodhyâ, geht auf Manu Vaivasvata zurück. Es mag hier noch angeführt werden, dass nach indischer Annahme Manu Vaivasvata und seine nächsten Nachfolger Beherrscher der ganzen Welt sind, erst Yayâti vertheilt dieselbe unter seine fünf Söhne, wobei dem jüngsten derselben, dem Pûru, das Land der Mitte als der werthvollste Theil derselben zufällt.

Nicht so hervortretend wie in Indien ist Manu in Erân, dass er aber auch dort früher besser bekannt war, lässt sich aus dem Namen Manushcithra schliessen, der einem érânischen Könige gegeben wird und der „Nachkomme des Manu“ bedeutet. Die mittelérânische Form lautet Manoshcihr, daraus ist später Minocihr geändert worden. Seine Vorgeschichte ist die folgende. Der uns bereits bekannte Thraetaona beherrscht noch wie Manu die ganze Erde, aber er theilt diese unter seine drei Söhne, Selm, Tûr und Eraj (Airyu), wobei der letztere, der jüngste unter ihnen, wieder das bevorzugte Land der Mitte oder

Erân erhält, die beiden älteren Brüder finden sich zurückgesetzt und tödten den Eraj, aber in dem Sohne seiner hinterlassenen Tochter entsteht ihm ein Rächer und dieser ist Manushcithra. Ueber die Zwischenglieder, welche zwischen Eraj und Manushcithra liegen, sind die Ueberlieferungen verschieden, die zuverlässigsten Quellen, wie der Bundehesh nehmen 10 Generationen an und in den beiden letzten erscheinen die Namen Manush-qurnâk, Manush-qurnar. (Vgl. meine Alterthumsk. 1, 549 und dazu jetzt Darmesteter, Etudes iran. 2, 217 fg.) Beachtenswerth erscheint mir, dass hier Manush ebenso in einer lückenhaften Zeit erscheint, wie in Indien, wo er theils der Nachfolger des Yama, theils sogar der Neubegründer des Menschengeschlechtes nach einer grossen Fluth ist. In Erân erleidet die Reihenfolge der mythischen Könige durch den frühzeitigen Tod des Eraj gleichfalls eine Unterbrechung und es ist wohl nicht bedeutungslos, dass gerade hier der Name Manu eingeschaltet ist, um auf den Nachfolger des Thraetaona überzuleiten, auch hier vermittelst einer übriggebliebenen Tochter. — Bekanntlich ist Manu nicht auf die arische Periode zu beschränken, sondern er geht in die indokeltische Periode zurück.

§ 37.

Kṛiçâçva und Keresâspa.

Obwohl die hier genannte Persönlichkeit in den Vedas gar nicht vorkommt, so dürfen wir doch keinen Augenblick bezweifeln, dass dieselbe recht eigentlich der arischen Periode angehört, über diese hinaus lässt sie sich indessen nicht verfolgen. In den indischen Epen wird Kṛiçâçva öfter erwähnt, wenn auch nicht ausführlich besprochen. Aus MBh 2, 328 erhellt, dass man sich den Kṛiçâçva in der Gesellschaft des Yama dachte, und er nimmt dort seinen Platz neben anderen Helden der indischen Vorzeit ein; in gleicher Umgebung erscheint auch ibid. 4, 1769 seine Name. Im Vishṇupurâṇa ist Kṛiçâçva der Gemahl der Jayâ und Vijayâ, zweier Töchter des Prajâpati, mit welchen er die Waffengottheiten (çastradevatâḥ) erzeugt, was darauf hindeutet, dass man seine Person mit kriegerischen Erinnerungen verband. Am ausführlichsten über ihn ist noch das Râmâyaṇa (1, 23. 12 Schl. 24, 13 Gorr.), wo gelehrt wird, dass Viçvâmitra von Kṛiçâçva alle göttlichen Waffen erhalten habe und mit ihnen die Welt beschütze, auch hier werden die Waffen als Kinder des Kṛiçâçva betrachtet; sie sind auch hier Kinder der Jayâ und Vijayâ, ihre Zahl beläuft sich auf 100, jede der beiden Frauen hat 50 zur Welt gebracht (Ram. 1, 28. 31 Schl. = 29, 20 Gorr.). Ausserdem erscheint der Name Kṛiçâçva in den Reihen der Könige von Vaiçâlî und Çrâvastî (Hariv. 708. Vishṇup. p. 362). Nach diesem Allen dürfen wir nicht zweifeln, dass Kṛiçâçva als eine kriegerische Persönlichkeit den Indern bekannt war.

Im Gegensatze zu Indien fliessen in Erân die Nachrichten über Keresâspa ziemlich reichlich. Aus einer Stelle (Ys. 9, 30 flg.) erfahren wir, dass er der Nachkomme des schon oben genannten Thrita ist, welcher als der beste der Sâme genannt wird; Sâma scheint also der allgemeine Name eines Geschlechtes gewesen zu sein, welches nach einer unserer Quellen, dem Gershasp-nâme, auf Yima und eine Tochter des Königs von Kâbul zurückgeht, während dagegen andere (cf. Tabari 1, 532. 533) Thrita und sein Geschlecht auf Frêdûn oder Manoshcihr zurückführen wollen. Charakterisirt wird Keresâspa (Yt. 19, 38) als der stärkste aller Menschen ausser Zarathushtra und der männlichen Tapferkeit. Seine Thaten sind daher auch grossartig und mannigfaltig, doch bieten sie selten einen Vergleichungspunkt mit indischen Mythen, wesshalb wir dieselben nur kurz berühren. Er zeichnet sich aus im Kampfe mit Ungeheuern, er tödtet die schreckliche Schlange Sruvara (Ys. 9, 34—39. Yt. 19, 40), auf welcher das grüne Gift daumensdick floss. Auch Firdosi kennt diesen Kampf und versetzt ihn an den Fluss

Kashaf, der ein Nebenfluss des Tejend ist[1]). Verschieden davon ist der Kampf mit dem uns bereits bekannten Gañdarewa, welcher als ein ähnliches Ungeheuer geschildert wird (Yt. 5, 37. 19, 41) das der reinen Welt grossen Schaden that. Auch Firdosi kennt und beschreibt dieses Ungeheuer, das im Meere lebte, dessen Wasser von seinem Gifte ganz schwarz wurde, Niemand war vor seinem giftigen Hauche sicher, mit welchem es die Fische im Meere und die Geier in der Luft verbrannte. Weniger bekannt ist Hitâspa der Mörder von Keresâspas Bruder Urvâkhs'aya (Yt. 15, 28. 19, 41), der besiegt und wie es scheint an den Wagen gespannt wurde und Snâvidhaka (Yt. 19, 43—44) ein noch junger Unhold, der beabsichtigte, wenn er erwachsen sein würde, sowohl den Spento mainyush als den Agro mainyush an seinem Wagen ziehen zu lassen, aber Keresâspa tödtete ihn, ehe er sein Vorhaben ausführen konnte. Darmesteter (Ormazd et Ahriman p. 215) erinnert an den griechischen Othos und Ephialtes, welche den Himmel zu erklettern suchten, Aehnlichkeit hat auch der Uebermuth des indischen Königs Nahusha (MBh. 1, 3150 flg.), welcher die Rishis an seinem Wagen ziehen liess. Wenig bekannt sind auch Keresâspas Abenteuer mit den neun Räubern und sein Sieg über Vareshava und Pitaona (Yt. 19, 41) und über Arezo-shamana (Yt. 19, 42). Eine weitere That dieses Helden ist schon oben (§ 17) mitgetheilt worden. Neben diesen rühmlichen Thaten bemerkt aber das Awestâ (Vd. 1, 65) missbilligend, dass sich eine Pairika d. i. eine der Welt des Bösen angehörende Frau an ihn hing; wir dürfen auch sicher diesem Buche schon die später bezeugte Ansicht zuschreiben, dass Keresâspa in einen Schlaf versenkt worden sei, aus dem er erst zur Zeit der letzten Dinge wieder erwachen wird, um den von seinen Banden losgekommenen Azhish Dahâka zu bekämpfen und endgültig zu besiegen. Dass dieser Mythus eine grosse Aehnlichkeit habe mit dem deutschen vom

1) Vgl. meine arischen Studien p. 123—126.

Kaiser Friedrich und anderen Helden, welche im Kyffhäuser oder anderen Bergen schlafen, haben wir schon öfter zu bemerken Gelegenheit gehabt. Angespielt wird auf diesen Mythus Yt. 13, 61, wo von dem Körper des Keresâspa die Rede ist, der von den Fravas'is bewacht wird. Auch das Königsbuch des Firdosi kennt den Keresâspa sehr gut als einen tapfern Helden, den es in die Zeit Thraetaonas setzt, er gilt ihm als ein Nachkomme Yimas (75, 14. Mac.) er führt im Kampfe gegen Tûr den linken Flügel vom Manoshcihrs Heere (ib. 79), Sâm und Nerîmân erscheinen dort irrthümlich als seine beiden Söhne (ib. 77, 10. 11); es sind das aber ursprünglich zwei Beiwörter, welche dem Keresâspa beigelegt werden: *Sâma*, der Name des Geschlechtes, zu dem er gehört und *nairimanâo*, männlichen Muth besitzend. Dass Firdosi seine Kämpfe gegen Ungeheuer gleichfalls kennt, wissen wir bereits, aber auch von ihm wird Sâm als ein Götzendiener dargestellt (1185, 6. v. u.). Ueber die Stellung des Keresâspa herrscht übrigens keine vollkommene Klarheit in den späteren Berichten. Als die herrschende Ansicht darf man es wohl bezeichnen, dass er ein Glied jenes Stammes sei, welcher in Ostérân herrschte und sein Geschlecht auf Yima und eine Tochter des Königs von Kâbul zurückführte. Hiernach wäre Keresâspa mit der herrschenden Königsfamilie zwar nahe verwandt, gehörte aber nicht zu derselben. Allein von anderen Quellen (s. o.) wird er nicht nur in den königlichen Stamm eingefügt, er erscheint sogar selbst als Herrscher, wenn auch mit einer unsicheren Stellung: das Jâmâsp-nâme lässt ihn unmittelbar auf Thraetaona folgen, erst nach ihm kommt Manushcithra, der Minokhired fügt ihn nach Kai-qobâd ein, Tabari setzt ihn gleichzeitig mit Zav, und so erscheint er auch in etwas unklarer Weise bei Firdosi. Wie dem auch sei, auch das Awestâ scheint ihn in die Reihe der êrânischen Könige, nicht aber der Nebenlinie, zu stellen, nur so erklärt es sich, dass nach Yt. 19, 38 Keresâspa die königliche Majestät ergreift, die ihm wahrscheinlich später, seiner Sünden wegen, wieder verliess. Daher steht auch Yt. 5, 37. 15, 27 Keresâspa unmittelbar hinter Thraetaona.

Wenn im Awestâ und anderen priesterlichen Quellen sich Zweifel gegen die Rechtgläubigkeit dieses Helden erhoben, so dürfen wir darin wohl einen Beweis für das hohe Alter der von ihm erzählten Mythen sehen, welche in das spätere Religionssystem nicht passen wollten. Als Ergebniss unserer Untersuchung dürfen wir wohl festhalten, das Kṛiçâçva und Keresâspa identisch sind und schon in der arischen Periode einen Helden von ungewöhnlicher Tapferkeit bezeichneten. Ohne Zweifel hat er früher in Indien auch eine höhere Bedeutung gehabt, als aus den den Priesterkreisen entstammenden Nachrichten ersichtlich ist, welche uns allein über ihn Nachricht geben.

§ 38.

Ṛiksha und Erekhs'a.

Wir müssen hier wieder mit den érânischen Mythen beginnen, da die indischen Erwähnungen des Ṛiksha sehr kurz und vieldeutig sind, wesswegen auch die Identität beider Persönlichkeiten nur vermuthungsweise ausgesprochen werden kann. Erekhs'a gehört in dieselbe Zeit wie Keresâspa, man hat ihn erst neuerdings an zwei Stellen des Awestâ (Yt. 8, 6. 37) entdeckt, wo er als der beste der Bogenschützen bezeichnet wird, nähere Nachrichten über denselben enthält indessen das Awestâ nicht. Es kann jedoch nicht zweifelhaft sein, dass mit Erekhs'a in dem älteren Buche dieselbe Person gemeint ist, die in neueren Schriften Ârish genannt wird. Im Königsbuche des Firdosi hat dieser Ârish keine Stelle (er wird nur einmal in dem von Daqîqî verfassten Theile genannt 1087, 7), er darf nicht verwechselt werden mit einem andern Ârish, dem Sohne des Kaiqobâd; aber Tabari und namentlich Sehîreddîn kennen ihn sehr wohl. Die Abweichungen, welche gerade in dieser Beziehung zwischen dem Königsbuche und anderen priesterlichen Quellen [1]) sich zeigen, sind sehr beachtenswerth. Beide Reihen von Quellen stimmen darin überein, dass es eine Zeit gab, in welcher Afrâsiâb, der König von Turân ganz Erân mit Krieg überzog, um Rache für die Ermordung seines Vorfahren Tûr zu üben, aber das Shâhnâme setzt dieses Ereigniss in die Regierung des Königs Naudar, des Sohnes von Manoshcihr, während die Mehrzahl der übrigen Schriften, namentlich der Parsenschriften, den Naudar gar nicht kennt und den Ueberfall in den letzten Regierungsjahren des Königs Manoshcihr stattfinden lässt. Beide Quellen stimmen ferner darin überein, dass kein Glied der Königsfamilie von Segestân in diesem Kriege die Führung des érânischen Heeres hatte; nach Angabe des Königsbuches war eben damals Sâm, der Vater Zâls, gestorben und letzterer mit den Trauerfeierlichkeiten beschäftigt. Ferner stimmen beide Quellen darin überein, dass in diesem Kriege der Führer Qârin, ein Nachkomme des Schmiedes Kâve war (Shâhn. 183, 10flg.), der auch schon in früheren Kriegen unter den érânischen Helden genannt wird. Die ausführlichste Schilderung des Krieges selbst finden wir bei Sehîreddîn (p. 14flg. ed. Dorn). Als Manoshcihr von dem Einfalle des Afrâsiâb hörte, sandte er den Qârin mit einem bedeutenden Heere gegen denselben, und es gelang auch, den Afrâsiâb zurückzuschlagen. Da wandte der turânische König zum ersten Male eine Kriegslist an, ein Verfahren, das bis dahin unbekannt gewesen war. Er schrieb einen Brief an Qârin, angeblich eine Antwort auf einen anderen, den er von Qârin erhalten haben wollte; in diesem Briefe erklärte sich Afrâsiâb mit allen Vorschlägen Qârins einverstanden und verpflichtete sich, sobald Erân in seiner Gewalt sein würde, das Land dem Qârin zum Lehen zu geben. Dieser Brief wurde dem Manoshcihr in die Hand gespielt, der natürlich über die Treulosigkeit seines Feldherrn aufs Aeusserste erbittert war, den-

1) Cf. meine érânische Alterthumskunde 1, 574 flg.

selben in Fesseln legen liess und den Oberbefehl dem Ârish aus Rai übergab. Als nun Qârin seines Amtes entsetzt war, schlug Afrâsiâb mit wenig Mühe das érânische Heer in die Flucht. Zu spät sah Manoshcihr seinen Irrthum ein und gab dem Qârin seine frühere Würde zurück. Manoshcihr führte nun den Krieg in eigener Person, er lagerte sich in Rai, ihm gegenüber Afrâsiâb in Teherân, täglich fielen Gefechte vor, die aber zum Nachtheil der Erânier ausfielen. Um einen festen Stützpunkt zu haben, liess Manoshcihr die Festung Thabrek anlegen, die erste Festung, welche überhaupt gebaut wurde; dort hielt er sich eine Zeit lang, kehrte aber wieder nach Rai zurück. Da er sich in Rai nicht zu halten vermochte, zog er über Lârjân nach Taberistân und lagerte sich in dem Walde von Tammésha, der im Kreise Ahlom liegt, Afrâsiâb aber zog hinter ihm her. Auch dort liess Manoshcihr zur Sicherung seines Heeres einen grossen Graben anlegen und eine Festung bauen, in welcher er seine Schätze verbarg, Afrâsiâb aber belagerte ihn dort zwölf Jahre lang. Nach Verlauf dieser Zeit kam ein Friede zu Stande, in welchem festgesetzt wurde, dass sich Manoshcihr mit einem Landstriche begnügen müsse, der innerhalb eines abgeschossenen Pfeiles liege, das übrige Land aber dem Afrâsiâb gehöre. Diesen Pfeil schoss Ârish ab, derselbe flog bis Merw, so dass sich Afrâsiâb genöthigt sah, seine Eroberungen wieder herauszugeben. — Ganz anders als bei Sehîreddîn lautet die Erzählung bei Firdosi, auch bei ihm wird König Naudar von Afrâsiâb nicht blos besiegt, sondern auch getödtet; es folgen dann mehrere schwache Könige, doch wird die Abhängigkeit von Turân nicht rückhaltslos anerkannt. Nachdem aber Rostem den Kai-qobâd vom Alborj geholt hat, wendet sich die Sache, der Sieg kehrt wieder zu den Erâniern zurück, Afrâsiâb wird nicht blos geschlagen, er verdankt es blos einem Zufalle, dass er nicht lebendig in die Hände Rostems fällt, indem der Gürtel zerreisst, den Rostem schon gefasst hat. Erschreckt und eingeschüchtert bitten die Turânier um Frieden der ihnen auch innerhalb ihrer früheren Gränzen gewährt wird, nicht ohne Einsprache Rostems, der eine härtere Bedingung gerechtfertigt findet. Wie man sieht, ist in dieser Fassung der Erzählung für Årish und seinen Meisterschuss keine Stätte.

Für die Vergleichung des Erekhs'a mit einer indischen Persönlichkeit kann der Name allein eine sichere Grundlage abgeben. Es wird nicht zu bezweifeln sein, dass Erekhs'a dasselbe Wort sei, wie das indische Ṛiksha, welches gleichfalls als ein Eigenname gebraucht wird. Ein Ṛiksha wird Rgv. 677, 15 genannt, von welchem wir aber Näheres nicht wissen, der Atharvaveda kennt keine Person dieses Namens. Es ist mir aber nicht wahrscheinlich, dass man einen Krieger wie Erekhs'a in einem indischen Priester wieder finden werde, ich denke eher an den Ṛiksha, den das indische Epos (cf. MBh. 3, 3722 Hariv. 1799. 1817, Vishṇup. p. 455) als einen Vorfahren Kurus nennt, also als einen indischen König. Ausserdem kennen die Inder noch verschiedene Ṛikshas, deren Abstammung aus dem petersburger Wörterbuche zu ersehen ist, die aber keine Vergleichungspunkte darbieten. Auch an die Ṛikshîkâs, die Atharv. 12, 1. 49. Vâj. 30, 8 als böse Wesen erscheinen, mag hier noch erinnert werden.

§ 39.

Kâvya Uçanas und Kava Usa.

Etwas bessere Anhaltspunkte als für die Vergleichung von Ṛiksha und Erekhs'a haben wir für die jetzt zu besprechende Persönlichkeit. Die Namen *Kâvya Uçanas* und *Kava Usa* sind zwar nicht identisch, stehen sich aber unleugbar sehr nahe. Das Wort *Kâvya* soll Patronymicum sein und von *Kavi* abstammend bedeuten, in der That heisst *Uçanas* einmal im Rigveda (322, 1) *Kavi Uçanas* und erscheint nicht selten als priesterlicher Sänger. Der Name *Uçanas* steht in nächster Beziehung zu dem Substantivum *uçanâ*, Begierde, das eine wie das andere Wort ist auf die Wurzel *vaç*, begehren, zurückzuleiten. Der êrânische Name schliesst sich im Ganzen genau an den indischen an: *Kavi* (nom. sg. *Kava*) ist auch dem Erânischen bekannt, dort aber mehr ein Beiwort der Könige als der Priester, *Usa* aber ist ein Particip. praes. der Wurzel *vas* und bedeutet: wollend, begehrend, eine Bedeutung, welche bei der Beurtheilung des Mythus wohl zu beachten ist.

Kâvya Uçanas wird im Rigveda nicht selten erwähnt, und wir werden am besten thun, wenn wir die betreffenden Stellen unseren Lesern wieder vorlegen:

51, 11. mándishṭa yád uçáne kâvyé sacẫn índro vankû́ vankutárâdhi tishṭhati, wenn er sich erfreut hat mit Uçanâ Kâvya zusammen, besteigt Indra die weit herumschweifenden zwei (Falben).

83, 5. yajñaír átharvâ prathmáḥ pathás tate tátaḥ sû́ryo vratapấ vená ấjani | ấ gấ âjad uçánâ kâvyáḥ sácâ yamásya jâtám amṛ́tam̃ yajâmahe. Durch Opfer hat Atharvan zuerst die Pfade ausgesteckt, dann erstand Sûrya, der Hüter der Pfade, der liebende; zugleich trieb die Rinder her Uçanâ Kâvya, die von Yama entsprungene Unsterblichkeit suchen wir zu eropfern.

121, 12. tvám indra náryo yấn ávo nṛ́n tíshṭhâ vấtasya suyúјo váhishṭhân | yám̃ te kâvyá uçánâ mandínam̃ dấd vṛitrahánam pấryam̃ tataksha vájram. Du Indra, menschenfreundlich denen eben unter den Männern, denen du gnädig bist, besteige die leicht angespannten Rosse, die bestziehenden; den dir Kâvya Uçanâ gab den erfreuenden Donnerkeil, den hat er als rettenden, als Vṛitratödtenden zugehauen.

130, 9. Sû́raç cakrám prá vṛihaj jâtá ójasâ prapitvé vấcam aruṇó mushâyatîçâná ấ mushâyati | uçánâ yát parâvátó 'jagann ûtáye kave. Des Sûra (Svar) Rad rollte er in Gewaltigkeit sich zeigend hervor, roth flammend entlockt er die Stimme, diess vermögend entlockt er sie, als, o Uçanâ Kavi, aus der Ferne du zur Hülfe kamst, alles Glück der Menschen gleichsam in seine Gewalt bringend, alle Tage (es) in seine Gewalt bringend.

312, 2. áva sya çûrâdhvano nánte 'smín no adyá sávane mandádhyai | çáṁçâty ukthám uçáneva vedháç cikitúshe asuryầya mánma. Spanne ab, o Held, als am Ende der Reise, an dieser Trankspende dich heute zu freuen; es wird der dienende Priester wie Uçanas ein Lied singen, als Gedenklied dem merkenden, göttlichen.

322, 1. ahám mánur abhavaṁ sû́ryaç câháṁ kakshî́vâñ ṛíshir asmi vípraḥ | aháṁ kutsám ârjuneyáṁ ny ṛñje 'háṁ kavír uçánâ páçyatâ mâ. Ich (Indra) ward Manu und Sûrya, ich bin der Ṛishi Kakshîvân, der heilige Sänger; Kutsa der Arjunî Sohn hab ich mir gewonnen, Kavi Uçanâ bin ich; schaut mich an.

461, 11. tváṁ vṛidhá indra pûrvyó bhûr varivasyánn uçáne kâvyầya | párâ návavâstvam anudéyam mahé pitré dadâtha sváṁ nápâtam. Du warst, Indra, der alte Schaffer von Gedeihen, Liebes erweisend dem Uçanâ Kâvya; hinweg gabst du den Nâvavâstva als Geschenk dem grossen Vater den eigenen Enkel.

643, 17. uçánâ kâvyás tvâ ní hótâram asâdayat | âyajíṁ tvâ mánave jâtávedasam. Uçanâ Kâvya hat als Hotar dich (den Agni) niedergesetzt; als Âyaji (Priester) dem Menschen den Jâtavedas.

799, 3. ṛíshir vípraḥ puraetá jánânâm ṛibhúr dhî́ra uçánâ kấvyena | sá cid viveda níhitaṁ yád âsâm apîcyàṁ gúhyaṁ náma gónâm. Der Seher, der Sänger, der Vortreter der Leute, der gewandte Einsichtige, ein Uçanâ an Weisheit, der hat entdeckt, was ihr Verborgenes, den entrückten, verborgenen Namen der Kühe (das Wasser).

809, 7. prá kấvyam uçáneva bruvâṇó devó devánâṁ jánimâ vivakti | máhivrataḥ çúcibandhuḥ pâvakáḥ padá varâhó abhy èti rébhan. Hohe Weisheit wie Uçanâ verkündend verkündet der Gott der Götter Geschlechter; hehre, heilige Werke verrichtend, von reiner Sippe der Heiligende, naht der Eber singend den (bestimmten) Orten.

866, 7. yuvám ha bhujyúm̃ yuvám açvinâ váçam̃ yuvám̃ çiñjâram uçánâm úpârathuḥ | yuvó rárâvâ pári sakhyám âsate yuvór ahám ávasâ sumnám á cake. Ihr (die Açvin) habt Bhujyu, Vaça, Çiñjara Uçanâ euch genaht, eure Freunde behütet euer speichenreicher; Glück durch eure Huld ist mir erwünscht.

Wir könnten hier auch noch Stellen wir 383, 9; 385, 8; 388, 2; 627, 26 und 848, 6 anfügen, doch ist dort das Wort uçanâ zweifelhaft und wird nicht von allen Erklärern als Eigenname aufgefasst. Der Atharvaveda nennt den Kâvya Uçanâ nur an einer Stelle (4, 29. 6.), welche für das Verständniss der Persönlichkeit ohne Bedeutung ist. Wir finden also, wie gewöhnlich im Rigveda, wenig genügende Materialien für die Wesensbestimmung des Kâvya Uçana, den späteren Schriften ist er indessen besser bekannt und dort erscheint er gewöhnlich als der Lehrer der Asuras (cf. Râm. 6, 31. 14 Hariv. 2504, 16284) und er wird als sehr weise angesehen (MBh. 12, 5045), sogar als Autorität für einen Spruch angeführt (Hariv. 1159). Am ausführlichsten ist von ihm im ersten Buche des Mahâbhârata die Rede (MBh. 1, 3185 fg.), auch dort gilt er als der Lehrer und geistliche Führer der Asuras, der an Weisheit höher stand, als Bṛihaspati, welcher dieselbe Stelle bei den Göttern bekleidete, denn er vermochte durch seine Wissenschaft die im Kampfe gefallenen Asuras wieder lebendig zu machen, was Bṛihaspati nicht konnte. Da die Götter damals nicht unsterblich waren, so mussten sie ihrem Untergange entgegengehen, wenn es ihnen nicht gelang, die Belebungswissenschaft gleichfalls zu erlangen. Zu diesem Ende begab sich Kaca, der Sohn des Bṛihaspati als Schüler zu Kâvya Uçanas und wusste sich als solcher in dessen Familie sehr beliebt zu machen. Nachdem er schon lange bei Kâvya Uçanas gewesen war, hütete er einmal die Kühe im Walde, wo ihn die Asuras fanden (die wahrscheinlich seine Absicht ahnten), ihn tödteten und liegen liessen, seinen Leichnam frassen die Schakale. Devayânî, die Tochter des Kâvya Uçanas, bat ihren Vater, den Kaca wieder lebendig zu machen, und er gewährte ihr ihre Bitte: die einzelnen Theile des Körpers durchbrachen die Leiber der Schakale und fügten sich wieder zusammen. Aber zum zweiten Male bemächtigten sich die Asuras des Kaca, dieses Mal tödteten sie ihn nicht blos, sondern zerstampften seinen Leib und vermischten Theile desselben mit dem Getränke des Kâvya Uçanas, um jeden Wiederbelebungsversuch zu verhindern. Als nun Kâvya Uçanas wieder gebeten wird, den Kaca lebendig zu machen, vermag er dies nicht zu thun, ohne sich selbst zu tödten, er theilt daher dem Kaca die Belebungswissenschaft mit und ruft ihn erst dann in das Leben zurück, wobei er allerdings selbst stirbt, dann aber von Kaca wieder belebt werden kann. Die Hauptsache ist natürlich, dass Kaca seinen Zweck erreicht und von da an auch die Götter wieder in das Leben zurückgerufen werden können.

Kâvya Uçanas ist nach Râm. 1, 27. 20 ein Sohn des Bhṛigu. Seine Tochter Devayânî ist bereits genannt worden, sie wird auffallender Weise nicht die Frau eines Brahmanen, sondern die eines Kriegers, des Königs Yayâti. Von ihr stammen zwei Söhne des Yayâti ab, nämlich Yadu und Turvaçu, von einer Dienerin der Devayânî stammen drei andere Söhne: Druhyu, Anu und Pûru. Diese fünf Söhne gelten als die Stammväter von fünf Völkern, die wohl zunächst als im Penjâb wohnend gedacht wurden, später aber sind sie die Völker, welche die Welt überhaupt bevölkert haben. Auf diese Weise wird der Name des Kâvya Uçanas mit der ältesten Geschichte des Menschengeschlechts in Verbindung gebracht, sein Schwiegersohn Yayâti steigt nach MBh. 5, 4039 lebendig in den Himmel empor, wird aber wegen seines Hochmuths wieder auf die Erde herabgeworfen.

Das Awestâ kennt einen êrânischen König den es Kava Usa oder auch Kava Usadhan nennt; die Stellen, wo sein Name vorkommt (Yt. 5, 45; 14, 39; 19, 71) lassen keinen Zweifel darüber, dass er derselbe König ist, der im Shâhnâme Kai Kâus genannt wird. Wir haben bereits gesagt, dass der Name nicht ganz identisch mit dem der entsprechenden indischen Person ist, doch stehen sie sich sehr nahe. Kava Usa bedeutet der wollende, verlangende König, denn usan ist das Part. praes. der bereits erwähnten Wurzel vas. Im Indischen scheint noch ein zweites Suffix an das Wort getreten zu sein, auch die érânische Form Usadhan weist auf die Existenz von Nebenformen hin. Was uns das Awestâ über Kava Usa sagt, ist nur wenig, es schildert uns denselben, als einen Herrscher über Menschen wie über die Dämonen. Ausführlicher ist das Shâhnâme, aus welchem erhellt, dass Kava Usa seinen Namen mit Recht führt, denn er ist zwar ein tapferer, aber auch unüberlegter, jähzorniger und eigensinniger Herrscher, der durch seine Unbesonnenheiten in viele Verlegenheiten geräth. In diesen Erzählungen ist indessen Nichts, was uns erlaubte den Kava Usa mit Kâvya Uçanas zu vergleichen; es ist dies aber auch nur die eine Seite seiner Wirksamkeit und auch im Shâhnâme wird dem Kaikâus nachgerühmt, dass er sich die Dämonen dienstbar machte, mit ihrer Hülfe erbaute er sich kostbare Paläste und wunderbare Gärten, aber die Dämonen wussten auch dem unbesonnenen Könige vorzuspiegeln, dass er Alles erreicht habe, was auf Erden zu erreichen sei und dass ihm nur noch übrig bleibe, gen Himmel zu fahren. Das Unternehmen ist ein durchaus frevelhaftes, eine Ueberhebung und Missachtung Gottes, aber dem Kaikâus scheint die Sache richtig, er lässt vier junge Adler aufsuchen und spannt dieselben, nachdem sie kräftig geworden sind, an die vier Füsse eines Thrones, auf welchen der König sich setzt. Die Adler führen nun in der That den Thron hoch in die Luft empor, aber nachdem sie müde geworden sind, kehren sie um und werfen den König bei der Stadt Âmol auf die Erde. Dort finden ihn die Grossen des Reichs und machen ihm bittere Vorwürfe, wegen seines Uebermuthes, und erst nach langer Busse, wird ihm die Sünde einigermassen verziehen.

Zwei Dinge sind es nun, welche bei Kâvya Uçanas ebenso wie bei Kava Usa wiederkehren: Die Vorstellung von der Weisheit und das Verhältniss, in welche beide zu den Dämonen gesetzt werden. Eine Himmelfahrt, wie die des Kai Kâus wird zwar dem indischen Kâvya Uçanas nicht zugeschrieben, doch ist nicht zu übersehen, dass wenigstens der Schwiegersohn desselben in den Himmel aufsteigt und von dort wieder herabgeworfen wird, auch ist bekannt, dass die Mythologien anderer indokeltischer Völker eine misslungene Himmelfahrt gleichfalls erwähnen. Auch der Schmied Kâve, von welchem im Shâhnâme die Rede ist, dürfte den hier genannten Persönlichkeiten ursprünglich nicht fern gestanden haben. Wir kennen ihn zwar jetzt nur als die Person, welche den Aufstand gegen den Tyrannen Dahâk ins Werk setzte, auch wird Ispâhân als seine Heimath angegeben, aber wir bezweifeln nicht, dass man ihn früher in Taberistân thätig sah und zwar als einen Künstler, der wunderbare Waffen zu schmieden verstand, und in diesem Falle wird er den Namen Kâve nicht mit Unrecht führen.

§ 40.

Suçravâs und Husravagh.

Unter den Stellen, an welchen Kâvya Uçanas genannt wird, haben wir bereits eine (461, 11) angegeben, in der gesagt ist, dass ihm Indra seinen Enkel zurückgegeben habe. Sâyaṇa erklärt nämlich die Stelle dahin, dass Indra den Asura Navavâstva erschlagen und dann dem Kâvya Uçanas seinen ihm von den Feinden geraubten Enkel zurückgebracht habe. Damit scheint eine andere Vedastelle übereinzustimmen, an welcher von Indra die Rede ist:

53, 9. tvám etâñ janarấjño dvír dáçâbandhúnâ suçrávasopajagmúshaḥ | shashṭíṁ sahásrâ navatíṁ náva çrutó ní cakréṇa ráthyâ dushpádâvṛiṇak. Du hast jene zweimal zehn Völkerkönige, die herangerückt waren, mit dem sippenverlassenen Suçravâs die sechzigtausend neun und neunzig als berühmter (Held) mit des Wagens Rade (blos) gestürzt ins Verderben.

Wer dieser Suçravâs ist, ob er mit Kâvya Uçanas etwas zu thun hat oder nicht, kann leider nicht ermittelt werden; auf alle Fälle ist er eine Person, welche von ihren Verwandten verlassen ist, gleichwohl aber durch Indras Hülfe zahlreiche Widersacher besiegt. Möglich wenigstens ist es, dass der sippenlose Suçravâs dieselbe Person ist wie der Enkel, welcher dem Kâvya Uçanâs nach der vorher angeführten Vedastelle zurückgegeben wird. Es trifft sich eigenthümlich, dass auch die érânischen Mythen dem Kava Usa einen Enkel geben, der ihm in der Ferne geboren wird und erst nach vielen überstandenen Gefahren nach Erân gelangt, um dort das Reich seines Grossvaters zu übernehmen. Der Name dieses Enkels ist *Husravagh*, er stimmt so genau mit den indischen *Suçravâs* überein, dass wenigstens auf die Möglichkeit eines Zusammenhanges aufmerksam gemacht werden muss. Hinzufügen wollen wir noch, dass nach Yt. 13, 137. Kava Husravagh einen Sohn hat, der *Âkhrûra* genannt wird. Ein Nom. *Akrûra* — nur durch die Quantität des anlautenden Vocals unterschieden — findet sich auch bei den Indern, Yâska (Nir. 2, 2) nennt denselben, nach MBh. 2, 125 ist er ein Oheim des Krishṇa. Von einer Vergleichung beider Persönlichkeiten kann natürlich bei so dürftigen Materialien nicht die Rede sein.

Hiermit hätten wir die Reihe der Heroen erschöpft, die in der érânischen Heldengeschichte vorkommen und mit indischen Persönlichkeiten sich vergleichen lassen. Unser Ergebniss ist nicht ganz unbedeutend gewesen, die Reihe beginnt mit den Anfängen der Cultur und setzt sich fort bis zu dem Punkte, wo in Erân der Uebergang zur Geschichte eigentlich beginnen sollte. Einige spätere Persönlichkeiten werden uns, wenn auch in etwas verschiedener Weise, noch zu beschäftigen haben.

§ 41.

Zarathushtra und Çâkyamuni.

Es würde nach érânischen Anschauungen nicht die mindeste Schwierigkeit haben, den Zarathushtra an die eben besprochenen Heroen anzuschliessen, denn auch er gilt bei ihnen für einen Helden und zwar für einen grösseren als alle übrigen. Aber alle Versuche den Zarathushtra selbst oder eine der mit ihm in Verbindung stehenden Personen, wie seinen Beschützer Vîshtâspa etc. in die arische Zeit zurückzuführen, sind misslungen, und wie die Sachen jetzt stehen, müssen wir die Ueberzeugung gewinnen, dass wir mit ihm an der Gränze der arischen Periode angelangt sind und den Boden der speciell érânischen Entwicklung betreten. Dass wir damit auf geschichtlichem Boden stehen, ist nicht gesagt; die Legende von Zarathushtra, die noch dazu nur sehr spät beglaubigt ist, enthält sehr viel Mythisches, auch sind ältere Mythen in sie verwebt. Auch die Berührungen mit Indien fehlen nicht, nur sind sie natürlich anderer Art als die bisher genannten. Es scheint nämlich, dass das Ideal eines Religionsstifters, wie es sich die Buddhisten gebildet haben, dem der Erânier sehr ähnlich ist, ohne dass wir uns zu sagen getrauten, auf welcher Seite das Ursprünglichere liegt. Bekanntlich theilen die nördlichen Buddhisten die Lebensgeschichte Çâkyamunis in folgende 12 Perioden: 1) Beschluss vom Himmel auf die Erde herabzusteigen, 2) Empfängniss, 3) Geburt und erste Kindheit, 4) Kundgebung aussergewöhnlicher Anlagen, 5) Heirath, 6) Verlassen der Familie und Verzicht auf die Welt, 7) Mönchsleben, 8) Kampf mit dem Bösen, 9) Sieg und Erlangung der vollkommenen Erkenntniss, 10) Verkündigung und Ausbreitung der Lehre von der Erlösung, 11) Seliger Tod, 12) Bestattung und Vertheilung der Reliquien. Eine etwas ähnliche Eintheilung der Lebensgeschichte Zarathushtras findet sich in einem von Windischmann (Zoroastrische

Studien p. 275. not.) angeführten Scholion zu Platos Alkibiades ἢ διὰ τὸ τὸν Ζωροάστρην ζ' γενόμενον ἐτῶν σιωπῆσαι, εἶτα μετὰ λ' χρόνους ἐξηγήσασθαι τῷ βασιλεῖ τῆς ὅλης φιλοσοφίας, ἢ ὡς τῷ Μίθρᾳ οἰκεῖον τὸν ζ' ἀριθμόν, ὃν διαφερόντως οἱ Πέρσαι σέβουσιν. Das Eingehen auf die Lebensgeschichte der beiden Religionsstifter wird die bedeutsamen Einzelheiten deutlicher hervortreten lassen.

Wir wollen kein grosses Gewicht darauf legen, dass beide Religionsstifter aus dem Himmel herabkommen, der indische Bodhisattva kann nach den allgemeinen Anschauungen nicht gut anderswoher kommen, und auch nach érânischen Ansichten ist der wichtigste Theil Zarathushtras, sein Fravas'i, schon längst im Himmel gebildet gewesen, ehe er selbst auf Erden erschienen war. Wichtiger ist es schon, dass beide, Çâkyamuni wie Zarathushtra, innerhalb der königlichen Familie zur Erscheinung kommen. Es ist übrigens selbstverständlich, dass eine in jeder Hinsicht so hochgestellte Persönlichkeit, wie ein Stifter der Religion nach indisch-érânischen Ansichten ist, mit den edelsten Familien des Landes in nahe Beziehung gesetzt werden muss. Die buddhistischen Berichte ergehen sich in weitläufigen Erzählungen über die wunderbare Empfängniss des Bodhisattva, unsere érânischen Quellen melden weniger von diesem Ereignisse, doch scheinen Berichte nicht ganz gefehlt zu haben. Muhammedanische Geschichtschreiber wie Shahrastâni (1, 281 in Haarbrückers Uebers.) und Mîrkhond (p. 285 flg. bei Shea) melden, Gott habe den Geist Zarathushtras in einen Baum gethan, den er im Himmel wachsen liess, von da habe er ihn auf die Spitze eines Berges in Âḍarbaijân verpflanzt. Darauf habe er die Persönlichkeit Zarathushtras mit der Milch gemischt, welche der Vater Zarathushtras trank, diese sei erst zu Samen dann zu Fleisch in Leibe der Mutter Zarathushtras geworden. Beachtenswerth ist auch der Traum, den die Mutter des Zarathushtra während ihrer Schwangerschaft hat und der ihr die hohe Bedeutung ihres Sohnes im Voraus verkündet;

dagegen ist keine Spur vorhanden, dass man sich die Mutter des Propheten als Jungfrau gedacht habe, während wir doch sehen werden, dass bei anderen Propheten die jungfräuliche Geburt als nothwendig hingestellt wird. Die Geburt des Bodhisattva erfolgt auf wunderbare Weise aus der rechten Seite seiner Mutter; von einer so ungewöhnlichen Geburt ist in der Zarathushtralegende nirgends die Rede, aber unmittelbar nach der Geburt erfolgen in beiden Legenden Wundererzählungen, welche in Indien freundlicher, in Erân feindlicher Art sind. Während dem Bodhisattva Huldigungen dargebracht werden, beginnen mit der Geburt Zarathushtras, und eigentlich schon vor derselben, die Bestrebungen der bösen Geister, den ihnen so verderblichen Träger der wahren Religion zu vernichten, oder ihn wenigstens an der Vollbringung seiner Aufgabe zu hindern. Unterstützt werden sie in ihrem Vorhaben von den zahlreichen Yâtus oder Ungläubigen (s. o. § 28), welche das Vaterland des Zarathushtra bewohnen. Allein alle diese Versuche werden von den himmlischen Mächten vereitelt und zwar auf so wunderbare Art, dass das Menschengeschlecht schon im Voraus auf die Bedeutung des neugeborenen Kindes aufmerksam werden muss. Offenbar sind die Wundererzählungen nicht alle erst für Zarathushtra erfunden worden, zum Theil sind es mythische Stoffe, die von anderswoher auf ihn übertragen wurden. Dies gilt namentlich von dem vierten, fünften und sechsten Wunder, das sich kurz nach seiner Geburt zugetragen haben soll. Es wird behauptet, dass die bösen Geister das Kind seiner Mutter entwendeten und auf einem engen Wege niederlegten, durch welchen eine grosse Ochsenheerde getrieben wurde. Anstatt aber das Kind zu zertreten, wie die Dämonen gehofft hatten, nahm eines der Rinder dasselbe unter seine Füsse und blieb unbeweglich stehen, so dass alle übrigen Thiere vorüberzogen, ohne dem Kinde ein Leid zuzufügen. Dasselbe Wunder wiederholte sich nochmals, als Zarathushtra unter ähnlichen Bedingungen unter die Füsse einer Heerde wilder Pferde gebracht wurde, ja sogar Wölfe, denen man vorher ihre Jungen getödtet hatte, vermochten dem Kinde nichts anzuhaben, obwohl sie Lust dazu bezeigten, denn die himmlischen Mächte beschützten nicht nur dasselbe, sondern brachten auch noch himmlische Kühe herbei, welche es mit Milch versorgten. Mit dieser von geringer Erfindungsgabe zeugenden Erzählung vergleiche man was Justin (44, 4) berichtet: Saltus vero Tartessiorum, in quibus Titanas bellum adversus deos gessisse proditur, incoluere Curetes, quorum rex vetustissimus Gargoris, mellis colligendi usum primus invenit. Huic cum ex filiae stupro nepos provenisset, pudore flagitii variis generibus extingui parvulum voluit: sed per omnes casus fortuna quadam servatus ad postremum ad regnum tot periculorum miseratione pervenit. Primum omnium cum eum exponi jussisset et post dies ad corpus expositi requirendum misisset, inventus est vario ferarum lacte nutritus. Deinde relatum domum in tramite angusto, per quem armenta commeare consueverant, projici jubet, crudelis prorsus, qui proculcari nepotem, quam simplici morte interfici maluit. Ibi quoque quum inviolatus esset, nec alimentis egeret, canibus primo jejunis et multorum dierum abstinentia cruciatis, mox etiam suibus objecit. Es scheint mir ganz augenscheinlich, dass wir hier einen alten, weit verbreiteten Mythus vor uns haben. — Das nächste Wunder in der buddhistischen Legende ereignet sich zu der Zeit, da der Bodhisattva in die Schule geführt wird, also in dessen sechstem oder siebentem Jahre. Der Glanz, der von ihm ausstrahlt, sowie die Weisheit, welche er bekundete, machten einen überwältigenden Eindruck auf die Lehrer, welche ihn unterrichten sollten. Auch in der Zarathushtralegende ereignet sich ein weiteres Wunder in dessen siebentem Jahre, es wird nicht deutlich beschrieben, es war aber darauf angelegt, die Seele des Propheten durch Zauberkünste zu schädigen, aber auch dieser Versuch prallt machtlos an Zarathushtra ab. Im sechzehnten Jahre feiert der Bodhisattva seine Hochzeit, bei welcher wieder Wunder sich ereignen, während Zarathushtra im fünfzehnten Jahre seinen festen Entschluss ausspricht, den Unglauben zu bekriegen und zu vernichten. Endlich verlässt der Bodhisattva die Welt im 29. Jahre, um sich der Askese hinzugeben, nach érânischer Ansicht begann Zarathushtra mit 30 Jahren seine Religion zu verkünden. Das oben angeführte Scholion hatte also Recht, die Zahlen 7 und 30 im Leben Zarathushtras bedeutsam zu finden, wir müssen noch die Zahl 15 hinzufügen und bemerken, dass auch bei den Buddhisten die gleichen Lebensabschnitte hervorgehoben werden.

Der weitere Verlauf der Lebensschicksale beider Religionsstifter ist sich sehr unähnlich, und wir brauchen dieselben hier nicht weiter zu verfolgen. Höchstens mag noch hervorgehoben werden, dass sich dem Bodhisattva der Mâra, dem Zarathushtra aber Aǵro-Mainyush mit ohnmächtigen Versuchen nahte, sie durch Gewalt oder List ihrer Lebensaufgabe zu entfremden. Wir wollen aber hier nochmals kurz zusammenfassen, welcher Art das Bild ist, das nach unserer Ansicht Buddhisten wie Parsen sich von ihrem Religionsstifter machten. Derselbe muss 1) aus königlichem Geschlechte sein. 2) Seine Geburt muss von wunderbaren Ereignissen begleitet sein, welche die Menschheit darauf aufmerksam machen, dass ein aussergewöhnliches Wesen geboren worden ist. 3) Am Anfange seiner Studienzeit (7 Jahr) und bei eingetretener Reife (15 Jahr) müssen die ungewöhnlichen Fähigkeiten des Propheten in auffallender Weise sich kundgeben. Endlich 4) er muss mit dem 30. Jahre sein grosses religiöses Werk beginnen. Dieser letztere Umstand steht bei den Parsen so fest, dass auch die zwei künftighin noch erscheinenden Propheten, welche Kinder des Zarathushtra sind, zu derselben Zeit ihre Wirksamkeit beginnen müssen. Dass für diese kommenden Propheten die Geburt von einer jungfräulichen Mutter vorausgesetzt wird, ist schon gesagt worden.

Zum Schlusse wollen wir noch darauf hinweisen, dass nach der jetzigen Anordnung der mythischen Geschichte bei den Parsen

Zarathushtra ziemlich spät zur Erscheinung kommt, dass dies aber wahrscheinlich nicht immer so gewesen ist. Nach Yt. 13. 88—90 ist Zarathushtra der erste Priester, Krieger und Ackerbauer, ja der erste Paoiryo-ḍkaes'a. In Uebereinstimmung damit werden die Stände der Priester, Krieger und Ackerbauer auf die drei Söhne des Zarathushtra zurückgeleitet, deren Namen bereits im Awestâ genannt werden. Wenn Zarathushtra der erste Paoiryo-ḍkaes'a ist, so muss er noch vor Yama gesetzt werden und die Behauptung des Awestâ, dass die drei érânischen Stände auf ihn zurückzuführen seien, verträgt sich durchaus nicht mit der Angabe des Shâhnâme und anderer Schriften, dass Yima die Menschen in Stände vertheilt habe. Es ist nicht möglich anzunehmen, dass erst zu der Zeit, in welche Zarathushtra gewöhnlich gesetzt wird, die drei Stände eingerichtet wurden, da schon lange vorher ein geordnetes Staatswesen bestanden haben soll, welches ohne Gliederung der Stände nicht gut denkbar ist. Wollten wir uns aber auch entschliessen, diese Einrichtung bis zur Erscheinung Zarathushtras zu vertagen, so würden dadurch die Schwierigkeiten nicht gehoben werden, denn es müssten die früher lebenden Menschen vollkommen von der Welt verschwunden sein, weil die Angehörigen der drei Stände von Zarathushtra abstammen sollen. Es wird daher nichts übrig bleiben, als eine doppelte Ansicht anzunehmen: eine priesterliche, welche den Beginn aller Gesittung mit der Person des Zarathushtra verknüpfte und eine nicht priesterliche, königliche, welche dieselbe Thatsache an die ältesten Könige anschloss. Diese letztere Ansicht dürfte in dem érânischen Volke bei Weitem die überwiegende gewesen sein. Für Geschichte wird wohl Niemand die Erzählungen halten, welche aus dem Leben Zarathushtras oder Çâkyamunis berichtet werden, immerhin sind ihre Religionen vorhanden und es muss zugegeben werden, dass einmal eine wirkliche Person sie gestiftet habe. Der Umstand, dass im Awestâ dem Zarathushtra an sehr vielen Stellen der Beiname *Spitama* gegeben wird, verdient auch noch unsere Beachtung. Nach der Annahme der Parsen soll dieser Name bedeuten, „Nachkomme des Spitama", er wäre also mit Spitamân, Spitamenes identisch. In der That führt einer der Vorfahren Zarathushtras den Namen Spitama und dass die patronymische Ableitung mit dem Grundworte identisch sei, kommt wenigstens in einzelnen Beispielen vor. Es ist indessen nicht einzusehen, warum Zarathushtra fortwährend nach dieser Person genannt sein sollte, die sonst gar keine Bedeutung hat, und ich vermuthe, dass hier ein missverstandenes Beiwort vorliege, das zu einem Eigennamen erhoben wurde. Spita-ma dürfte „sehr weiss" bedeuten und damit ursprünglich die vornehme Abkunft des Zarathushtra angedeutet worden sein. Auch litt. *baltas* heisst nicht blos „weiss, zart", sondern auch „gut, gesund"; man vergl. auch slav. *svjetilo*, lux, fulgor, und litt. *szwitruti* glänzen. Im Neup. سپید دست *sipéd-dast* (wörtlich: weisse Hand habend) liberalis, fortunatus, سپید رو *sipéd-ro* (= weisses Gesicht habend) illustris. Weiter im Osten ist jedoch die weisse Hautfarbe nicht beliebt, sondern eher ein Zeichen des Aussatzes, daher skr. *çvitra* weisser Aussatz. Vielleicht schreibt sich daher die von muhammedanischen Geschichtschreibern vertretene Nachricht, dass Zarathushtra aussätzig gewesen sei.

§ 42.

Kuru.

Alle die Gestalten des érânischen Epos, nicht blos die, welche wir bisher behandelt haben, sondern überhaupt alle, die wir kennen, gehören dem Nordrande Erâns an und dort vollbringen sie auch ihre Thaten, soweit die Orte angegeben werden, an welchen diese geschehen sind. Mehrere der bisher behandelten Personen wohnen am Demâvend, Rostem, der berühmteste Held der êrânischen Sage, wohnt in Zâbul, in der Nordostecke von Erân. Nirgends aber, mögen wir die Gränzen enger oder weiter ziehen, finden wir eine Persönlichkeit, die in Südérân, sei es Susiana, die Persis oder Kirmân, ja selbst in Irâq zu Hause wäre oder diese Gegenden zum Schauplatze ihrer Thaten wählte. Dabei wird Istakhr als der Sitz des Königs zwar genannt, aber niemals in eine der beschriebenen Begebenheiten verwebt. Aus diesen Thatsachen muss man schliessen, dass zwischen dem Norden und Süden nur wenig Verkehr war, was auch wegen der grossen in der Mitte liegenden Wüste natürlich genug ist; unmöglich aber können wir glauben, dass es im Süden gar keine Mythen und Sagen gegeben haben sollte. Eine schwache Spur eines arischen Mythus, der blos in Südérân Spuren hinterlassen hat, glauben wir in *Kuru* finden zu dürfen. Das Wort ist uns bereits bekannt als Landesname (§ 9), es lässt sich aber bei beiden arischen Völkern auch als Personennamen nachweisen. Der Rigveda kennt den *Kuru* nicht, wohl aber einen Fürsten *Kuruçravaṇa* (858, 9; 859, 4) der Atharvaveda (20, 127. 8) hat das Patronymicum *Kauravya*. Ueber den indischen Kuru giebt uns das Mahâbhârata (1, 3738) die beste Auskunft. Er ist ein indischer König und nach allen Nachrichten ein Glied des von Manu Vaivasvata abstammenden Mondgeschlechtes, von welchem wir schon oben (§ 36) gesprochen haben. Von Manu vererbt sich das Reich durch verschiedene Mittelglieder, die uns hier nicht näher angehen, auf seinen Nachkommen Saṁvaraṇa, unter dessen Regierung das Land schweren Plagen ausgesetzt war, Einfälle der Pañcâlas nöthigten den König sogar zu fliehen und sich und die Seinigen in den Gebüschen des Flusses Sindhu zu verbergen. Später erhielt Saṁvaraṇa sein Reich wieder und vermählte sich mit Tapatî, einer Tochter des Sonnengottes (cf. Mahâbh. 1, 6519 flg.), welche ihm den Kuru gebar. Auf diese Art schliesst sich das Geschlecht an die früheren Glieder der Monddynastie an, Lassen hat aber bereits mit Recht darauf hingewiesen, dass diese Verbindung eine ganz äusserliche ist und dass mit Kuru eine neue Linie zu beginnnen scheint. Auch ohne die Verbindung mit Saṁvaraṇa ist Kuru durch seine Mutter ein Abkömmling des Sonnengottes und mithin dem Sonnengeschlecht der Könige angehörend. Von Kuru selbst stammen durch einige Zwischenglieder drei Nachkommen: Devâpi, Çaṁtanu und Bahlîka; an den mittleren von diesen, welcher die Weltherrschaft erhält, knüpfen sich dann die Personen, welche in dem Kriege der Kurus und Pâṇḍavas thätig sind, welcher den Mittelpunkt des Mahâbhârata bildet.

Auch dem érânischen Alterthume ist der Name *Kuru* nicht unbekannt. Wir kennen bereits das Wort als den Namen zweier in der persischen Geschichte wohlbeglaubigten Personen, die beide dem königlichen Geschlechte angehören. Wenn Plutarch (Artax. c. 1) uns berichtet, *Kuru* oder *Κῦρος* bedeute die Sonne, so ist dies eine Verwechslung von *Kuru* und *hvare*, aber wohl keine ganz unabsichtliche, da die Perser ebensogut wie die Inder ihr Königsgeschlecht von der Sonne ableiteten. Das Wort *Kuru* ist dem Neupersischen entschwunden, es dürfte aber identisch sein mit dem kurdischen کور *kûr*, Knabe, Sohn, und es liegt nahe genug, auch an griech. *Κοῦρος* zu denken; wenn die Grundform *Κορϝα* ist, wie G. Curtius behauptet, so würde dies nicht widersprechen. Ob man auch griech. *Κουρῆτες* herbeiziehen darf, will ich unentschieden lassen. Im Gegensatze zu Indien sind beide érânische Kurus streng historische Personen, was aber Herodot aus dem Leben des älteren Kuru erzählt, ist nur zum Theil geschichtlich, zum Theil mythisch, so namentlich die Erzählungen über die Geburt und Kindheit, wie über das Lebensende, sei es, dass andere Mythen, die sich vielleicht auf einen älteren Kuru bezogen, auf den Gründer der persischen Monarchie übertragen wurden, sei es, dass sich die Mythe erst neu bildete, wozu kein sehr langer Zeitraum erforderlich ist. Soweit ist man allgemein einverstanden, nach meiner Ueberzeugung[1]) sind es aber nicht die Meder, welche diese Mythen gebildet haben, sondern die Perser. Wir brauchen Herodots Erzählung über die Jugend des Kyros hier nicht zu wiederholen[2]), Veranlassung zu der Uebertragung oder Bildung des betreffenden Mythus war das Bestreben der Perser, die Legitimität der Herrschaft des Kyros nachzuweisen. Die Berechtigung der Meder zur Herrschaft war unbezweifelt, nicht so der Uebergang derselben auf die Perser; wenn sich nun darthun liess, Kyros sei der berechtigte Erbe des letzten Mederkönigs gewesen, so war die Rechtmässigkeit seiner Herrschaft erwiesen. Was noch weiter erzählt wird, muss dazu dienen, den Uebergang der Herrschaft auf *Kuru* als einen von Gott gewollten und darum als rechtmässigen darzustellen, aus diesem Grunde waren auch alle menschlichen Versuche, dem Willen Gottes hindernd entgegenzutreten, in Nichts zerfallen. Bedeutungsvolle Träume hatten dem Astyages im Voraus angekündigt, was eintreten werde, vergebens sucht Astyages diesen Beschluss des Himmels dadurch zu ändern, dass er das Kind seiner Tochter nach der Geburt aussetzen lässt; es wird gleichwohl erhalten und wahrscheinlich von Hunden gesäugt. Unkundig seiner Abstammung wächst Kyros unter Hirten auf, aber gleichwohl wird er kein Hirte, sondern ist ein geborener Herrscher und sein Herrschertalent zeigt sich schon im Knabenalter, da er von seinen Gespielen zum König gewählt wird. Obwohl er mit den Sitten und Gebräuchen der Könige ganz unbekannt ist, richtet er dennoch Alles so ein, wie es in einem wirklichen Reiche eingerichtet ist: er ernennt Doryphoren, die

---

1) So auch A. Bauer in seiner Schrift: Die Kyrossage und Verwandtes. Cf. Sitzungsberichte der Wiener Akademie Bd. 100, 517.

2) Es ist zu beachten, dass nach Strabos Angabe der ältere Kyros ursprünglich Agradates hiess und den Namen Kyros erst später angenommen hat. Diese Nachricht dürfte wahr sein, wahrscheinlich hat Kyros nach seiner Thronbesteigung seinen Namen geändert, wie das Gleiche von anderen persischen Herrschern berichtet wird.

seine Leibwache bilden, Boten, die seine Befehle verkünden, und Spione, welche ihm berichten müssen, ob man auch seinen Anordnungen gehorcht. Es sind diese angebornen Talente, welche dem Astyages verrathen, dass Kyros kein Hirtenkind sein kann. Dieser Glaube, dass die Eigenschaften eines Königs nur in der königlichen Familie erblich seien, finden wir in érânischen Mythen öfter ausgedrückt (cf. § 43 und meine Alterthumsk. 3, 598 flg.). Da nun alle Dinge in der mythischen Erzählung von Kyros im nordérânischen Epos ihre Parallele finden, so dürfen wir schliessen, dass die verlornen Mythen der Persis und Südérâns überhaupt ihrer ganzen Anschauungsweise nach denen von Nordérân ganz ähnlich gewesen sind. Immerhin ist es sehr zu bedauern, dass wir nicht mehr von dem érânischen *Kuru* wissen, namentlich ob nicht ein älterer Held dieses Namens vorhanden war, dessen Geschichte sich mit derjenigen des indischen *Kuru* und seiner Nachkommen verknüpfen liesse.

§ 43.

Dârâb und Karṇa.

Alle die Persönlichkeiten des nordérânischen Epos, die wir bis jetzt betrachtet haben, sind mythische Personen gewesen, selbst Zarathushtra nicht ausgeschlossen. Wir nähern uns aber nun der Zeit, wo die mythischen Könige aufhören und nach und nach die wirkliche Geschichte beginnen sollte, so dass wir eine kurze Darstellung, wo nicht der assyrischen und babylonischen, so doch wenigstens der medischen und persischen Geschichte erhalten würden. Allein diese Geschichtserzählungen, welche das persische Königsbuch früher enthielt, wenn auch vielleicht in sehr ungenügender Weise, sind bis auf wenige Reste beseitigt und nur die Geschichte der Sâsâniden vollständig erhalten worden. Es würde uns von unserem Wege abführen, wollten wir auf die Gründe dieser Verstümmelung eingehen, über die uns übrigens Berichte erhalten sind [1]), wir wollen hier nur bemerken, dass auf den oben genannten König Vîshtâspa, den Beschützer Zarathushtras, im Königsbuche ein König *Behmen* folgt, der den Beinamen *dirâz-dast*, d. i. Langhand, führt, weshalb man ihn längst — und wohl mit Recht — mit Artaxerxes Longimanus zusammengestellt hat. Aber dieser Beiname ist das einzig Historische in dem Berichte über Behmen, von welchem es heisst, dass er seine Tochter geheirathet habe, welche den Namen *Homâi* führte. Diese *Homâi* führt nach Firdosi und Tabari den Namen چهرازاد *Cihrâzâd* oder شهرازاد *Shehrâzâd* was Tabari (1, 689) durch كريم الطبع d. i. von edlem Charakter erklärt. Es ist soviel wie cithrem âzâta im Awestâ, ein Beiwort der Ardvî-sûra Anâhita, mit welcher Homâi ursprünglich identisch gewesen sein wird; nach Hamza von Isfâhân (p. 38 ed. Gottwaldt) ist sie identisch mit Semiramis. Aus diesem Allen erhellt, dass wir hier keineswegs uns in der Zeit des Artaxerxes befinden. Es heisst nun weiter, dass Behmen starb, noch ehe Homâi einen Sohn geboren hatte, dass er vor seinem Tode aber seine Gemahlin und deren Kind zu seinem Nachfolger ernannte. Als nun Homâi einen Sohn gebar, verbarg sie diese Thatsache vor der Welt, weil sie am Herrschen Freude hatte und die Regierung nicht an ihren Sohn abtreten wollte. Sie liess ein Kästchen anfertigen, das sie mit Pech und Wachs überzog, legte das Kind in dasselbe und liess es an den Euphrat bringen und übergab das Kästchen dem Flusse. So Firdosi, nach der gewiss ursprünglichen Tradition (1250, 2), während Tabari (1, 689) entweder den Kur in der Persis oder den Dehâs in Baktrien als den Fluss bezeichnet, in welchem das Kind ausgesetzt wurde, es sind dies aber Umänderungen, welche erst nach Ueberführung des Mythus nach Erân gemacht wurden. Das Kästchen mit dem Kinde schwamm den Fluss hinab und wurde von einem Wäscher (گازر) oder einem Müller (طحّان)

1) Vgl. meine Alterthumsk. 3, 193.

aufgefangen, der mit seiner Frau das Kind aufzog, da er selbst keine Kinder hatte, er gab ihm den Namen Dârâb, weil er es im Wasser (der âb) gefunden hatte. Als Sohn eines Wäschers wuchs also Dârâb auf, aber hier zeigt sich eben wieder die Ueberzeugung, dass ein Königskind von Natur etwas Anderes sei, als das Kind gewöhnlicher Eltern. Wie Kyros, so verschmähte er, das Gewerbe seiner Pflegeeltern zu ergreifen, nur an Waffen fand er seine Freude und als er herangewachsen war, nöthigte er seine Pflegeeltern, das Geheimniss seiner Geburt ihm mitzutheilen. Er trat darauf in Kriegsdienste und zeichnete sich so aus, dass Homâi auf ihn aufmerksam wurde, ihn als ihren Sohn erkannte und zu ihren Nachfolger ernannte.

Die Erzählung von den Jugendschicksalen des Dârâb ist es, was uns veranlasst, seine Person hier zu erwähnen. Es ist kein Zweifel, dass diese Erzählung nicht arischen Ursprungs ist, es lässt sich erweisen, dass bereits die Assyrer dieselbe kannten. Sie ist auch dort nicht historisch, sie wird von einem alten König Sargon I. erzählt, ich gebe sie nach der Uebersetzung von Fox Talbot [1]): „Ich bin Sargina, der grosse König, der König von Agani. Meine Mutter kannte nicht meinen Vater, meine Familie waren die Herrscher des Landes. Meine Stadt war die Stadt Atzupirani, welche ist an den Ufern des Flusses Euphrat. Meine Mutter empfing mich; in einem geheimen Orte brachte sie mich zur Welt. Sie legte mich in einen Kasten von Binsen, mit Erdpech schloss sie meine Thüre zu. Sie warf mich in den Fluss, welcher nicht in den Kasten zu mir eindrang. Der Fluss trug mich, zur Wohnung Akki des Wasserträgers brachte er mich. Akki der Wasserträger in seiner Herzensgüte hob mich aus dem Fluss, Akki der Wasserträger zog mich auf als seinen eigenen Sohn, Akki der Wasserträger stellte mich an unter einem Stamme von Waldleuten.

1) Cf. Gutschmid, Neue Beiträge zur Geschichte des alten Orients p. 108.

Von diesem Stamme von Waldleuten machte Istar mich zum König". Mögen auch nicht alle einzelnen Ausdrücke ganz genau übersetzt sein, im Ganzen ist es doch unbestreitbar, dass wir dieselbe Erzählung vor uns haben. Das hohe Alter der Erzählung ist es auch, welches uns geneigt macht, in Homâi eine Gottheit, sei es die Anâhita oder Semiramis zu sehen.

Unter eigenthümlichen Verhältnissen finden wir dieselbe Erzählung auch im indischen Epos wieder, wo dieselbe auf Karṇa übertragen ist, die jetzige Darstellung im Mahâbhârata wird kaum die ursprüngliche sein. Karṇa ist nach dieser Quelle ein Sohn der Königstochter Kuntî, sein Vater ist der Sonnengott, welchem Kuntî diesen Sohn als Mädchen gebiert, ohne Wissen ihrer Eltern und ihrer Umgebung, mit Ausnahme ihrer Amme. Um diese Geburt vor den Menschen zu verbergen, legt sie das Kind in ein Kästchen und setzt dasselbe im Flusse Açvanadî aus, von dem es in die Carmaṇvatî und von da in die Gaṅgâ getrieben wird. Adhiratha, der Beherrscher von Aṅga, fängt das Kästchen auf, er und seine Gemahlin Râdhâ erziehen den Karṇa als ihren Pflegesohn. Aber Adhiratha bekleidet blos die Würde eines Sûta oder Wagenlenkers und ist an Geburt der Königsfamilie nicht gleichstehend, daher auch Karṇa nur als Sohn eines Wagenlenkers betrachtet wird, obwohl er ein Göttersohn ist und nicht blos dem Range nach, sondern auch seiner ausgezeichneten Eigenschaften wegen den Königssöhnen nicht nachsteht (cf. MBh. 1, 2427. 2764. 3, 16919flg. 15, 826flg.). Kuntî erfährt durch Kundschafter die Rettung und den Aufenthalt ihres Sohnes, aber sie bewahrt ihr Geheimniss vor aller Welt, sie heirathet später den Pâṇḍu und wird die Mutter der Pâṇḍavas, die also eigentlich Halbbrüder des Karṇa sind. Aus diesen Verhältnissen entwickeln sich nun die tragischen Schicksale des Karṇa, der den Pâṇḍavas und zwar dem vorzüglichsten derselben, dem Arjuna, vollkommen gleichsteht, sich aber überall zurückgesetzt findet, weil er angeblich nicht ebenbürtig ist.

Schon in der Jugend will er mit Arjuna kämpfen, weil derselbe als der ausgezeichnetste der Waffenkundigen gilt, aber Arjuna verschmäht es, mit ihm sich in einen Kampf einzulassen, weil er kein Königssohn sei. Bei der Gattenwahl der Draupadî wird der Siegespreis demjenigen bestimmt, welcher einen bestimmten Bogen spannen würde, Karṇa ist im Begriffe die That zu vollbringen, aber Draupadî erklärt, dass sie dem Sohne eines Wagenlenkers niemals ihre Hand reichen werde (BMh 1, 7027). So entwickelt sich ein grosser Hass des Karṇa gegen seine Halbbrüder, er tritt auf die Seite der Kurus und wird der vertrauteste Freund und wichtigste Bundesgenosse des Suyodhana. Er fällt in der grossen Schlacht, in welcher die Pâṇḍavas Sieger bleiben, durch das Geschoss des Arjuna, welches dieser ihm in den Rücken schiesst, während Karṇa seinen Wagen aus dem Sumpfe zu ziehen sucht, in welchen sein treuloser Wagenlenker ihn gebracht hat. Demnach fällt also Karṇa eigentlich unbesiegt durch die Hand seines Halbbruders.

Wir glauben nicht zu irren, wenn wir behaupten, dass die Erzählung von Karṇas und Dârâbs Aussetzung wesentlich dieselbe ist, wiewohl Inder und Erânier dieselbe in ganz verschiedener Weise in ihre Epen eingefügt haben. Mit Hinweisung auf die Assyrer, welche den Mythus gleichfalls kennen, werden wir aber annehmen müssen, dass hier nicht ein ursprünglich indokeltischer Mythus vorliegt, sondern dass die Erzählung bereits in sehr alter Zeit von Westen nach Osten vorgedrungen ist.

§ 44.

Kosmogonie.

Eine so grosse Uebereinstimmung, wie wir sie sonst gefunden haben, lässt sich bezüglich der Kosmogenie bei Indern und Eräniern zwar nicht herstellen, doch fehlt es nicht an Berührungspunkten, welche meines Erachtens nicht übersehen werden dürfen. Zwei Dinge sind es, die wir besonders betrachten wollen: die Entstehung der Welt an sich und die Entstehung des Menschen innerhalb der Welt. Bekannt ist, dass im Rigveda die Welt öfter unter dem Bilde eines Baumes vorgestellt wird (857, 7. 907, 3); von einer solchen Vorstellung ist bei den Erâniern nichts zu finden, auch in der Speculation der nächstfolgenden Periode, welche Muir im ersten Bande seiner Sanscrit texts erschöpfend dargestellt hat, zeigt sich ein bedeutender Unterschied, indem die Inder die Welt als eine Entfaltung aus etwas Ursprünglichem ansehen, während dagegen der Grundgedanke der éränischen Schöpfungslehre, in den Keilinschriften wie im Awestâ, der ist, dass Gott die Welt gemacht oder geschaffen habe; auf welche Art dies geschehen sei, scheint man nicht näher ergründet zu haben, spätere Bücher berichten blos, Ahura Mazda habe dies mit den Mitteln vollbracht, welche ihm passten. Wahrscheinlicher ist mir, dass man eine Schöpfung aus Nichts als aus einer Urmaterie angenommen habe. Uebereinstimmung herrscht aber zwischen beiden Religionen in der später beglaubigten Anschauung, dass der Anfang der Welt ein Ei sei, welches sich spaltete (Manu 1, 9flg. MBh. 1, 29flg.) aus welchem dann Hiraṇyagarbha, der persönliche Brahma oder Weltschöpfer hervorging. Der Name des Hiraṇyagarbha findet sich schon einmal im Rigveda (947, 1) genannt, er wird dort *bhûtasya patiḥ*, der Herr des Gewordenen genannt; da es an einer anderen Stelle (660, 10. 11) heisst, dass Indra die Eier des Çushṇa zertheilte, so wäre es nicht unmöglich, dass die Vorstellung, die Welt sei aus einem Ei hervorgegangen, schon dem Rigveda angehörte. Die gleiche Vorstellung, dass die Welt dem Ei eines Vogels gleiche, von welchem die eine Hälfte den Himmel vorstelle, finden wir zwar erst in einem ziemlich späten Parsenbuche, dem Mînokhired bezeugt, dass sie aber weit älter ist, erhellt aus Plutarch, welcher in seiner Darstellung der persischen Religion (de Isid. c. 47) sagt, der Schöpfer habe 24 Götter geschaffen und dieselben in ein Ei eingeschlossen, Ahriman mit seinen Dämonen habe so lange an dem Ei gekratzt, bis sie dasselbe durchbrachen und so das Böse mit dem Guten vermischten. Dass demnach die Vorstellung von der Welt als Ei beiden arischen Völkern bekannt sei, kann nicht bezweifelt werden, fraglich aber bleibt, in welcher Zeit sich diese Vorstellung herausbildete und ob sie bei ihnen entstanden oder von anderswoher eingeführt worden ist. Die Ansicht, dass die Welt ursprünglich gut geschaffen war, die Menschen aber nach und nach immer verderbter werden, darf man als eine indokeltische bezeichnen [1]). Wenn die Inder die ganze Weltdauer in vier Abschnitte vertheilen und das Gesetz nur in dem ersten Weltalter als vollständig vorhanden betrachten, in jedem der folgenden Abschnitte aber um ein Viertel abnehmen lassen, so ist zu bemerken, dass diese Theorie eine späte und in den Vedas noch nicht nachweisbar ist. Wenn wir nun finden, dass auch die Erânier die gesammte Weltdauer auf 12000 Jahre festsetzen (wie dies vielleicht ursprünglich auch die Inder gethan haben cf. Roth, l. c. p. 30) und dieselbe in vier Abschnitte theilen, so wird man darin ein ursprüngliches arisches System nicht sehen dürfen. Die Theorie von der fortwährenden Verschlechterung konnten die Erânier ohnehin nicht festhalten, denn da sie eine fortdauernde Zunahme der Macht des Guten und Abnahme der Macht des Bösen lehren, so können die Plagen und Leiden, mit welchen die Frommen auch nach der Theorie der Parsen in der Zeit der letzten Dinge heimgesucht werden, nur zufällige sein.

Die Frage nach dem Ursprunge des Menschengeschlechtes haben wir schon in § 36 berühren müssen, als wir von Manu sprachen. Die indischen Speculationen über die Entstehung der Welt hat Muir bereits gesammelt, es ist unmöglich, alle die verschiedenen Ansichten mit einander zu vereinigen, das aber bleibt ihnen allen gemeinschaftlich, dass sie die allmähliche

1) Cf. hierzu Roth, Der Mythus von den fünf Menschengeschlechtern bei Hesiod und die indische Lehre von den vier Weltaltern. Tübingen 1860.

Entfaltung der Welt aus einem ursprünglichen Wesen annehmen und schon die Taittirîya-Samhitâ führt als letztes Glied dieser Entfaltung den Vivasvat an, von welchem die Menschen abstammen, auch andere Nachrichten führen dieselben theils auf Vivasvat, theils auf Manu Vaivasvata zurück. Wenn nun aber alle Menschen dieselbe Abstammung haben, so sollte man auch meinen, dass dieselben auch gleiche Rechte haben müssten, und es entsteht dann die Frage, woher die grosse Ungleichheit in der Welt und namentlich, woher der Unterschied der Kasten komme. Es scheint, dass man diese Ansicht von der gleichen Abstammung der Menschen mit der Zeit fallen liess und nur die königlichen Geschlechter auf Vivasvat zurückführte, während in Bezug auf die übrigen Menschen ein andere Ansicht zur Geltung kam, die bereits im Rigveda, in dem sogenannten Purushasûkta (910) angedeutet ist. Nach dieser Ansicht ist der Ursprung der Menschen keineswegs der gleiche. Die Brahmanen entsprangen aus dem Munde des Purusha, die Kshatriyas aus seinen Armen, aus seinen Lenden die Vaiçyas, die Çûdras aber aus seinen Füssen. Durch diesen verschiedenen Ursprung ist die Verschiedenheit der Menschen und die Vertheilung derselben in vier Kasten mit ungleichen Rechten und Pflichten als eine Nothwendigkeit dargethan.

Als eine Art von Entfaltung kann man es auch bei den Erâniern ansehen, wenn aus zwei Urwesen, dem Gayo maretan und dem Urstier, alle Geschöpfe abgeleitet werden. Auch nach der gewöhnlichen érânischen Ansicht gehen die Menschen auf ein Urpaar, Meshya und Meshyâna zurück, wir wissen bereits, dass früher wahrscheinlich Yima als der erste Mensch gegolten haben wird. Bei dieser Entwicklung der Menschheit aus einem Urpaare, entstehen auch in Erân dieselben Schwierigkeiten wie in Indien, denn auch da finden wir eine Ungleichheit der drei Stände: der Priester, Krieger und Ackerbauer, wenn dieselbe auch nicht so schroff ausgesprochen wird, wie in Indien. Man scheint auch dort ein ähnliches Mittel angewandt zu haben.

Das Königsgeschlecht wurde auf Yima zurückgeführt und als ein höheres Geschlecht von den übrigen Menschen scharf geschieden. Die übrigen Menschen leitet das Awestâ auf die drei Söhne des Zarathushtra zurück, so dass von dem ältesten derselben die Priester, von dem mittleren die Krieger, von dem jüngsten die Ackerbauer abstammen. Auf diese Art ist eine Ungleichheit der Rechte bei den einzelnen Ständen ebenfalls begründet, wie aber gegenwärtig die Sachen liegen, verwickelt uns die Annahme dieser Erklärung in grosse Schwierigkeiten. Nach der jetzigen Anordnung der mythischen Geschichte Erâns, welche auch das Awestâ anerkennt, erscheint Zarathushtra in einer sehr späten, Zeit und es hat schon lange Menschen und ein érânisches Reich gegeben, ehe er auftrat. Es ist nicht gut möglich, dass so lange Jahrhunderte hindurch ein Reich bestanden habe, ohne sich in Stände zu gliedern, und sehr natürlich schreibt daher das Königsbuch die Vertheilung in Stände dem Yima zu. Wollte man aber auch über diese Schwierigkeit hinwegsehen, so würde man doch immer fragen müssen, was denn aus jenen früheren Menschen geworden sei, wenn die späteren Angehörigen der Stände alle auf Zarathushtra zurückgehen. Es wird nichts übrig bleiben, als hier bei den Erâniern eine doppelte Ansicht anzunehmen: nach der einen ist es der König Yima, welcher den Staat einrichtet und seine Untergebenen in verschiedene Stände vertheilt, nach der anderen (wahrscheinlich priesterlichen Ansicht) rührt nicht blos die Religion, sondern die Bildung im Allgemeinen von Zarathushtra her, er ist der erste Priester, Krieger und Ackerbauer und die drei Stände gehen auf ihn und seine drei Söhne zurück. Will man diese Ansicht festhalten, so wird man den Zarathushtra in eine frühere Zeit setzen und etwa mit Yima gleichzeitig wirken lassen müssen. Die erstere Ansicht dürfte indessen die ursprünglichere sein, trotzdem, dass sie den äusseren Zeugnissen nach die jüngere ist. — Wir müssen hier wiederholen, dass es in der Lehre von der Weltschöpfung nicht an Berührungspunkten zwischen beiden arischen Völkern fehlt, wir bezweifeln aber, dass dieselben bis zur arischen Periode hinaufreichen, es ist recht gut möglich, dass sie einer späteren Periode angehören und vielleicht theilweise selbst von Westen her nach Osten vorgedrungen sind.

§ 45.

Schlussbemerkungen.

Es kann hier nicht unsere Aufgabe sein, das Verhältniss der altindischen Sprache zur altérânischen ausführlich darzulegen, um so weniger, da wir diesem Gegenstande kürzlich eine eigene Schrift gewidmet haben, auf welche wir verweisen können. Nur die wichtigsten Punkte sollen hier der Vollständigkeit wegen hervorgehoben werden. Es steht linguistisch fest, dass beide Sprachen sehr nahe verwandt sind, aber auch, dass keineswegs die eine derselben aus der anderen hervorgegangen ist, sondern dass wir beide auf eine frühere Sprache. die arische Grundsprache, zurückzuführen haben. Erscheinungen, welche beiden arischen Sprachen gemeinsam sind, wie z. B. die Entwicklung der Palatalen mit Einschluss des palatalen *s*, dann die Tenuis aspirata werden schon der arischen Grundsprache angehören, auch den Anfang der Entwicklung des l darf man vielleicht noch in die arische Zeit setzen, dagegen wird man den Verlust des *z*, die Entartung des *gh* bei den Indern, die Veränderung des ursprünglichen *s* in *h* bei den Erâniern, der beginnenden Sonderentwicklung zuschreiben dürfen. Neben einer grossen Anzahl von Verbalwurzeln, welche beiden Sprachen gemeinsam sind, steht auch eine beträchtliche Anzahl solcher, welche nur die eine der beiden Sprachen kennt, und durchaus nicht immer ist diese Art von Wurzeln in dem weiteren Kreise der indokeltischen Sprachen nachzuweisen; dieselbe Bemerkung gilt auch für die Nominalsuffixe. In der Declination der Wörter finden wir sehr grosse Uebereinstimmungen, darunter solche, welche nur auf die arischen Sprachen beschränkt sind; wir nennen blos die Femininum auf î, dann die Unterscheidung von Nominibus auf *is* oder *ish* und *us* oder *ush* neben der Themen auf *as*. Ebenso ist es eine Eigenthümlichkeit der arischen Sprachen, dass der Dual des Nomens nicht blos zwei, sondern drei Casus hat, bei den Wörtern auf a finden wir aber die Endungen des Duals im Altérânischen besser geschieden, als selbst schon in den Vedas der Fall ist, hier hat offenbar das Altérânische das Ursprüngliche erhalten; auch dass sich das Altérânische im Instr. sg. der Wörter auf a, i, u vom Gebrauche einer Endung -na oder dem Einschube eines n zwischen Stamm und Endung frei gehalten hat, sehen wir für eine Bewahrung der grösseren Alterthümlichkeit an. Im Pronomen heben wir hervor, dass im Singular des persönlichen Pronomens alle aus dem e-Stamme gebildeten Formen wie *mayâ, tvayâ, mayi, tvayi* für das Altérânische nicht nachweisbar sind; es sind dies Neubildungen des Sanskrit, die in der arischen Zeit noch nicht vorhanden waren. Ganz dasselbe gilt vom Plural der persönlichen Pronomina, der gewiss in der arischen Periode nur mit Singularendungen flectirt wurde, Formen wie *asmân, yushmân, asmâbhis, yushmâbhis, asmâsu* und *yushmâsu* haben nichts Entsprechendes in den altérânischen Sprachen. Ebenso sehe ich es für alterthümlich an, wenn Formen wie *tyaiy, imaiy, avaiy* im Altpersischen sowohl für den Nominativ, als für den Accusativ gebraucht werden, eine Eigenthümlichkeit, an welcher die Awestâsprachen noch vielfach Theil nehmen. Auch in dem Bau des Verbums herrscht im Ganzen die grösste Uebereinstimmung, selbst in Dingen, wo die übrigen indokeltischen Sprachen abweichen, wie z. B. darin, dass die 1. ps. imperat. oder vielmehr conj. ihr m in n verändert, aber auch hier sind Einzelheiten hervorzuheben, in welchen das Altérânische alterthümlicher ist, so wenn es die 2. ps. sg. imperf. med. auf *ha* und *sa* bildet, während dieselbe im Indischen stets auf die Neubildung *-thâs* endigt. Wenn endlich das Indische periphrastische Formen zeigt, wie *corayâmâsa* also das Hülfsverbum mit dem Accusativ eines Abstractums auf â zusammensetzt, während dagegen das Altérânische *âstârayaiñtîm âoghâḍ* sagt, also das Femininum des Particip. praes. zum Substantiv erhebt, so sieht Jedermann, dass beide Sprachen zwar parallele Wege gehen, von der Herleitung der einen Form aus der andern aber nicht die Rede sein kann. Aus diesen Thatsachen, denen sich noch viele ähnliche beifügen liessen, ist man längst allgemein zu dem Schlusse gekommen, dass die arischen Sprachen zwei Schwestersprachen sind, welche auf eine gemeinsame Muttersprache zurückgehen, diese aber schon vor dem Beginn der historischen Zeit ausgestorben ist. Innerhalb der historischen Zeit stehen sich der indische und érânische Sprachstamm in ganz gleicher Weise gegenüber wie etwa der italische Sprachstamm neben dem griechischen oder der littauische neben dem slavischen. Die bedeutende Zahl genauer Uebereinstimmungen wird aufgewogen durch eine nicht minder bedeutende Anzahl von Abweichungen, die jeden der beiden Sprachstämme zu einem besonderem Individuum stempeln.

Zu einem ganz ähnlichen Resultate wie auf dem grammatischen Gebiete werden wir auch gelangen, wenn wir auf die Untersuchungen zurücksehen, welche uns bisher beschäftigt haben und aus dem Ergebnisse derselben Schlüsse auf die Vorgeschichte der Arier zu gewinnen suchen. Wir dürfen ohne Frage annehmen, dass der arischen Periode eine allgemein indokeltische Periode vorausging und dass der Gewinn von Kenntnissen, welche innerhalb dieser Periode erworben wurden, sämmtlichen Indokelten zu gute kam, weil sie dieselbe Sache mit demselben Worte ausdrücken. Wenn wir also Wörter finden, welche die Arier mit den übrigen Indokelten theilen, sei es mit allen oder nur mit einzelnen Zweigen derselben, so werden wir sie jener indokeltischen Periode zuschreiben und ganz von ihnen absehen müssen, wenn es uns darauf ankommt, die arische Periode näher zu charakterisiren. Zu dieser

Kategorie gehört nun die Mehrzahl der Wörter, welche wir von § 2—8 behandelt haben. Allerdings fehlt es auch hier nicht an besonderen arischen Wörtern neben allgemein indokeltischen, wir wüssten aber nicht, welche besondere Schlüsse wir aus denselben ziehen könnten, dann müssen wir aber auch darauf aufmerksam machen, dass die Trennung zwischen arisch und indokeltisch hier keine ganz feste ist. Es ist sehr wohl denkbar, dass das eine und andere Wort, das wir als arisch angegeben haben, durch weitere Forschung sich noch als allgemein indokeltisch erweist, ebenso ist nicht zu leugnen, dass dem Zufalle ein weiter Spielraum eröffnet war, und dass wir vielleicht zufällig ein Wort nur in beiden arischen Sprachen belegen können, während es einem weiteren Kreise angehörte. Nur in einem Falle möchten wir eine Ausnahme machen: obwohl die allgemeinen Namen für die Maasse (§ 7) noch aus der indokeltischen Periode stammen müssen, zeigt doch das Arische einzelne Namen wie *yojana*, *dishṭi*, welche einer Sonderentwicklung angehören mögen. Gänzlich verändert sich aber die Sachlage, wenn wir zu den Gegenständen fortgehen, welche wir von § 9 an behandelt haben. Hier liegt eine Anzahl von Uebereinstimmungen vor, welche die Arier mit keinem anderen Volke theilen, und es ist durchaus nicht wahrscheinlich, dass die jetzige Lage der Dinge durch weitere Forschungen geändert werde. Betrachten wir zuerst die geographischen Berührungspunkte, so stimmen manche Namen, wie *Kuru* und *Kamboja* bei beiden arischen Völkern vollkommen zusammen, aber jedes der beiden arischen Völker verlegt die Namen in eine andere Gegend; andere Namen wie *Sarasvatî* und *Harauvatish*, *Sarayû* und *Haraiva* bezeichnen Flüsse, aber eben nicht dieselben. Wo sollen wir aber nun den Ursprung dieser Benennungen suchen, haben sie die Erânier von den Indern oder umgekehrt die Inder von den Erâniern erhalten? Soweit die lautliche Frage in Betracht kommt, wird wohl Niemand im Zweifel sein, dass der indischen Form der

Vorrang gebührt, wollten wir aber daraus den Schluss ziehen, dass Indien das Urland sei und dass die Erânier von dort in ihr Land gekommen seien, so würde die indische Philologie dagegen protestiren, denn sie ist zu der Ueberzeugung gekommen, dass die Sanskrit redenden Inder in ihr jetziges Vaterland erst eingewandert seien, auch ist (wenn wir die unbedeutenden Zigeuner ausnehmen) eine Wanderung des Volkes von Indien nach Westen ohne Beispiel, während es für die umgekehrte Richtung der Wanderung bis auf den heutigen Tag Beispiele genug giebt. Die Vergleichung von *Sapta sindhavas* und *hapta hiñdu* (§ 10) hat ein etwas greifbareres Ergebniss zur Folge gehabt: wir sehen, dass nicht blos die äussere Form des indischen Namens die ursprüngliche ist, sondern auch die Bedeutung, ja dass aller Wahrscheinlichkeit nach vom Anfang an beide Völker unter den sieben Flüssen nichts Anderes verstanden, als den Indus und seine Nebenflüsse. Allein auch diese Uebereinstimmung nöthigt uns blos zu der Annahme, dass beide Völker seit sehr langer Zeit neben einander wohnen müssen, nicht aber, dass das eine derselben aus dem Lande des anderen herausgewandert sei; wir haben auch gesehen, dass in historischer Zeit der Ausdruck bei den Erâniern eine ganz verschiedene Bedeutung erhielt. Wir sind genöthigt anzunehmen, dass der Name von beiden arischen Völkern dem Indus und seinen Nebenflüssen gegeben wurde, dies mag aber in ihren jetzigen Wohnsitzen geschehen sein; weder für die Einwanderung der Inder vom Westen her, noch für die Auswanderung der Erânier aus Indien lässt sich aus dieser Bezeichnung der geringste Schluss ziehen. Wir haben uns nicht davon überzeugen können, dass unter *Rasâ* und *Rağha* beide Abtheilungen der Arier denselben Fluss verstehen, aber auch wenn dies der Fall wäre, würden wir kaum einen wirklichen, sondern einen mythischen Fluss darunter verstehen müssen.

Was nun weiter die Wissenschaften und Künste, sowie die Religion und das Rechtsleben betrifft, so muss auch hier zugegeben werden, dass die indokeltische Periode schon bedeutend vorgearbeitet hatte, nicht blos die allgemeinen Ausdrücke für Wissen überhaupt, selbst so wichtige Errungenschaften, wie das Zahlensystem, sowie die Maasse und Gewichte gehören bereits jener Periode an. Es ist doch gewiss merkwürdig genug, dass Wörter wie pada, *πούς* im Arischen wie im Griechischen einen Versfuss bedeuten. Auch in der Religion werden wir nicht nur die Verehrung des Himmelsgottes, sondern auch die der Elemente noch in die indokeltische Periode verlegen müssen, sonst fehlt es aber gerade auf diesem Gebiete nicht an Uebereinstimmungen, die blos arisch sind und bleiben werden, nur muss man sich hüten, dieselben einseitig hervorzuheben und daneben die vielen Sonderentwickelungen zu übersehen, welche uns beweisen, dass auch hier die Periode der gemeinsamen Entwicklung einer fernen Vergangenheit angehöre. Als arisch müssen wir die Bedeutungen von *ṛita* und *arta* hervorheben, in welchen wir oben die Idee des Geordneten gefunden haben. Von arischen Göttern nennen wir als gleichmässig verehrt den *Mitra*, *Apâm napât* und den *Vṛitrahan*, aber keiner dieser Götter ist im Awestâ ganz derselbe wie in den Vedas, zwischen der arischen Periode und der Fixirung derselben im Veda und Awestâ liegt eine Zwischenperiode, in welcher in beiden Religionen Umbildungen eintreten. Dasselbe gilt von *Soma*, seiner Verehrung und seinem Gebrauche. Niemand wird die grossen Uebereinstimmungen verkennen, die zwischen dem Somakult und dem Haomakult bestehen, dass aber der *Soma* des Veda mit dem *Haoma* des Awestâ auch nur äusserlich übereinstimme, wird sich nicht erweisen lassen. Auch die Frage ob der Somakult ursprünglich arisch sei, bedarf noch einer näheren Untersuchung. Weniger hoch anzuschlagen ist die Gemeinschaft von *Aramati* und *Ârmaiti*, *Sarvatâti* und *Haurvatâḍ*, *Puraṁdhi* und *Pareṅdi*, *Narâçaṁsa* und *Nairyosaṅha*. Ueberwuchert werden aber alle diese gemeinschaftlichen Gottheiten durch eine Masse anderer sowohl in Indien als in Erân, von welchen sich aber nicht im Entferntesten wahrscheinlich machen lässt, dass sie jemals gemeinschaftlich waren. Höchst auffallend ist aber auch, dass die in Indien so hoch verehrte Ushas in Erân gar nicht als eine Gottheit nachzuweisen ist.

Die früher sehr verbreitete Ansicht, dass religiöse Entzweiung der Grund zur Trennung der Arier gewesen sei, darf jetzt wohl als aufgegeben betrachtet werden. In der That ist die Zahl der Gottheiten, welche auf der einen Seite als gute, auf der anderen als böse Wesen aufgefasst werden, äusserst gering und der Grund für die Abweichung in der Sonderentwickelung der bereits getrennten Völker zu suchen. Am wichtigsten ist die Abweichung im Gebrauche der Wörter *deva* und *daeva*; hier wäre aber vor Allem nöthig, einmal festzustellen, seit wann in Erân der Name daeva in bösem Sinne gebraucht wurde. Die Keilinschriften erwähnen bekanntlich keine daevas, und wenn auch der Schluss nicht erlaubt ist, dass damals man die daevas noch nicht kannte, so können wir doch noch weniger zugeben, dass man trotzdem annehmen müsse, sie seien vorhanden gewesen. Wie dem auch sei, ganz übereinstimmend werden die Wörter *druh* und *druj* gebraucht, deren Grundbedeutung bei beiden arischen Völkern die Lüge ist, nicht blos als Gegensatz zwischen Licht und Dunkel, sondern als ethischer Gegensatz. Hier stehen wir aber auf indokeltischem Boden, wie A. Kuhn (Zeitschr. 1, 193 flg.) gezeigt hat, wenn wir auch nicht Alles billigen, was dort gesagt ist. Ausserdem stehen sich noch *Nâsatya* und *Nâoñhaithya*, theilweise *Gandharva* und *Gañdarewa*, vielleicht auch *Kṛiçânu* und *Keresâni* in entgegengesetzter Bedeutung gegenüber. Es verschwindet aber dieser Gegensatz, wenn man die Uebereinstimmungen betrachtet, die auch auf diesem Gebiete sich finden: *Çaru* und *Sauru*, dann die *Yâtus* werden von den beiden arischen Völkern als böse Wesen betrachtet, das Abstractum *dveshas* in den Vedas ebenso wie das gleichbedeutende *ḍbaeç̔o* im

Awestâ bedeutet gewiss schon eine Gemeinschaft concret gedachter böser Wesen. Aber auch hier werden diese wenigen Gemeinsamkeiten durch eine Fülle von Material in den Schatten gestellt, das sich erst in dem Sonderleben der beiden arischen Völker entwickelt hat.

Eine besondere Aufmerksamkeit erheischen die Ausdrücke, welche sich auf den Cultus beziehen. Sie beweisen unwiderleglich, dass sich die Gemeinsamkeit der arischen Entwicklung nicht auf religiöse Vorstellungen beschränkt, sondern eine bereits ziemlich entwickelte Theologie in sich befasst. Zuerst erwähnen wir die wichtige Priesterbezeichnung *Atharvan* und *Atharvan*, die wohl beide mit Zaubersprüchen in Verbindung stehen, wobei man die Aehnlichkeit der Zaubersprüche des Awestâ mit den magischen Formeln der Sumerier nicht übersehen darf. Der Name *mantra* oder *mâthra* dürfte ursprünglich einen solchen Zauberspruch bedeutet haben, nicht sehr lange nach der indokeltischen Periode, wie das griech. *μάντις* beweist. Einen nahen theologischen Zusammenhang beweisen die Ausdrücke für die Opferhandlungen, *yaj* oder *yaz* opfern, *yajña* oder *yasna* Opfer, *saṁskṛi* oder *hañkar* Zubereitungen zum Opfer treffen, *stu* preisen, *nivid* und *âvid* verkündigen in beiden arischen Sprachen. *Sûkta* Hymnus findet sich im Awestâ als *hûkhta* wieder, hat aber dort die ursprünglichere Bedeutung (wohlgesprochen) erhalten. Das identische *idhma* oder *aesma* bedeutet das beim Opfer gebrauchte Holz. Auch der identische Name *hotar* oder *zaotar* für den Opferpriester, ist zu beachten, daneben aber zu berücksichtigen, dass die übrigen Priesternamen bei den Ariern auseinander gehen. Ferner nennen wir Namen für Darbringungen wie *hotrâ* und *zaothra*, für welche wohl die Bedeutung „Ausguss“ als die ursprüngliche anzusehen ist, dann *râti* oder *râiti*, Gabe, *prabhṛiti* und *frabereti*, Darbringung, auch das indische *âprî* erscheint wieder in dem érânischen *âfri*, doch hat das letztere Wort keine liturgische Bedeutung, es ist Lobgebet, Segen überhaupt. Die

Wörter *âhuti* und *âzûiti* sind identisch und die Bedeutung mag es früher auch gewesen sein. Endlich mag auch noch der nahe verwandten Ausdrücke *astu çraushaț* und *sraos̕o idha astû* hier gedacht werden. Die gleiche Bildung und Bedeutung von *saṁhitâ* und *haṅdâiti* muss hervorgehoben werden, aber schon die äussere Form beider Wörter zeigt auch den grossen Abstand. Neben diesen Gleichheiten dürfen auch die Verschiedenheiten nicht übersehen werden. Die Feuerstellen, die *vedî*, die *yûpas* fehlen den Erâniern gänzlich, ebenso das *barhis* der Inder, Darbringungen, wie das indische *ghṛita, havis, sarpis, âjya,* ferner die Körnerdarbringungen und Opferspeisen, die *Prayâjas* und *Anuyâjas*, die *Vashaț*formel haben nichts Entsprechendes zur Seite. Die Opfergeräthschaften sind nicht die nämlichen. Selbst der Haomacultus ist vom indischen Somacultus verschieden, während der érânische Haoma mit Fleisch in Verbindung gebracht wird, muss der Soma mit Milch vermischt werden.

Aehnlich wie mit den Göttern und den Gegenständen des Cultus verhält es sich nun auch mit den Heroen. An der ursprünglichen Identität einer beträchtlichen Anzahl derselben wird man nicht zweifeln dürfen, wer aber nicht von der Voraussetzung ausgeht, dass die indische Form mit der Urgestalt identisch sei, sondern die mythischen Vorstellungen beider arischer Völker wirklich vergleicht, der wird sich der Ueberzeugung nicht verschliessen können, dass neben aller Aehnlichkeit auch die Verschiedenheit eine grosse ist und dass bereits eine geraume Zeit seit der Trennung verflossen sein muss. Mehrere Gestalten gehen auch hier bis in die indokeltische Vorzeit zurück, so wäre *Dahâka* mit *Typhoeus* zu vergleichen, wenn unsere oben ausgesprochene Ansicht richtig ist; unbestritten bleibt, dass *Trita* mit griech. *Τρίτων*, *Τριτογένεια* zu verbinden ist, dass *Manu* in dem deutschen *Mannus* und wohl auch in griech. *Μίνως* sich wiederfindet. Unter den blos arischen Heroen ist am wichtigsten *Yama* und *Yima* sammt dem Vater

Vivasvat oder *Vîvaghâo*, während der indische Yama sich eigentlich nur auf das letzte Buch des Rigveda stützen kann. *Kriçâçva* und *Keresâspa*, *Riksha* und *Erekhs'a*, *Kâvya Uçanas Kava Usa*, *Suçravâs* und *Haosrava*, endlich *Kuru* gehören gewiss der arischen Periode an, aber wie gering sind die Aehnlichkeiten und wie gross bereits die Verschiedenheiten in den Berichten der ältesten Schriften der Arier über sie. Auf die Ueberfülle von nicht identischen Gestalten bei beiden Völkern wollen wir nur hinweisen.

Betrachten wir nun diese zahlreichen Uebereinstimmungen der beiden arischen Völker, aber ohne ihre Verschiedenheiten zu übersehen, so kommen wir zu dem nicht zu bezweifelnden Schlusse, dass allerdings beide Völker einmal ein einziges Volk gebildet haben müssen, das sich bis zu einem gewissen Zeitpunkt gemeinsam entwickelte. Da die Wohnsitze der beiden arischen Völker hart aneinander gränzen, so liegt in einem solchen Zustande nichts Befremdendes. Den Zeitpunkt der Trennung verlegen wir aber nicht in die vedische Zeit, sondern vor dieselbe, wenn auch nicht lange vorher. Im Uebrigen geben wir völlig zu, dass die vedische Fassung der Zeit nach der érânischen als die ältere gegenüber steht, daraus folgt aber nicht, dass sie die rein arische sei, sie ist vielmehr trotz ihres Alters in den meisten Fällen eine rein indische. Auch das bezweifeln wir nicht im Mindesten, dass die Erânier viele, vielleicht die meisten der gemeinsamen Kenntnisse von den Indern erhalten haben, darum brauchen wir aber noch nicht die gesammte érânische Cultur mit Haut und Haar aus der vedischen abzuleiten, das Verhältniss zwischen beiden arischen Völkern mag ein ähnliches gewesen sein, wie wir es zwischen den Griechen und den Römern finden. Für den ganzen Nordrand von Erân war der Verkehr mit Indien ein ziemlich leichter, um mit den Indern in Berührung zu kommen, brauchte man nicht an den Indus zu gehen, da im Alterthum ganz Kâbulistân indisch war. Die Priesterschaft in beiden Ländern war zum grossen Theile nicht sesshaft, sie wanderte hin und her, indem sie Beschäftigung suchte, auf diese Weise konnten Kenntnisse auf weite Strecken hin vermittelt werden, die Verschiedenheiten aber, durch die Verschiedenheit des Klimas begünstigt, werden sich allmählich herausgebildet haben. Im Uebrigen wollen wir nicht vergessen, dass alle arische Cultur eine verhältnissmässig junge ist, welche von der semitischen und hamitischen bedeutend an Alter übertroffen wird. Ob diese Culturen auf die Arier eingewirkt haben und in welcher Weise, das wird sich erst in Zukunft entscheiden lassen.

Bei der Aufgabe, die wir uns für diese Schrift gestellt haben, mussten wir uns darauf beschränken, unseren Lesern Worte und Anschauungen vorzuführen, welche in die arische Zeit, d. h. in die Zeit zurückgehen, welche vor der Sonderentwicklung der Inder und Erânier liegt. Wir müssen aber wenigstens darauf hinweisen, dass es auch gemeinschaftliche Anschauungen bei beiden Völkern giebt, die aus einer weit späteren Zeit stammen müssen. Wir wollen kein Gewicht darauf legen, dass auch von uns besprochene Wörter wie Kṛiçâçva, mitradruh, ishma in den Vedas noch nicht vorkommen, denn in solchen Dingen kann leicht der Zufall sein Spiel treiben; wichtiger ist, dass sich im Awestâ Anschauungen finden, die zwar mit indischen übereinstimmen, die sich aber bei den Indern erst in der nachvedischen Periode entwickelt haben. Wir haben oben bereits der Eintheilung der Welt in 7 Karesʿvares gedacht, welche mit den 7 Dvîpas der Inder genau übereinstimmen, das Dvîpasystem ist aber den Vedas noch unbekannt. Ebenso verhält es sich mit der Chronologie. Die Erânier berechnen die Dauer der Welt auf 12000 Jahre, welche sie in vier Perioden vertheilen, wie auch die Inder für die Dauer der jetzt bestehenden Welt 4 Perioden angeben. Wenn die Inder für diese 4 Perioden die Zahl von 4,320000 Jahren angeben, so ist dies nur ein scheinbarer Widerspruch, weil die Inder statt 12000 menschlicher 12000 Götterjahre rechnen, ein menschliches Jahr ist blos ein Tag der Götter, vervielfältigt man die Zahl 12000 mit 360, der Anzahl der Tage des ältesten Jahres, so erhält man die von den Indern genannte Summe von Jahren. In diesem Falle dürfte die grössere Ursprünglichkeit auf der Seite der Erânier sein, aber auch diese Zeiteintheilung reicht nicht bis in die vedische Zeit zurück.

Kehren wir zum Schlusse nochmals zu der Untersuchung zurück, von welcher wir ausgegangen sind und fragen wir nach der Urheimath der Arier und beziehungsweise der Indokelten, so haben wir weder bei den Indern noch auch bei den Erâniern die Spur von einer Erinnerung finden können, dass sie von anderswoher in ihre jetzigen Wohnsitze eingewandert seien. Soweit geschichtliche Quellen zurückreichen, finden wir sie in ihren jetzigen Wohnsitzen, und zwar scheint die klimatische Gränze bei Gandamak im Osten die eigentliche Gränze zwischen den beiden Völkern zu sein, doch finden wir im Alterthume Indier auch westlich von dieser Gränze, in Kâbulistân, in neuerer Zeit umgekehrt Erânier bis an den Indus vorgedrungen. Im Norden bildet der Hindûkush eine scharfe Scheidewand. Alles, was im Norden des Gebirges wohnt, ist érânisch, auf der Südseite desselben herrschen dagegen indische Sprachen; eine unbedeutende Ausnahme bildet das Yidgâh, eine érânische Sprache, welche auf die Südseite des Hindûkush vorgedrungen ist, aber nachweislich erst in den letzten Jahrhunderten. Ob nun das arische Volk aus dem Norden des Hindûkushgebirges herabgestiegen ist und sich von da nach Osten und Westen verbreitete oder ob es umgekehrt von den Ebenen ausgehend nach und nach in das Gebirge vordrang und sich dort festsetzte, wird sich kaum sicher ermitteln lassen, die Wahrscheinlichkeit scheint mir mehr für die letztere Annahme zu sprechen. Die alte Hypothese, dass in der Nähe des Pamirplateaus der Ursitz der Arier sein möge, wird durch die Thatsache, dass dort nur érânische Völkerschaften sitzen, nicht eben wahrscheinlicher, denn sprachlich angesehen, steht das Altindische auf einer ursprünglicheren Stufe als das Altérânische; es ist leichter, die altérânischen Lautverhältnisse aus den altindischen zu erklären als umgekehrt. Demnach würden wir also Indien selbst oder den Südabhang des Hindûkush als das Urland anzusehen haben, was aber wieder aus anderen Gründen unwahrscheinlich ist. Ein sicherer Anhaltspunkt für die arische oder indokeltische Urheimath in Centralasien würde nur dann gewonnen sein, wenn es gelänge, dort die Reste einer unabhängigen indokeltischen Sprache zu finden, von welcher sich sowohl das Altindische als das Altérânische ableiten liesse.

Wortregister.

1. Sanskrit.

2. Altpersisch.

3. Awestâ.

4. Neupersisch.

gûshan 47.
gor 55. 59.
gosfend 48.
gosht 67.
goz 40. 60.
goza 40.
ghar 29.
ghoza 40.
cang 93.
cam 78. 79. 82.
carîdan 67.
carkh 57. 71.
cargh 57.
cashm 61.
cihrâzâd 300.
jav 44.
javîn 44.
jâdû 218.
jigar 65.
jûi 28.
jûgh 70.
joshîdan 81.
tan 60.
tarr 43.
teḍerw 58.
terâzû 92.
tût 40.
tûr 122.
tokhm 86.
dad 47.
dandân 62.
dar 77.
darûn 65
darya 27.
darra 29.
dast 63.
dahistân 79.
dâd 234.
dâna 42.
dâmâd 87.
dûr 37.
dârû 37.
dâs 71. 82.
dibistân 100.
diwér 100.
dirakht 37.
dirafsh 76.
dirafshîdan 77.
dirawîdan 70.
dil 65.
diz 74.
dih 79. 90.
dîk 52.
durûdan 70.
dushman 75.
déw 180.
dokhtar 85.
dogh 68.
dosh 98.
doshîdan 68.
nabîra 85.
nam 36.
namak, nimak 36.
namâz 228.
nay 39. 59.
navâ 228.
navâda 85.
nâf 63.
nâv 73.
nigâl 135.
nivéd 231.
nizhâd 83.
noyîdan 228.
paighâra 229.
payâda 74.
parvézh 124.
pâi 64.
pâtîla 78.
pâtu 78.
pâyizh 24.
pâr 26.
pâra 92.
pâlâ 49.
pâshna 64.
peren 209.
perend 209.
peleng 54.
pestân 63.
pehlû 63.
pécîdan 73.
pid 84.
pidar, padar 85.
pîl 54.
pus 85.
pusar 85.
pûzish 229.
posht 62.
ferdâ 98.
fermân 91.
ferzend 90.
furûshîdan 92.
frokhtan 92.
bakhala 54.
bang 46.
baca 48.
bam 58.
bar 42. 65.
barg 38.
barda 89.
barf 22.
barra 50.
barzan 70.
bavézha 124.
bahâr 23.
bâkhtar 31.
bâda 42.
bâdâm 40. 59.
bâftan 73.
bâr 42.
bâlish 78.
bâlîn 78.
bâz 57.
bâzû 63.
bâzh 93.
bebar 56.
bende 89.
behâ 93.
béd 39.
bél 72.
bésha 39.
birinj 36. 44.
birishtan 81.
bistar 78.
bizishk 97.
bîva 84.
bun 37. 38.
burâder 56.
bus 50.
bûm 58.
bûmahan 68.
bor 72.
magas 53.
maghz 61.
mangosh 80.
macak 45.
manjû 45.
may 42. 81.
mayazd 67.
marjamak 45.
mâgh 58.
mâdar 85.
mâdiyân 48.
mâya 231.
mâsh 45. 50.
mâst 68. 82.
mâh 98. 131.
mâhî 59.
mésh 50.
mézbân 67.

Druck von August Pries in Leipzig.